# APPRENEZ LE DESSIN

Caroline 92'

# APPRENEZ LE DESSIN

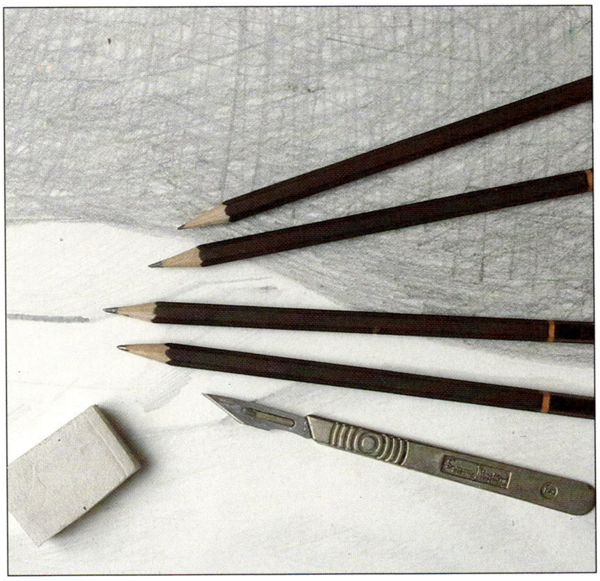

Gründ

**Adaptation française de Anne Delmont-Derouet**

**Texte original de Jenny Rodwell**

Première édition française 1989 par Librairie Gründ, Paris



ISBN : 2-7000-2161-4

Dépôt légal : septembre 1989

Édition originale 1987 par The Hamlyn Publishing Group Ltd, département de The Octopus Publishing Group plc.



Photocomposition : Compo 2000, Saint-Lô

Imprimé par Mandarin Offset, China

# *Table*

# Chapitre 1

# Introduction

Tout sous le soleil peut être un sujet de dessin. Or, ce n'est pas tant ce que vous dessinez qui importe, que la joie éprouvée dans la découverte et la représentation du monde qui vous entoure. Ce chapitre propose une explication claire et simple des principes de base du dessin, pour vous aider à voir chaque sujet d'un regard neuf. Mais son objectif est avant tout de dépouiller cette fascinante activité, si riche en satisfactions, de la regrettable aura de mystère qui l'entoure et la dessert.

Il n'y a rien de difficile par exemple dans la compréhension de la perspective, dans l'appréciation des mesures d'un sujet ou même dans la définition d'un espace négatif. Tout principe peut être appris et une fois assimilé il vous permettra d'aborder des sujets de toutes sortes avec confiance et enthousiasme. Si les principes de base sont essentiels, il ne s'agit pas d'en faire des règles immuables que vous appliquerez sans discernement. Cet ouvrage vous aidera à surmonter certaines frustrations liées à l'initiation au dessin, mais il ne doit en aucun cas être considéré comme un manuel de règles strictes à apprendre et respecter !

Le dessin est avant tout une activité subjective ; le véritable artiste est celui qui en a compris les principes et les règles, et qui les interprète au lieu de s'y soumettre aveuglément. La composition est à cet égard un exemple parfait. Selon les conventions, l'harmonie est le facteur fondamental de la composition picturale. Il faut à tout prix éviter les éléments discordants, comme le regard d'un sujet dirigé vers l'extérieur du tableau, ou le respect absolu de la symétrie. Il nous suffit cependant d'observer les grands maîtres pour constater que toute règle peut être contournée, sinon transgressée.

Cet ouvrage concerne avant tout les matériaux disponibles sur le marché, leur description, leurs applications et les divers effets que vous pourrez en attendre. Mais en l'absence de certains principes de base, aucun outil, aussi perfectionné soit-il, ne vous permettra de réaliser une œuvre de qualité.

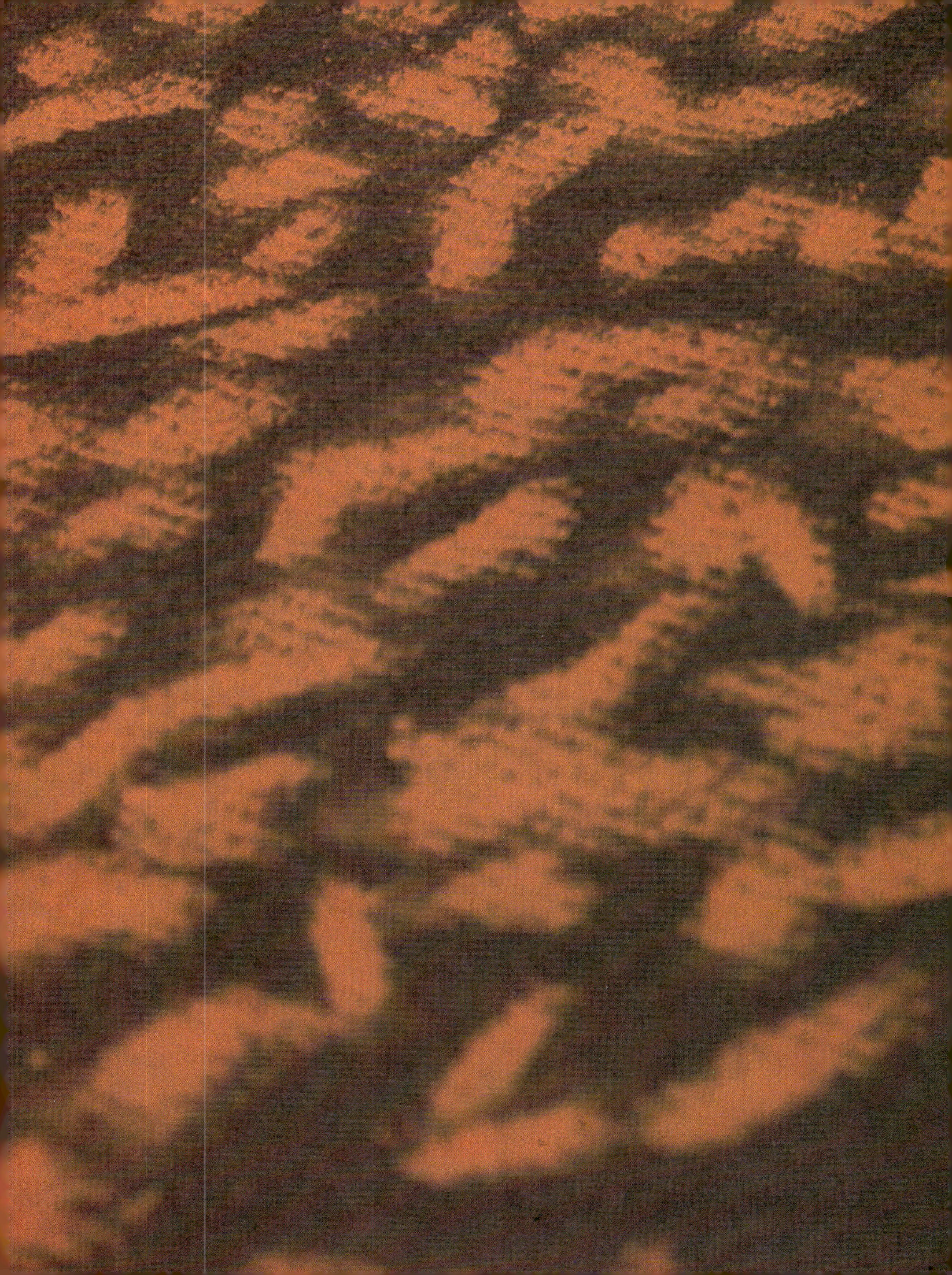

# *Introduction*

## PREMIÈRE ÉTAPE

L'hésitation que l'on éprouve au moment de tracer le premier coup de crayon sur une feuille blanche s'apparente à celle que l'on ressent avant de fouler une étendue de neige vierge — on craint de la souiller !

Lorsqu'on apprend à dessiner, cette impression est accentuée par l'idée préconçue que l'on a du résultat final ; nous pressentons une déception et ce sentiment nous paralyse.

Il est donc préférable de considérer le dessin comme un processus, une façon de penser et d'enregistrer le monde visuel, et non comme un moyen visant à créer une œuvre « parfaite » à chaque tentative. Et si votre incertitude devant le papier blanc persiste, le meilleur moyen de la surmonter est de vous faire la main avec quelques esquisses préliminaires, dont vous pourrez vous défaire ensuite. Cette méthode a fait ses preuves : elle permet de maîtriser la tension et l'inhibition.

Le secret d'un dessin réussi réside dans l'observation attentive et la capacité de reproduire sur le papier ce que l'œil voit. Prenez le temps d'évaluer votre sujet dans ses moindres détails avant de commencer. Décidez de la méthode d'approche la mieux adaptée au sujet, et de l'emplacement de celui-ci sur la feuille de papier.

Il existe autant de méthodes que de dessinateurs. Nous illustrons les deux principales ci-contre. La première consiste à développer le sujet dans son ensemble en commençant par l'ébauche des formes, puis en complétant toutes les parties simultanément. Dans la seconde démarche, le dessinateur établit d'abord l'échelle et la position du sujet, il construit ensuite son dessin de façon évolutive par étapes successives d'un point vers un autre.

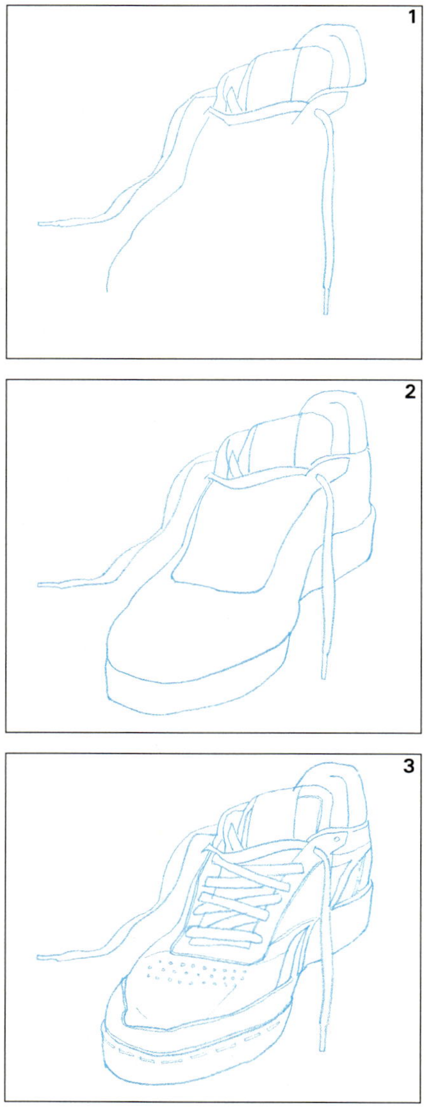


### Le dessin « évolutif »

**1** Ici le dessinateur commence par le haut de la chaussure, s'assurant de sa bonne position et de l'espace requis sur le papier.

**2** Les lignes sont ensuite prolongées, révélant la forme de la chaussure — toutes les parties du dessin se développent simultanément depuis le point de départ.

**3** Il suffit alors au dessinateur d'ajouter les détails pour achever le dessin.

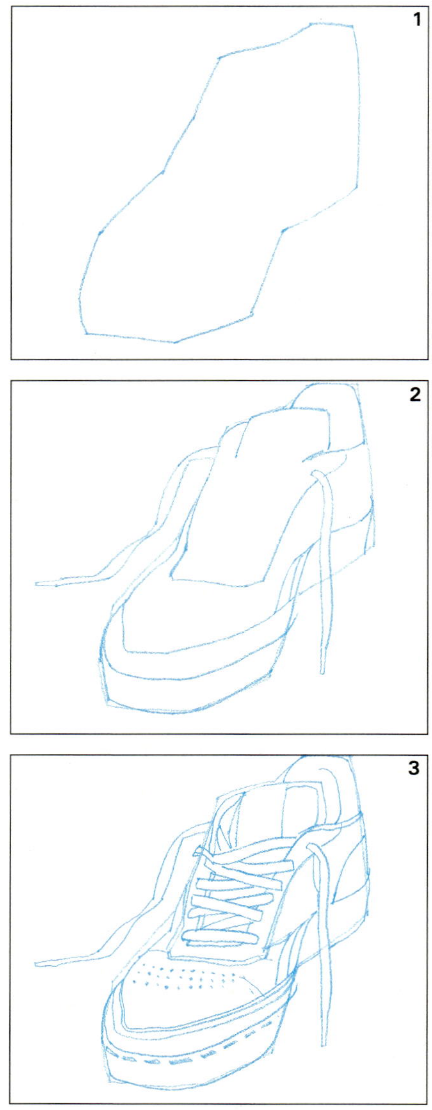


### Développement du sujet

**1** Dans cette approche plus classique, la première étape consiste à définir une structure d'ensemble sous forme d'esquisse provisoire qui sera modifiée à mesure que le dessin s'affirme.

**2** C'est à partir de ce croquis initial, servant de guide, que le dessinateur développe les formes du sujet.

**3** Le dessin est ensuite complété par de menus détails.

## Contours et modelés

À moins qu'un objet ne nous soit familier, le croquis de ses contours ne permettra pas nécessairement de l'identifier. Dans le dessin ci-dessous à gauche, nous savons qu'il s'agit d'une main ; parce que cette forme nous est familière, nous sommes quasiment sûrs de ne pas nous tromper. Mais il nous faut néanmoins les renseignements du second dessin pour le confirmer.

Le premier dessin représente une forme plate, le second, une forme en trois dimensions. En travaillant les modelés, le dessinateur a transformé la forme en un volume.

Ces lignes internes ressemblent à celles représentées sur une carte. De même qu'un cartographe suggère le reflief d'une colline par des hachures, de même l'artiste dessine le contour d'un objet avant d'en suggérer le volume par des traits. Mais il doit se référer à son modèle pour bien situer l'emplacement de ces derniers, car il ne s'agit pas d'espaces réguliers scientifiquement établis, comme sur une carte. La main par exemple a un modelé naturel : les articulations des doigts et du poignet, et les lignes qui courent sur la peau le long des doigts, de la paume et de l'avant-bras.

Les traits intérieurs ayant la même importance que le tracé extérieur, il ne faut pas systématiquement commencer par celui-ci. L'idéal serait de réaliser les deux simultanément, en observant attentivement le modèle pour bien suivre la manière dont ils se conjuguent.

Vous exploiterez aussi le jeu des ombres et de la lumière pour donner du modelé aux objets (voir page 14), et créer ainsi l'illusion du volume. Mais souvenez-vous que les zones de lumière et d'ombre sont étroitement liées au modelé, elles en sont même totalement dépendantes.

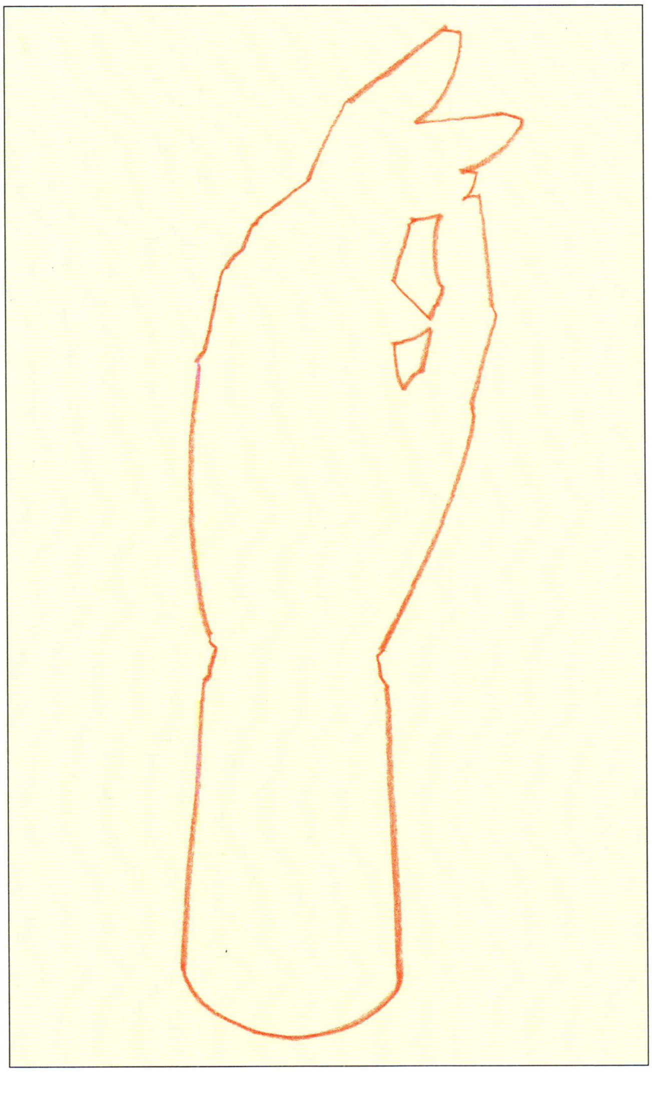

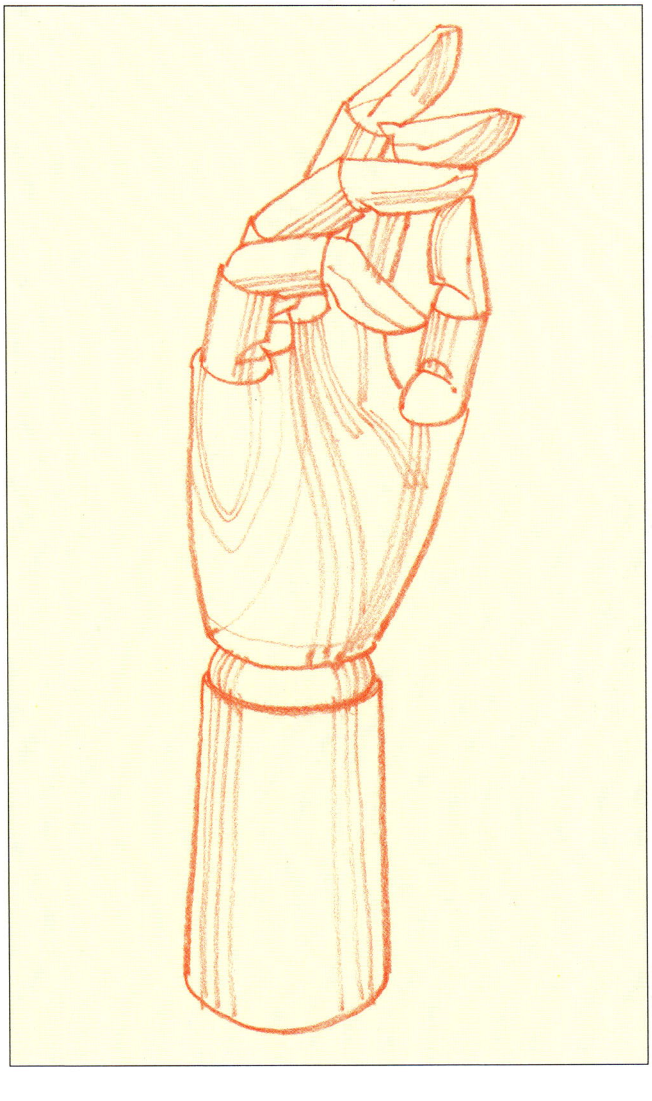

C'est grâce à la lumière et aux ombres que nous pouvons voir les objets en trois dimensions. Sans elles, ceux-ci nous apparaîtraient comme des formes planes. Plus la source lumineuse est intense, plus les ombres sont dures et nettes ; et plus la surface est lisse, plus la lumière y rayonne. Les effets d'une lumière diffuse sont plus subtils. La pomme illustrée sur cette page a été dessinée en atelier ; un rayon de lumière oblique provenant de la gauche détermine l'emplacement du point lumineux et de l'ombre sur le fruit.

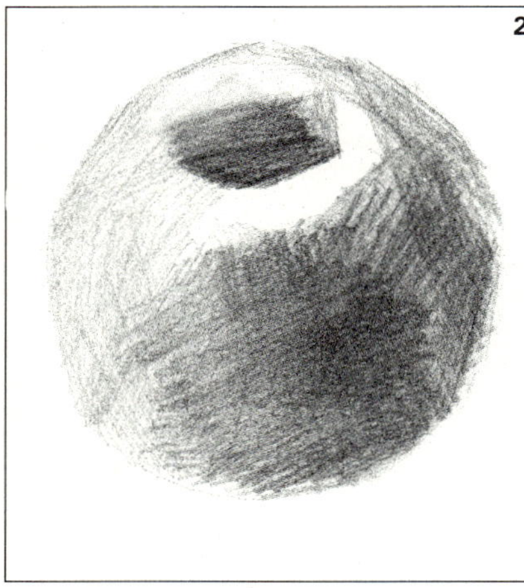

2

## Les valeurs

Pour indiquer la lumière et les ombres sur un objet il faut définir les zones claires et sombres, c'est-à-dire les « tons » ou les « valeurs ». La gamme tonale va du blanc au noir en passant par toutes les variantes de gris. Il faut, pour identifier les tons, ignorer la couleur locale autant que possible. Mais cela peut être délicat, en particulier pour les sujets compliqués ou chargés de motifs. Ici, le dessinateur, que seuls intéressaient les effets monochromes de la lumière et des ombres, a choisi de représenter cette pomme rouge et verte dans le mode noir et blanc pour illustrer cette recherche tonale.

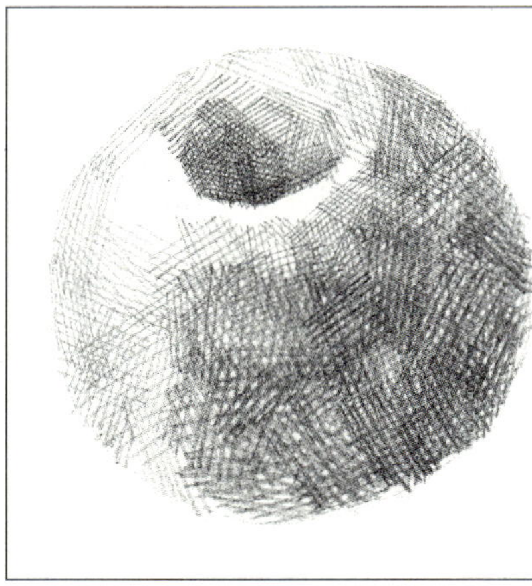

1

## Représentation des ombres

Il existe plusieurs techniques pour définir les ombres. Sans doute la plus courante consiste-t-elle à construire la partie ombrée par une série de traits parallèles, appelés hachures. Plus celles-ci sont rapprochées, plus le ton est foncé, plus elles sont espacées, plus le ton est clair. Quelle que soit la méthode adoptée, elle doit permettre de varier les tons.

**1 Hachures entrecroisées.** Ombres produites par séries de fines hachures superposées. Dans les parties les plus claires, les hachures sont plus aérées.

**2 Hachures irrégulières.** Le dessinateur a utilisé un type de hachures plus libre, le haché régulier n'étant pas adapté aux formes arrondies.

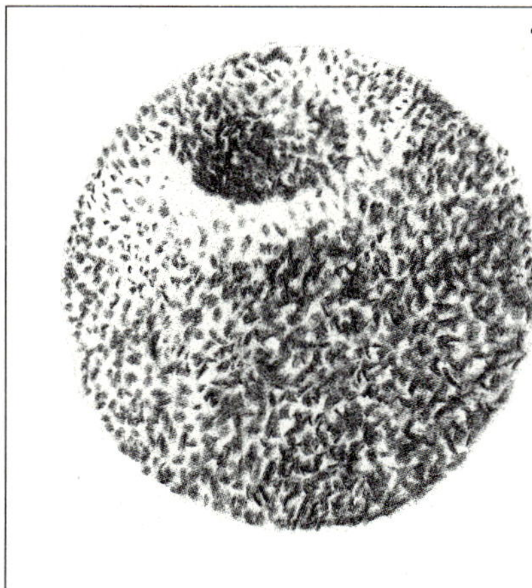

4

**3 Estompage.** Les ombres légères, fondues avec le doigt, la gomme ou une étoffe, ne sont possibles qu'avec des matériaux tendres comme le fusain, le pastel et les crayons de couleur.

**4 Pointillé.** L'assemblage de petits points permet de définir les ombres — la densité des points détermine la profondeur de l'ombre.

## Couleur et effets de surface

La matière et la couleur locale (couleur réelle de l'objet, non encore modifiée par des ombres) sont des facteurs qui influent sur la valeur tonale d'un objet. Une

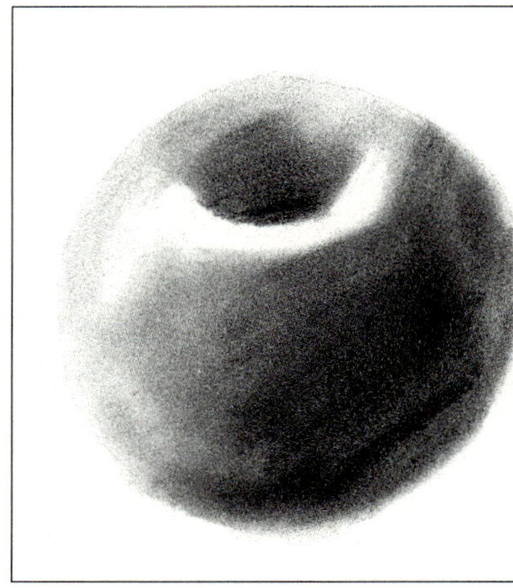

3

surface mate par exemple aura un contraste tonal moindre qu'une surface luisante qui reflète la lumière. La couleur locale joue également sur la valeur ; deux objets identiques, l'un clair et l'autre sombre, ne seront pas les mêmes dans un dessin monochrome ; les valeurs de l'objet sombre seront plus soutenues que celles de l'objet clair.

## Définir la forme

Lorsque l'on définit les ombres, il est souvent possible d'accentuer l'impression de relief d'un sujet en prêtant attention à la direction des hachures ainsi qu'aux valeurs qu'elles représentent.

## Les masses

Les objets dont les contours s'incurvent par degrés réguliers comme les sphères et les cylindres sont faciles à dessiner. Ceci, grâce à la diffusion uniforme des ombres et de la lumière qui simplifie l'identification et la description des formes.

Il n'en va cependant pas de même pour tous les sujets car les formes naturelles, qui ont de tout temps inspiré les artistes, sont généralement irrégulières et souvent très complexes. Les plantes, les fleurs, les animaux ou la figure humaine sont des sujets fascinants, mais leur représentation est semée d'embûches. La diffusion de la lumière y est imprévisible et complique l'identification, et plus encore la définition des subtiles taches claires et sombres.

La meilleure méthode en l'occurrence est de synthétiser ce que l'on voit, c'est-à-dire réduire le sujet en termes d'ombre et de lumière, en ignorant les détails superflus et les effets de surface. Ces taches simplifiées sont appelées des « masses ».

Les illustrations ci-dessous représentent un cylindre et un visage d'homme réduits à des taches d'ombre et de lumière. Les plus claires sont celles directement touchées par la lumière et les plus sombres, celles qui en sont cachées. Les gris et les demi-teintes décrivent des plans intermédiaires entre la lumière et l'ombre, c'est-à-dire le clair-obscur. Sur le visage, la source de lumière en haut à gauche éclaire le front, la joue, le nez, la partie convexe entre le nez et la bouche, et la lèvre inférieure. Ce sont les parties les plus claires du dessin qui sont rendues à l'aide du fond clair du papier. Les tons plus sombres, sur toute la partie droite de la tête, sont réalisés avec du noir.

Cette simplification du sujet a permis de décomposer les formes et les volumes, avant d'entreprendre une représentation plus conforme à la réalité. Cette solide structure de base ainsi établie donne toute liberté ensuite au dessinateur pour travailler les détails et unifier les masses en un tout harmonieux.

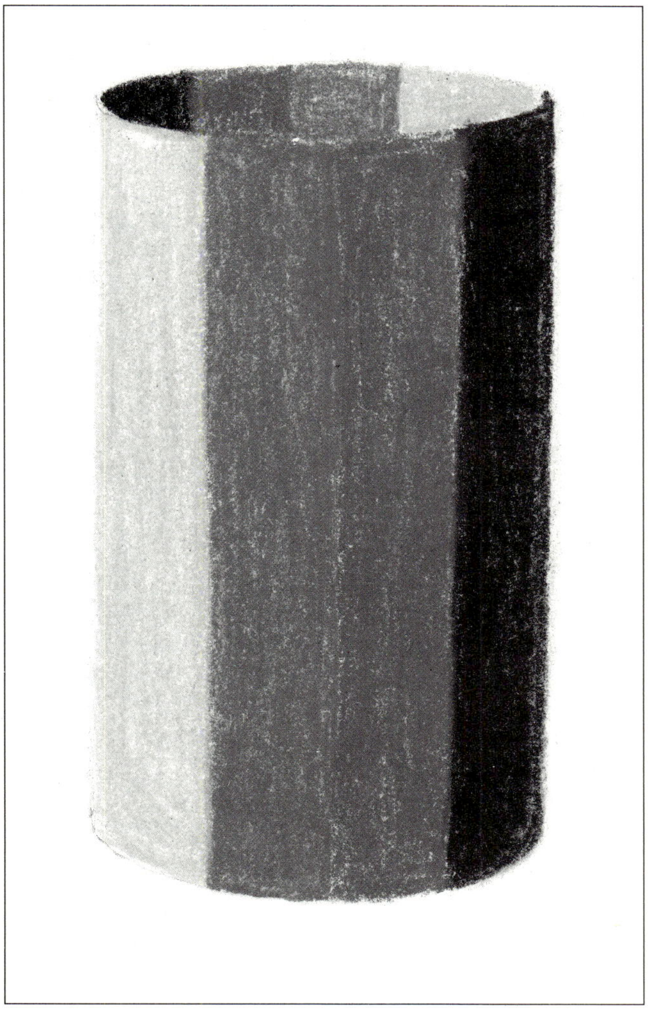

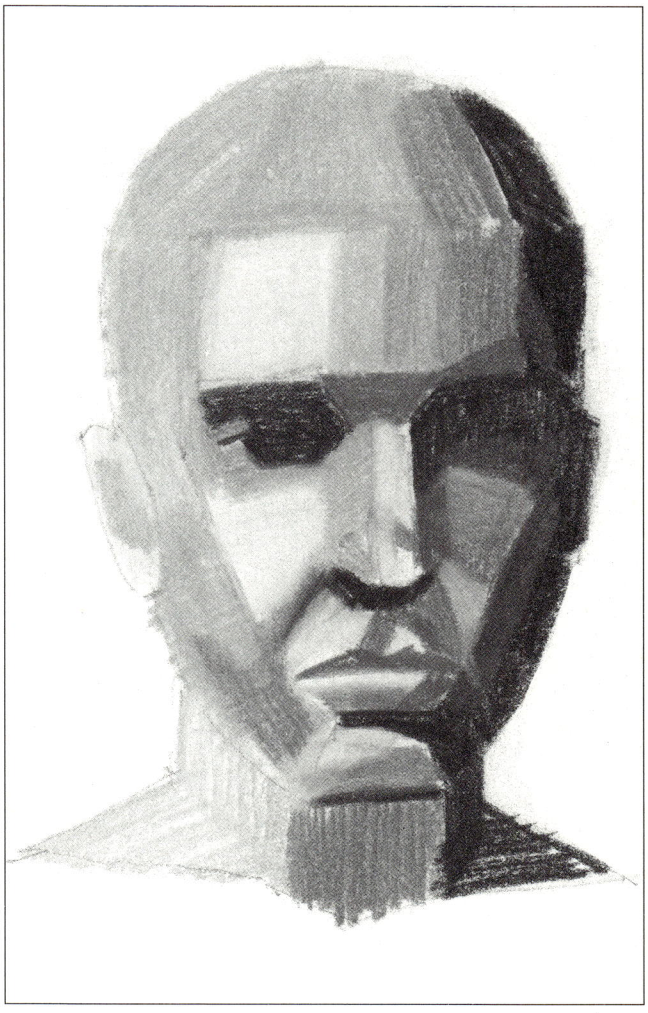

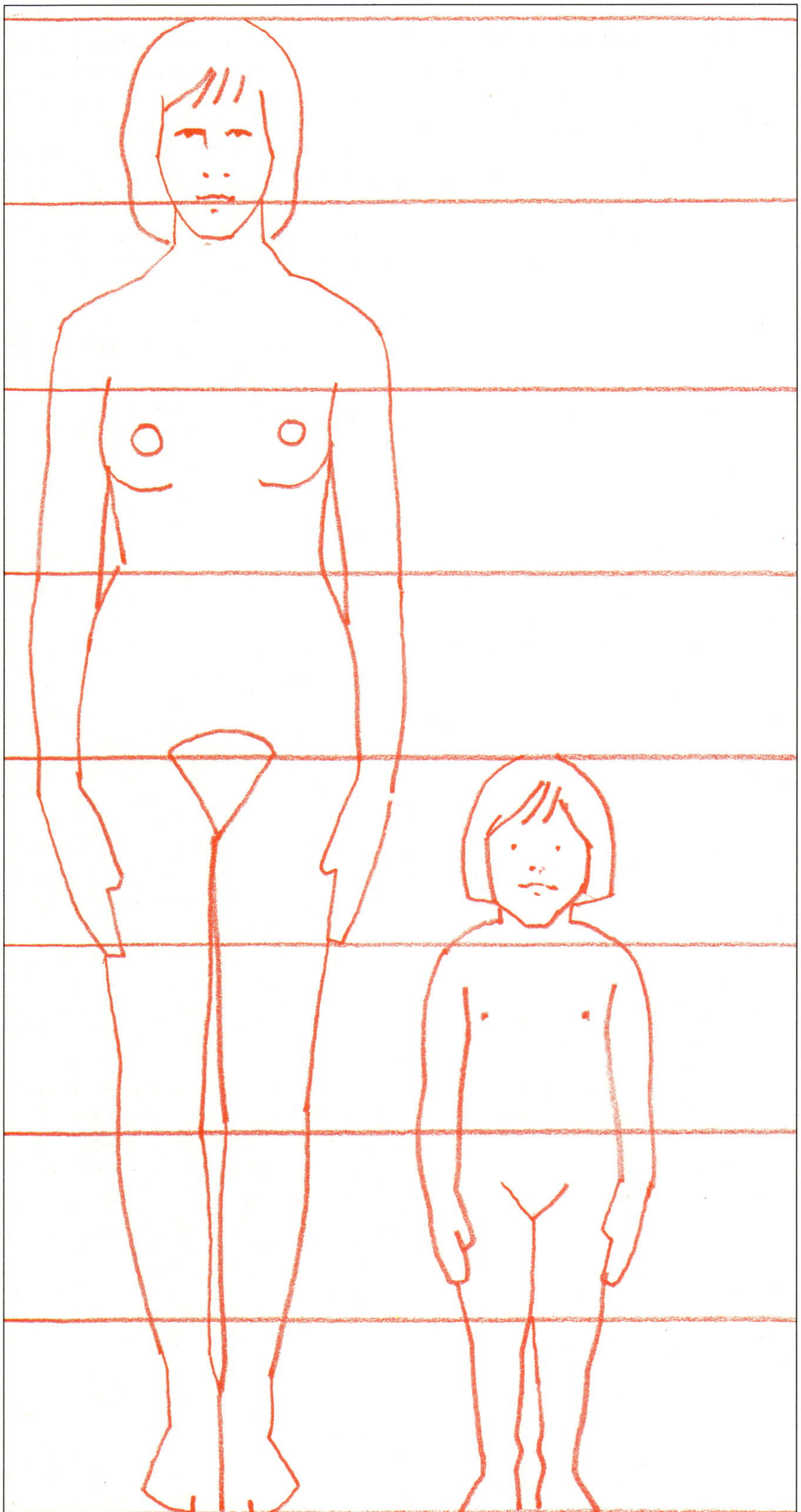

## Les proportions

Nous avons la connaissance intuitive des proportions du corps humain, de sorte que la moindre erreur dans un dessin nous saute aux yeux. S'il existe une inexactitude dans les proportions du corps, la grosseur de la tête ou la longueur des bras, aussi habile que soit le rendu, rien ne parviendra à déguiser la difformité de votre personnage ! Malheureusement, plus on s'acharne sur un dessin défectueux, plus on s'y habitue et moins on est sensible à l'erreur. C'est généralement le regard neuf d'un étranger qui découvrira l'anomalie.

Pour éviter de tomber dans ce piège, il est recommandé de prendre fréquemment du recul, celui-ci vous permettra d'obtenir une meilleure vue d'ensemble. Ce faisant, redressez votre dessin à la verticale.

En règle générale, la tête d'un adulte en station verticale représente un septième de son corps. Chez l'enfant la proportion de la tête est bien supérieure, mais elle varie avec l'âge.

Les bras sont toujours plus longs qu'on ne l'imagine. Un adulte debout, les bras tendus latéralement, a une envergure approximativement égale à sa hauteur. Et lorsque les bras pendent le long du corps, comme sur l'illustration, les mains arrivent à mi-cuisse.

Mais un personnage assis n'offre plus les mêmes points de repère. Avant de commencer, imaginez un axe vertical allant du haut de la tête à un point parallèle aux pieds. La tête correspond environ au quart de la longueur, cependant ce canon classique est sujet à des variations considérables, selon la posture et la hauteur de la chaise. Il faut donc vérifier les proportions de votre propre sujet, la hauteur de la tête servant d'unité de mesure (voir page 21).

## Masses et volumes

Le corps humain est une forme dense, simple et complexe à la fois, et dont chaque partie — la tête, le torse et les membres — elle-même constituée de plusieurs éléments, peut être considérée individuellement. Si vous analysez et décomposez votre modèle en une série de formes cylindriques simples, comme sur l'illustration ci-contre, la représentation de la silhouette humaine s'en trouvera fort simplifiée.

Ne cherchez pas au stade initial à définir les contours, les détails ou à saisir la ressemblance. Attachez-vous à établir la structure du corps par un ensemble de formes cylindriques, chacune représentant un volume, le plus grand étant le torse. Sur l'illustration, celui-ci est droit, ainsi le poids du corps est uniformément réparti sur la chaise. Mais il est fréquemment incliné, et quand c'est le cas, particulièrement en station verticale, une seule jambe supporte la quasi-totalité de la charge. Lorsque celle-ci est irrégulièrement distribuée, le torse s'incline de façon à corriger le déséquilibre et à empêcher la chute, la tête se déplaçant alors dans la direction opposée.

Placez-vous devant un miroir et observez votre corps à mesure que vous vous déplacez d'une jambe sur l'autre. Le mouvement d'une partie du corps entraîne des modifications dans d'autres parties. Essayez plusieurs positions et voyez comme le simple fait de lever un bras peut modifier l'inclinaison des épaules et l'angle du torse. Imaginez que chacun des « cylindres » est muni d'un axe et cherchez à déterminer comment un changement de position affecte la direction de chacun.

La méthode du « cylindre » est excellente pour apprendre à dessiner le corps humain. Une fois les principaux volumes établis, il suffira d'effacer le croquis du robot à mesure qu'il prend figure humaine. Vous pourrez alors porter toute votre attention aux aspects visibles de votre sujet, de façon à ce que chaque volume s'identifie à une partie du corps.

Si cette méthode est utile pour faciliter la compréhension de la structure et des volumes, son emploi rigide risquerait fort de nuire à un dessin fidèle et expressif. Le dessin n'est pas une science et la méthode proposée ici, bien qu'utile, ne doit pas être considérée comme un exercice technique. Le diagramme du cylindre semble reposer sur une base scientifique incontestable, mais il n'est en fait que l'interprétation de l'artiste devant son modèle.

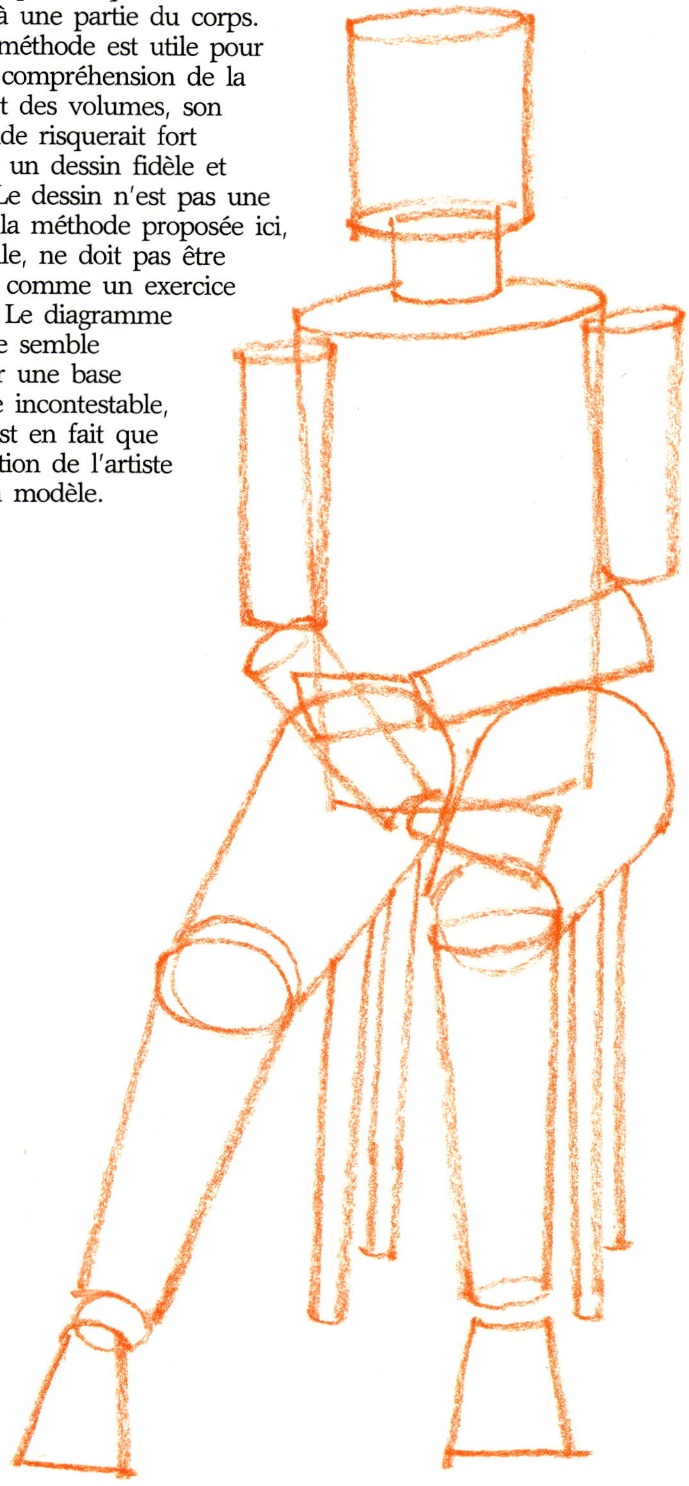

## Ordonner les éléments

Lorsque nous parlons de composition nous nous référons à l'organisation des divers éléments sur le papier. Il peut s'agir d'un seul objet comme un bouquet de fleurs, une silhouette, ou bien d'un arrangement d'éléments, ou encore d'une scène.

Quel que soit le sujet, il importe avant de commencer d'accorder quelque réflexion à la composition.

Les illustrations ci-dessous proposent quatre compositions du même sujet, mais les possibilités sont infinies. Notez l'importance du fond dans chacun des arrangements. Le dessin se compose de plans de couleur bleus et bruns représentant des formes de base, dont le rôle dans la disposition est égal à celui que jouent les objets. Dans ce cas précis, la division horizontale a été éliminée au profit de solutions plus originales.

Aucun sujet ne s'adapte de façon aisée dans un carré ou un rectangle, formes sur lesquelles nous avons coutume de dessiner. Lorsque nous regardons un sujet, nous ne voyons en réalité qu'une masse informe aux contours flous, nos yeux ne pouvant en fixer qu'une partie à la fois.

Le problème immédiat est donc de délimiter les contours de la composition et de définir le cadre idéal pour le sujet. Ceci vaut également pour l'étude de la figure humaine, elle doit être isolée et détachée des extrémités de la feuille. De nouveau, la question de l'emplacement se pose, il faut prévoir un espace suffisant autour du corps pour éviter qu'il ne paraisse à l'étroit, ou à l'inverse, minuscule.

Un cadre rectangulaire découpé dans un carton offre un excellent moyen pour observer un sujet. Vous le déplacerez à volonté pour trouver l'encadrement idéal. Il vous permettra d'identifier l'espace qui entoure votre sujet — le mur bleu ou la table brune dans le cas présent.

L'échelle est un autre élément important dans la composition ; un tableau conçu avec des variations d'échelle offre plus d'intérêt que celui dépourvu de tout contraste entre l'arrière-plan et le premier plan. C'est le cas particulièrement des paysages qui nous semblent bien monotones s'ils sont composés d'éléments minuscules et éloignés.

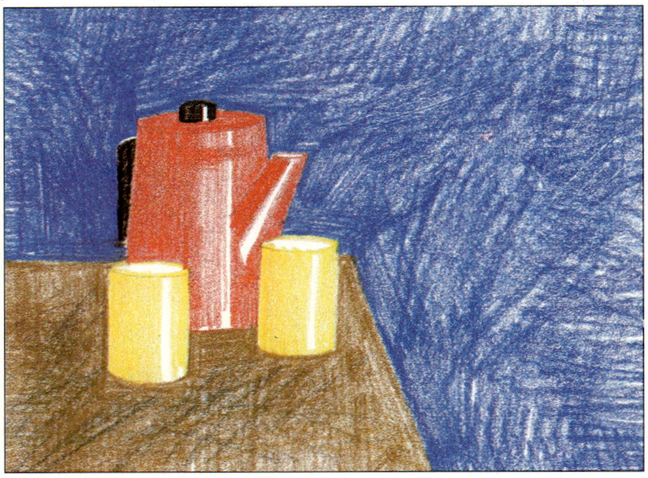

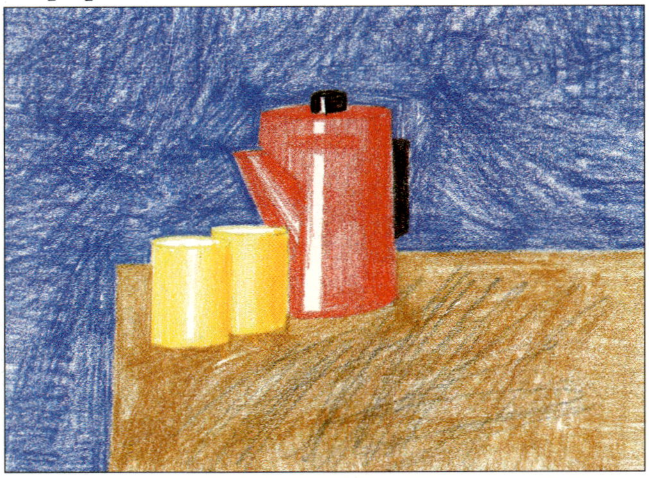

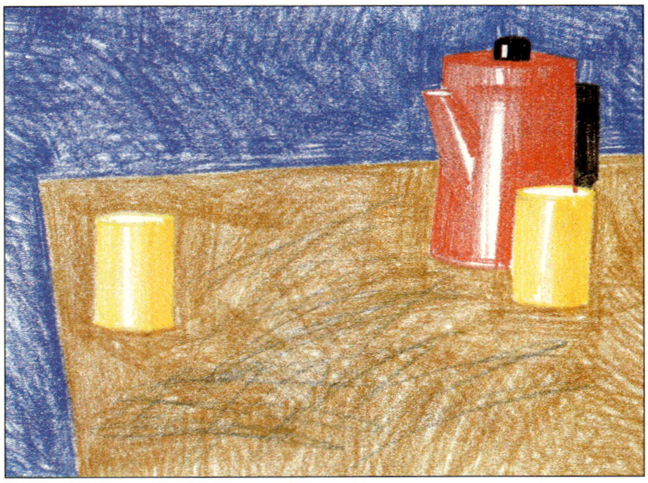

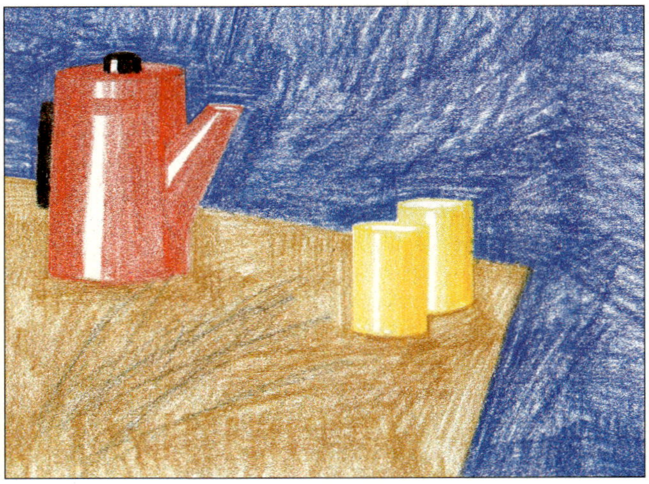

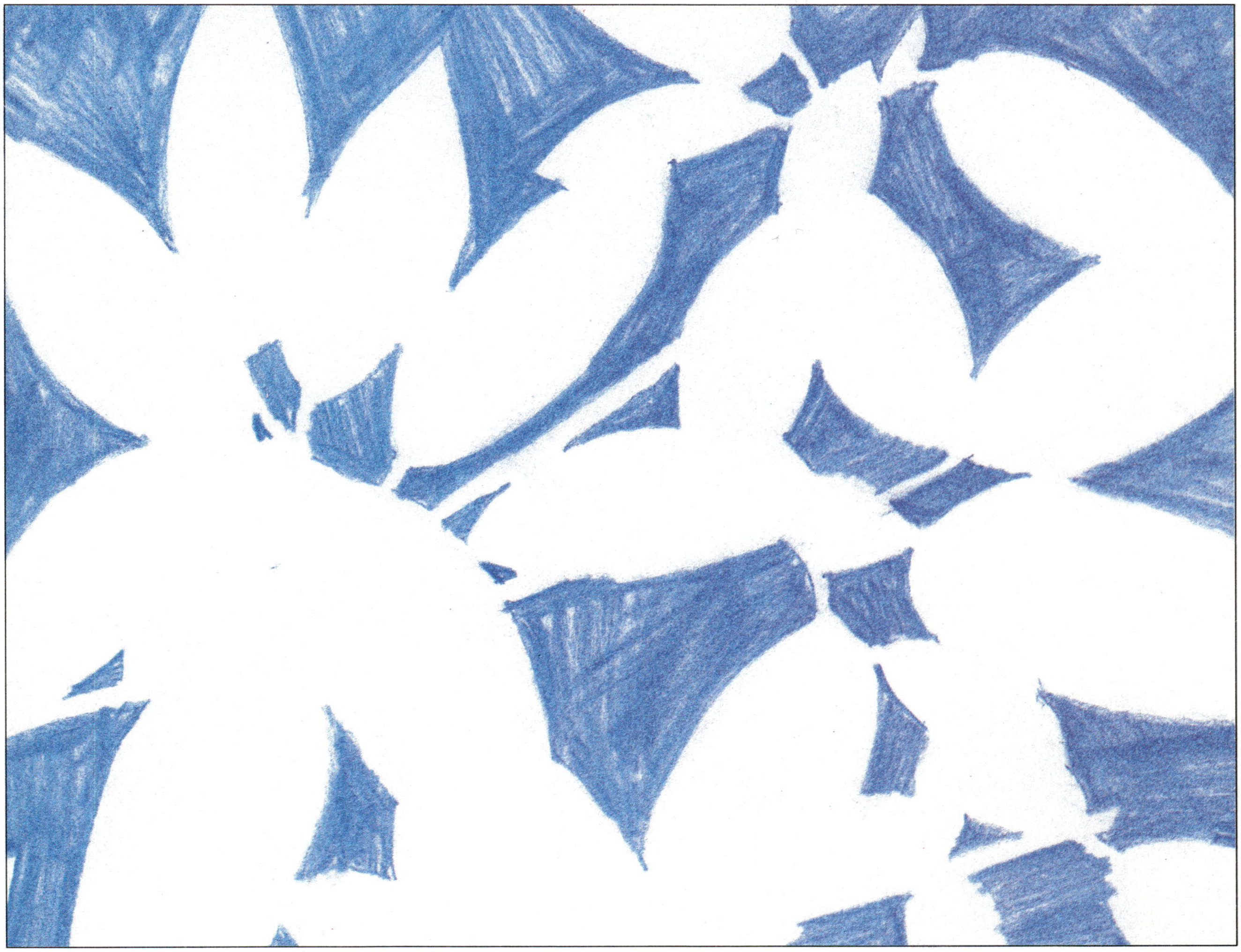

## Formes négatives

Les espaces, autour et entre les sujets, sont un des facteurs dont vous devrez tenir compte lors de la composition de vos dessins. Le tout manquera de cohésion et d'harmonie à tout le moins, mais dans le pire des cas, l'inexactitude des espaces « négatifs » se répercutera sur tout le tableau, et l'effet d'ensemble sera faussé.

Le dessin du feuillage illustré ci-dessus a été exécuté, non pas en définissant la forme des feuilles, mais les espaces vides, que l'on appelle aussi « formes négatives ». Démarche que l'auteur a su exploiter dans cette agréable composition où chaque forme a été considérée et intégrée avec soin dans l'ensemble. Notez qu'ici le sujet occupe tout l'espace et que les bords rectilignes du cadre jouent également un rôle dans la définition des formes placées sur le pourtour.

La définition des espaces vides met en relief les différents aspects de la composition. Cette méthode permet également de corriger la tendance que nous avons à dessiner ce que nous pensons être, et non ce que nous voyons réellement. Prenons l'exemple d'une feuille ; parce que nous en connaissons la forme nous n'éprouverons pas le besoin de vérifier l'exactitude de notre dessin. Inversement, en l'absence d'idée préconçue de la forme d'un espace, nous devons prêter une plus grande attention à sa définition. Toutefois, le but de cet exercice n'est pas de privilégier les formes négatives, en l'occurrence les feuilles, mais de favoriser l'exactitude de la définition des formes entre elles.

Mettez cette technique en pratique et vous serez étonné de constater que la conscience des espaces favorise l'exactitude d'un dessin. Chaises, tables et tabourets se prêtent parfaitement à cette démarche, car les pieds et les traverses créent toute une gamme d'intervalles géométriques. Il en va de même pour les arbres en hiver, avec leurs branches et leurs ramures dénudées, ou les arrangements d'objets.

## Perspective linéaire

Imaginez que vous vous trouviez sur une route rectiligne que vous suivez des yeux à perte de vue. Vous remarquerez que les lignes semblent se rapprocher et se rejoindre en un point de l'horizon. Cette scène illustre parfaitement le principe de la perspective linéaire, selon laquelle toutes les parallèles d'un même plan se confondent à mesure qu'elles s'éloignent de l'observateur. Le point vers lequel elles convergent s'appelle le « point de fuite ». L'application de la perspective linéaire est importante, car le non-respect de cette règle engendre des distorsions dans la composition.

Si deux des côtés d'un objet sont visibles, il faudra prévoir deux points de fuite. Si c'est le cas de trois, alors trois points de fuite seront nécessaires. Dans le dessin ci-dessous, deux côtés du bateau sont apparents, le dessinateur a donc tracé deux points de fuite.

## Perspective aérienne

Avec la distance, la précision des objets s'estompe. Par exemple, plus les collines et les montagnes sont éloignées, plus la teinte bleuâtre qui les enveloppe s'accentue. Ce phénomène résulte de l'incidence de l'atmosphère.

La perspective aérienne est un moyen utile en dessin pour définir l'espace. L'illusion de la distance est rendue en atténuant la netteté des objets éloignés à l'aide de traits plus fins. Dans le dessin du pont ci-dessous, l'auteur a utilisé un crayon tendre pour accentuer le premier plan et un crayon dur pour les lignes pâles des éléments éloignés.

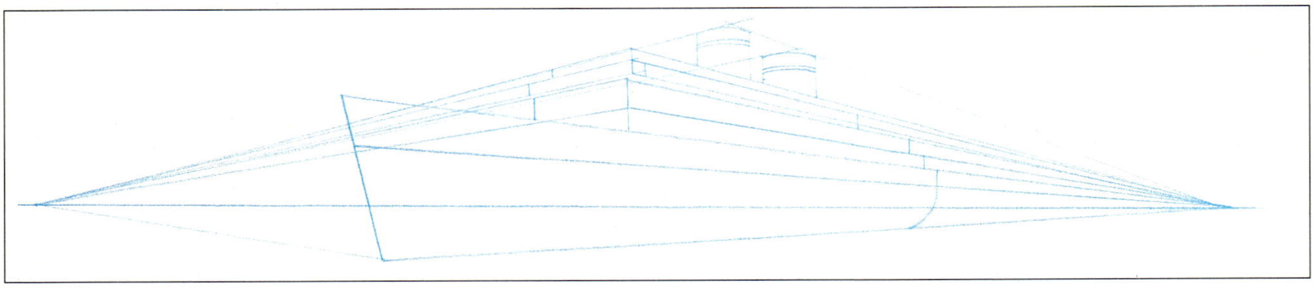

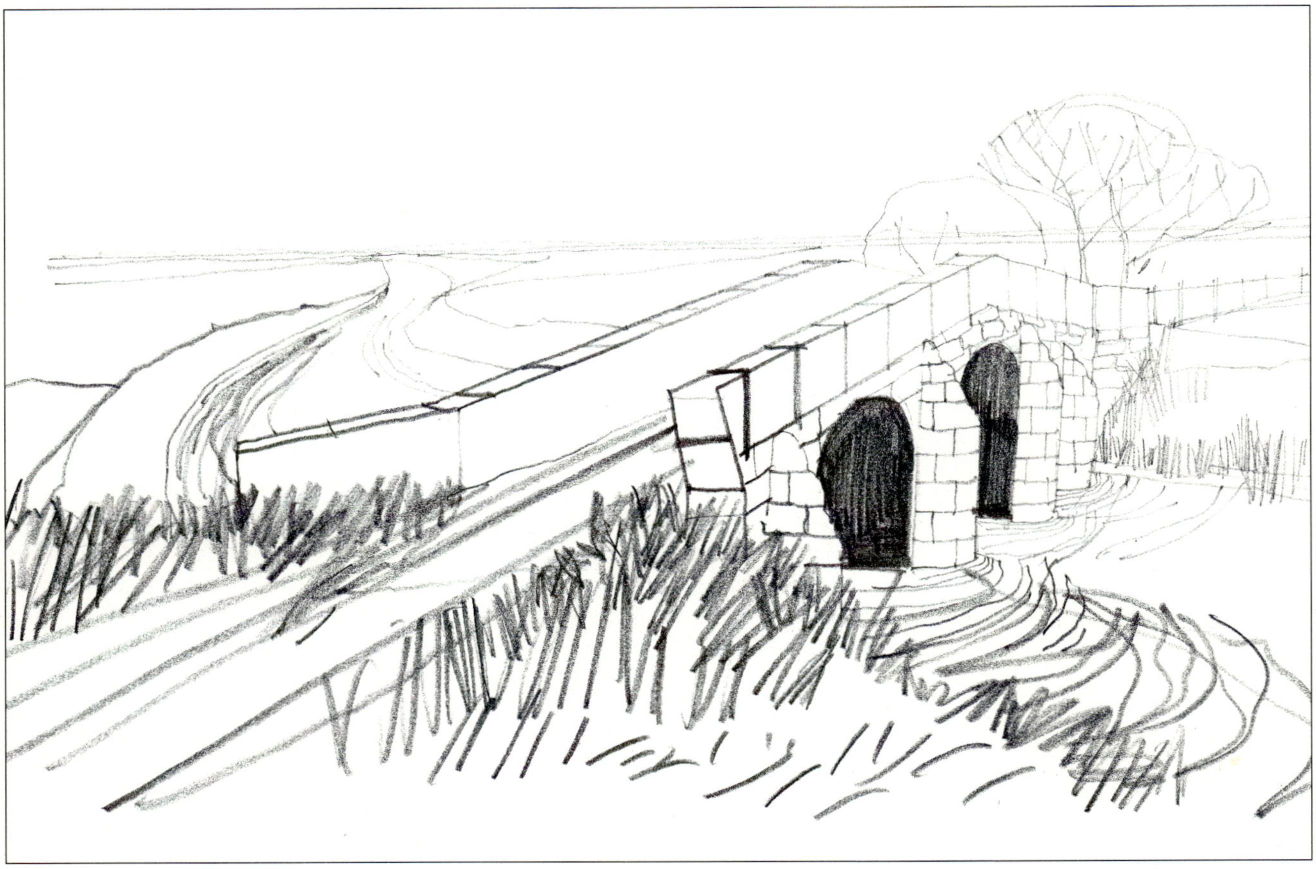

## Repérage des formes

Si vous tenez votre crayon à la verticale, bras tendu, vous pourrez vous en servir pour mesurer les proportions exactes de votre sujet. Commencez par choisir un « segment » sur le modèle et adoptez-le comme unité de mesure. L'une des extrémités du segment sera indiquée par le bout du crayon et l'autre par votre pouce. A l'aide de cet étalon, vous pourrez construire le dessin avec précision.

Pour le bouquet de tulipes ci-dessous, le dessinateur a choisi l'une des fleurs comme unité de mesure, à partir de laquelle il a calculé la position et la taille du vase ainsi que celles des autres fleurs. La hauteur du bouquet représentait exactement six fois l'unité choisie, il a donc calculé ce rapport avec précision sur la feuille. Ainsi la composition était-elle établie dans ses moindres détails avant même que ne commence le dessin, la position de chaque élément étant indiquée par une série de points de repère. Le croquis a été réalisé ici à l'aide de crayons de couleur afin de définir chaque élément dans sa teinte respective.

Dans la représentation de la figure humaine, la mesure la plus évidente est celle de la tête. Mais peu importe par quelle partie vous commencez, du moment que celle-ci se prête bien à ce traitement.

Il va sans dire que la mesure réelle de l'unité n'a pas d'incidence sur la dimension représentée. Dans le cas contraire, vous n'auriez pas le choix de l'échelle ! C'est donc bien le rapport qui importe.

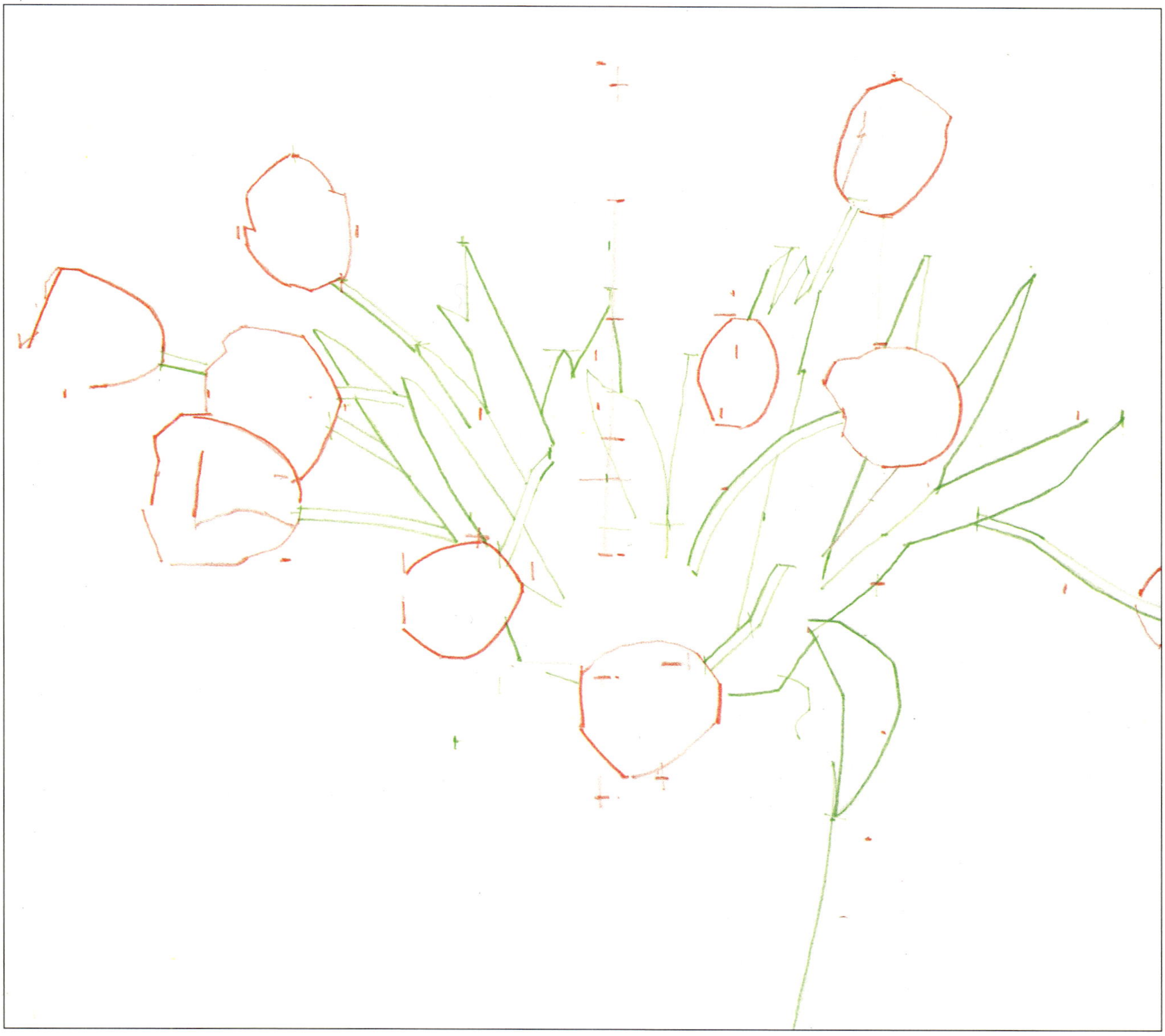

# Chapitre 2

# Le matériel

Apprendre à dessiner c'est essentiellement apprendre à se servir de matériaux. Les sections pratiques de cet ouvrage proposent une étude détaillée de chacun des matériaux abordés, comme le crayon, le pastel ou le fusain, et des démonstrations exposant les techniques d'application appropriées. Cependant, certains des matériaux et des instruments s'appliquent à plusieurs de ces catégories. Dans ce chapitre, nous en étudierons quelques-uns ; certains d'entre eux sont utiles ou pratiques, et d'autres essentiels.

Choisir le papier adapté au matériau employé peut être déroutant et faire perdre beaucoup de temps. Dans ce chapitre, nous suggérons des supports appropriés aux divers matériaux. Ces sugestions n'ont rien de contraignant, mais soulignent néanmoins les erreurs à éviter.

Les gommes, les taille-crayons et les chevalets sont également abordés dans ce chapitre. Généralement, nous recommandons de résister à la tentation d'acheter du matériel avant d'avoir évalué ses besoins réels. Le chevalet, par exemple, est un article coûteux et bien que très utile il n'est pas essentiel (les démonstrations présentées dans cet ouvrage ont été réalisées sans chevalet). Mais si vous désirez en acquérir un, attendez de savoir si vous préférez travailler sur petits ou grands formats, en atelier ou à l'extérieur, etc.

L'esquisse et le dessin sont des activités qui requièrent peu de matériel, c'est là un de leurs attraits majeurs. Mais les croquis s'accumulent à une rapidité étonnante et soulèvent l'inévitable question du rangement : chemises, cartons, cartonniers, etc.

Le dessin en atelier nécessite un bon éclairage. Il ne s'agit pas uniquement de la lumière du sujet, mais également de celle du support. Que celle-ci soit naturelle ou artificielle, il faut éviter qu'elle ne projette l'ombre de votre main sur le papier.

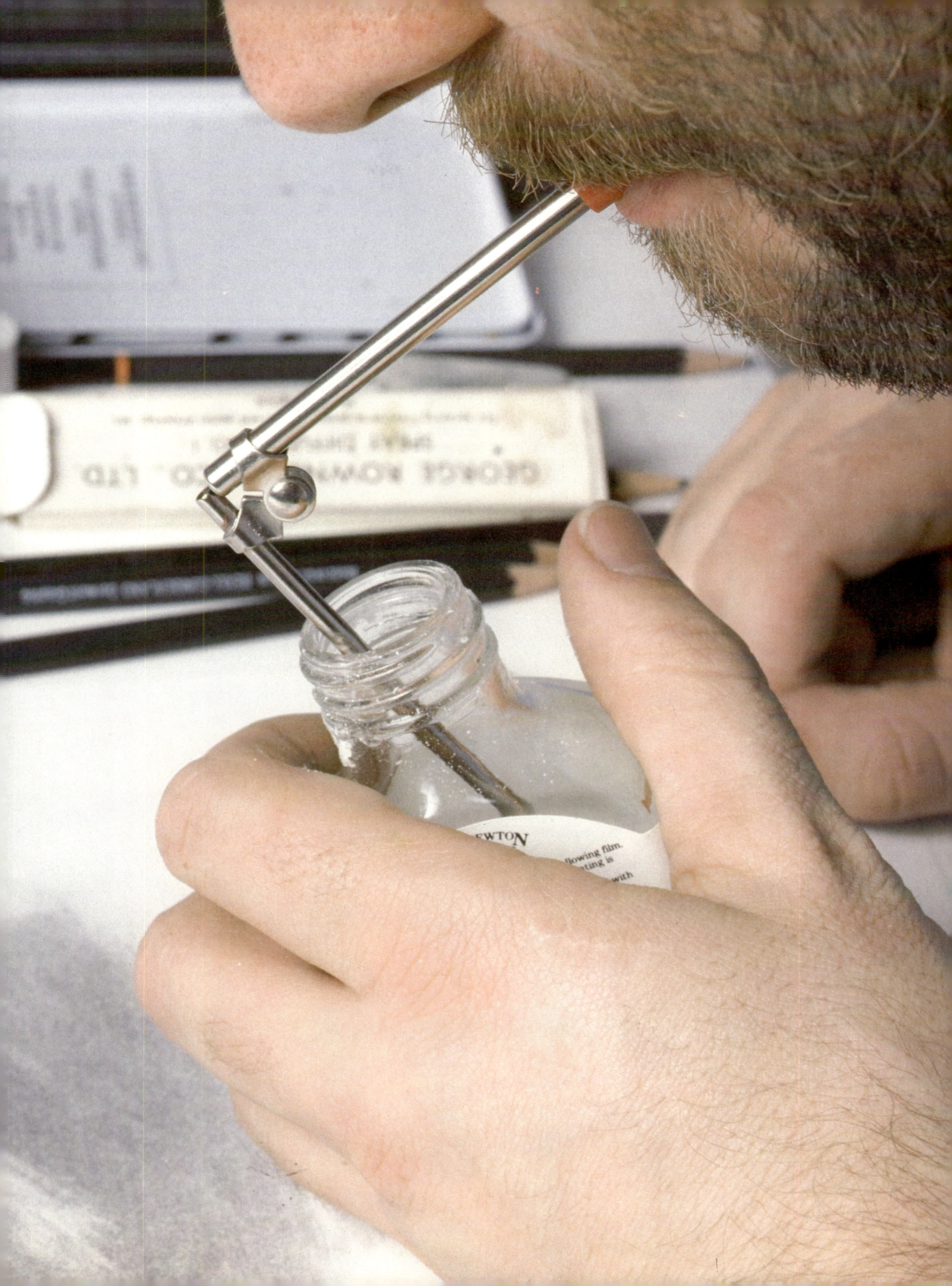

# Le matériel

Pour dessiner, une feuille de papier et un quelconque crayon à dessin suffisent ; le matériel de base est réduit à sa plus simple expression. La plupart des artistes disposent d'un matériel plus important qu'ils ont acquis en grande partie pour des travaux précis et qui s'est accru au fil des années.

Acheter beaucoup de matériel d'un coup est généralement une erreur, en particulier pour un débutant. Commencez avec quelques éléments essentiels, sans omettre la gomme et le fixatif ; d'autres, comme le chevalet, la règle et le ruban adhésif, ne sont pas indispensables.

## Blocs et albums

Ceux-ci existent dans un large éventail de choix. Les plus pratiques sont les petits formats que l'on peut glisser aisément dans sa poche ou dans un sac. Les dimensions vont de 12 × 16 cm à 80 cm × 120 cm. Les albums cartonnés sont solides et faciles à ranger (leur rigidité permet de les classer sur une étagère, ils constitueront une source de référence à portée de main). Vous trouverez des albums à spirale avec un dossier en carton épais, d'une manipulation pratique pour le travail à l'extérieur.

Il existe un très grand choix de papier, tant en ce qui concerne la qualité et l'épaisseur, que les formats et les couleurs. Beaucoup sont fabriqués spécialement pour l'aquarelle, parmi lesquels figurent des grands noms comme Ingres, Arches, Canson, et d'autres tout aussi appropriés pour le dessin. Les blocs Ingres offrent un assortiment de teintes destinées au pastel et à d'autres matériaux de couleur.

## Couteaux, lames et taille-crayons

Pour obtenir de bons résultats les crayons doivent être parfaitement aiguisés. Les matériaux n'ont pas tous le même diamètre ni la même forme. Certains sont rectangulaires et nécessitent une lame pour les tailler, d'autres comme les nouveaux crayons gras aquarelle (page 126), d'un diamètre supérieur à celui des crayons standard, sont vendus avec leur propre taille-crayon.

Les cutters, ou couteaux à lame rétractable, les scalpels chirurgicaux à lame interchangeable et les lames de rasoir avec protection sont de parfaits outils d'affûtage.

## La planche à dessin

La planche à dessin est un accessoire essentiel que vous trouverez chez tous les distributeurs de fournitures d'art. Elle existe en bois ou en contreplaqué, parfois renforcé par des angles métalliques. Vous pourrez également la fabriquer à partir de découpes, mais en vous assurant que sa surface est absolument plane. Sa dimension sera fonction des formats que vous adopterez. Mais une planche d'une taille et d'un poids intermédiaires sera plus maniable.

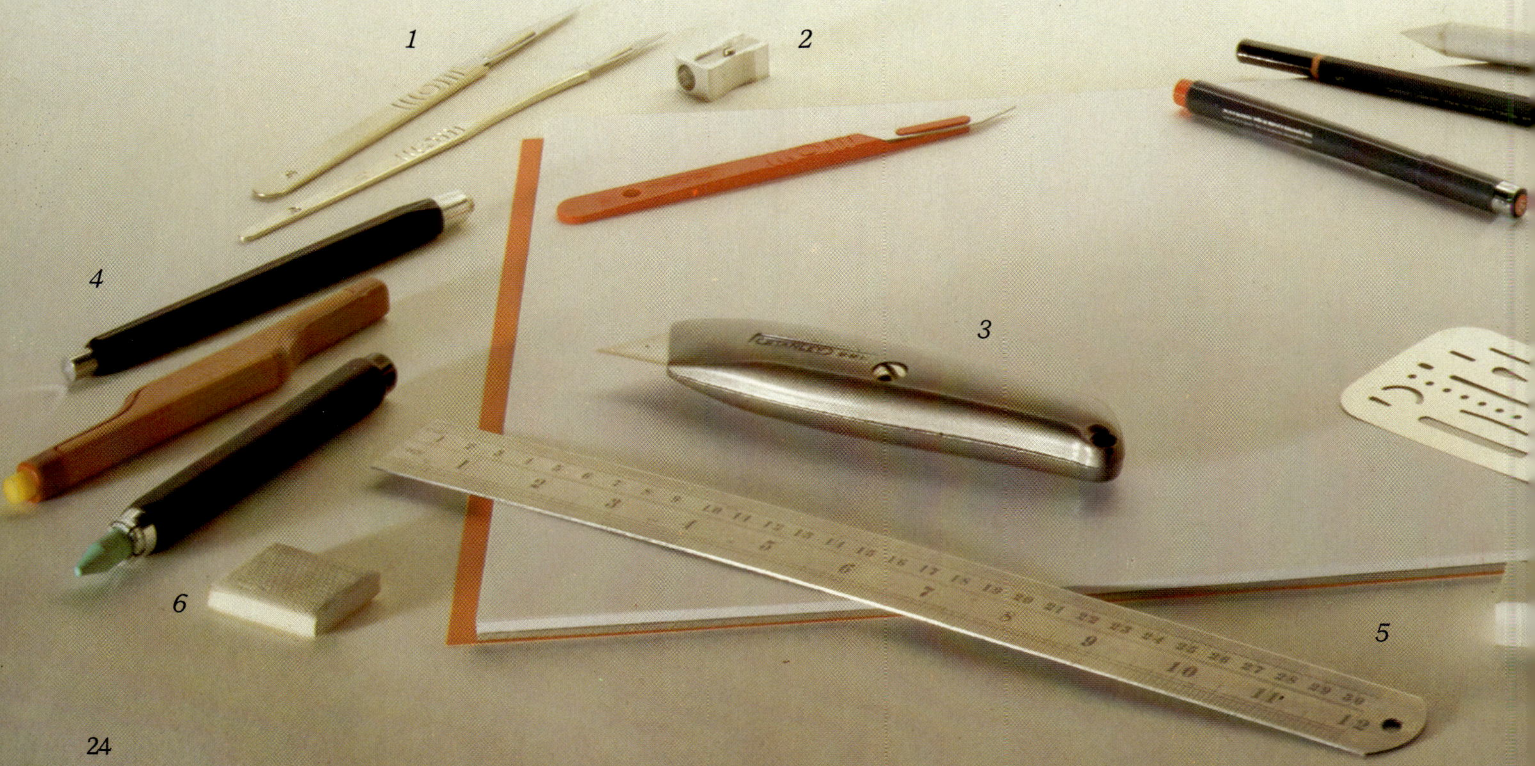

## Gommes et patrons d'effaçage

Utilisez la gomme le moins possible, son usage devient vite une habitude qui nuit à l'assurance et freine les progrès. A mesure que croît la dépendance de la gomme, le trait perd de sa vigueur, il reflète la maladresse et l'on s'empresse de l'effacer. Cette échappatoire est néfaste au débutant qui doit au contraire faire de nombreux essais, apprendre à observer, à explorer de nouvelles idées, à utiliser de nouveaux matériaux et non se laisser influencer par une image préconçue de l'effet final.

Un certain usage de la gomme est cependant inévitable, et parfois même nécessaire pour obtenir certains effets. Le dessin page 110 et suivantes illustre bien cette utilisation à des fins créatives.

La gomme d'architecte ou gomme-pâte, est la plus pratique. Elle ne détériore pas le papier et on peut lui donner la forme désirée. Particulièrement adaptée aux matériaux comme le graphite et le fusain, elle permet aussi d'estomper les contours trop nets d'un croquis. Elle est très appréciée pour rehausser les contrastes de lumière d'un dessin à tonalité sombre ou monochrome.

La gomme à encre et la gomme en plastique sont plus dures que la gomme-pâte, mais conviennent aux traits légers. Pour le papier calque ou quadrillé, la gomme en plastique est excellente.

L'effacement de l'encre n'est jamais tout à fait satisfaisant, mais il existe une gomme conçue à cet effet, à base d'huile, qui permet d'effacer les petites taches.

Dans les dessins très fouillés le patron d'effaçage peut rendre de nombreux services. Ses minuscules motifs perforés peuvent être effacés très proprement, la plaque en métal ou en plastique protégeant le reste du dessin.

*1 Scalpel*
*2 Taille-crayon*
*3 Cutter (couteau à lame rétractable)*
*4 Gomme, mines et porte-mine*
*5 Règle*
*6 Gomme-pâte*
*7 Patron d'effaçage*
*8 Carton à dessin*
*9 Ruban adhésif*
*10 Gomme crayon-encre*
*11 Blocs à dessin*

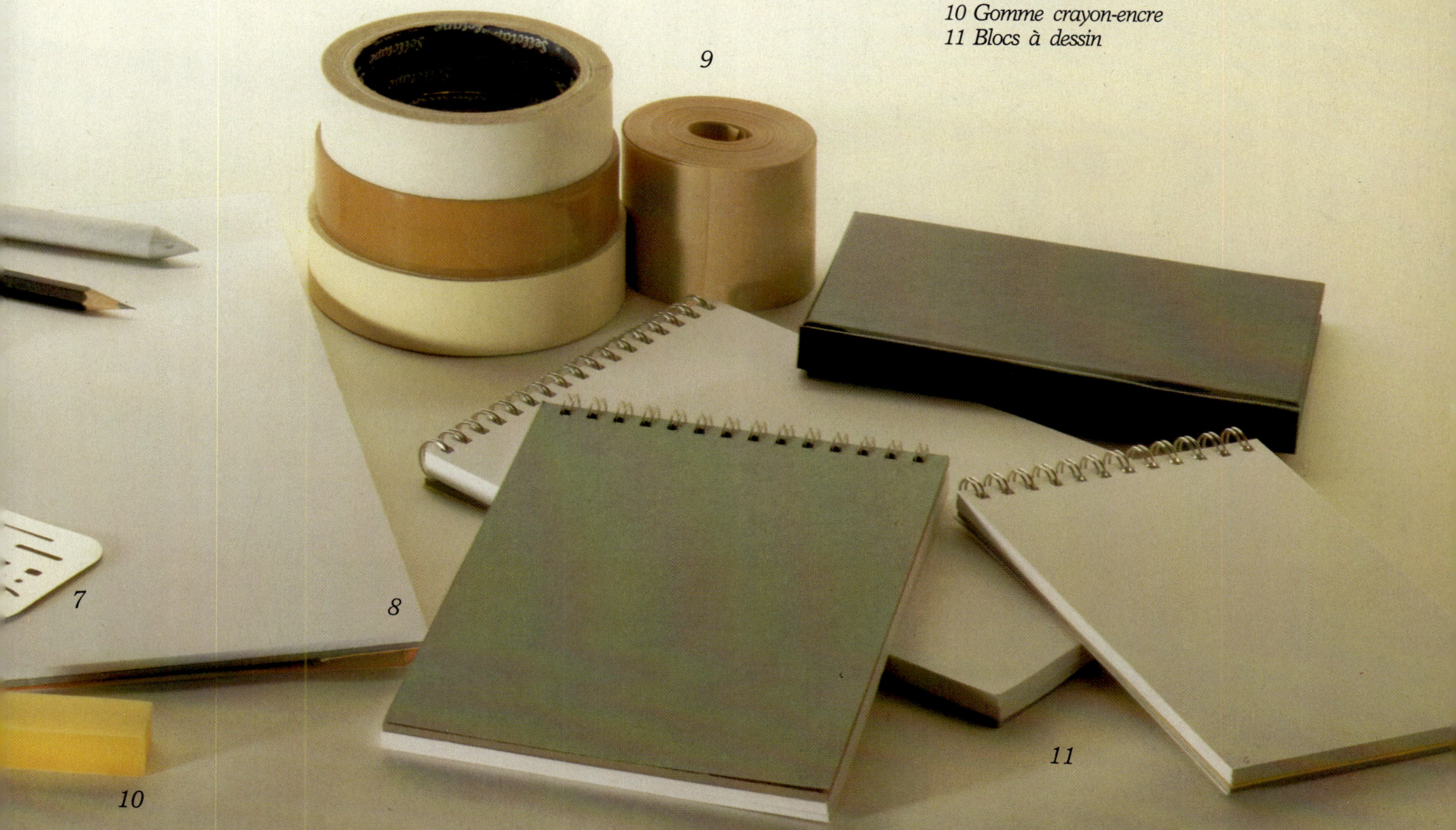

## Fixatifs

Les matériaux pulvérulents qui tendent à s'étaler facilement doivent être fixés, afin de préserver l'acuité et la fraîcheur des couleurs. Les dessins au pastel, au crayon Conté, au fusain et autres matériaux tendres et friables, devraient être fixés dès la fin de l'exécution. On peut même parfois juger utile de vaporiser une fine couche de fixatif à différents stades du travail, pour limiter les risques d'accident, frottement d'une manche ou de la main.

Le fixatif est disponible en aérosol, ce qui en facilite l'emploi et la conservation. Mais il est également vendu en flacon de verre ou de plastique. Cette solution est plus économique, mais elle nécessite l'emploi d'un pulvérisateur à bouche. Les deux méthodes sont également satisfaisantes.

Toutefois les fixatifs peuvent assombrir les couleurs, et parfois de manière sensible. Le pastel est à cet égard particulièrement vulnérable, ses couleurs claires et vives tendent à absorber le fin vernis qui modifie la valeur tonale du dessin. Pour cette raison beaucoup d'artistes vaporisent le verso du papier. Mais si cette méthode ne porte pas atteinte aux couleurs, elle est moins efficace, car elle n'atteint pas toutes les particules en surface.

Procédez en tenant l'aérosol à environ 30 cm de la feuille inclinée ; vaporisez d'un fin nuage dans un mouvement de va-et-vient régulier. Ne vous attardez pas, sous peine de voir le produit couler ou tacher le dessin.

*1 Pinceau souple pour éliminer la poudre*
*2 Fixatif en bombe aérosol*
*3 Gomme en plastique*
*4 Gomme-pâte*
*5 Fixatif en flacon*
*6 Liquide correcteur*

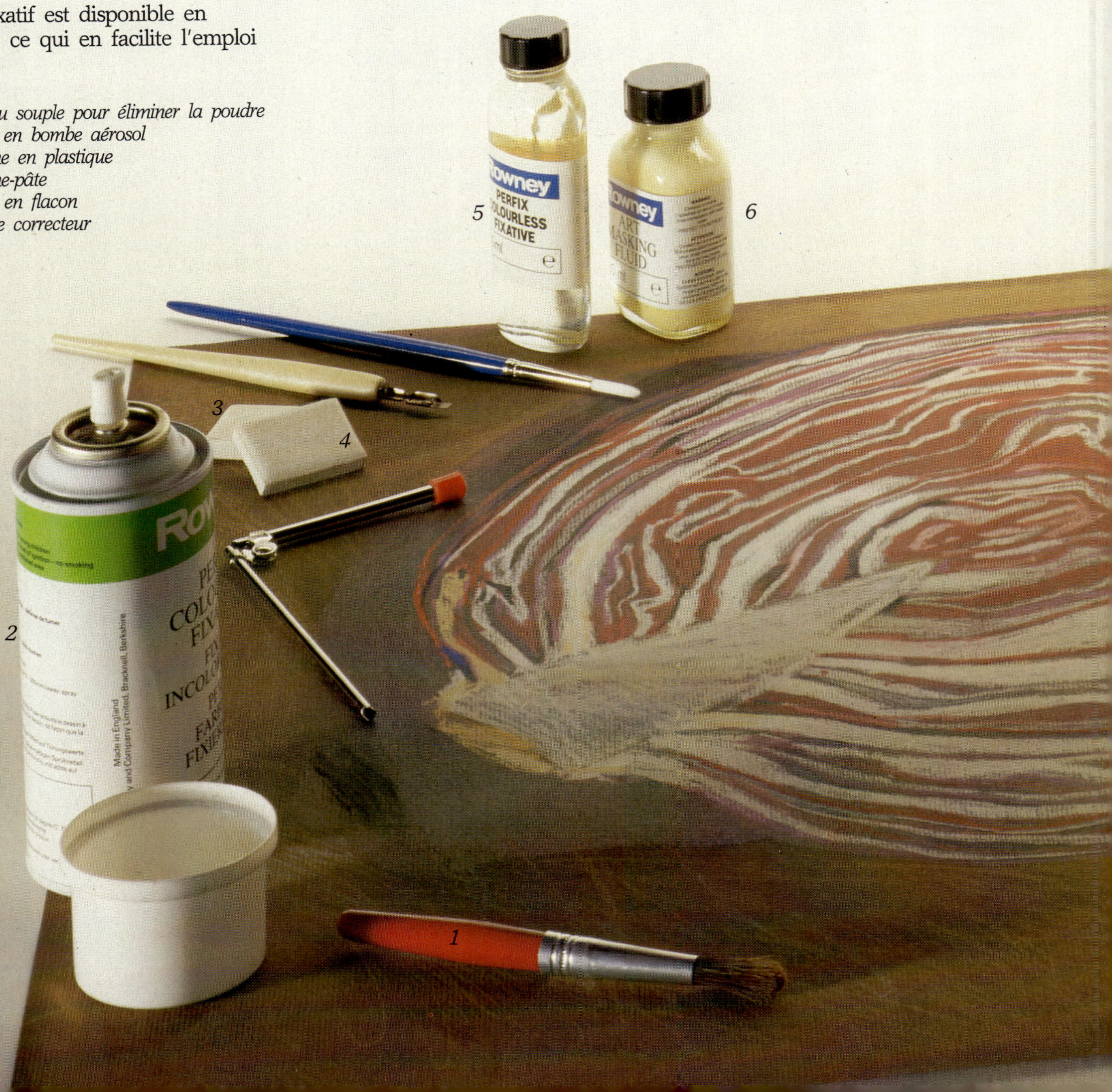

## Chevalets

Le chevalet est conçu pour maintenir la planche ou le support à dessin à la hauteur et à l'inclinaison requises. Certains modèles étudiés pour le travail en plein air sont légers, réglables et pliants.

Un chevalet pour aquarelle peut s'incliner à l'horizontale, c'est une solution pratique si vous conjuguez des matériaux secs et liquides, si vous décidez d'ajouter un lavis par exemple. La position horizontale empêche l'encre ou la peinture de couler. Le modèle dit de campagne, à boîte incorporée, allie tous les aspects pratiques, y compris un tiroir pour les accessoires.

Chez soi, la solution la plus pratique et la moins encombrante est un plateau posé sur une surface plane.

Mais il convient d'ajouter qu'un chevalet n'est pas indispensable et ne justifie nullement un achat immédiat et coûteux. Il est évidemment plus facile d'évaluer le progrès d'une œuvre lorsque celle-ci est inclinée, et la majorité des artistes préfèrent cette solution car elle favorise une vue globale et sans distorsion du travail. D'autres cependant s'accommodent fort bien d'une planche à dessin posée sur leurs genoux ou encore légèrement inclinée sur une table. Dans les derniers chapitres de cet ouvrage par exemple, les démonstrations ont été réalisées sur une table, l'auteur inclinant son dessin de temps à autre pour juger de l'effet d'ensemble.

Il ne faudrait pas que faute de chevalet vous éliminiez le dessin à l'extérieur ; il suffit pour cela d'équiper votre planche à dessin d'une courroie passée autour du cou qui vous laissera les mains libres. Un siège en toile pliant est aussi utile pour les croquis en plein air.

*Chevalets (de gauche à droite)*
*1 Chevalet de campagne en métal*
*2 Chevalet réglable et pliant en bois*
*3 Comme le précédent, mais muni de crochets porte-palette*
*4 Boîte chevalet*

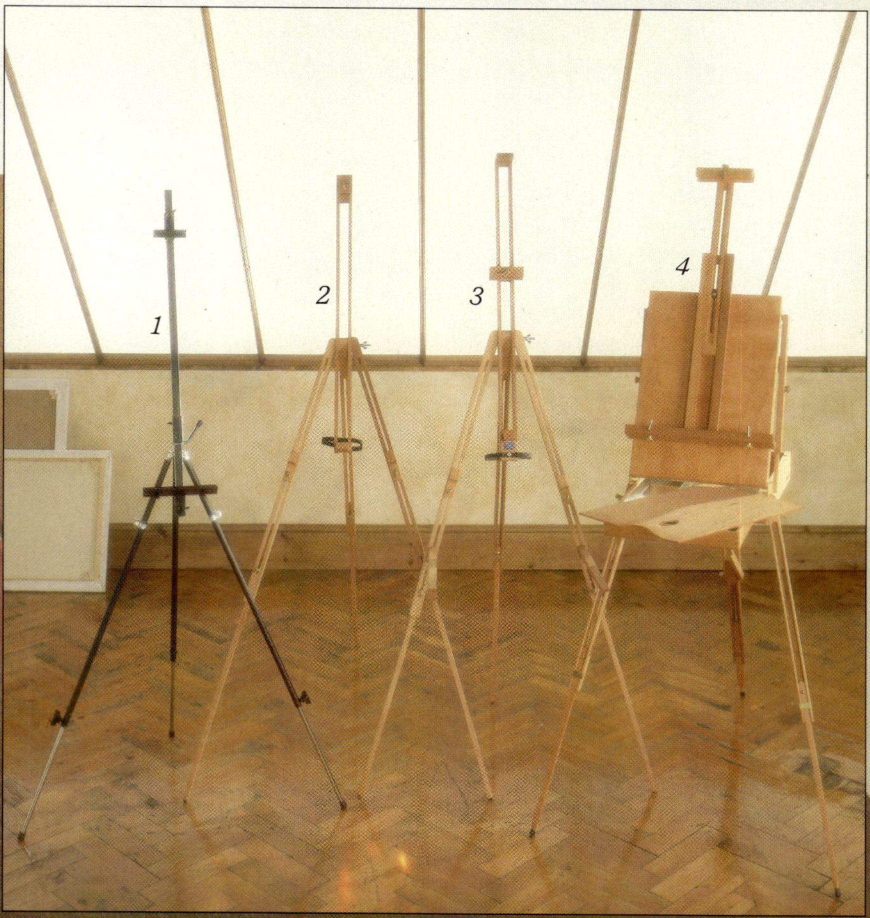

# LES SUPPORTS : LE PAPIER

Le papier joue un rôle primordial dans la qualité du résultat. Non seulement le choix de la nuance et du ton est crucial quand on emploie un matériau de couleur comme le pastel, mais celui de la structure et de la finition est également déterminant dans l'effet obtenu.

Le papier à dessin classique est blanc ou écru, mais vous découvrirez avec les démonstrations de cet ouvrage qu'il n'y a pas de règle absolue en la matière. Pour ce qui est de la couleur, le bon sens est le maître mot. Un papier de couleur foncée ne saurait servir un fin dessin au crayon. La mise en valeur du pastel et d'autres matériaux de couleur requiert un papier dont la teinte s'harmonise avec la dominante du tableau.

L'aspect du papier est très différent selon qu'il s'agit d'un papier pressé à chaud, pressé à froid ou brut de machine. Le premier est presque lisse, le second a un grain moyen et le dernier un grain épais très apprécié des aquarellistes, mais il convient également à certains dessins faisant appel au pinceau et à l'encre, ou à l'association de plusieurs matériaux.

Les papiers dits « à la cuve », fabriqués à la main à partir de pâte de chiffon, sont onéreux. Ils sont encollés sur la face destinée au dessin, celle-ci est légèrement plus lisse et peut être identifiée par la marque du fabricant inscrite en filigrane. Pour le dessin, le papier bristol est le plus utilisé, parmi les marques les plus réputées, citons Canson, Arches, Cotman, etc.

L'épaisseur du papier est indiquée par son poids. Ces derniers vont de 125 g pour du fin, à 640 g pour de l'épais. Le poids est en fait celui de 1 m² de ce papier. Le papier fin gondole lorqu'il est mouillé, et le restera en séchant. Tenez-en compte si vous désirez associer le lavis à vos dessins, ou les crayons aquarelle dont la couleur se dissout à l'eau (toutefois de très petites quantités d'eau ne devraient pas affecter le papier). Afin d'éviter toute déception, choisissez un papier épais de

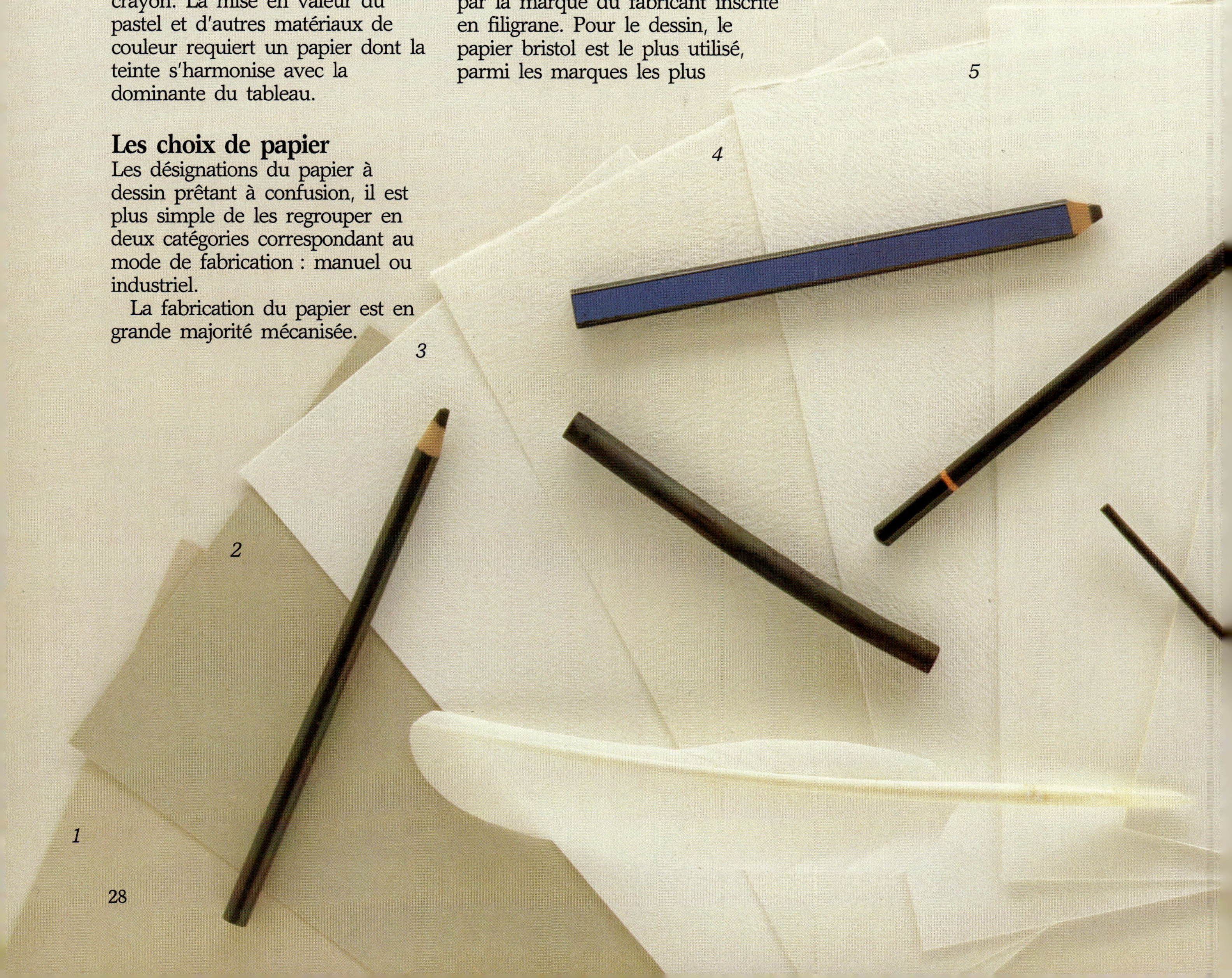


## Les choix de papier

Les désignations du papier à dessin prêtant à confusion, il est plus simple de les regrouper en deux catégories correspondant au mode de fabrication : manuel ou industriel.

La fabrication du papier est en grande majorité mécanisée.

bonne qualité — en bloc contrecollé de préférence.

## Papiers de couleur

Le papier à dessin de couleur, très répandu, est disponible dans une grande variété de teintes chez Arches, Canson, Fabriano, etc. Chaque type se caractérise par son grain ; certains ont un grain régulier, d'autres ont des aspérités à peine visibles.

Il existe des papiers de qualité inférieure de teinte neutre ou grise, très en faveur auprès des étudiants et des débutants, pour leur prix d'une part, mais aussi parce que leurs mi-teintes agréables en font un support idéal pour divers types de matériaux et de techniques.

## Aspect de surface

La finition du papier, satinée ou grenue, est également importante. Les matériaux friables, comme le fusain et le pastel, requièrent un support suffisamment grenu pour retenir la couleur. Pour tous les instruments à pointe fine comme les plumes et les stylos à pointe tubulaire, ce sont les papiers lisses ou le bristol les plus appropriés.

## Papiers à usages divers

Outre le papier à dessin classique, il existe toute une gamme utilisée à des fins particulières. Citons d'abord le papier destiné à la calligraphie, d'origine japonaise ; il est de très grande qualité, mais non indiqué pour les débutants.

D'autres, à usage plus fonctionnel, sont cartonnés comme le bristol et conçus pour la précision des arts graphiques. Les papiers à dessin cartonnés par encollage sont pratiques pour les travaux à l'extérieur.

Les matériaux comme le fusain et le pastel nécessitent également des papiers spéciaux (voir pages suivantes).

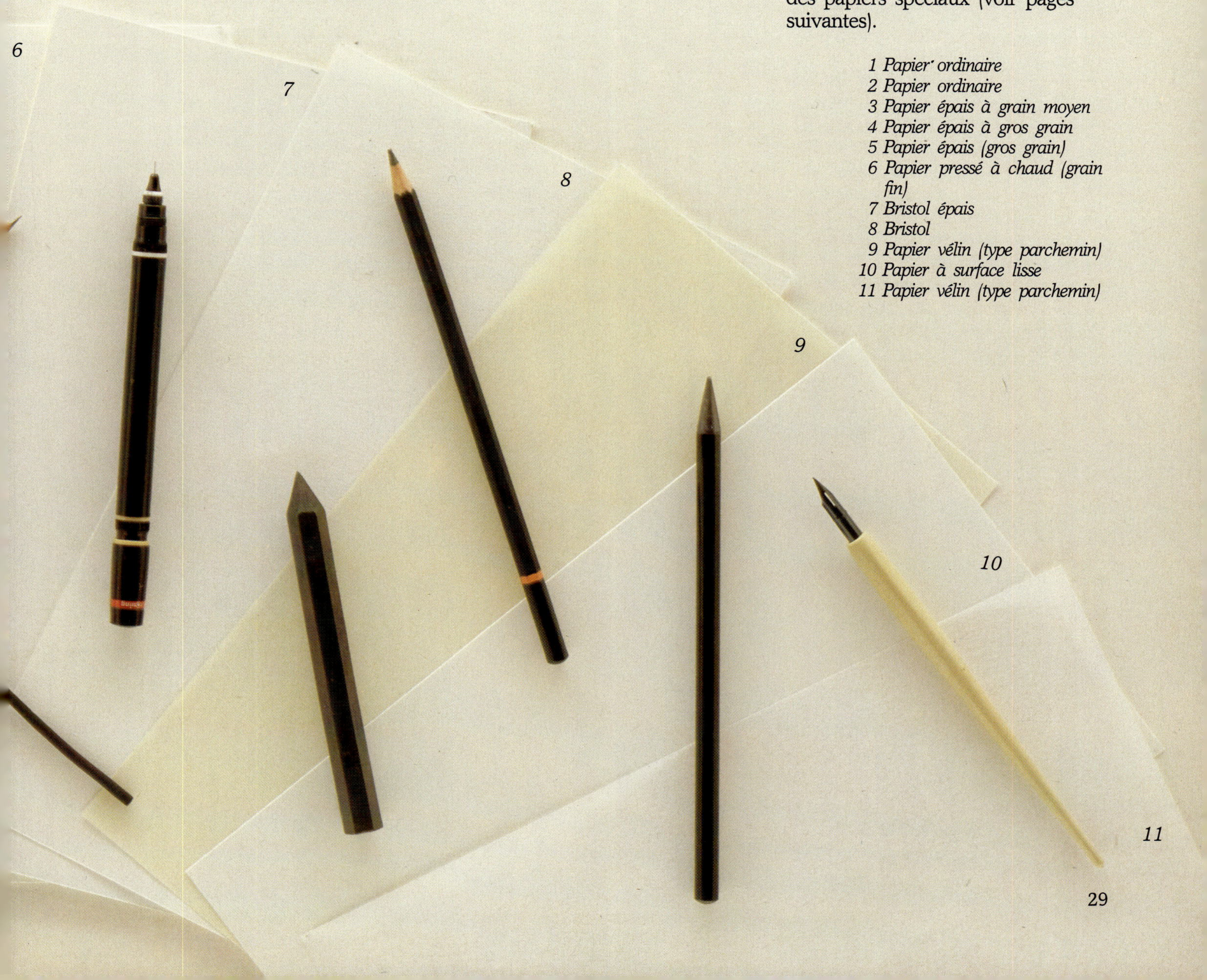


*1 Papier ordinaire*
*2 Papier ordinaire*
*3 Papier épais à grain moyen*
*4 Papier épais à gros grain*
*5 Papier épais (gros grain)*
*6 Papier pressé à chaud (grain fin)*
*7 Bristol épais*
*8 Bristol*
*9 Papier vélin (type parchemin)*
*10 Papier à surface lisse*
*11 Papier vélin (type parchemin)*

# LES SUPPORTS : LE PAPIER

Le choix des supports utilisés ici a été laissé à la discrétion des auteurs, l'objectif étant de souligner le plus clairement possible la technique et les matériaux employés. Au début ces exemples vous seront utiles, mais ils ne doivent pas vous empêcher par la suite d'élaborer une démarche personnelle. Soyez inventif ! Essayez différents supports et comparez les résultats.

## Fusain et craie

Pour ces matériaux pulvérulents, choisissez un papier mat légèrement grenu qui accroche bien. Pour dessiner avec le fusain et la craie — le fusain servant pour les parties ombrées et la craie pour les reflets et les rehauts — choisissez un papier mi-teinte. Les tons moyens font ressortir les sombres et les clairs à merveille. Canson et Montgolfier, Ingres et Fabriano, sont tous appropriés. Vous trouverez également un papier teinté épais, à gros grain, spécial pour fusain.

Si vous travaillez uniquement au fusain, choisissez des tons clairs, de façon à bien mettre en valeur les traits noirs.

## Craies de couleur

Cette large catégorie comprend les craies Conté traditionnelles, les craies d'art et les crayons à la cire. Là aussi, un support légèrement grenu est nécessaire pour accrocher le matériau poudreux. Pour les Conté classiques — sanguine, gris, sépia et bistre — choisissez un papier de teinte moyenne ou neutre. Si vous utilisez toute la gamme des couleurs Conté, un papier légèrement teinté, blanc ou écru, conviendra. Pour les craies d'art ou les pastels à la cire, un papier clair ou blanc est préférable.

## Plumes, pinceaux et encre

On peut dessiner à l'encre sur tous les papiers, le choix dépend de l'effet recherché. La surface peut être lisse, brillante ou même très grenue. Mais pour la plume, une surface satinée est préférable. N'employez pas un papier à grain pour les stylos à plume tubulaire, les fibres risquent d'en obstruer la pointe. Le dessin au pinceau offre plus de possibilités, vous pourrez même essayer les papiers à aquarelle — généralement peu recommandés pour le dessin.

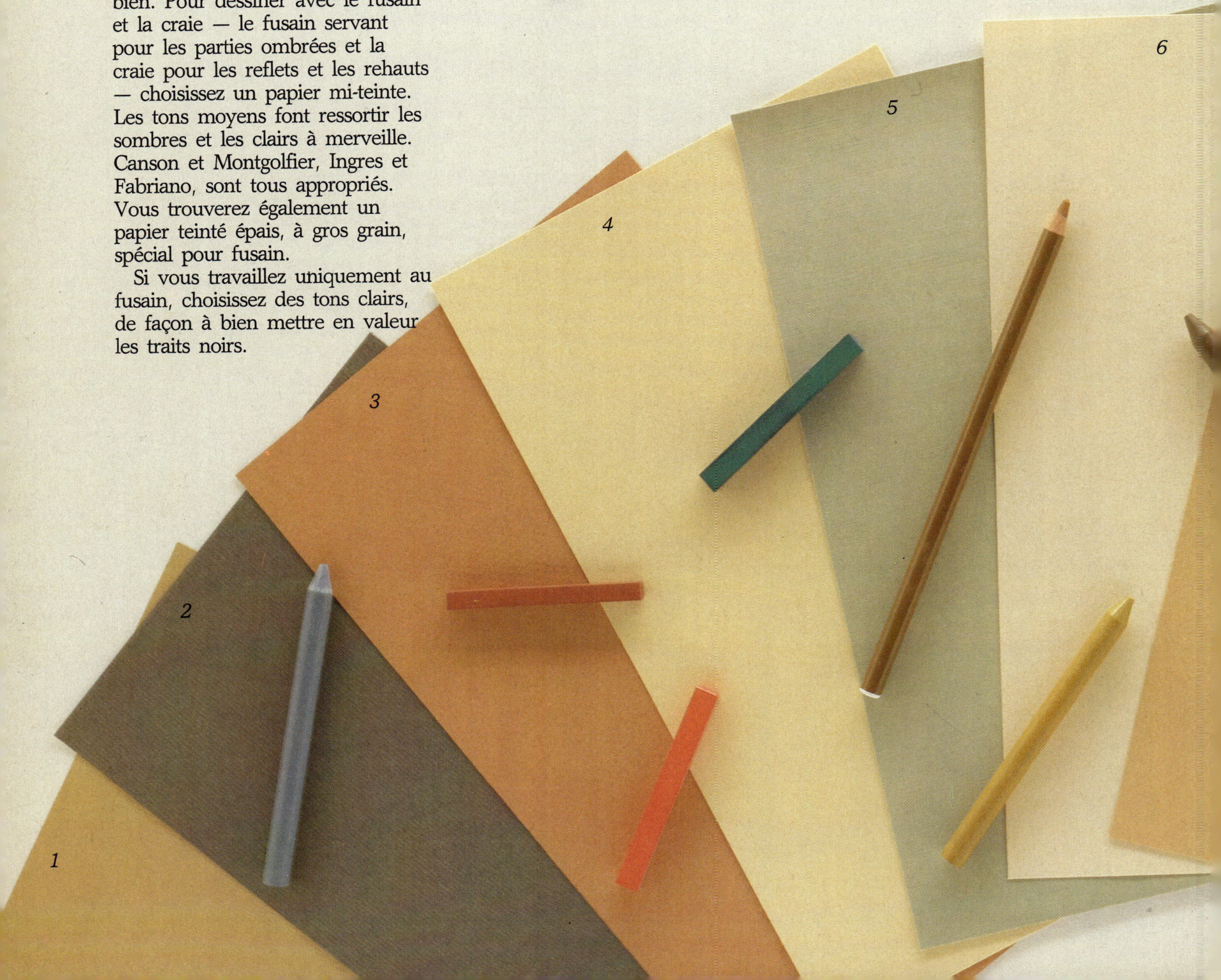

## Pastel

Pour le pastel, les meilleurs effets sont obtenus sur des papiers teintés de bonne qualité. Prenez une teinte en harmonie avec le sujet. Les pastels clairs sur un papier foncé font parfois beaucoup d'effet. Le papier pour pastel, semblable au papier de verre extra-fin, est disponible chez les fournisseurs spécialisés, sinon essayez la qualité la plus fine chez votre marchand de couleurs. Les surfaces rugueuses retiennent les épaisseurs de pastel et donnent une intensité de ton exceptionnelle.

## Crayon et graphite

Le choix du papier dans ce domaine dépend du format adopté et des effets recherchés. En règle générale, le papier satiné est adapté aux petits dessins élaborés, et les surfaces grenues aux travaux plus importants. Autrement, les papiers à grain moyen pour dessin et aquarelle conviennent.

## Crayons de couleur

Pour ce matériau, un papier à grain moyen est également recommandé. Mais si vous utilisez les crayons aquarelle solubles à l'eau, choisissez un papier de bonne qualité qui supporte l'humidité. Les crayons de couleur n'étant pas suffisamment couvrants ou opaques, il est déconseillé de les employer sur un papier de teinte sombre ou trop vive.

## Feutres et marqueurs

Ces instruments modernes, destinés à l'écriture et au dessin, sont très répandus et d'une variété infiniment riche. Il en existe soit à encre lavable soit à encre indélébile. Le support sera choisi en fonction du produit — la méthode empirique est sans doute la meilleure. Mais en règle générale, le papier à grain moyen est mieux adapté.

Les marqueurs à pointe biseautée et certains autres feutres ont tendance à saigner sur un papier à dessin ordinaire. Demandez à votre fournisseur un papier spécial pour marqueurs. Encollé recto, ou recto-verso, il résiste à l'absorption.

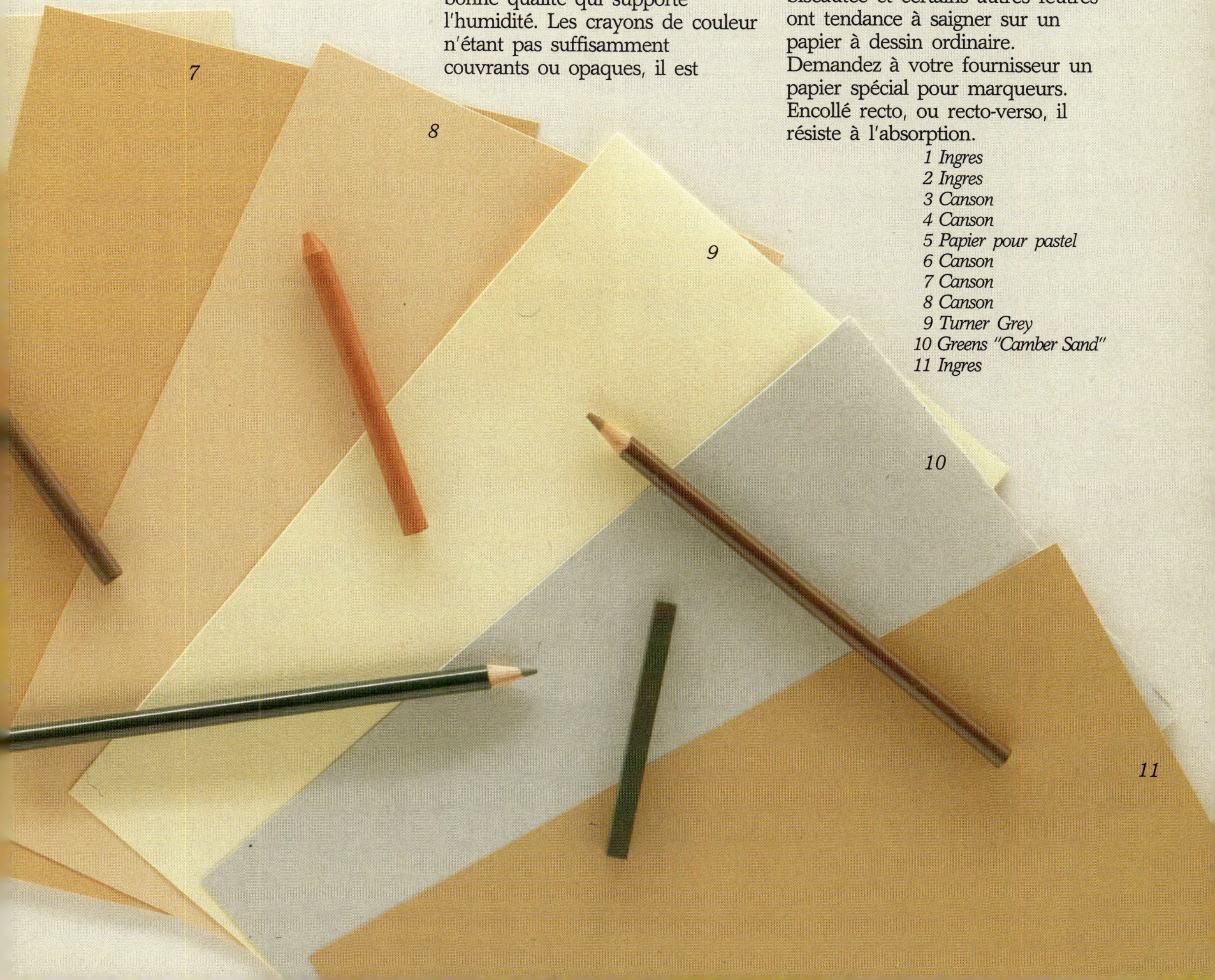


*1 Ingres*
*2 Ingres*
*3 Canson*
*4 Canson*
*5 Papier pour pastel*
*6 Canson*
*7 Canson*
*8 Canson*
*9 Turner Grey*
*10 Greens "Camber Sand"*
*11 Ingres*

# Chapitre 3

# Fusain et craie

Le fusain est le matériau idéal pour apprendre à dessiner. Il est en faveur dans de nombreuses écoles, car il favorise chez le débutant une vision globale du sujet, qui lui évite de se perdre dans les détails. Il est à cet égard supérieur au crayon noir : il vous aidera à dessiner largement, à vous concentrer sur les points forts et à penser en termes de lumière et d'ombre dès le premier trait. Fixez sans attendre une grande feuille de papier à dessin au mur, prenez un bâton de fusain et exécutez de larges traits en esquissant quelques objets simples, grandeur nature...

Ne vous attardez pas aux détails, essayez de définir rapidement les zones d'ombre sur les objets, en les contrastant avec les masses claires. Puis ajoutez les contours, en vous laissant guider par les parties ombrées. Une esquisse initiale des contours n'est pas toujours indispensable.

Vous remarquerez vite à quel point ce matériau est salissant ; il est quasiment impossible d'éviter les taches. Mais cela dit, ne vous rebutez pas, vous combattrez ainsi cette fâcheuse tendance qu'ont les débutants à user et abuser de la gomme. Un dessin trop net ou trop travaillé manque de vie. Le fusain est essentiellement un moyen d'expression vivant.

Réfléchissez avant de choisir votre papier. L'usage du noir et du blanc sur un fond teinté oblige à identifier les masses claires et sombres du sujet. Et ces dernières sont cruciales, car un dessin sans contrastes est plat et sans intérêt. C'est pourquoi il est indispensable d'apprendre à identifier les valeurs, mais elles ne sont pas toujours évidentes (une ombre par exemple peut être composée de plusieurs valeurs). La couleur locale ou la valeur des objets familiers est celle que nous voyons d'emblée. Cette notion de valeur n'acquiert d'importance que dans la mesure où nous devons la définir à des fins artistiques. Habituez-vous à penser en termes de lumière et d'ombre, et ne vous attardez pas au détail et à la couleur. Il n'est pas indispensable au début de reproduire des formes identifiables ; exercez-vous, au début, à reproduire le sujet par des formes plates, noires, blanches et grises.

Ces particularités n'excluent pas l'emploi de la craie et du fusain dans la réalisation de dessins linéaires.

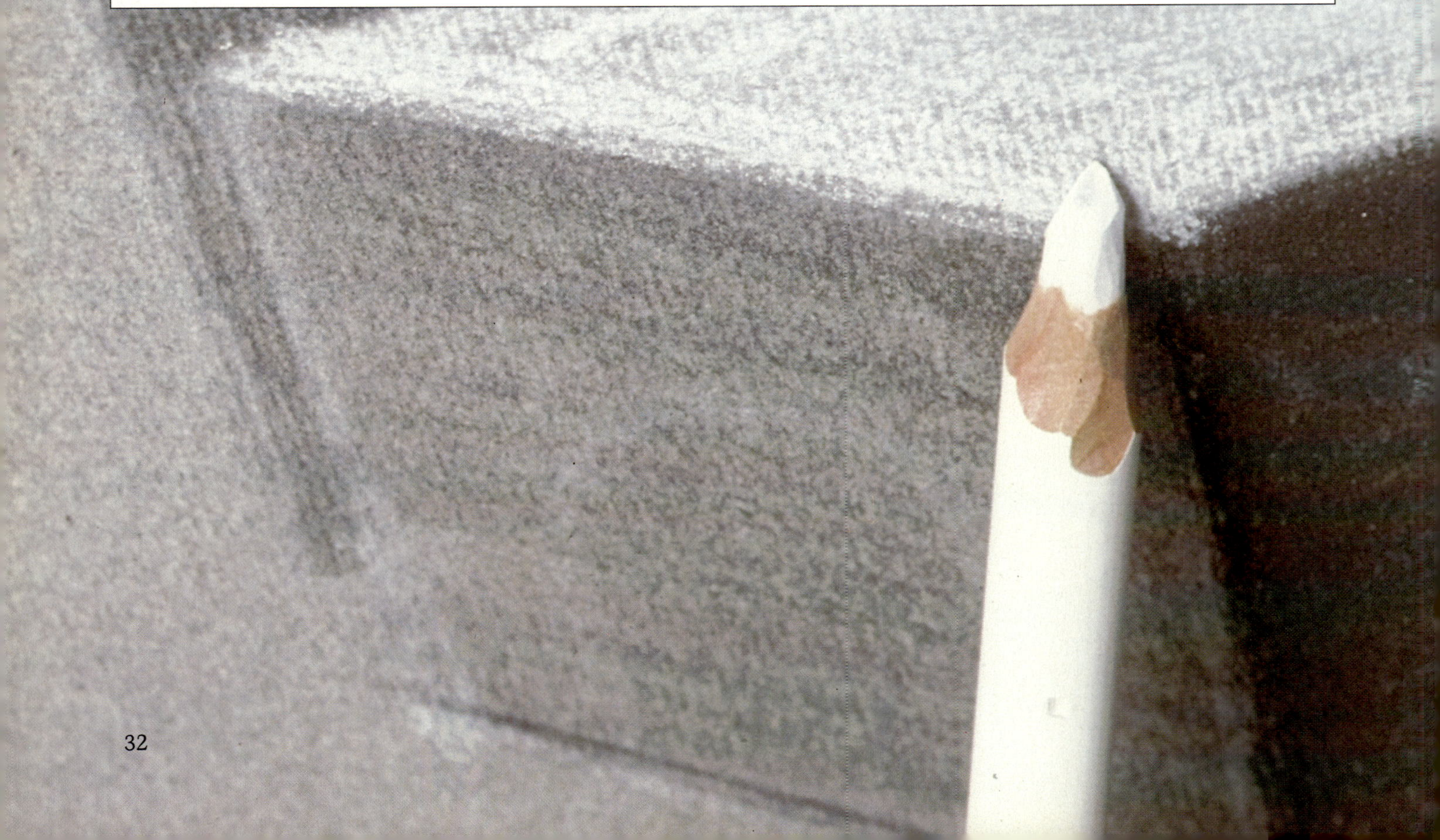

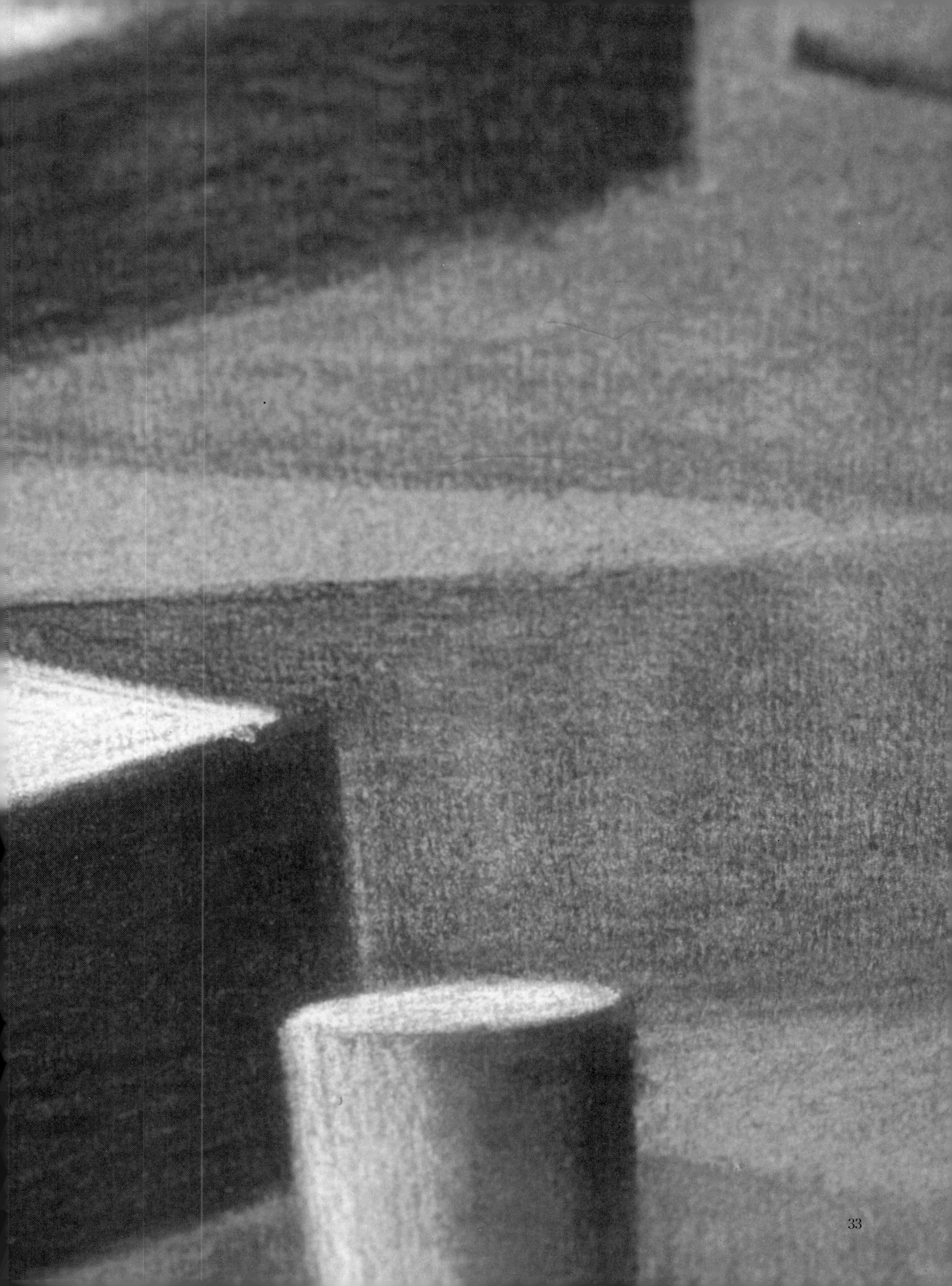

# *Matériaux*

## FUSAIN ET CRAIE

Le fusain est le matériau à dessin le plus ancien. Il fut pendant des siècles fabriqué par une lente carbonisation du bois. Le fusain produit des traits noirs vigoureux que l'on peut ensuite atténuer à la gomme. Plus le processus de carbonisation est long, plus le fusain est tendre. La qualité supérieure est fabriquée avec du bois de vigne et la plus courante avec du saule. Il se présente en bâtonnets ou « buissons », d'environ 15 cm de longueur, et en trois diamètres : petit, moyen et gros, vendus en boîte ou à l'unité. Pour l'aiguiser, il suffit de frotter la pointe sur un papier abrasif fin. Il existe également des crayons fusain ; la mine est en fusain gras gainé de bois. Ceux-ci ont l'avantage d'être beaucoup moins salissants, mais ils nécessitent un affûtage fréquent.

### Fusain gras

Le fusain gras en bâton cylindrique est composé de poudre de charbon de bois mélangée à des substances liantes. Les bâtons sont plus courts et plus solides que le fusain naturel. Le trait de couleur franche autorise des aplats plus intenses, mais il est beaucoup plus difficile à atténuer ou à effacer.

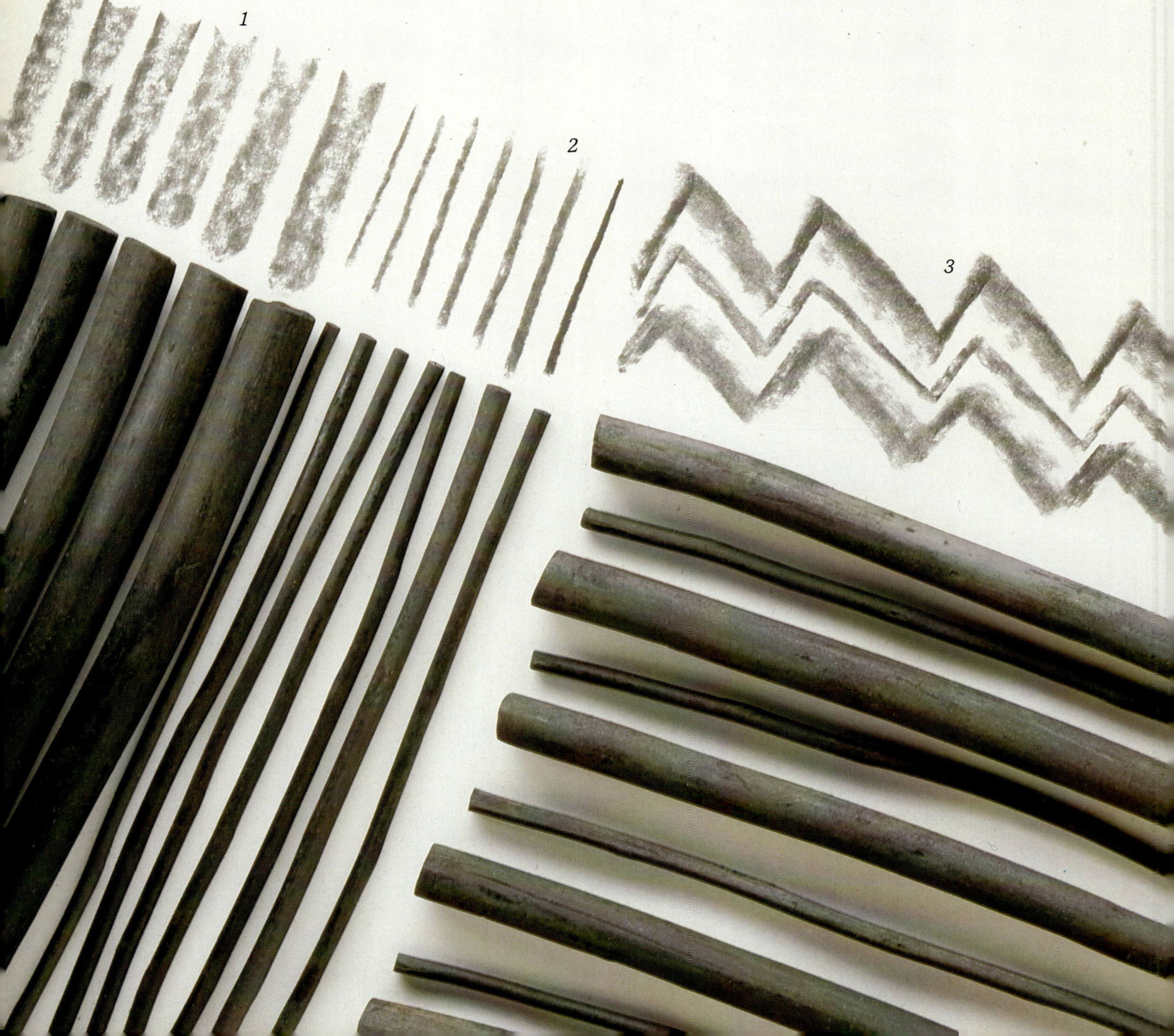

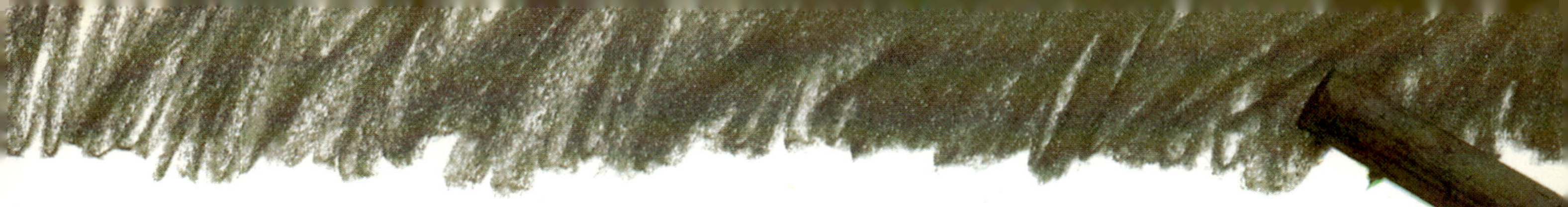



## Rehauts à la craie

La craie (carbonate de chaux) est souvent associée au fusain. La craie blanche courante et bon marché convient parfaitement. On peut aussi utiliser le pastel blanc ou le crayon Conté, mais la plupart des artistes leur préfèrent la craie traditionnelle, pour créer les rehauts ou obtenir des demi-teintes en la mélangeant au fusain.

## Supports

Ce sont les papiers teintés qui font le mieux ressortir les possibilités tonales claires et sombres des matériaux blancs et noirs ; voyez à cet effet le dessin à la craie et au fusain de la page 38. Il existe plusieurs types de papier teinté ; Canson et Ingres offrent un bon éventail de papiers de qualité, dont un à surface mate adapté à ce matériau. Vous en trouverez également dans les papiers gris aux tons chauds et froids de qualité inférieure. Il vaut mieux éviter les surfaces lisses qui ne retiennent pas les matériaux friables. Pour un dessin linéaire au fusain, choisissez plutôt un papier à grain moyen de teinte blanche ou écrue. Le fusain révèle avec bonheur le grain du papier, qualité qu'il faut exploiter en utilisant du papier à aquarelle dont la surface grenue donnera de la profondeur à l'œuvre. Mais ce papier demande une certaine expérience, il est donc préférable au début de se limiter aux grains moyens, beaucoup plus maniables. Ne ménagez pas vos efforts, ils seront toujours récompensés. Le fusain étant propice aux travaux de grand format, il serait utile de prévoir un support de protection en papier journal ou d'emballage.

## Estompage

Vous utiliserez une gomme pour atténuer les tons du fusain. La gomme-pâte est idéale, car elle absorbe la poudre du fusain et permet d'obtenir des contours nets. Pour éclaircir les effets du fusain, toutes sortes d'instruments sont utilisés : une estompe, un pinceau, un chiffon, un mouchoir en papier, etc.

Il est essentiel de fixer les dessins au fusain, faute de quoi les traits et les tons deviendraient flous.

*1 Gros bâtonnets de fusain*
*2 Fins bâtonnets de fusain*
*3 Assortiment*
*4 Craie blanche*

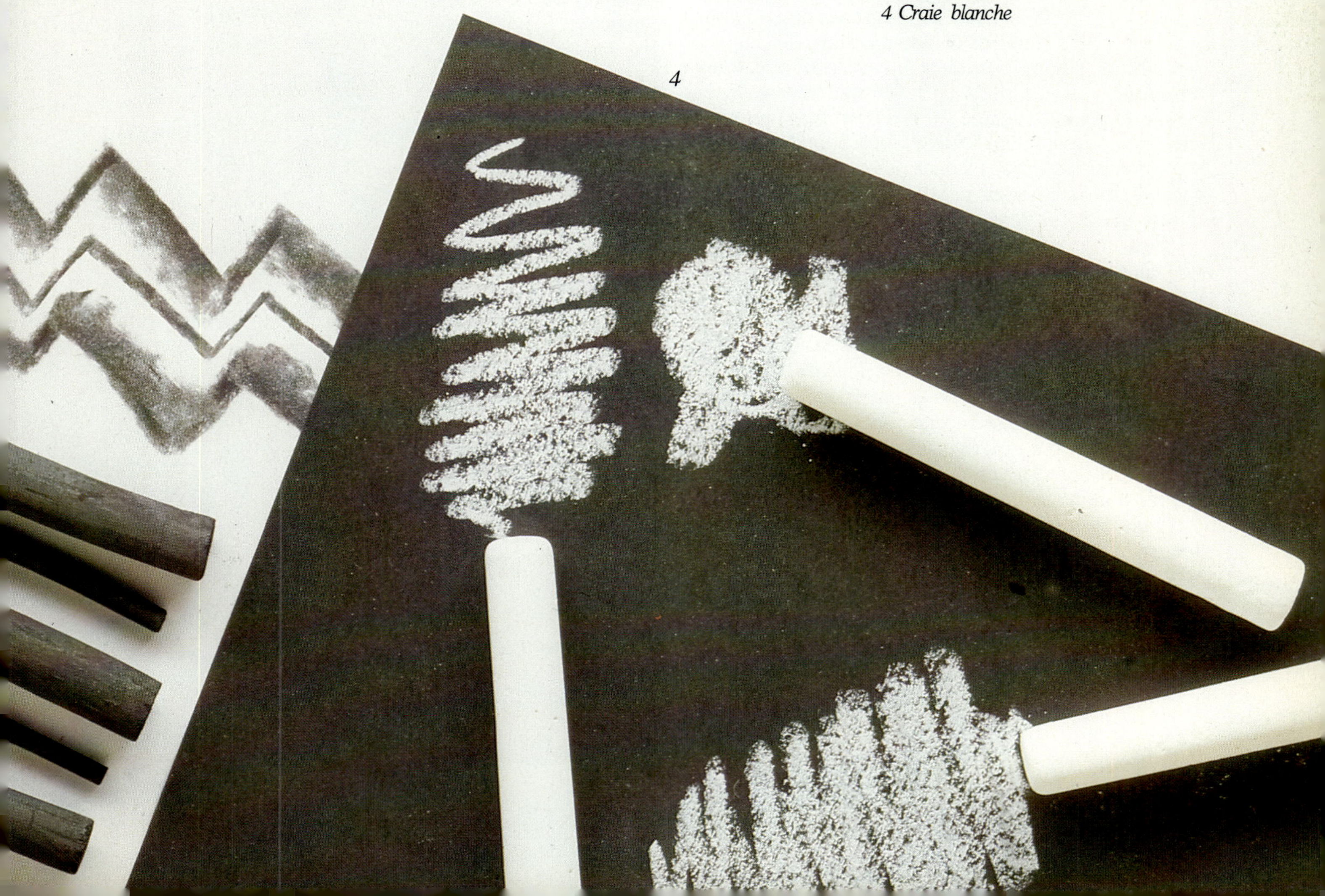

1

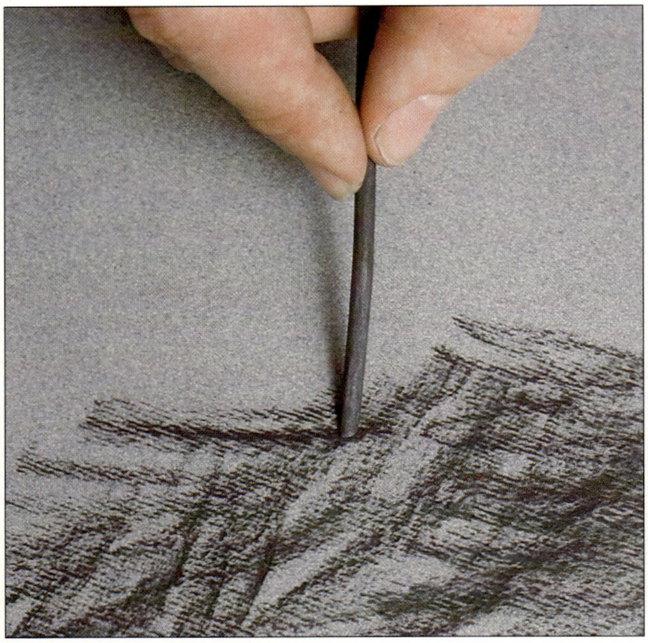

2

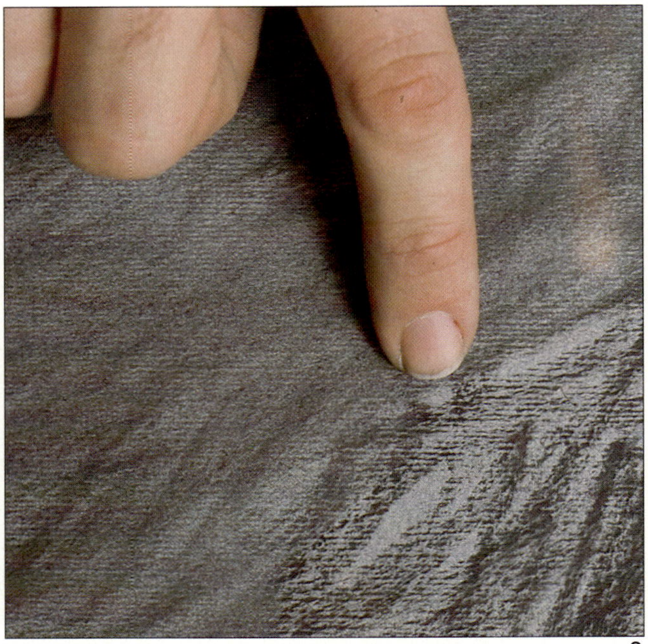

3

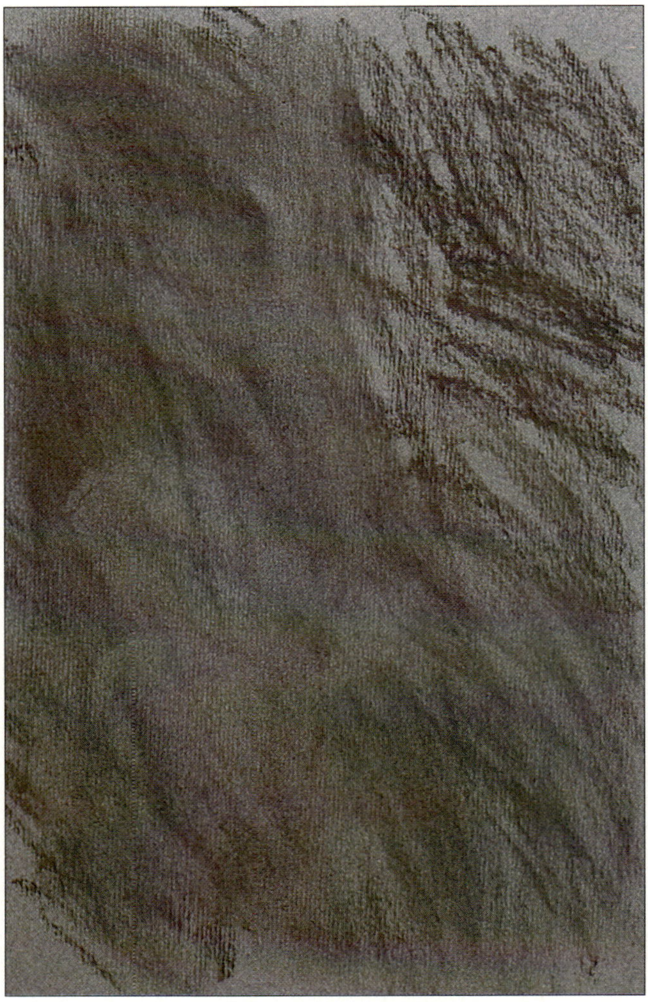

## Estompage léger

De tous les matériaux à dessin le fusain est celui qui offre le plus de ressources. Toutes les épaisseurs et densités de traits sont possibles, ainsi que des zones ombrées dans les tons les plus sombres et des modelés délicatement dégradés. Le fusain est cependant un matériau friable et granuleux, et ses effets de relief sont accentués par le grain du papier. Sur une surface lisse il faut estomper la poudre de fusain avec le doigt, un chiffon ou un mouchoir en papier. Ne vous lancez pas dans un projet sans avoir fait quelques essais préalables, vous n'en exploiterez que mieux les ressources de cette technique.

Pour créer une zone estompée, commencez par couvrir l'endroit d'un léger réseau de traits aussi réguliers que possible *(1)*. La pression sur le bâton de fusain doit être modérée, afin d'en faciliter l'estompage. Frottez la surface avec le doigt pour unifier les traits *(2)*. Vous obtiendrez ainsi une zone d'ombre adoucie *(3)*, que vous pourrez soit assombrir davantage en répétant l'opération, soit éclaircir par un estompage renouvelé.

Souvenez-vous qu'estomper signifie unifier ou mélanger, et que cette méthode n'est pas exclusivement réservée à de larges zones. Vous pouvez l'appliquer sur de petites taches ou des détails, ou bien l'utiliser pour atténuer un trait trop net, selon les effets que vous recherchez. La craie, seule ou associée au fusain, se prête au même traitement.

1

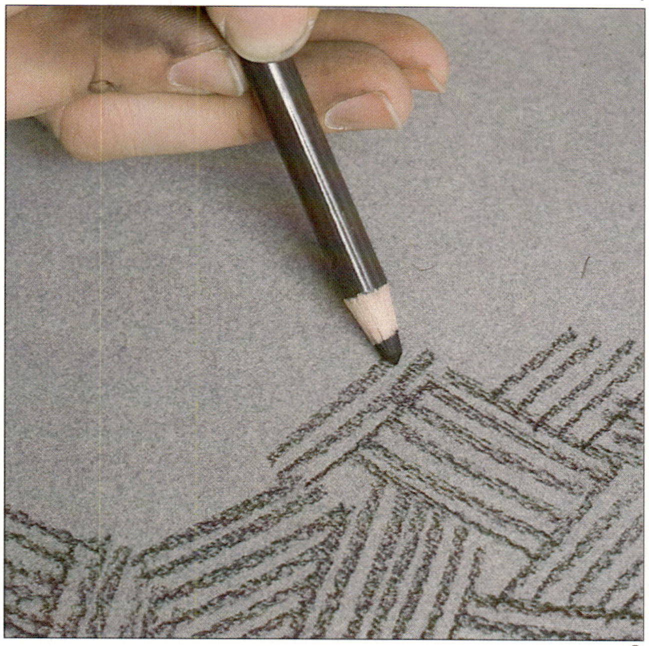

2

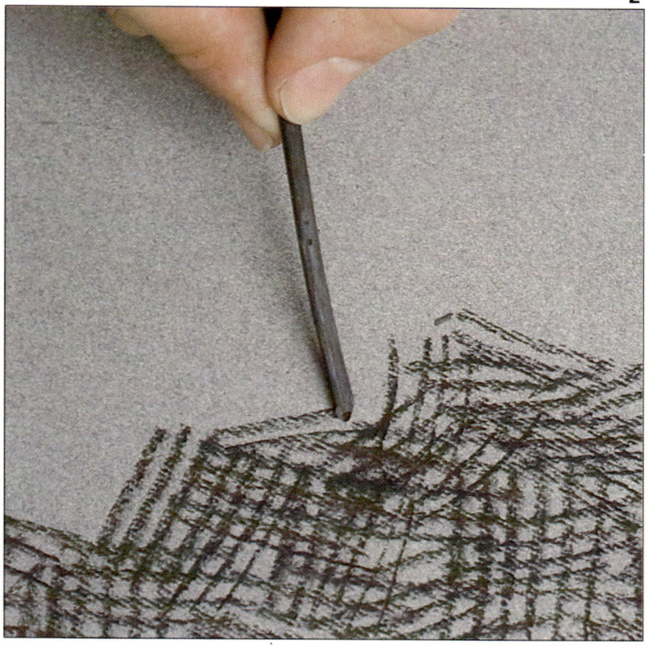

3

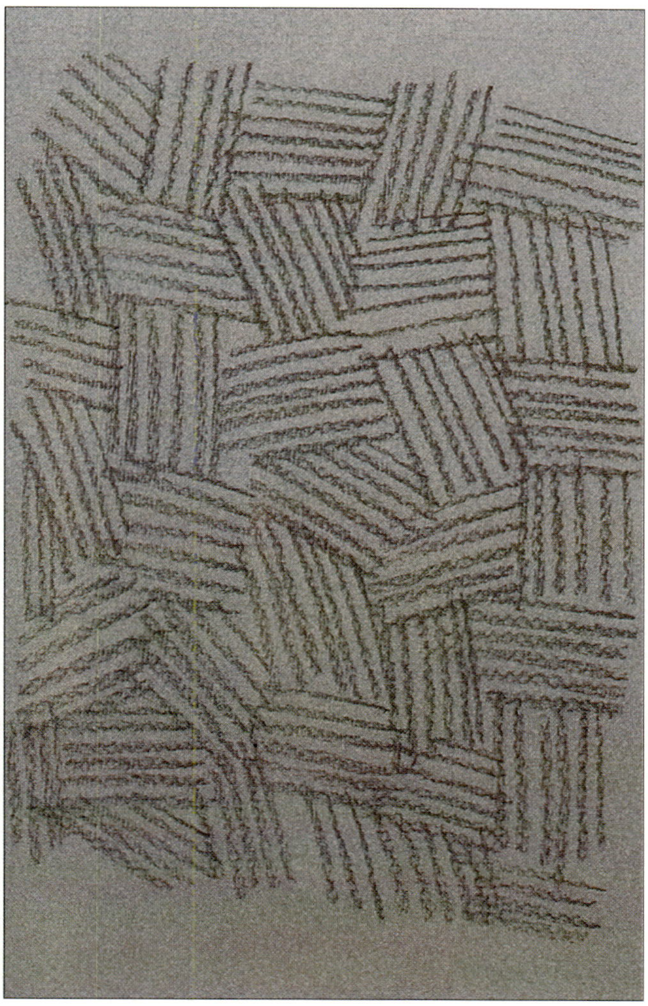

## Hachures croisées et entrecroisées

Le dessin est essentiellement une question de ligne et celle-ci engendre la forme et le mouvement, que ce soit à l'aide du fusain, de la craie, etc. On peut, avec des matériaux tendres, créer des zones d'un seul ton, comme à la page précédente. Mais on peut également obtenir une valeur en utilisant la méthode traditionnelle des hachures croisées et entrecroisées. En construisant un réseau de hachures vous pourrez produire des accents d'ombre ou de lumière. Ensuite vous en modifierez l'intensité, en espaçant ou en rapprochant les traits. Pour des effets graphiques précis, les hachures doivent être régulières, mais pour un dessin de facture libre, les hachures seront plus déliées et moins ordonnées.

Sur les illustrations ci-dessus, le dessinateur exécute deux types de hachures avec un crayon fusain *(1)* et un fusain fin *(2)*. Le premier produit un trait plus dur, dont il est plus facile de contrôler la régularité sur une large surface. Le dessinateur crée ici un réseau de hachures parallèles, organisées en damiers plus ou moins réguliers, laissant paraître le fond pour modifier l'effet d'ensemble *(3)*. Le bâton de fusain, aux traits plus épais, ne permet pas de réaliser des motifs aussi réguliers, ce dont le dessinateur tient compte. Les traits sont distribués plus librement, les hachures croisées et plus espacées forment un réseau d'un effet tonal plus complexe *(2)*. Ici aussi, le fond influe sur la tonalité de l'ensemble, il convient donc de faire des essais sur des supports blancs et teintés.

# *Formes et volumes*

## FUSAIN ET CRAIE

Nous savons à quoi ressemble une sphère, un cylindre ou une boîte, mais nos yeux ne distinguent ces formes que grâce aux ombres et à la lumière. Sans leur concours, nous ne verrions que des objets plats. Autrement dit, les volumes sont interprétés en termes de contrastes, c'est-à-dire de valeurs.

Ce problème n'intervient pas dans la vie courante, car nous savons à quoi ressemble un objet, mais cette notion est fondamentale pour l'artiste qui doit représenter un volume sur une surface plane.

Les objets proposés ont été choisis pour leur simplicité ; ces formes seront cependant la clé de la quasi-totalité des sujets que vous aurez à dessiner. Il vous sera facile de les remplacer par des objets équivalents.

La craie et le fusain sont d'excellents matériaux pour apprendre à dessiner. Ils couvrent toute la gamme tonale ; avec le fusain vous obtiendrez un noir intense, de même qu'avec la craie vous obtiendrez le blanc de l'autre extrémité du spectre. La forme brute du matériau privilégie une vue plus large au détriment du superflu.

Le papier gris ou teinté est déterminant dans ce genre de dessin. Il est facile à partir d'un gris moyen d'accentuer les tons sombres et d'éclaircir les tons clairs.

1

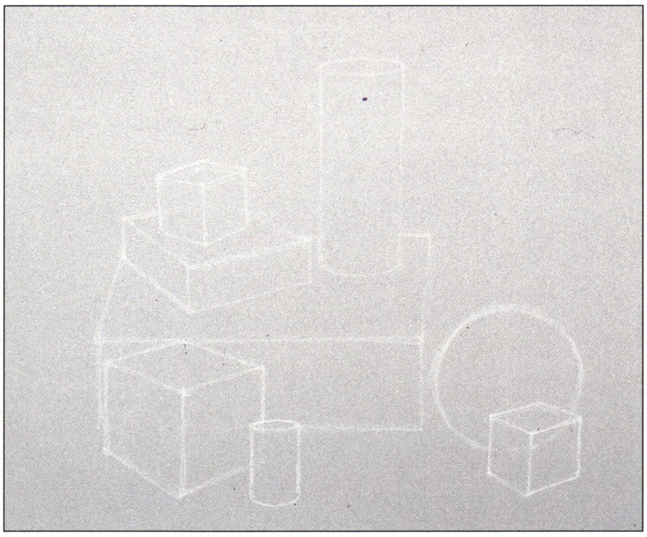

**1** Utilisez la craie blanche pour définir le contour des objets ; le trait sera léger pour s'intégrer dans l'effet final. Pensez à la composition dès le début : employez toute la surface de votre feuille, ici, un papier Ingres gris (56 cm × 76 cm). Si les objets sont trop petits, les espaces vides ne feront qu'accentuer cette disproportion.

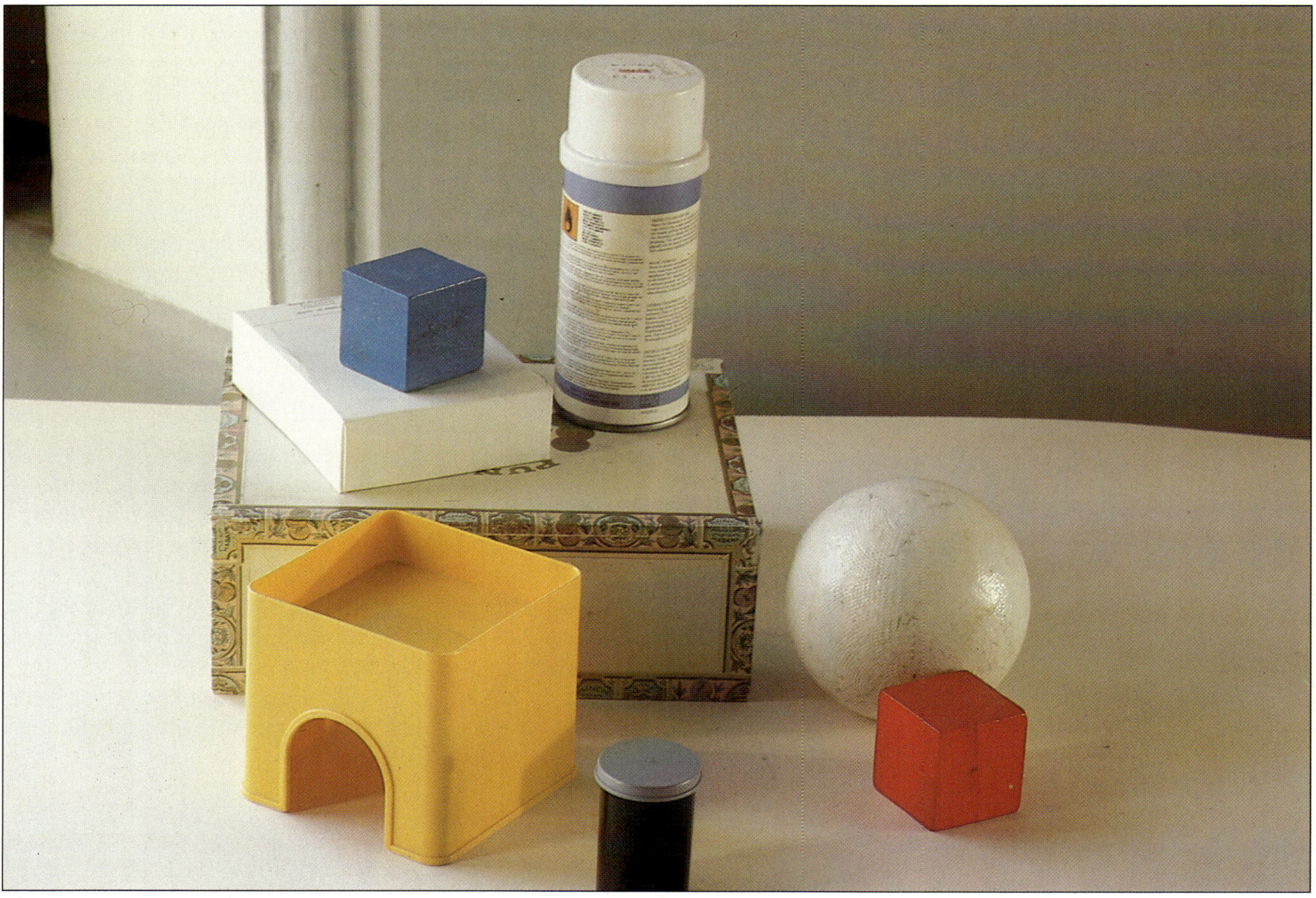

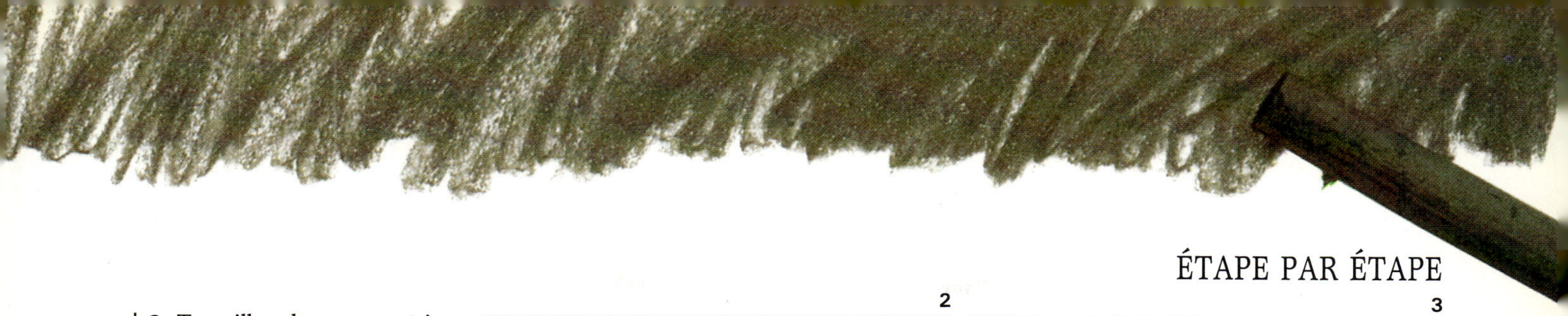



**2** Travaillez les zones très sombres à l'aide d'un bâtonnet de fusain. Lorsque les objets comportent des inscriptions, les zones sombres et claires sont souvent plus difficiles à discerner. Apprenez à regarder les yeux mi-clos, pour atténuer la couleur locale et accentuer les zones d'ombre et de lumière.

**3** Voici un exemple d'utilisation de l'estompe (mentionnée plus haut) ; elle permet d'adoucir le passage entre deux valeurs. Le cylindre, sombre d'un côté et clair de l'autre, passe par une subtile dégradation des valeurs intermédiaires. Ces demi-teintes sont obtenues en adoucissant le passage entre les tons à l'aide de l'estompe.

**4** A ce stade les principales taches d'ombre ont été définies. Les plus sombres sont créées par une épaisse couche de fusain. Mais comme ce dernier s'émiette facilement, appliquez plusieurs couches pour obtenir les tons très foncés. Pour les ombres intermédiaires, le dessinateur a utilisé un second ton de gris, un peu plus clair, obtenu par de légères touches de fusain unifiées par l'estompe.

2

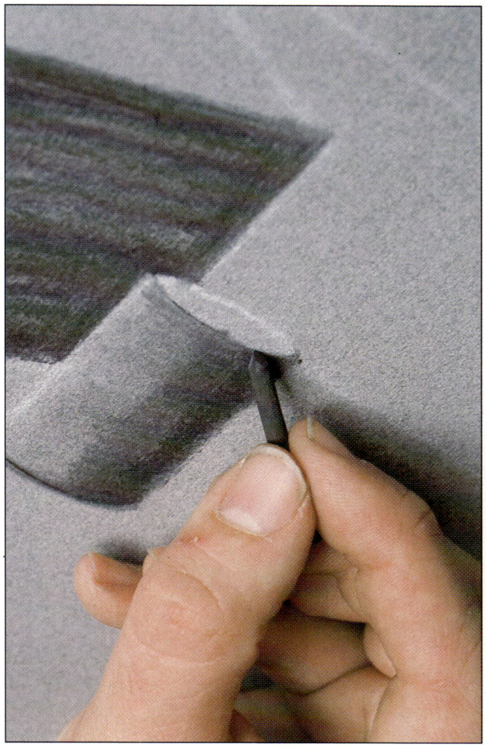

3

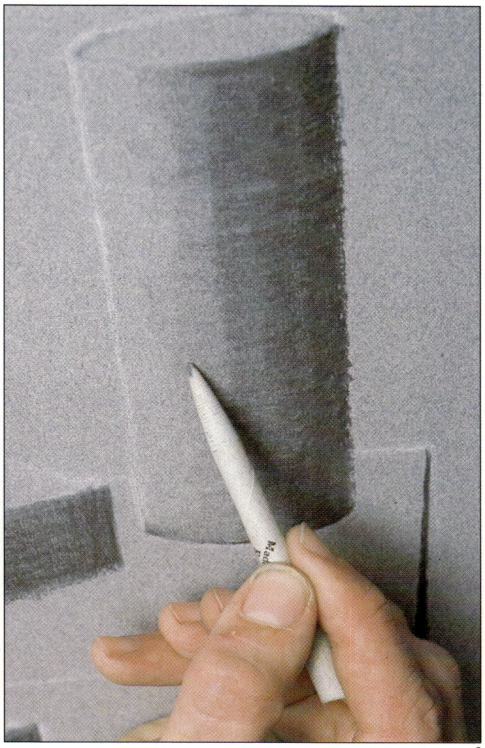

4

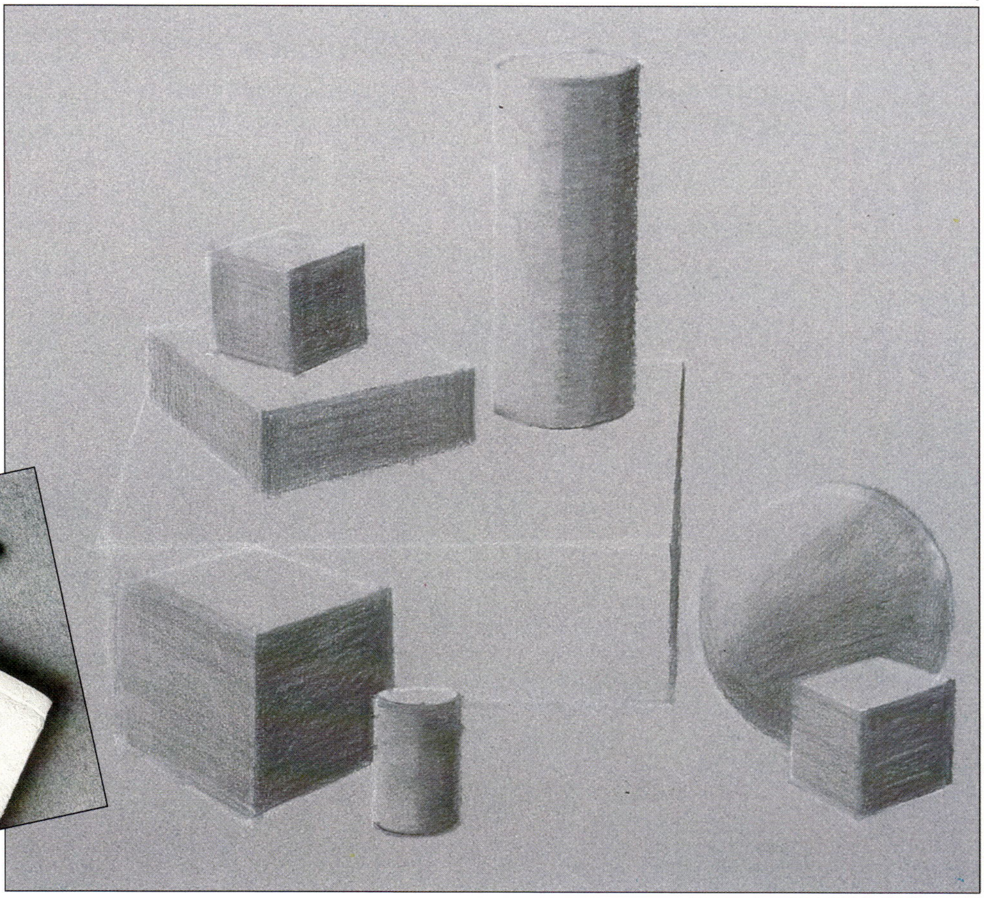

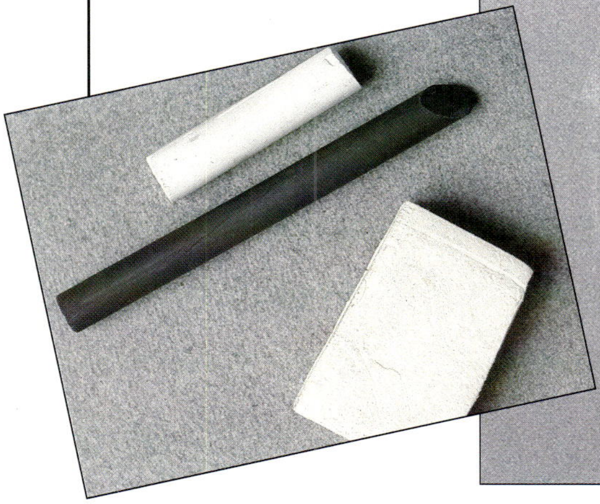

**5** Avant cette étape, le dessinateur a appliqué une légère couche de fixatif.

La source de lumière éclaire la face supérieure des objets et projettte des ombres nettes sur un côté. C'est elle qui définit le volume et la forme des cubes, de la sphère, des cylindres et des boîtes. Ici, un crayon craie est employé pour accentuer les arêtes, de façon à mettre en valeur les zones claires. Il n'est, toutefois, pas indispensable, vous pourrez obtenir cette netteté avec l'angle de votre craie.

**6** Toutes les zones claires sont maintenant définies, y compris la surface de la table : la craie y a été appliquée plus librement en hachures croisées pour créer un ton rompu. Notez qu'ainsi le fond gris atténue le blanc, évitant que le contraste d'une surface trop lumineuse ne jure avec les sujets.

Le rendu des objets reflète leur nature. Les surfaces lisses ont nécessité une application unie, adoucie par estompage.

5

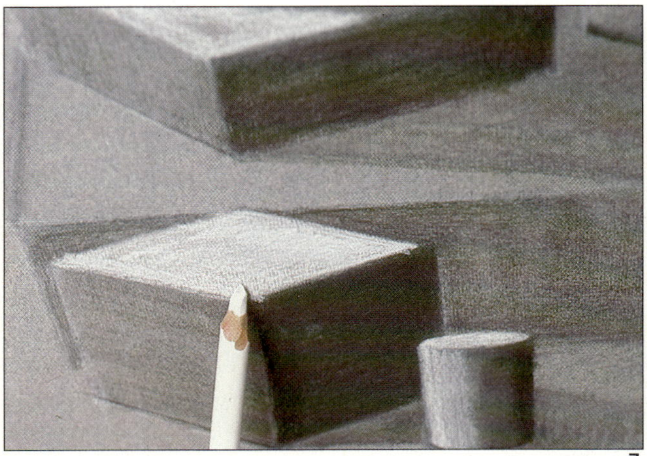

6

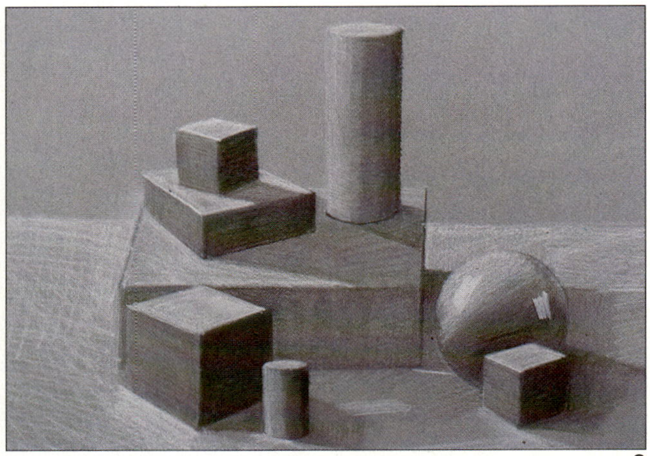

7

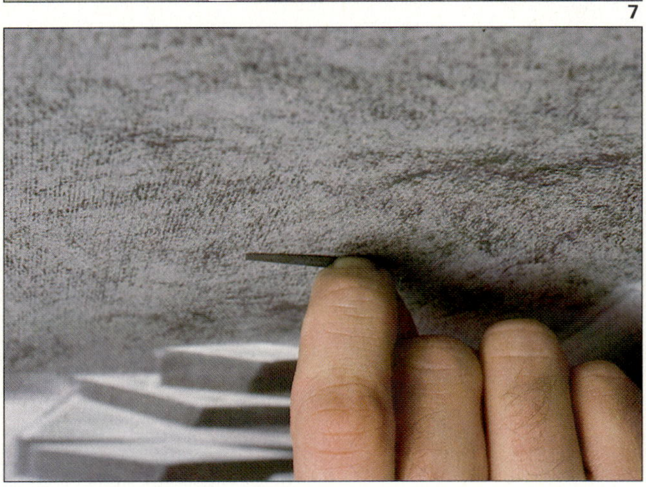

8

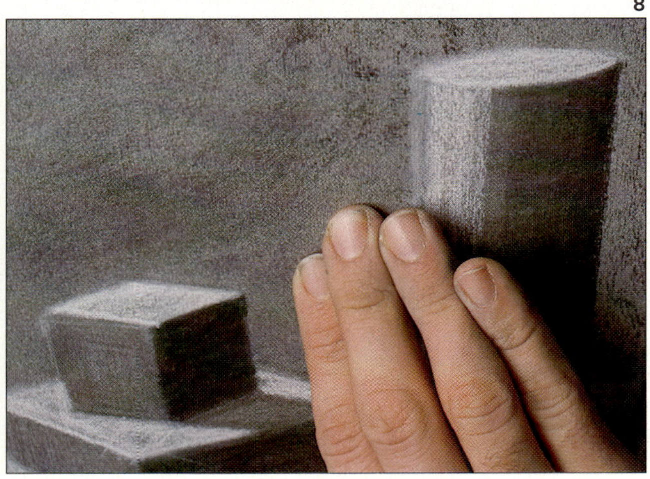

**7** Le dessinateur aborde maintenant le fond. Étant donné l'étendue à couvrir, il convient d'éviter un ton trop soutenu. Pour couvrir rapidement la surface, le dessinateur utilise le bâton sur chant. Cette méthode produit évidemment des irrégularités qu'il faudra ensuite unifier, mais elle permet de mieux contrôler la valeur de l'ensemble et d'obtenir la tonalité exacte. Couvrez cette surface le plus rapidement possible et construisez le ton progressivement, en superposant couche après couche. Le résultat sera plus régulier que si vous recherchiez la tonalité exacte immédiatement.

**8** Utilisez les doigts pour fondre le tout : procédez rapidement, en frottant avec le bout des doigts d'un geste doux mais vif, afin d'unifier la texture granuleuse pour obtenir un ton plat.

La finition choisie correspondra à l'effet recherché : harmonieux ou contrasté. Ici, le fond ne nécessitait pas obligatoirement la même finition lisse que celle des objets. Mais l'effet recherché par le dessinateur était celui de l'harmonie. Il eut également été possible de mettre en valeur l'aspect lisse des objets en les opposant à un fond brut.

**9** Dans le dessin achevé, les formes sont simples et abstraites, mais leur traitement a été le même que s'il se fût agit de formes plus compliquées. Le corps humain lui aussi peut se réduire à un ensemble de volumes presque cylindriques. En fait, le jeu d'ombre et de lumière et la dégradation des tons sur un bras ou une jambe nécessitent le même travail que celui du cylindre sur le dessin. Il en va de même pour les cubes et les boîtes qui sont la base de représentations beaucoup plus complexes. Une maison, par exemple, est composée de plusieurs volumes. Et ces principes valent aussi pour les formes organiques telles que les fleurs et les plantes, dont la structure précise peut se réduire à des schémas de base comparables aux formes géométriques connues. Le traitement de formes comme les feuilles, les nuages, les cheveux ou la fourrure, tout ce qui en apparence ne semble pas posséder une forme précise, peut sembler déroutant. Toutefois, lorsque vous parviendrez à analyser ces formes en termes de masses et de volumes, vous aurez trouvé un début de solution au problème.

Vous apporterez la touche finale essentielle à votre dessin au fusain et à la craie en lui donnant une couche de fixatif que vous laisserez sécher.

**9**

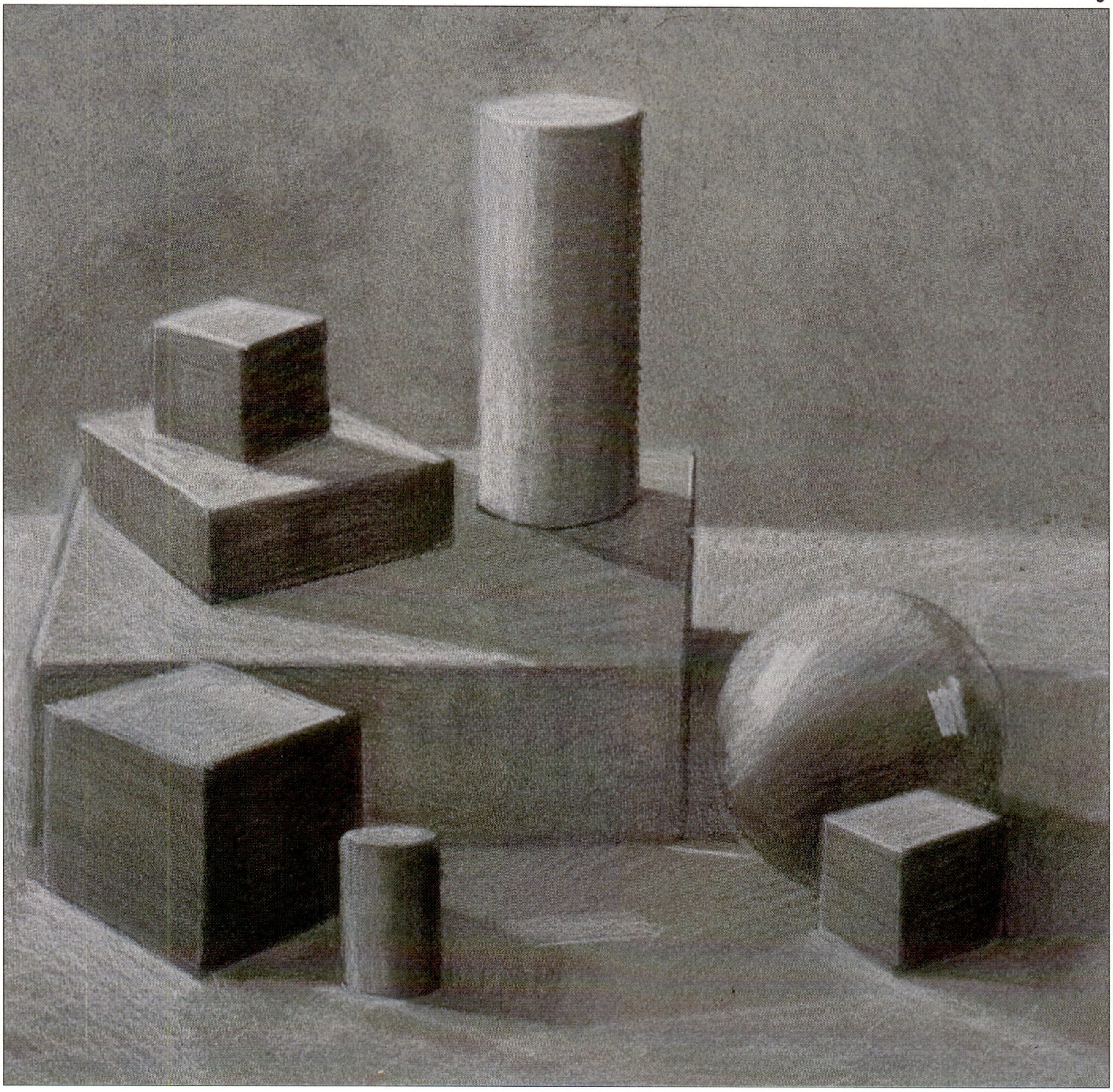

# *Crâne de bélier*

## FUSAIN ET CRAIE

Ce sujet présente une plus grande complexité que les formes géométriques précédentes, mais son approche est simple ; elle consiste à rechercher les éléments constitutifs de base. Le crâne — placé sur une feuille de papier incurvée de façon à former un fond dépouillé, sans horizon — est un exercice moins rigoureux que le précédent. C'est aussi un projet plus complet et plus intéressant, dans la mesure où il laisse une plus grande place à l'interprétation.

Ce sujet sera pour vous l'occasion d'introduire de nouveaux éléments dans votre exécution. Ce qui compte ici, ce sont les qualités graphiques — le pouvoir d'expression de la forme, dans un sens presque abstrait. Vous aurez également la liberté de choisir les zones d'ombre et de lumière, car rien n'impose une reproduction à la lettre. Il importe cependant de savoir limiter ses choix, ce que tout artiste apprend avec l'expérience.

Ce sujet requiert une grande variété de traits qui vous permettront de vous exercer la main afin d'en exploiter les ressources à des fins précises. Dans le détail ci-contre par exemple, les contours principaux sont tracés d'un trait vigoureux qui vont s'amenuisant dans la partie interne du crâne.

Cette démonstration comporte des indications de couleur locale et d'effet de relief qui permettront de souligner la nature du sujet et la matière osseuse. Les endroits les plus clairs, comme la corne et la mâchoire inférieure, ainsi que le fond clair, sont rendus comme il se doit, avec de la craie blanche. Pour donner plus de force à sa composition l'artiste a pris le parti de foncer les ombres et d'accentuer la source de lumière, ainsi que l'aspect massif du sujet.

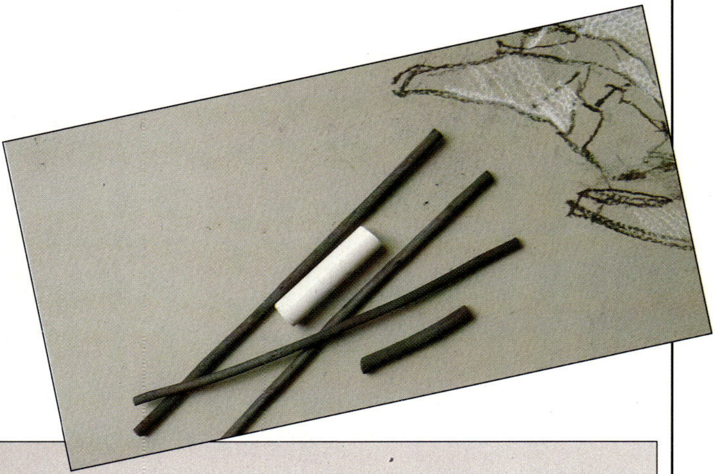

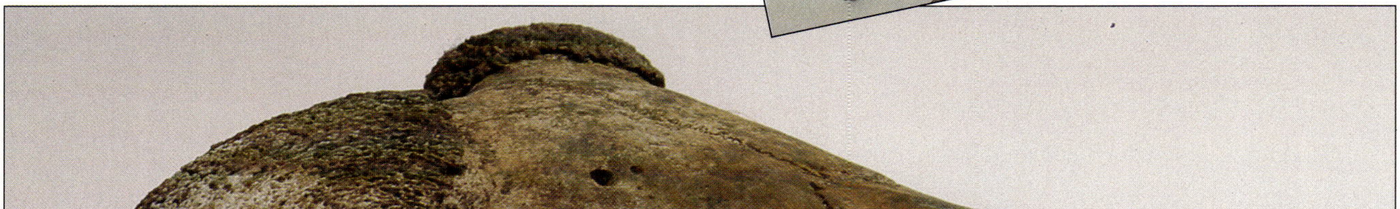

**1** Sur une feuille de papier Ingres (56 cm × 76 cm) l'auteur ébauche le sujet au fusain. Il définit la forme, non seulement les contours extérieurs, mais aussi les formes intérieures. Dans le cas présent, les contours qui évoquent la forme des pommettes sont indiqués.

Lorsqu'une ligne sert à décrire un objet en trois dimensions il importe de tenir compte de l'ensemble du sujet. Pour cette raison le tracé est léger, mais il varie en épaisseur. Souvenez-vous que si la ligne est trop régulière et dure, aussi précise soit-elle, le sujet semblera plat.

**2** Commencez l'ébauche des dents et des mâchoires avec le fusain. Ici, il est nécessaire de définir les dents une à une, celles-ci faisant partie intégrante de la structure. Adoptez un trait léger et gardez les yeux sur le modèle afin que votre tracé conserve une ligne directrice, ce qui limitera les corrections. Mais il ne faut pas que cette démarche aboutisse à un dessin trop raide. Le trait n'a pas à être parfait du premier coup. Les modifications requises ont été apportées en retraçant les lignes, et non en les gommant. Pour ce travail, un dessin clair est nécessaire ; la gomme risquerait de rompre l'effet de surface.

1

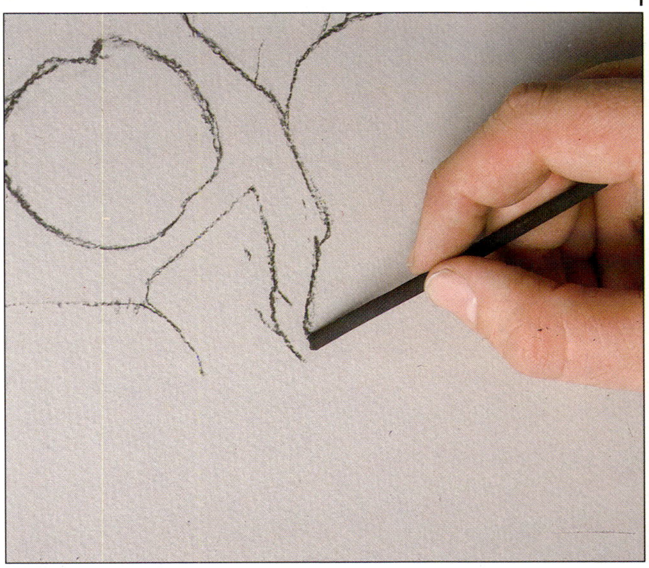

2

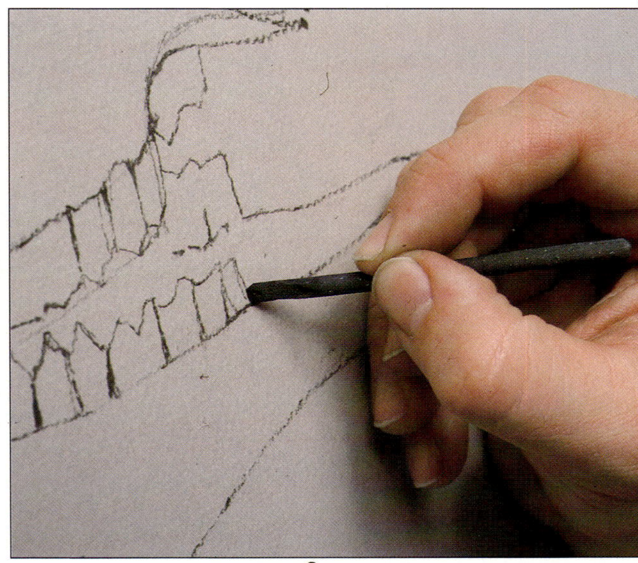

3

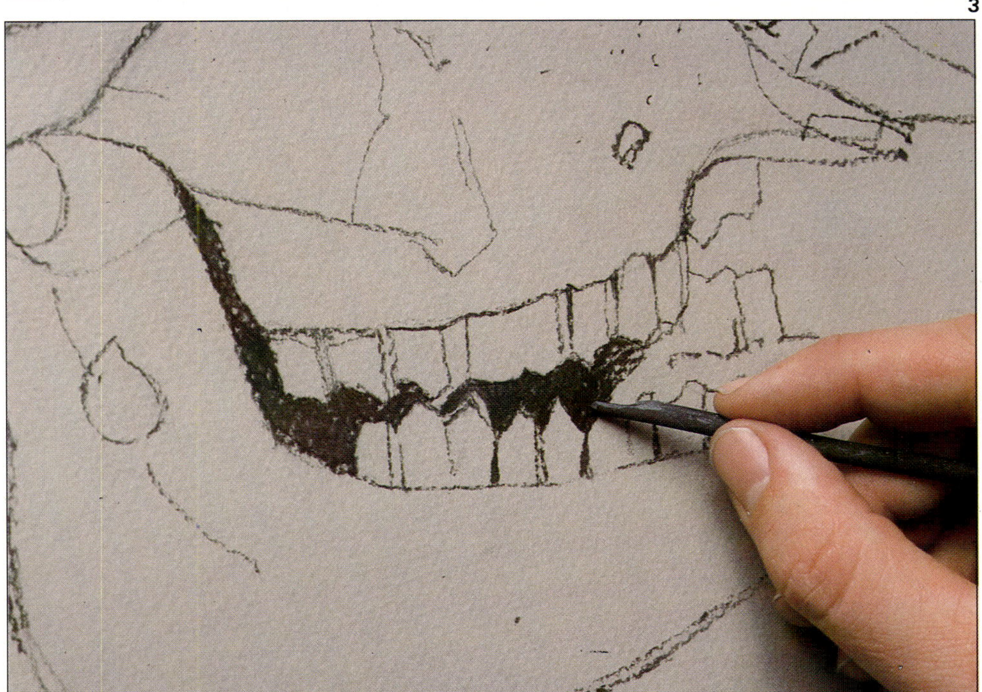

**3** Les espaces entre les dents sont remplis de noir, de façon homogène. L'artiste cherche à simplifier les rapports clairs et sombres, afin de préserver l'aspect linéaire du dessin. Un léger contraste suffit à suggérer les formes. L'espace noir évoque la cavité buccale de manière satisfaisante, aussi une dégradation de ton à cet endroit n'est-elle pas nécessaire. En travaillant ces espaces il prend grand soin de ne pas détruire la ligne acérée de la dentition.

**4** Dans le croquis terminé, le tracé des contours rappelle celui des reliefs d'une carte géographique — il décrit des formes en trois dimensions sur un diagramme plat et évoque aussi des formes dans ces formes. Maintenant que les lignes sont établies, on distingue la manière dont le dessinateur a exploité la densité du trait pour en suggérer la fonction. Les contours extérieurs sont fortement soulignés, tandis que les traits des os du crâne sont plus légers. Pour produire un dessin vigoureux, le dessinateur a choisi d'ignorer la source de lumière et de ne compter que sur les ombres propres et le trait.

4

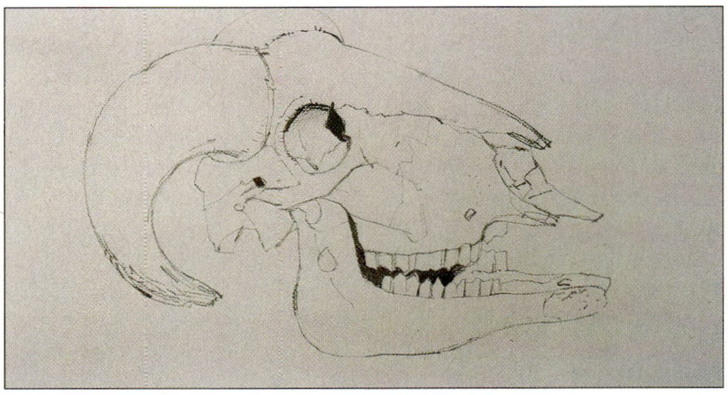

5

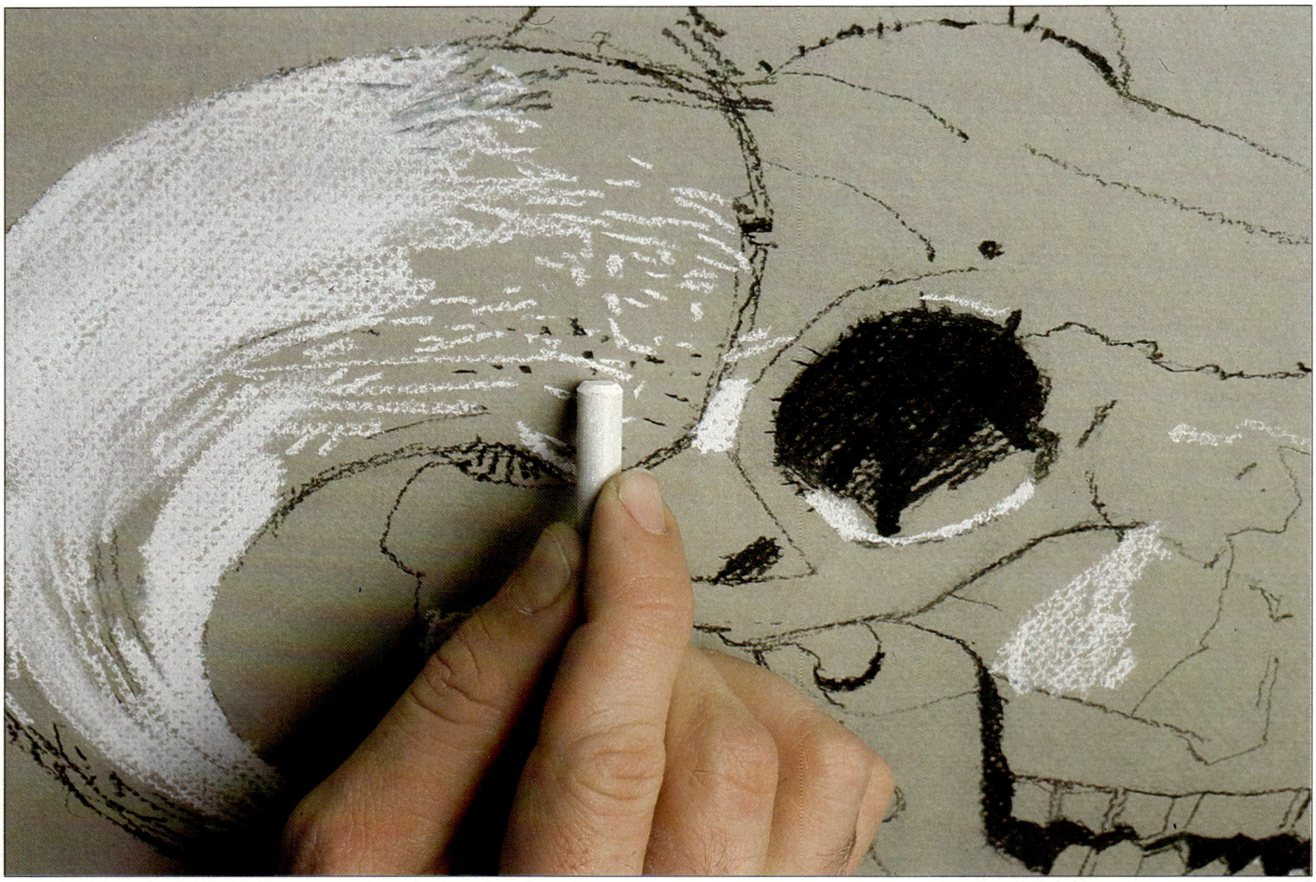

**5** La craie blanche vient souligner les zones de lumière et les parties claires du crâne, telles que la saillie de l'orbite et les formes triangulaires de la face. Elle a été largement utilisée sur la corne, élément caractéristique du sujet. Des petits traits blancs irréguliers suggèrent à bon escient la nature poreuse de la corne.

**6** Les tons clairs et sombres sont maintenant en place, mais l'image manque encore de vigueur. Et cela parce que le crâne, en majorité composé du gris du papier, ne se détache pas suffisamment du fond du même ton. Il manque à l'image sa troisième dimension, il faut maintenant unifier le tout et développer le fond.

6

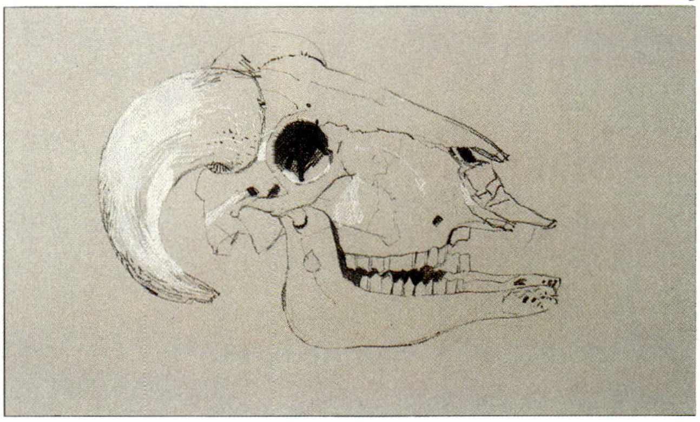

7

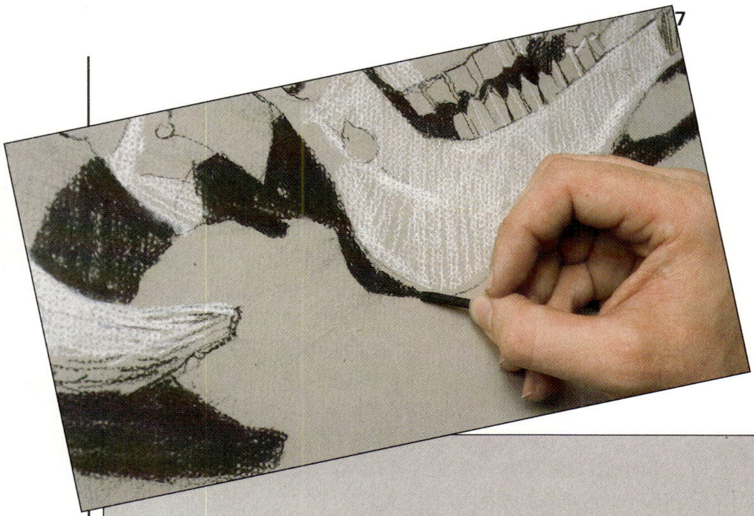

**7** A l'aide de la craie, le dessinateur applique des hachures sur les parties principales du crâne. Celles-ci représentent la couleur locale du sujet — le ton clair de la matière osseuse. Il s'agit de faire ressortir le sujet sur le fond. A cet effet, l'ombre est représentée en noir très dense pour définir la surface de la table.

**8** Cette dernière étape a fait disparaître l'image plate en deux dimensions ; la forme se détache et trouve sa place dans l'espace. Les légères hachures de craie blanche évoquent la matière. Ce qui a permis de rompre les zones de papier vierge et de suggérer la substance et non l'espace — en l'occurrence un fond légèrement teinté.

8

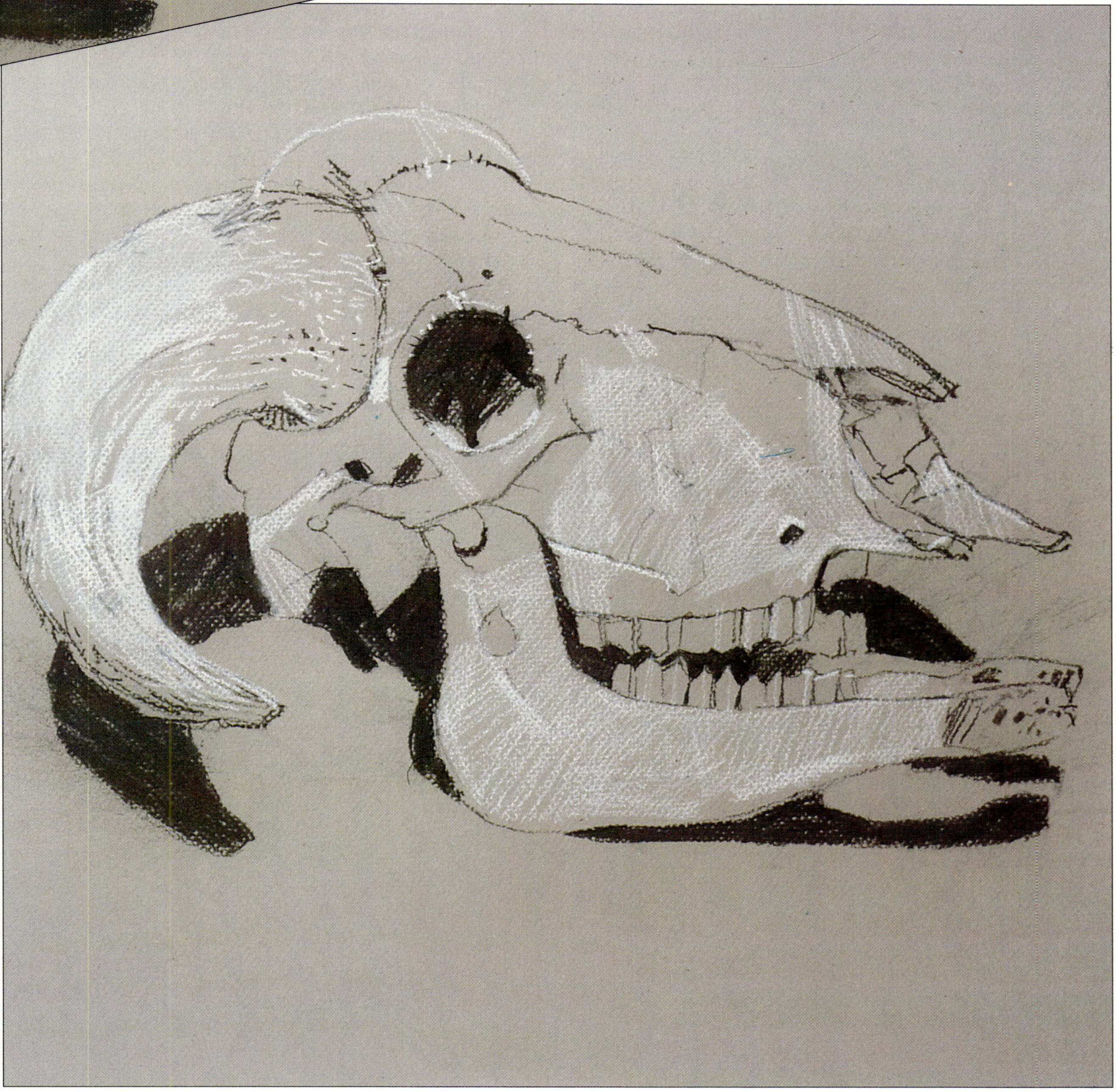

# Chapitre 4

# Craies de couleur

Nous abordons maintenant la couleur et pour commencer nous continuerons à donner la primauté à un mode d'exécution libre. Dans ce but, nous avons choisi des matériaux que l'on peut regrouper sous la désignation « craies de couleur ». Elles se présentent sous forme de bâtonnets dont la grosseur se prête éminemment à une interprétation ouverte, minimisant les problèmes de surcharge, de gommage et de minutie. Les craies Conté à la cire appartiennent à cette catégorie, et bien qu'elles fassent appel à un geste hardi, elles sont d'un emploi facile. Elles requièrent moins de savoir-faire que le pastel par exemple (voir chapitre 7).

Il est recommandé de travailler sur de grands formats, blancs ou teintés. Nos deux démonstrations ont été réalisées sur une grande échelle, n'hésitez pas à l'agrandir à votre gré, vous pourrez alors fixer la feuille au mur. Ne laissez pas le matériel standard brider vos élans. Les petits formats sont adaptés à certains types de dessins, mais ils ont le désavantage de dicter leurs propres lois. Une grande échelle autorise une facture libre, faisant appel à un geste large de tout l'avant-bras, ce qui donne de la fluidité et de l'allant aux lignes. Prévoyez donc suffisamment de place !

Définissez les contours d'un geste franc, il s'agit d'associer le trait à la couleur et non de définir le contour d'une forme pour la colorier ensuite. Les indications concernant les valeurs données précédemment restent valables et s'appliquent pareillement aux couleurs. Il est très agréable de disposer d'un large éventail de couleurs — la plupart existent dans des gammes très variées. Apprenez cependant à faire un choix et à établir votre palette au préalable, pour éviter les compromis en cours d'exécution.

Et puisque ce matériau se prête aux grands formats, exploitez cette qualité ! Ne commencez pas, au centre de votre feuille, par un motif mesquin. Notez comme le homard page 58 occupe presque toute la surface du support. Dans d'autres démonstrations l'espace est plus important, mais cela en raison du rôle qu'il joue dans la composition. L'effet de la nature morte (page 54) repose sur une partie supérieure peu chargée, les plis du drapé guidant le regard vers la partie inférieure du dessin où se trouve le moulage qui est le centre d'intérêt.

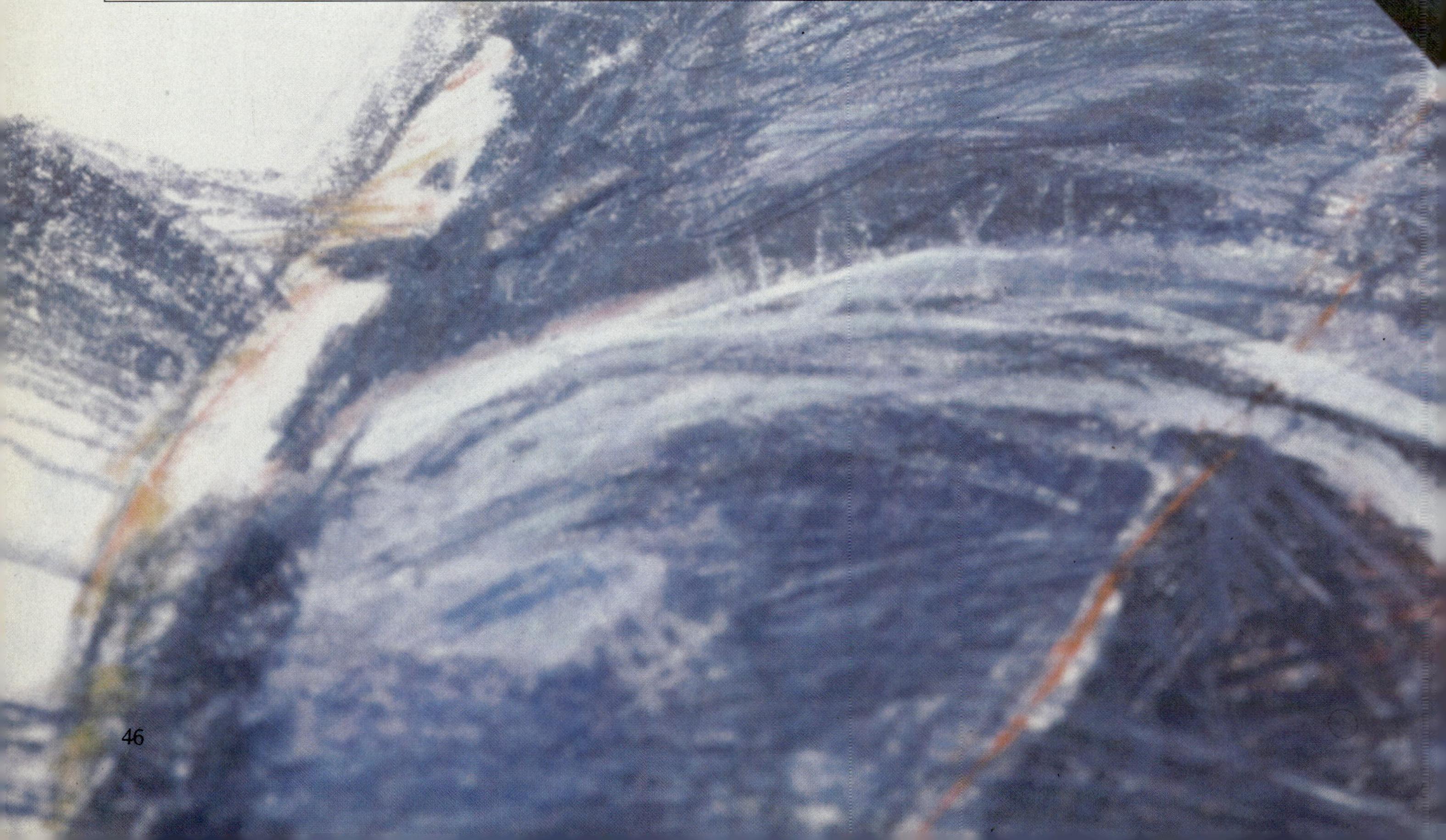

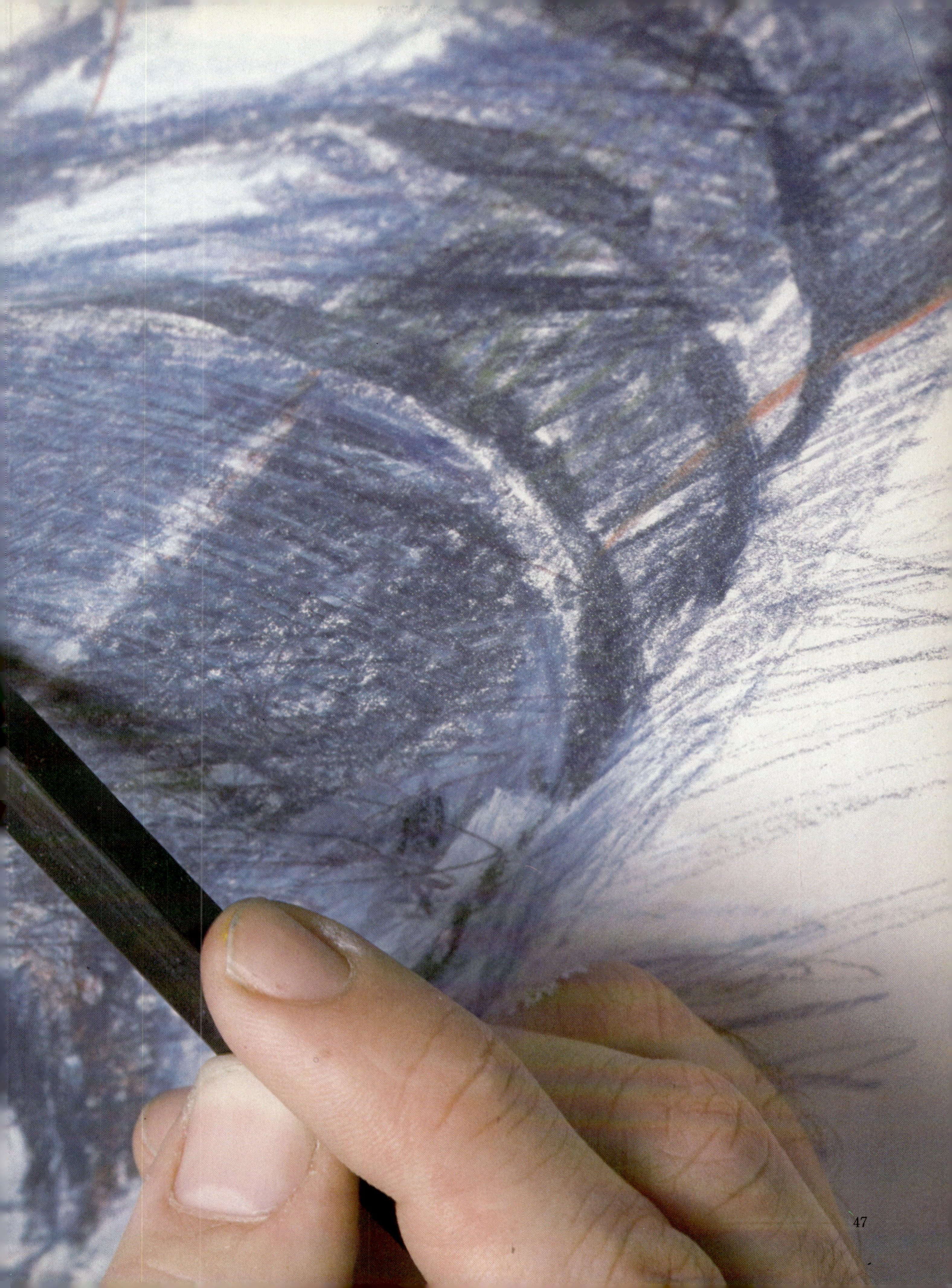

# *Matériaux*

## CRAIES DE COULEUR

L'éventail de matériels, tant anciens que récents, est si large que la terminologie est malaisée. Il en existe une myriade — craie à la cire, craie d'art, craie ou carré Conté, etc. Ce sont des bâtonnets, ronds ou carrés, qu'il faut distinguer du pastel (page 78).

### Carrés Conté

Ces bâtons de couleur, dits aussi crayons ou craies, sont fabriqués à partir de pigments liés avec de l'argile et d'autres ingrédients. Leur degré de dureté est supérieur à celui du fusain et du pastel. Les couleurs traditionnelles sont noir, blanc, sépia, sanguine et bistre, complétées par une série de gris. Les dessins exécutés dans ces couleurs classiques ont un aspect désuet dû à l'association des teintes.

Comme le fusain et la craie, ces couleurs classiques sont idéales sur papier teinté. Mais le domaine des fournitures d'art connaît un tel développement que l'on trouve actuellement des carrés Conté dans une large gamme de coloris, vendue en divers assortiments.

Les couleurs des carrés Conté peuvent se mélanger entre elles et grâce à leur forme on obtient trois épaisseurs ; avec l'arête, la section ou le plat. Ces couleurs requièrent un fixatif. Utilisez-les sur un papier mat et grenu — le papier bristol ou pour aquarelle d'Ingres ou de Canson.

### Craies d'art

Malgré sa ressemblance avec les carrés Conté, ce matériel plus récent est moins pratique que les carrés Conté ; plus riche en élément gras, il ne se laisse pas mélanger avec les doigts aussi facilement. Ses effets sont plus proches des crayons de couleur. A certains égards il convient mieux aux débutants : son épaisseur se prête mal aux détails et sa nature cireuse n'autorise pas plus de trois couches de couleur. Vous obtiendrez le meilleur effet en

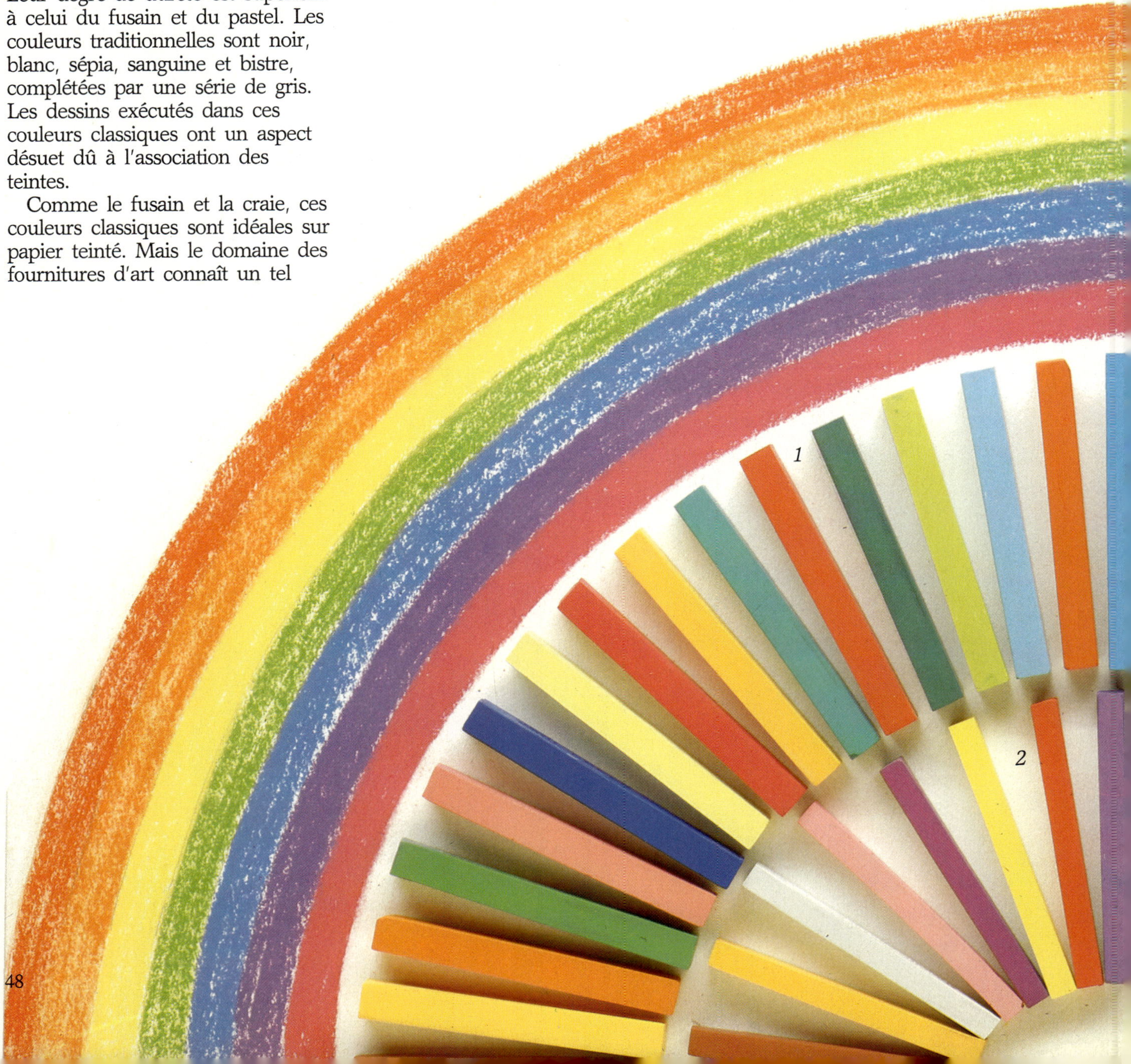

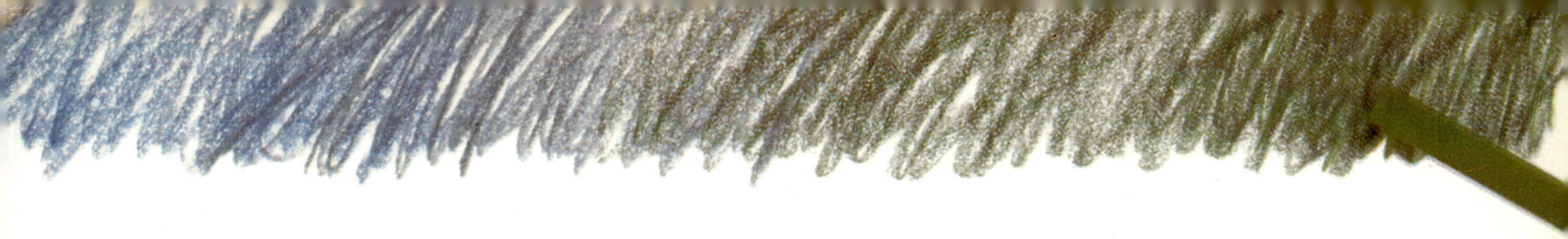



travaillant avec le blanc du papier (voir la démonstration du homard). Comme les crayons Conté, les craies permettent trois sortes de trait. Utilisez un papier lisse ou à grain moyen ; le grain épais est inadéquat.

Les craies d'art s'effacent difficilement, par contre elles se grattent. On peut aussi les dissoudre avec de la térébenthine, mais il est conseillé de faire des essais car il est difficile de contrôler les effets du processus sur les couleurs et les tons. Ce matériel ne convient pas aux travaux de petit format, mais il est tout à fait adapté aux croquis rapides. Comme il est fragile, il est nécessaire d'exercer une pression légère et de composer la couleur par fines superpositions. Vous trouverez ces craies dans le commerce en assortiments ; elles sont recouvertes d'une pellicule de cire qui s'élimine en frottant le bâton sur un papier rugueux.

## Crayons à la cire

Les crayons bon marché, qui sont loin d'avoir la finesse des plus chers, ne sont pas recommandés pour les travaux de qualité. Mais ils sont de ce fait adaptés aux essais, aux dessins rapides, surtout de grand format. Les matériaux pour enfants sont parfaitement acceptables pour les travaux d'adultes.

## Crayons aquarelle

L'utilisation de ces gros crayons solubles à l'eau requiert une certaine pratique, car l'eau fonce la couleur et celle-ci devient difficile à contrôler. Ils sont utiles dans les compositions où l'on désire associer l'art du dessin aux effets de la peinture. Mais ce matériau ne se prêtant guère au travail minutieux, il est préférable de l'utiliser sur de grands formats. Il vous faudra choisir un papier résistant à l'eau, un bristol par exemple.

*1 Craies d'art*
*2 Carrés Conté*
*3 Crayons aquarelle*

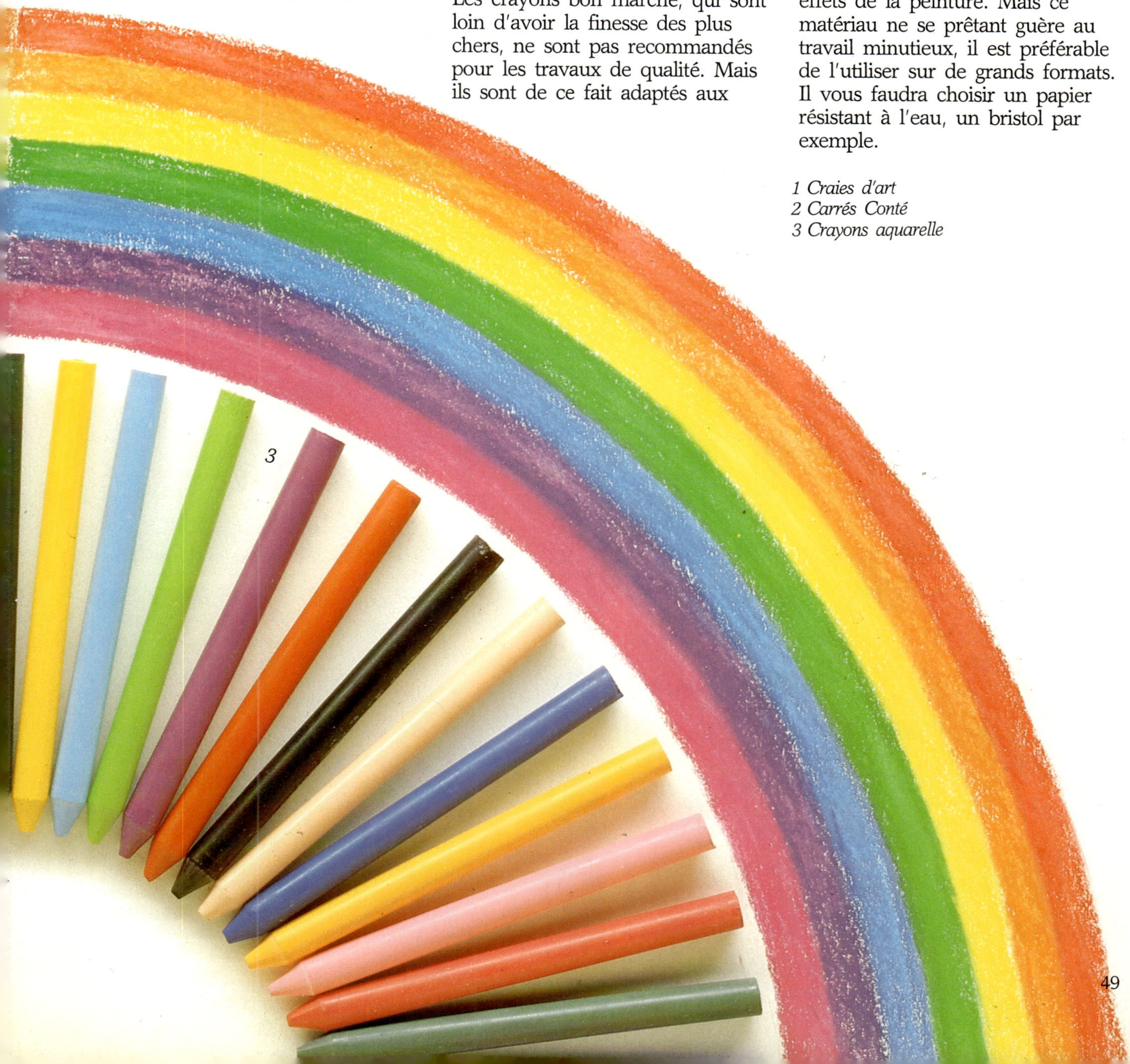

## Crayons Conté : superposition

Moins pulvérulentes que la craie et le fusain, les couleurs Conté se mélangent par superposition, la première couche apparaissant sous la seconde et ainsi de suite. Les crayons sont de forme carrée, ainsi l'arête à l'extrémité permet d'obtenir des traits fins. Vous obtiendez une couleur en superposant des hachures en autant de couches qu'il s'avère nécessaire, mais en laissant toujours filtrer les précédentes.

Sur les illustrations ci-dessous, l'auteur utilise les couleurs traditionnelles : sanguine, noir et blanc. Sur un papier teinté, une première couche de sanguine est appliquée par petits damiers réguliers de hachures croisées, de façon à obtenir un ton uniforme *(1)*. Puis, pour foncer l'effet, une couche de fines hachures noires lui est ajoutée au moyen de l'arête du crayon *(2)*. On peut ensuite conjuguer plusieurs couleurs entres elles pour modifier la tonalité et la nuance. Ici, une couche de blanc vient éclaircir l'effet *(3)*.

## Crayons Conté : estompage

La matière des crayons est suffisamment tendre pour permettre le mélange des couleurs. Cette technique s'avère utile pour les petites taches de ton adouci, comme les endroits où l'ombre et la lumière se mêlent à la surface d'un objet lisse et arrondi (mais elle est moins propice aux aplats larges et réguliers). Sur l'illustration ci-dessous, nous voyons le dessinateur utiliser cette technique pour unifier deux couleurs. Celles-ci sont d'abord appliquées côte à côte puis, doucement mélangées avec le doigt *(1* et *2)*.

**Superposition**

1 2 3

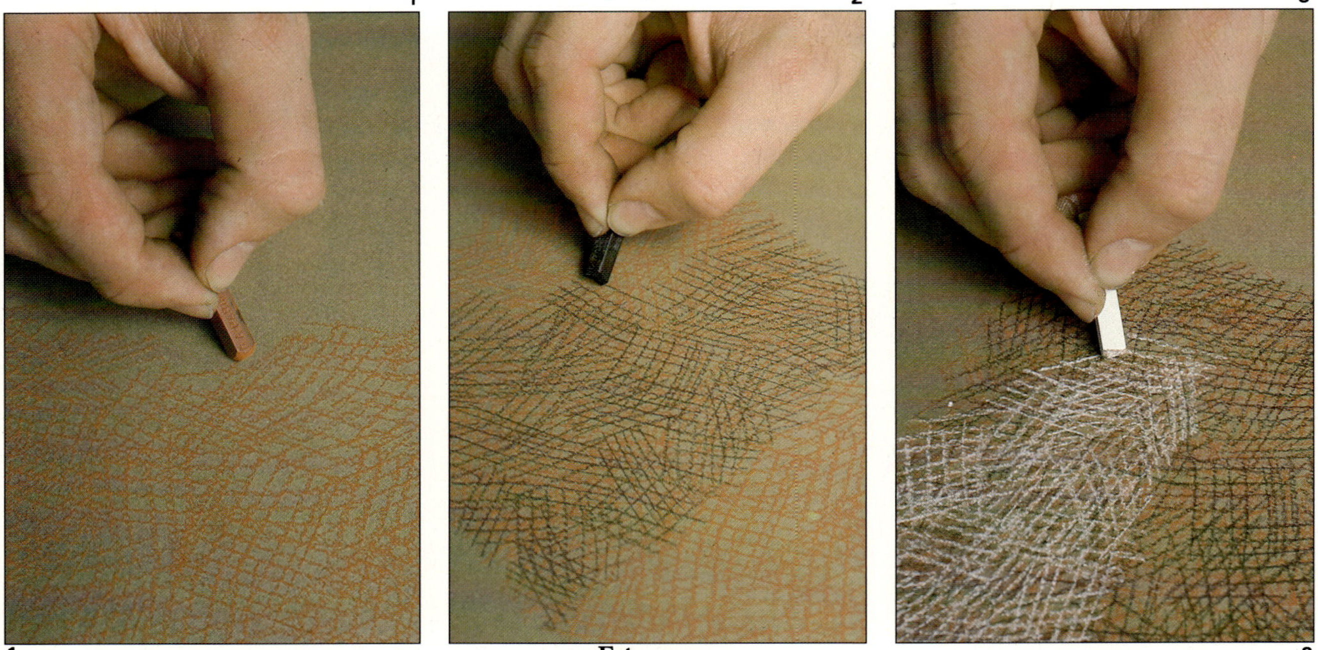

**Estompage**

1 2

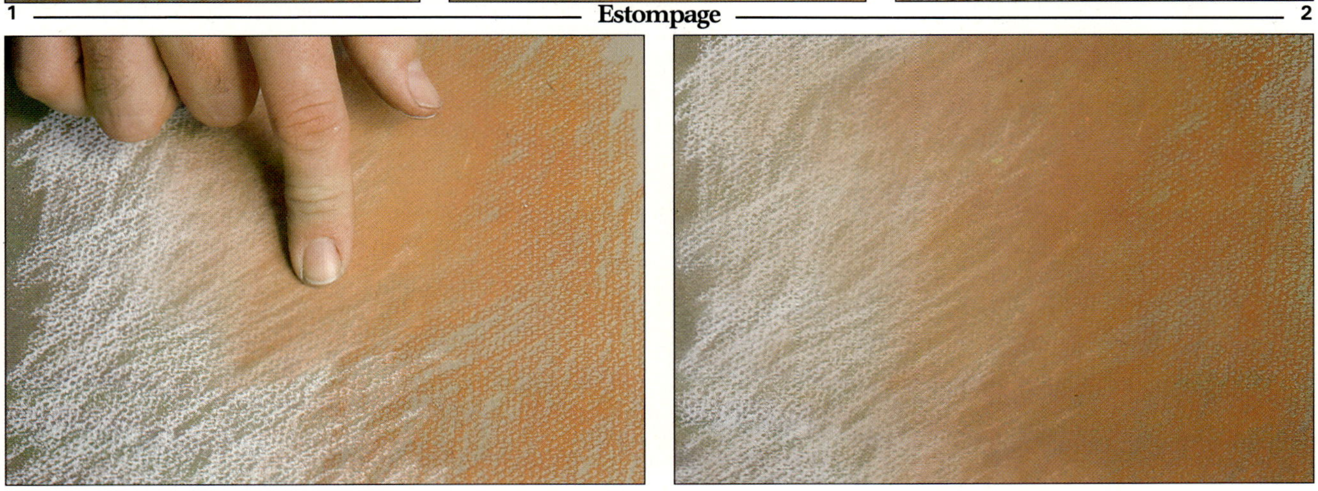

## Craies d'art : mélange optique

Les craies d'art, épaisses et cireuses, ne se mélangent pas comme les crayons Conté, le fusain ou la craie blanche, d'une nature plus friable. Et bien qu'il soit possible de superposer deux ou trois couches fines, on ne peut obtenir la même subtilité de nuances, car la cire s'accumule, devient luisante et on ne peut plus la travailler. Deux ou trois couches sont possibles et même ainsi, il s'avère parfois difficile d'en contrôler l'effet.

Le mélange optique permet de contourner ce problème ; on juxtapose des touches de couleurs dissociées et leur mélange s'opère sur la rétine. Par exemple, on obtient du vert à partir de touches jaunes et bleues. La nuance et la valeur de celui-ci seront fonction de la proportion de jaune et de bleu, et de la densité des touches sur le papier. On obtiendra de multiples nuances en variant les nuances bleues et jaunes. Celles-ci pourront à leur tour être modifiées par de petites quantités d'autres couleurs. Cette technique est très répandue dans le domaine des arts, en peinture particulièrement, mais elle est particulièrement utile quand le matériau ne peut pas s'estomper facilement.

Ci-dessous, l'auteur parsème son papier de points rouge vif et bleu clair pour obtenir un violet *(1)*. Des touches vertes sont ensuite ajoutées pour neutraliser cet effet *(2)*. L'éclat de la couleur finale *(3)* est fonction de la quantité de papier blanc entre les touches. Ces couleurs mélangées sur la palette donneraient un gris neutre. Ici, les composantes sont visibles et le résultat est vif et frais.

1

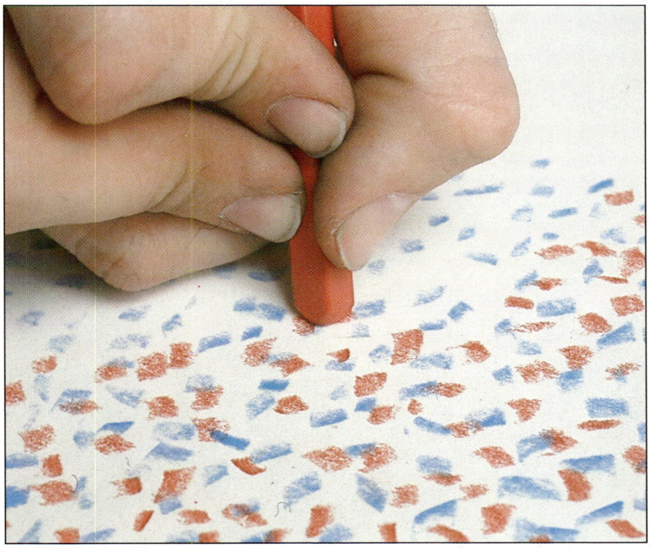

2

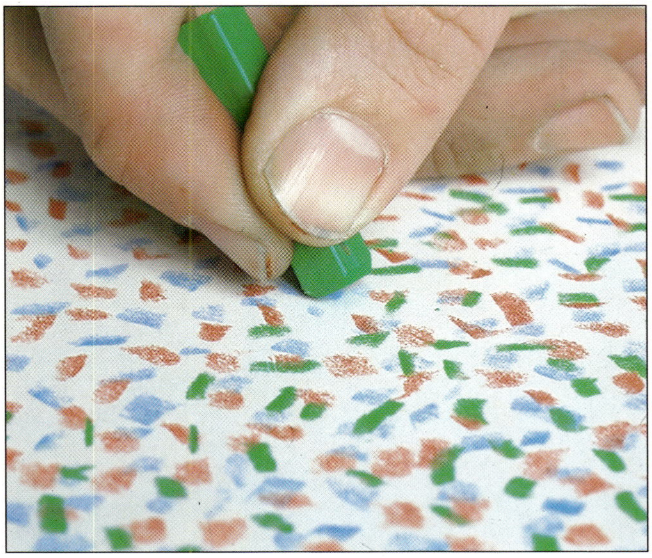

3

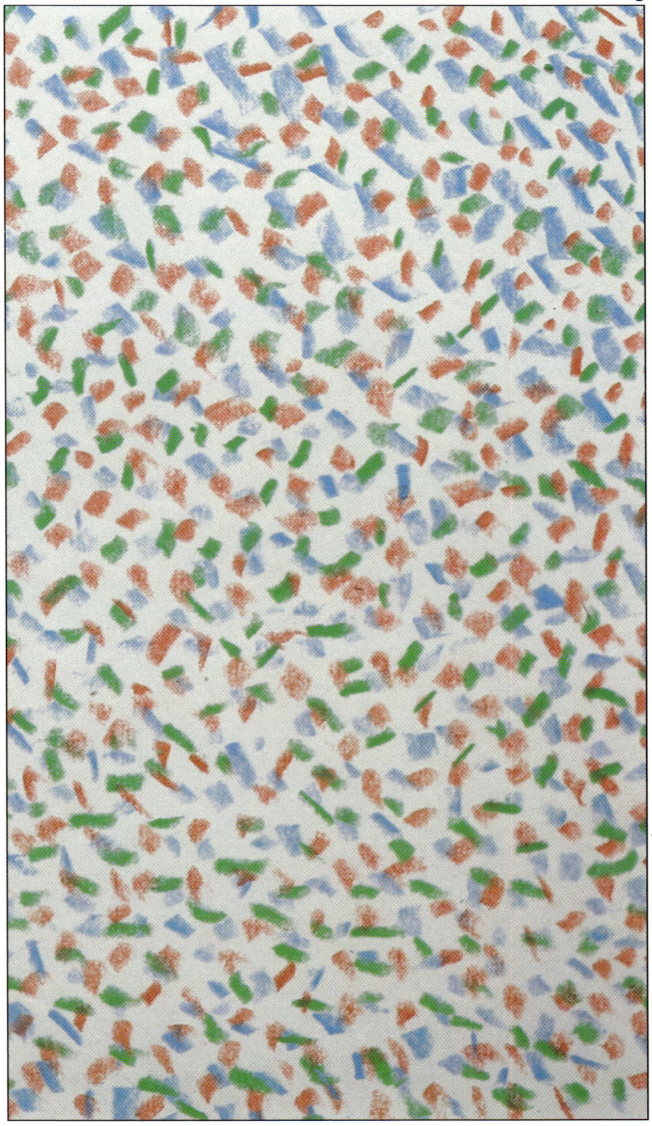

## Craies d'art : application

Avec la pratique vous apprendrez à mieux contrôler les nuances et les tons des craies d'art. Nous avons vu comment, avec la méthode du pointillisme, mélanger les couleurs sur le support. Mais cette technique ne convient pas à tous les modes d'expression. Et vous recherchez parfois d'autres effets que celui si caractéristique du mélange optique. Vous trouverez ci-dessous d'autres méthodes.

## Craies d'art : superposition des couleurs

Pour superposer au mieux les couleurs tenez le crayon délicatement et appliquez des traits aussi légers que possible pour couvrir le support régulièrement. Travaillez en souplesse, en utilisant le blanc du papier (un papier à grain fin accrochera mieux la couleur qu'un papier lisse). Ici le dessinateur applique trois couleurs : bleu, violet et rouge *(1)* afin d'obtenir un effet pourpre. A mesure que vous surchargez la couleur le blanc disparaît et l'effet s'intensifie. En règle générale, il vaut mieux se limiter à deux ou trois couleurs sur un endroit donné *(2)*.

## Craies d'art : utilisation de la craie sur chant

Pour traiter de larges zones, utilisez le plat du crayon *(1)*. Le résultat sera d'un fini plus régulier, avec de beaux effets marbrés dus au papier blanc *(2)*. Cette méthode peut être employée pour le mélange de deux ou trois couleurs.

1 — **Superposition des couleurs** — 2

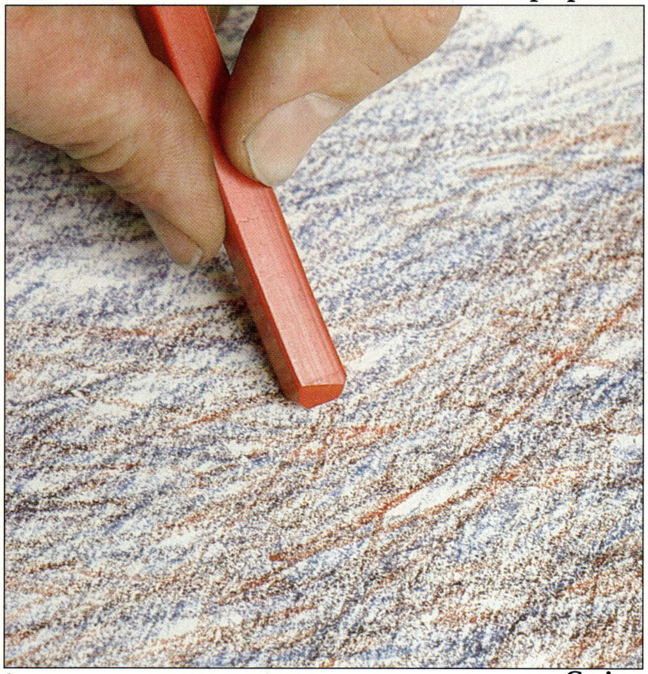

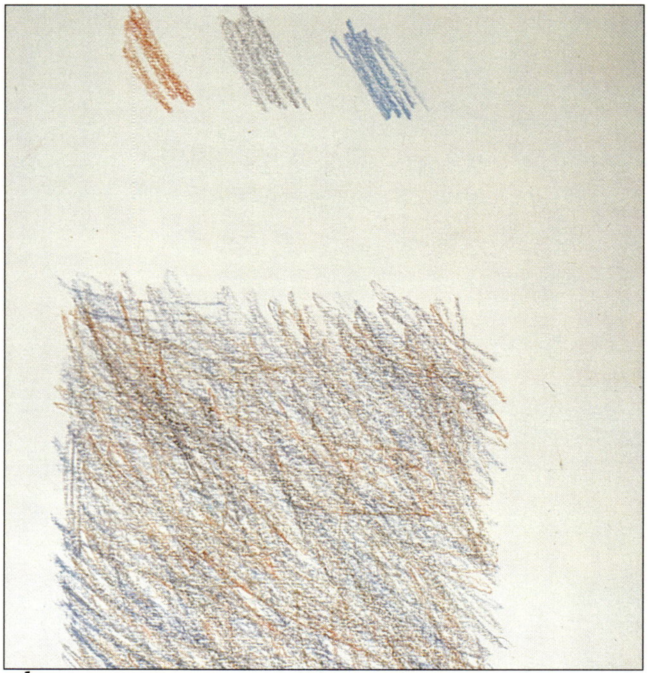

1 — **Craie sur chant** — 2

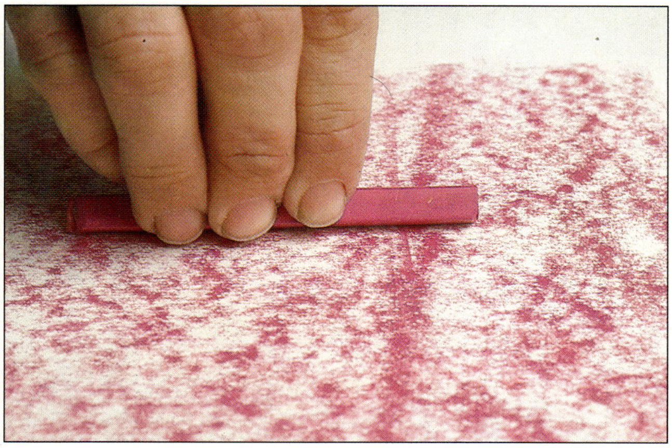

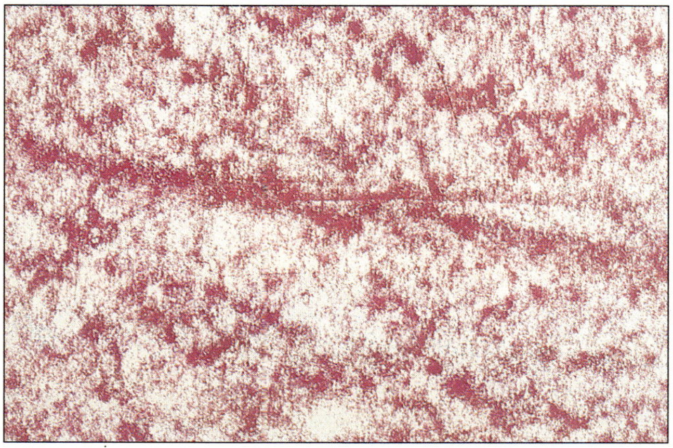

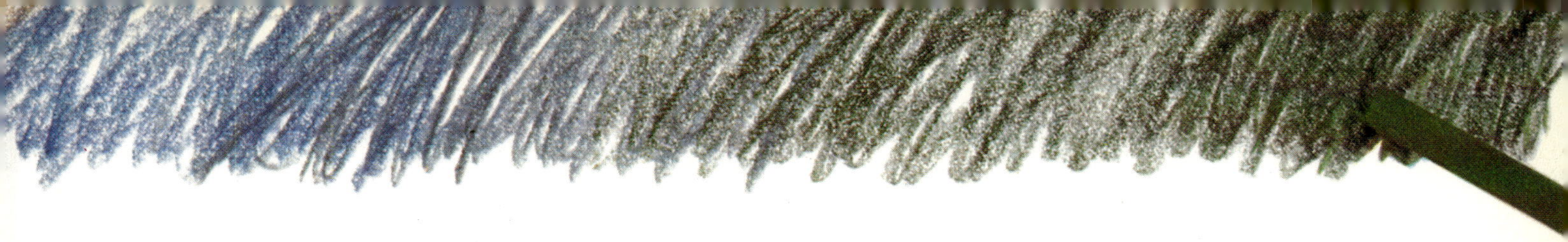



## Effets de surface

La forme rectangulaire des crayons Conté et des craies d'art permet une grande variété de traits différents et d'effets de surface. Vous obtiendez des traits fins, moyens ou larges selon que vous utiliserez l'arête, la section du carré ou le plat du bâton. Ci-dessous sont illustrées quelques-unes de ces possibilités.

Des traits longs et larges créent un motif plat *(1)*. En variant la direction des traits vous suggèrerez un effet de perspective. Pour dessiner la surface d'une route et traduire l'impression de distance, il vous suffira d'orienter les traits vers le point de fuite. De légères et délicates touches de couleur appliquées librement *(2)* sont une autre possibilité. Elles s'adaptent à divers effets de matière et permettent facilement et rapidement de donner à un fond nu un effet de surface intéressant.

## Sgrafitte

On peut rehausser une surface de couleur unie en grattant le matériau en profondeur avec une lame ou un scalpel. Cette techique, ou sgrafitte, permet de réaliser de fins sillons laissant apparaître les diverses couches de couleurs ou le ton du papier. Ci-dessous, à l'aide de la pointe d'un scalpel *(1)* l'auteur gratte la couche de couleur bleue en surface et révèle des traînées jaune vif *(2)*.

**Effets de surface**

1

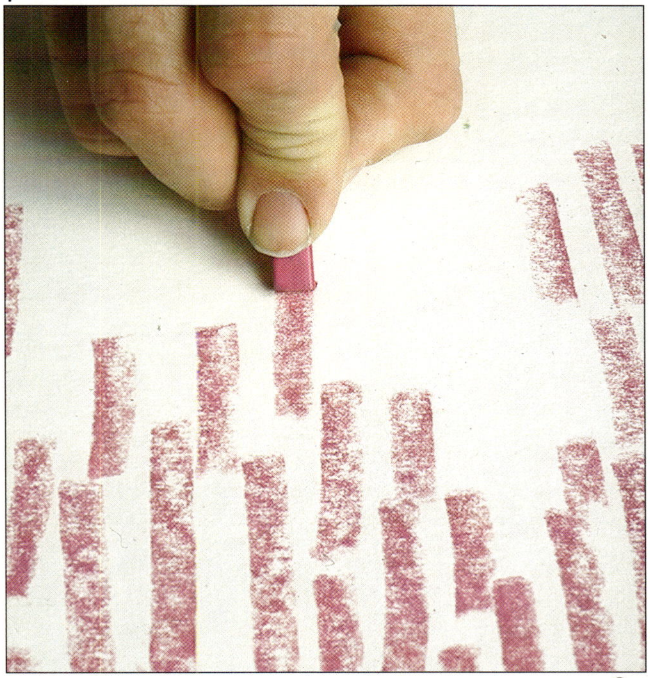

2

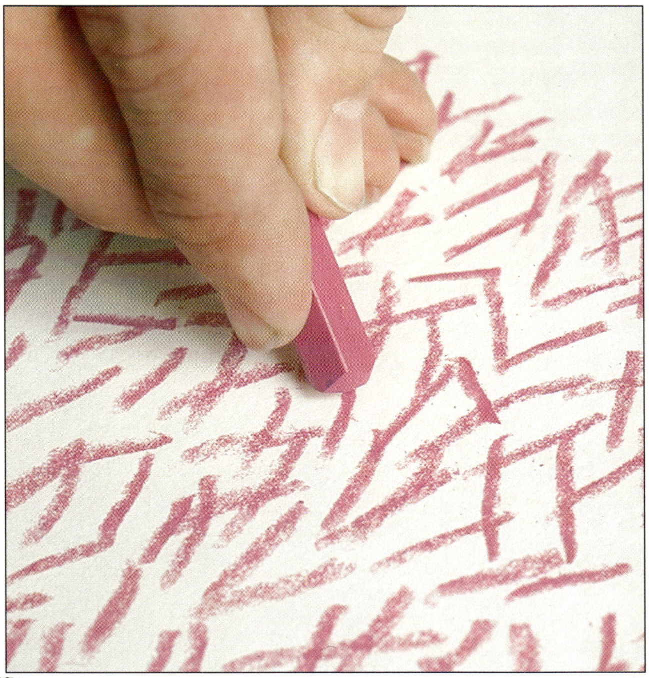

**Sgraffite**

1

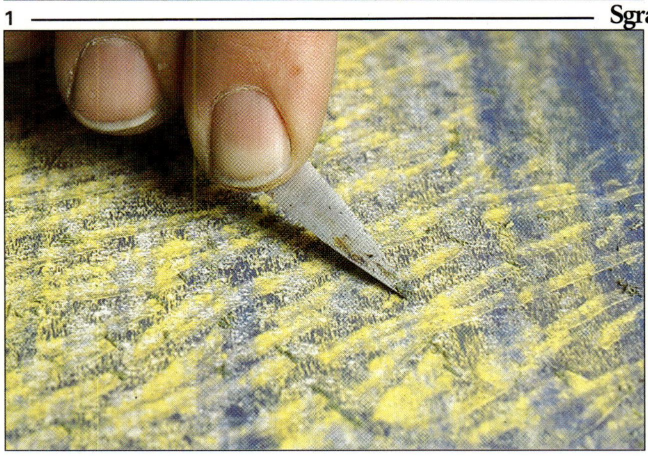

2

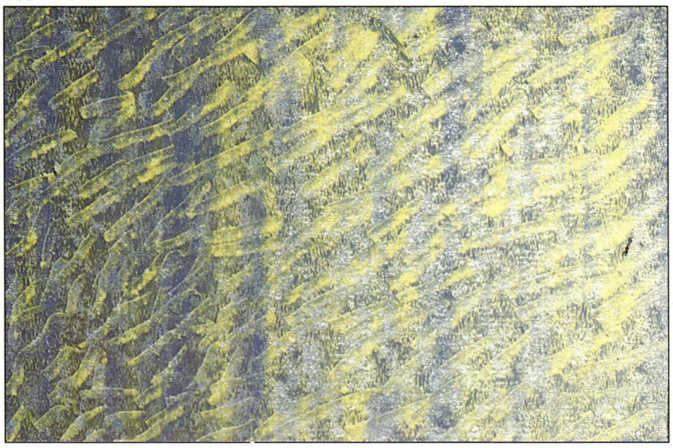

# *Nature morte au drapé*

## CRAYONS CONTÉ

Pour rendre ce moulage au drapé plus insolite, deux pommes ont été placées au premier plan. L'artiste a choisi les crayons Conté pour cette réalisation qui requiert une démarche rigoureuse. On peut avec ceux-ci obtenir des traits plus denses en augmentant la pression, mais l'artiste a choisi le système des hachures afin de s'assurer la maîtrise de la dégradation des valeurs. Pour définir les zones d'ombre, il applique un premier réseau léger auquel il ajoutera d'autres couches par la suite. Ce système de superposition graduelle de fines couches donne un total contrôle des valeurs et permet d'aborder des compositions d'une certaine complexité.

Les crayons Conté, plus tendres et plus friables, sont d'une manipulation plus délicate que les craies d'art. L'artiste chevronné fixera son dessin en fin d'exécution, mais rien ne s'oppose à ce que vous appliquiez une couche de fixatif entre chaque application de ton, particulièrement après le blanc. Le fixatif est un vernis ; une fine pulvérisation suffit. En insistant, la surface deviendrait brillante et dure.

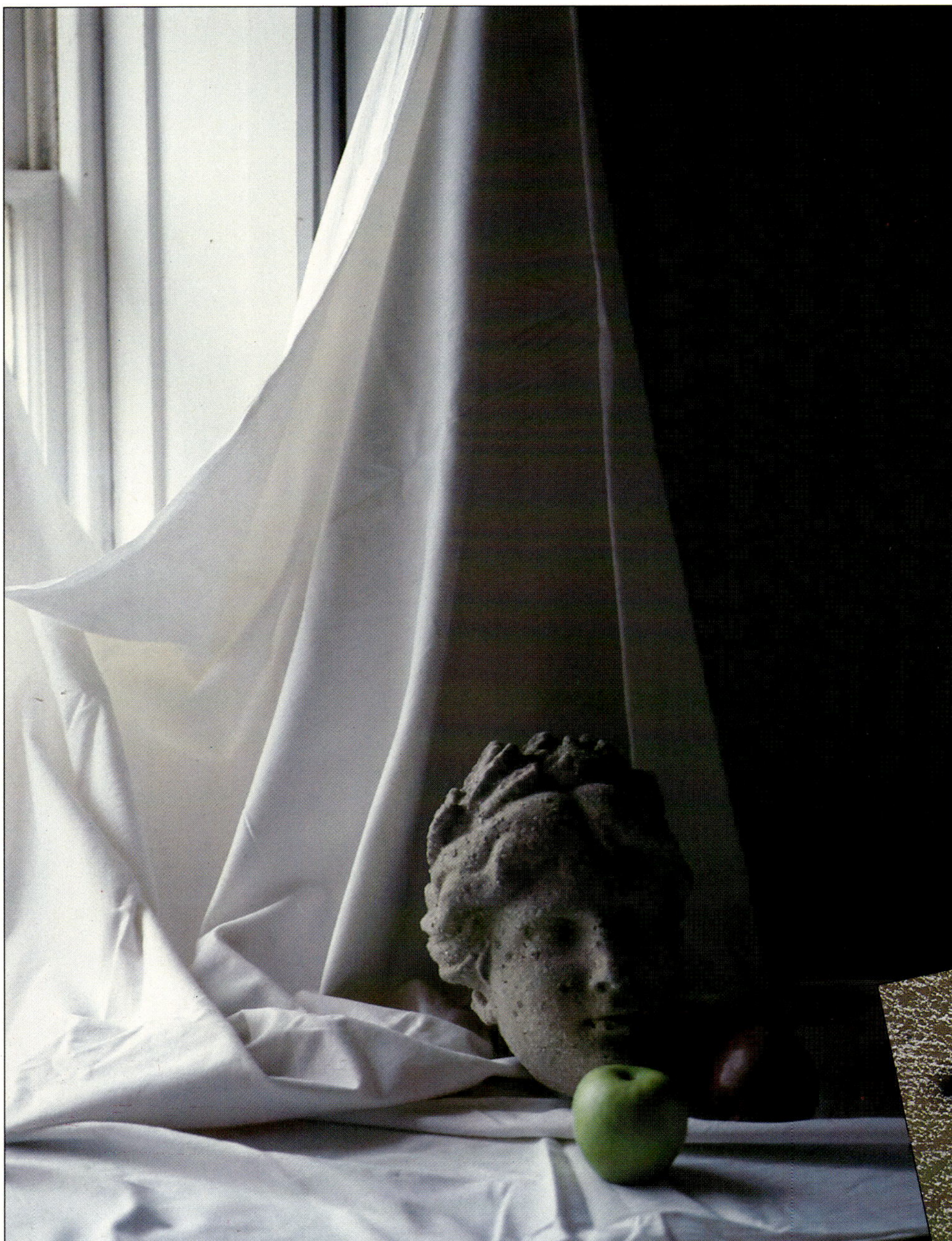

4

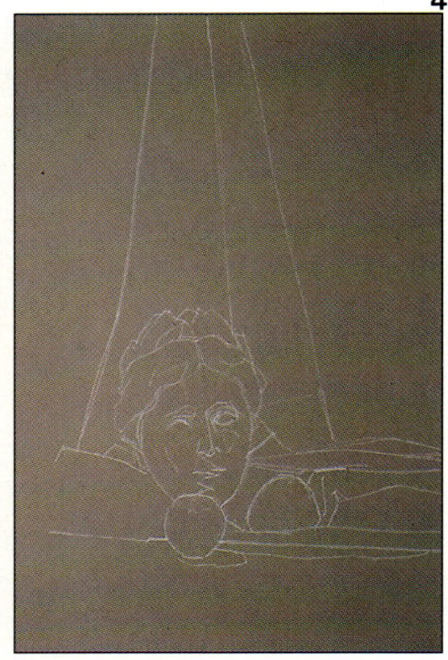

**1** Pour cette nature morte aux crayons Conté traditionnels, noir, sanguine et blanc, un papier Canson beige (56 cm × 76 cm) est un choix heureux. Il fournit à l'artiste une quatrième teinte à exploiter dans sa composition.

Le sujet est esquissé très légèrement à la craie blanche, de façon à pouvoir être modifié ultérieurement.

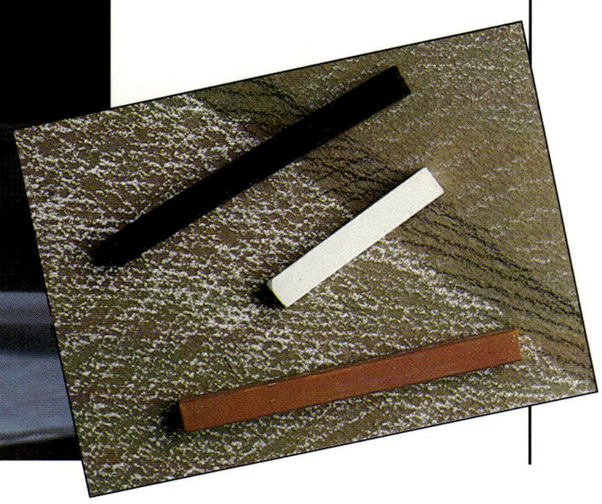

2

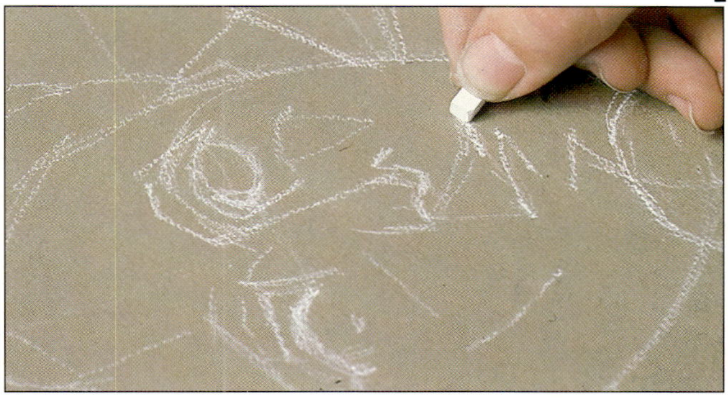

**2** A ce stade l'artiste souligne les contours de son dessin, ils serviront de référence pour les tons suivants. Les lignes existantes sont accentuées avec l'arête de la craie blanche ; ce trait fin sera définitif. Faites preuve d'assurance dans cette démarche, il vaut mieux avoir deux ou troix traits nets surchargés, qu'un dessin flou corrigé à la gomme. Si vous commencez à effacer vous perdrez la netteté de la teinte du fond. En revanche, si vous utilisez l'arête du crayon, comme le fait l'artiste ci-contre, vous assurez la précision du sujet.

3

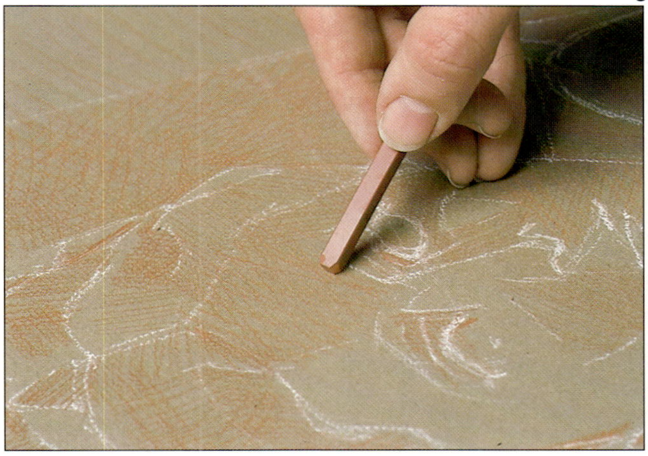

4

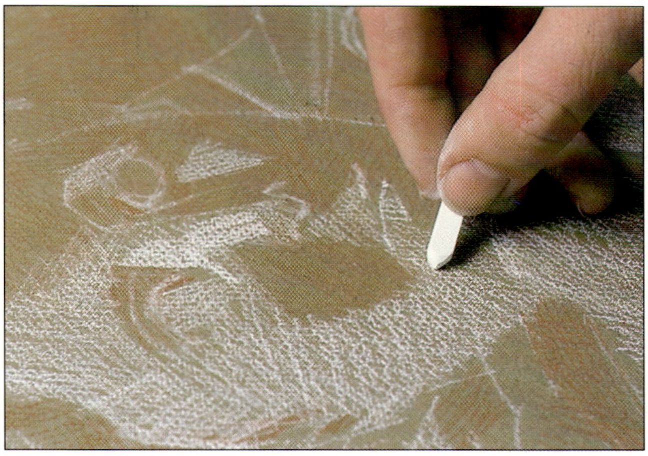

**3** De fines hachures sont appliquées à la craie sanguine pour faire apparaître les zones d'ombre du visage et du drapé. Les hachures à ce stade sont aérées, ce qui permet de mieux contrôler la densité des valeurs, il s'agit ici d'établir la base des zones ombrées. Comme précédemment, la finesse du travail est acquise grâce à l'arête du crayon. On passe de l'une à l'autre à mesure qu'elles s'émoussent.

5

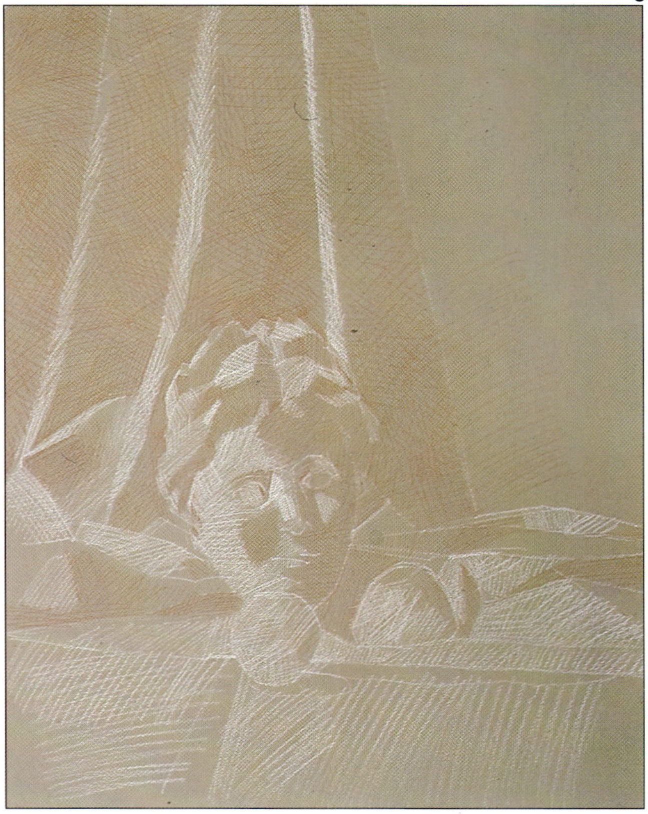

**4** Ayant déterminé les zones sombres, l'artiste aborde maintenant les plus claires à la craie blanche. Il emploie le même procédé de hachures légères pour pouvoir leur ajouter des reflets plus accentués à un stade ultérieur. Il ne cherche pas dans l'immédiat à nuancer les blancs pour modeler les formes.

**5** Les principales zones de lumière et d'ombre sont maintenant définies. Il importe que vous compreniez la technique du fin réseau de hachures croisées. Les formes ont acquis à ce stade une certaine définition et ce, en raison de l'intensité de la lumière dirigée, bien que les zones sanguines et blanches n'aient pas encore été travaillées et demeurent des formes plates. La lumière directionnelle accentuant les contours du drapé et du visage, les détache du fond.

6

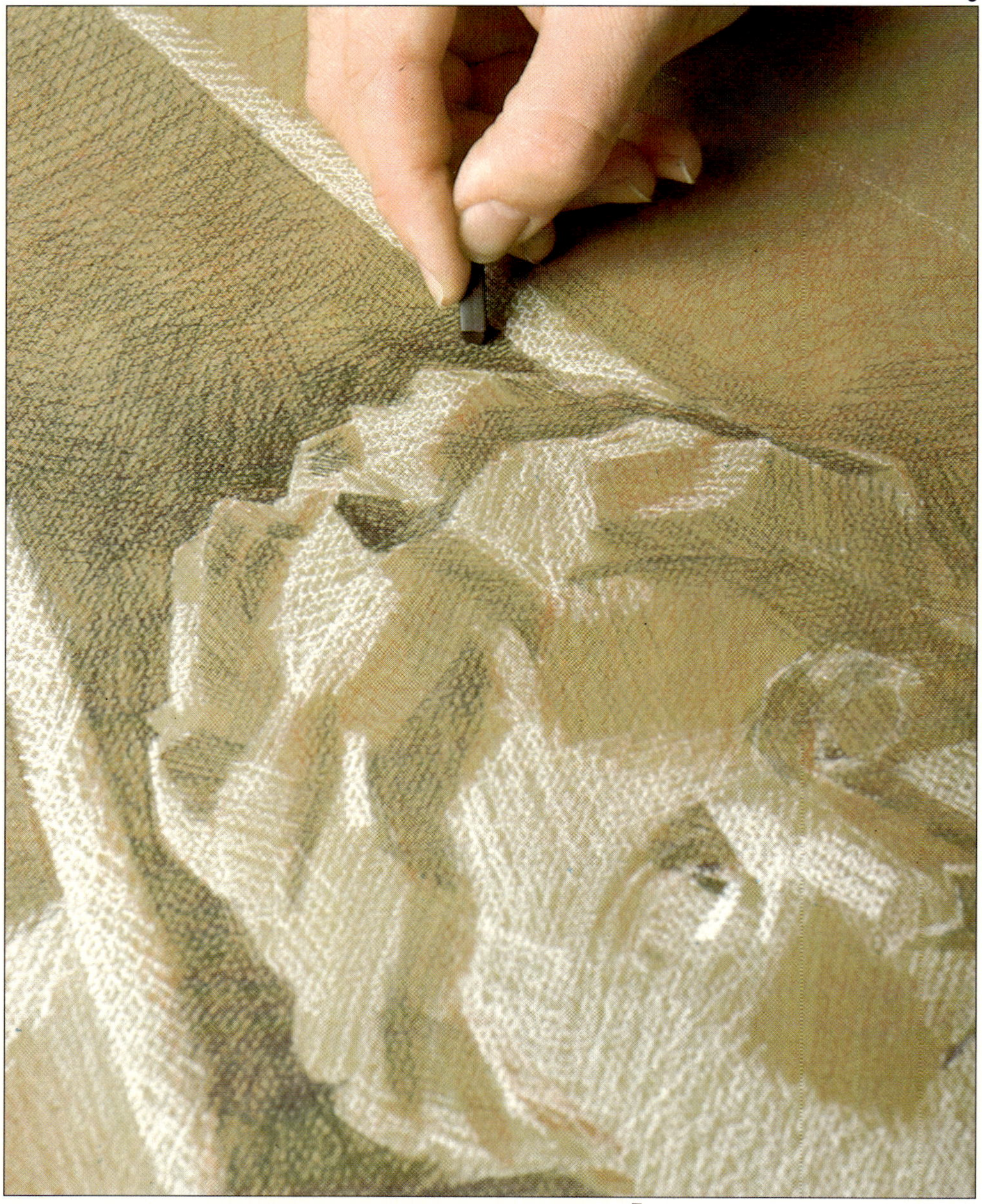

**6** Les ombres très denses sont travaillées selon la même méthode de hachures, mais cette fois avec le crayon noir. On procède toujours du plus clair au plus foncé en appliquant les couches sombres sur le fond de sanguine. Celle-ci représente les ombres très claires, et le noir les très foncées.

**7** La direction des hachures sert à décrire des formes différentes. Ici l'artiste applique les hachures dans le prolongement des contours de la pomme, de façon à en accentuer le modelé. De même pour le drapé, remarquez comme les traits suivent le mouvement des plis.

**8** A l'aide de la craie blanche l'artiste rehausse les zones lumineuses et les reflets, toujours au moyen des hachures croisées. Un simple trait blanc vient définir le filet de lumière entre les deux pommes.

7

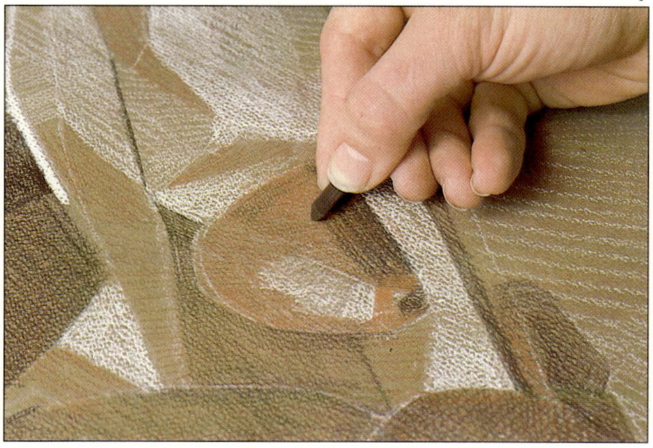

8

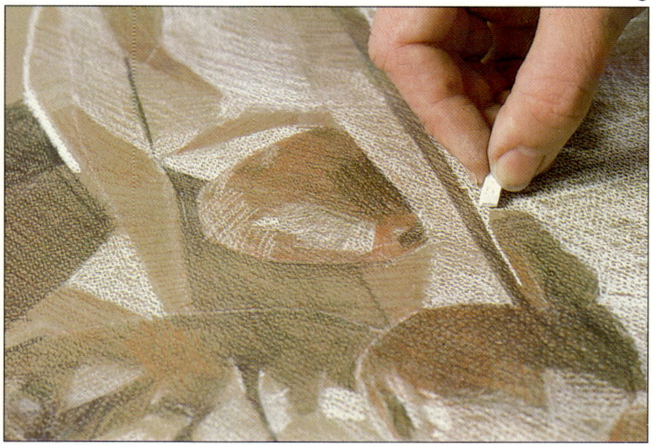

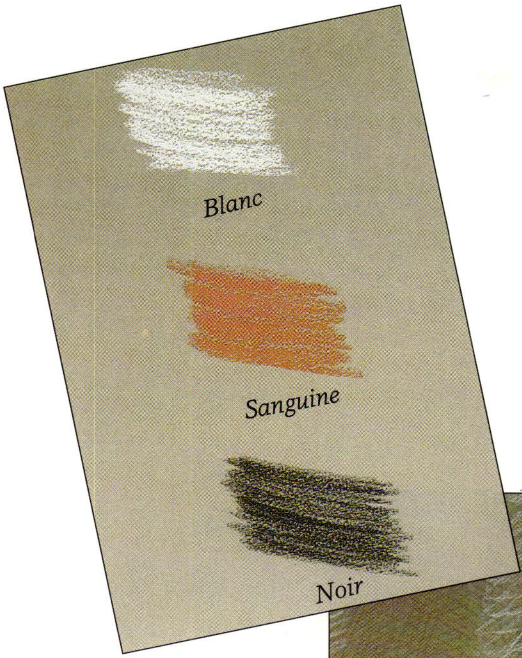


**9** Étant donné la matière pulvérulente des crayons Conté il est essentiel de fixer le dessin achevé.

Le modèle a été simplifié ; il ne présente pas comme une photographie la complexe dégradation des tons. Ceux-ci sont limités à quelques larges zones maîtresses et se résument aux valeurs claires et foncées de chaque nuance. Par exemple, le ton de noir le plus sombre se trouve sur la partie droite du drapé et autour de la tête. Ailleurs, un ton plus léger définit les valeurs intermédiaires. Le blanc assure la tonalité générale, et il s'intensifie aux endroits situés en pleine lumière, comme les reflets sur les pommes.

9

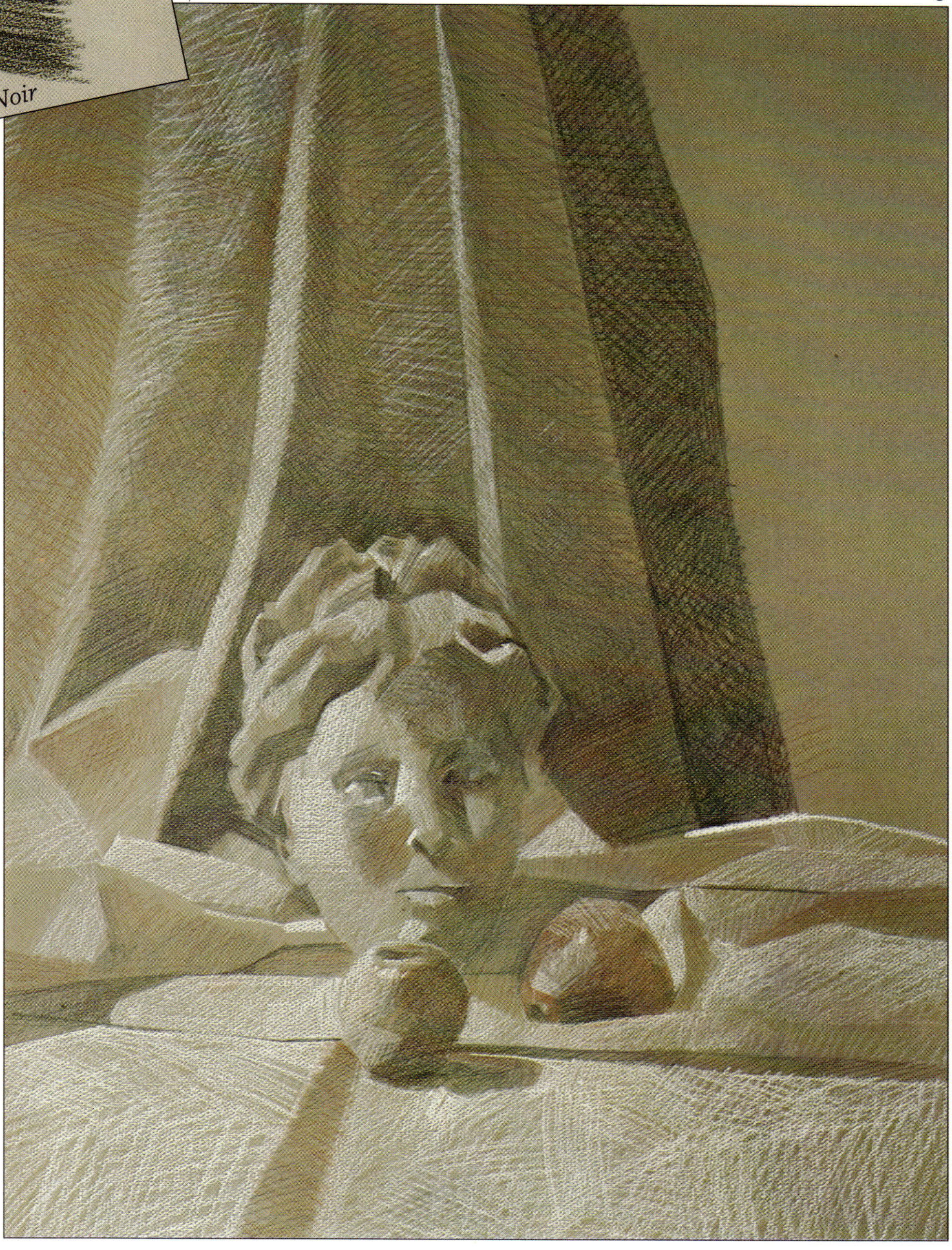

# *Homard sur une assiette*

## CRAIES D'ART

Ces craies sont idéales pour débuter. Quand on apprend à dessiner le manque d'assurance est un handicap majeur ; il prédispose le débutant à une représentation trop minutieuse. C'est en cela que les craies ont leur valeur, car elles favorisent une exécution libre. Ce matériau de dimension commode et de couleur vive invite aux interprétations hardies.

Ces épais crayons ont été choisis pour cette exécution, bien qu'ils paraissent à première vue totalement inadaptés aux appendices compliqués comme les pinces et les antennes, bien particulières à ce crustacé. Mais le dessinateur a opté pour une version simplifiée, une interprétation agrandie et schématique du sujet, et non une définition fidèle. Cette démarche lui permet d'accentuer certains traits saillants de l'espèce, comme la forme et la couleur, lesquels seraient plus anodins dans une représentation grandeur nature.

D'autre part le homard occupe presque toute la surface du support. L'assiete blanche se substitue au fond, ce qui facilite la représentation sur papier blanc.

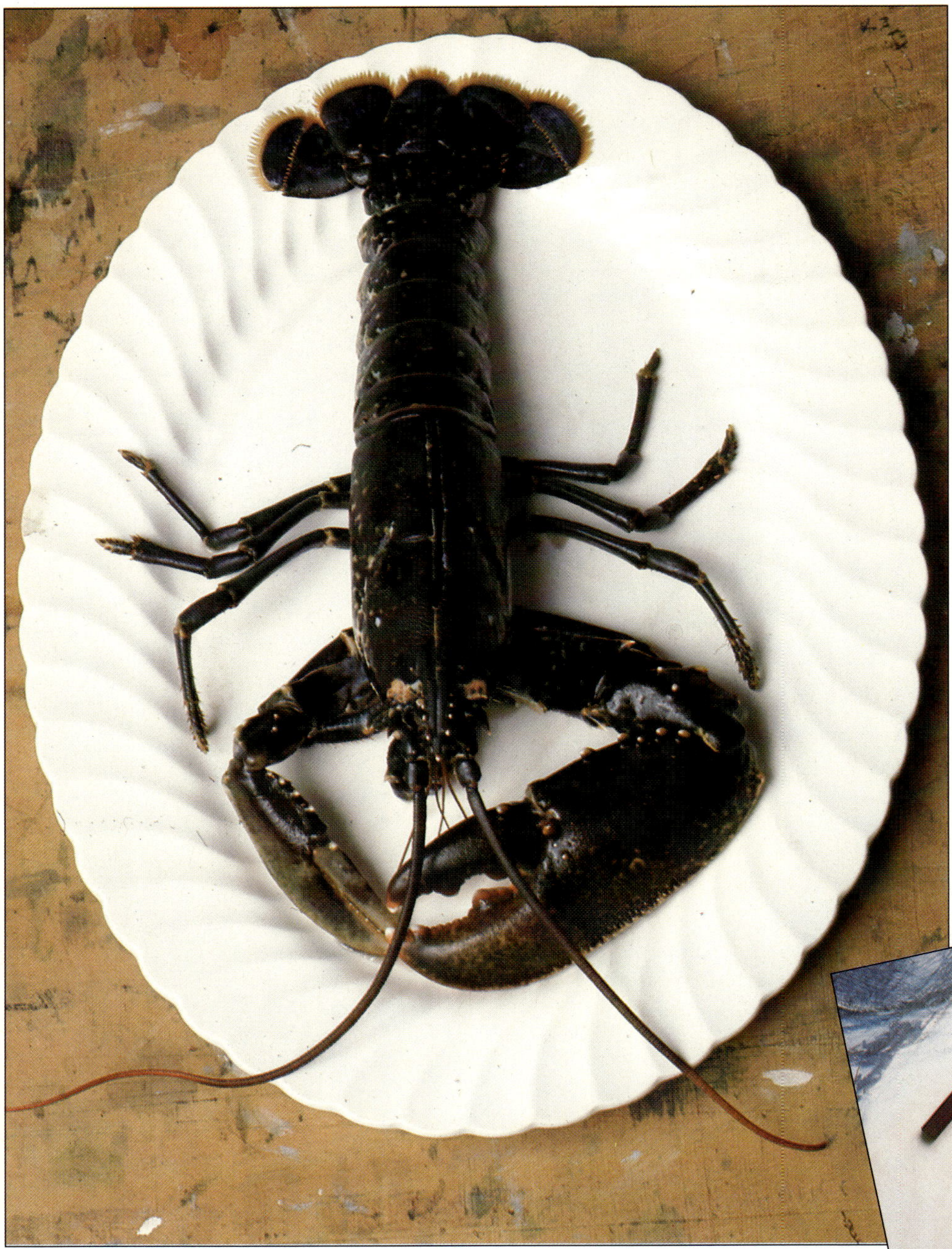

Si la forme du homard est intéressante, en revanche sa carapace manque de couleur. Cependant, si vous l'examinez ce près vous remarquerez des petites traces orange, roses et des reflets bleutés par endroits. Ce sont ces aspects que le dessinateur a choisi de souligner. Il a sélectionné à cette fin les craies d'art dont la vivacité de couleur viendra accentuer ces éléments. La démarche plus libre, les lignes plus fluides, chercheront à capter les formes internes du sujet, sans les contraintes qu'impose l'exécution grandeur nature.

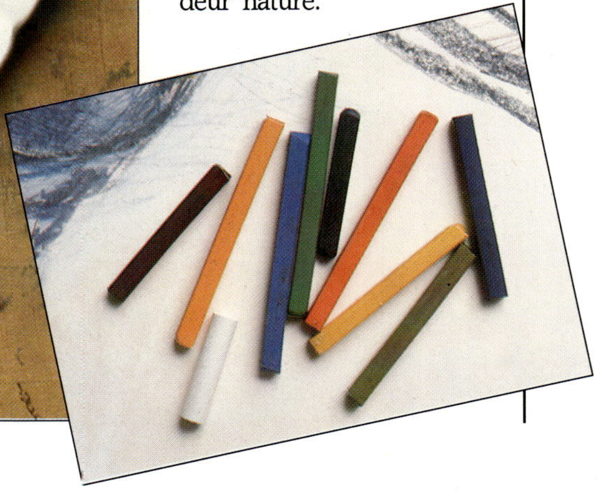

**1** Le sujet est campé au centre de la feuille de papier bristol (51 cm × 76 cm). La palette est composée de violet, noir et brun — à peu près les teintes naturelles. Les contours sont esquissés d'un geste large où l'avant-bras et le poignet participent, pour assurer la fluidité des lignes. A ce stade les contours ne sont pas encore définitifs.

**2** De légères hachures croisées, noires et brunes, sont ébauchées sur la grosse pince pour définir la couleur locale. Deux tons d'orangé, clair et foncé, soulignent les contours. Ils donnent du relief à la couleur sombre et soulignent les traces d'orangé présentes dans le sujet. Les traits sont exécutés avec légèreté et le blanc du papier intervient largement.

1

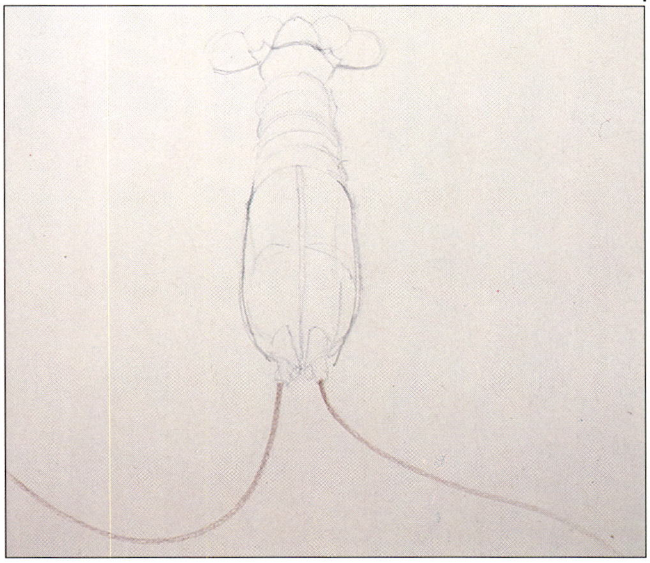

2

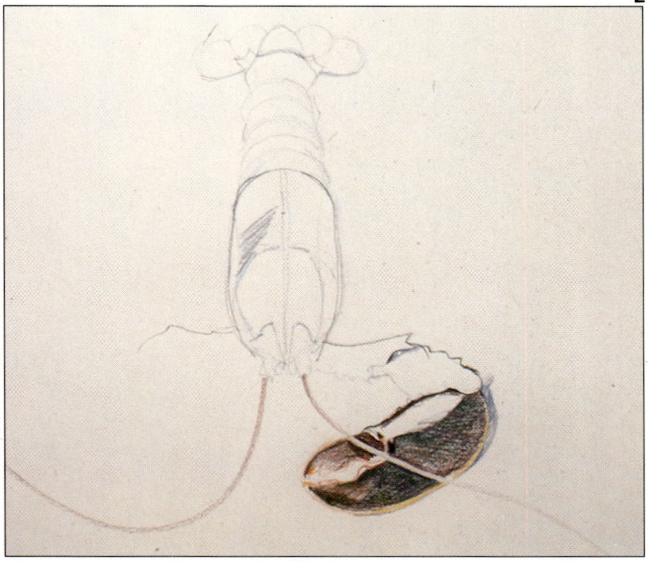

3

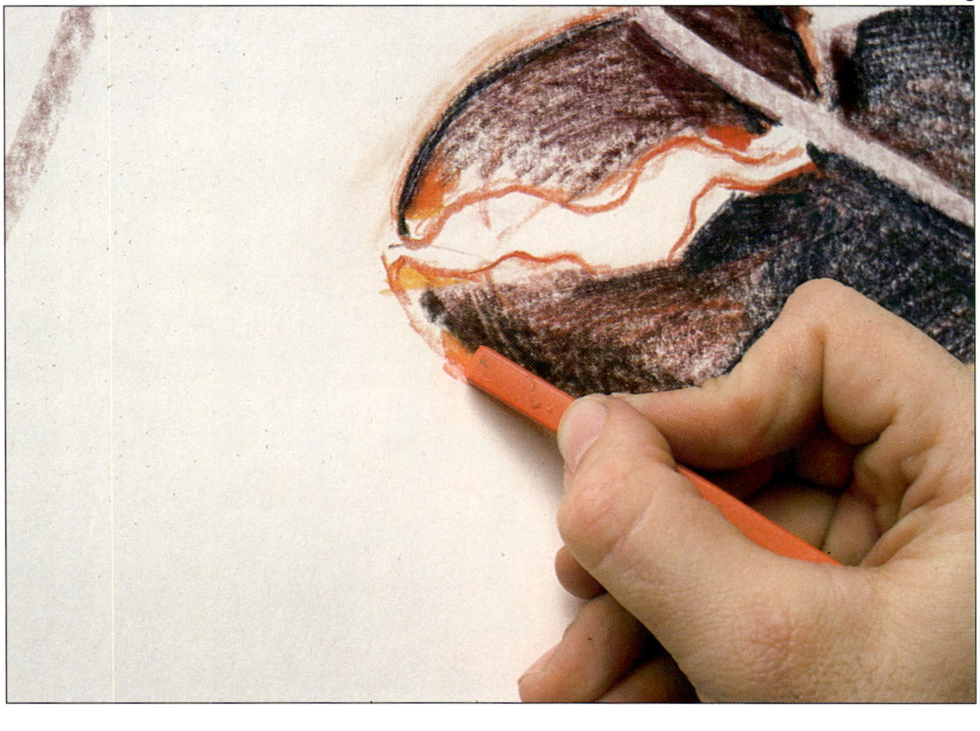

**3** A mesure que le travail progresse, le trait et la couleur sont associés pour redéfinir et préciser les contours du sujet. L'artiste étudie le modèle avec soin pour identifier les couleurs vives et les introduire dans le dessin. Les fines lignes rouges ondulées à l'intérieur de la pince sont exécutées avec l'arête du crayon. Ici, le dessinateur utilise la section large du bâton orangé pour obtenir une frange de couleur. Notez comme le réseau sombre des hachures s'atténue vers les contours du dessin. Grâce au papier blanc, que le dessinateur a pris soin de réserver, les vives couleurs linéaires gardent tout leur effet.

**4** L'artiste exécute d'autres séries de hachures simples et croisées sur les précédentes, pour intensifier les valeurs du noir, du violet et du brun. L'endroit où l'antenne, initialement ébauchée, repose sur la pince, avait été préservé comme un espace négatif clair. Ce type de crayons ne permettant pas de passer du foncé au clair, il importe de réserver les clairs et les blancs fournis par le papier. Lors de l'exécution de la pince, le bord de la couleur qui détermine ces contours doit être net.

A mesure que les valeurs sombres s'accentuent, l'artiste renforce la couleur des contours.

**5** Une fois la forme et la couleur de la pince clairement établies, l'artiste entame le reste du dessin. Les tons et les couleurs sont traités comme précédemment, en allant du plus clair au plus foncé. Il n'est pas question avec ce matériau de brûler les étapes, car si vous forcez la note au départ vous ne pourrez plus rien modifier ensuite. Vous devez donc obtenir la nuance ou la tonalité par de fines couches, surtout en cas de superposition de couleurs. La direction des hachures est dictée par les formes à représenter : l'arrondi de la tête est décrit de façon simple par des plans d'orientation différente.

4

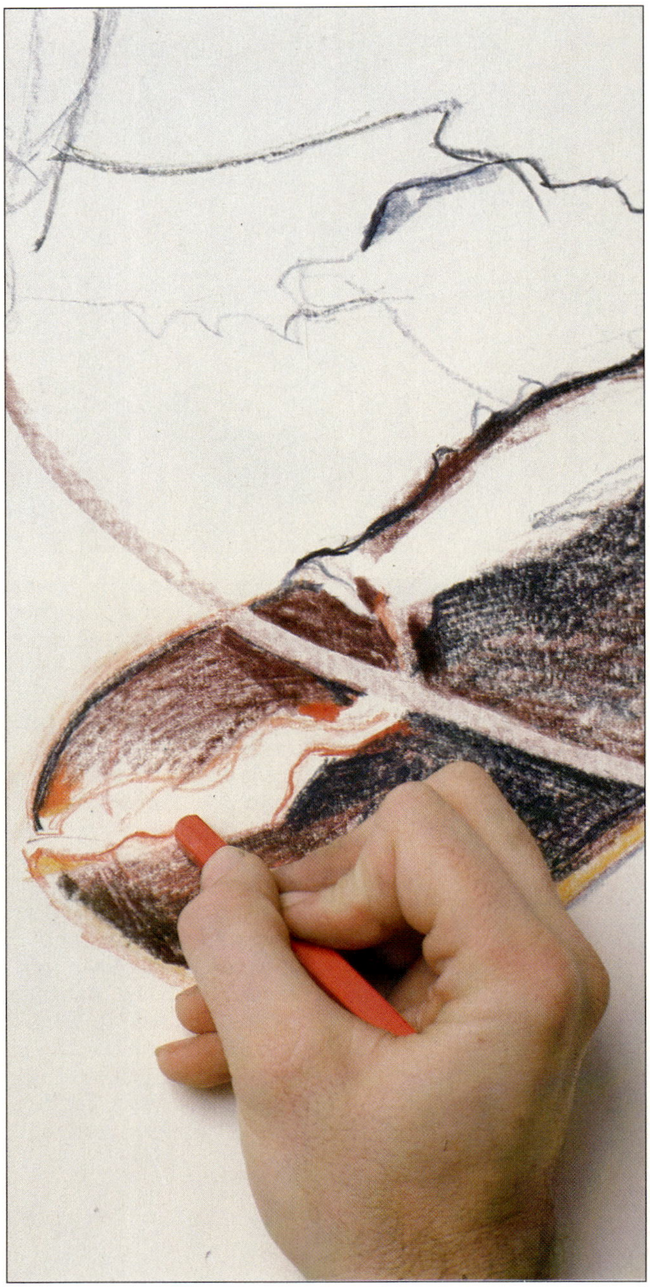

5

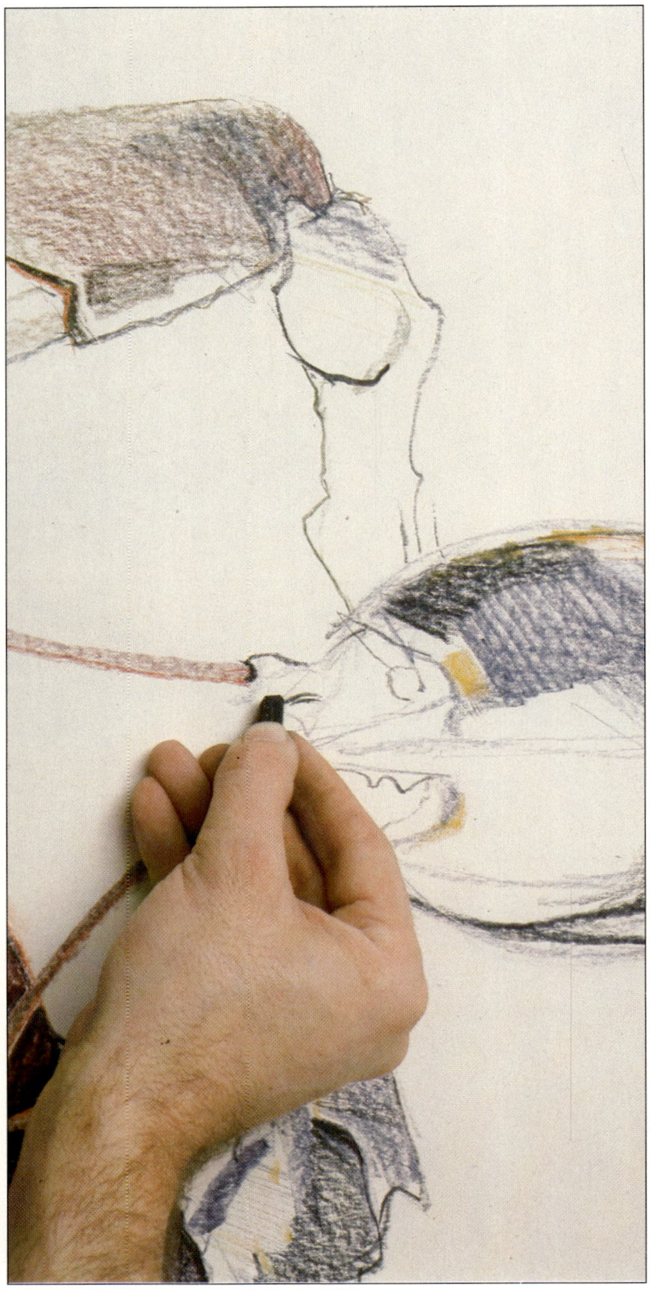

**6** Pour rehausser la couleur locale sombre et froide, l'artiste ajoute des touches de couleur vive. Comme les couleurs de fond ont été appliquées légèrement, le blanc du papier est toujours visible. Ces touches vives doivent être introduites avec discrétion, leur objectif étant de rehausser l'effet. Une surcharge de couleur irait à l'encontre de l'effet naturel recherché. Le dessinateur utilise le bord du crayon avec délicatesse, se réservant la possibilité de renforcer la couleur locale ultérieurement. Il pourra au besoin foncer les tons pour modifier l'effet du jaune.

**7** Le corps du homard et la seconde pince sont maintenant traités. Voyez comme le sujet se détache du fond ! Le système des hachures a permis de définir différents plans d'ombre et de lumière. Remarquez comme l'artiste a pris soin de saisir les reflets sur la carapace du homard. La source de lumière à gauche n'est pas intense, mais elle est suffisante pour évoquer le volume du corps, qui sans elle semblerait plat. De la même manière, les zones claires prévues sur les anneaux de la queue traduisent le jeu des reflets de la lumière, comme les rehauts sur les pinces et ailleurs.

6

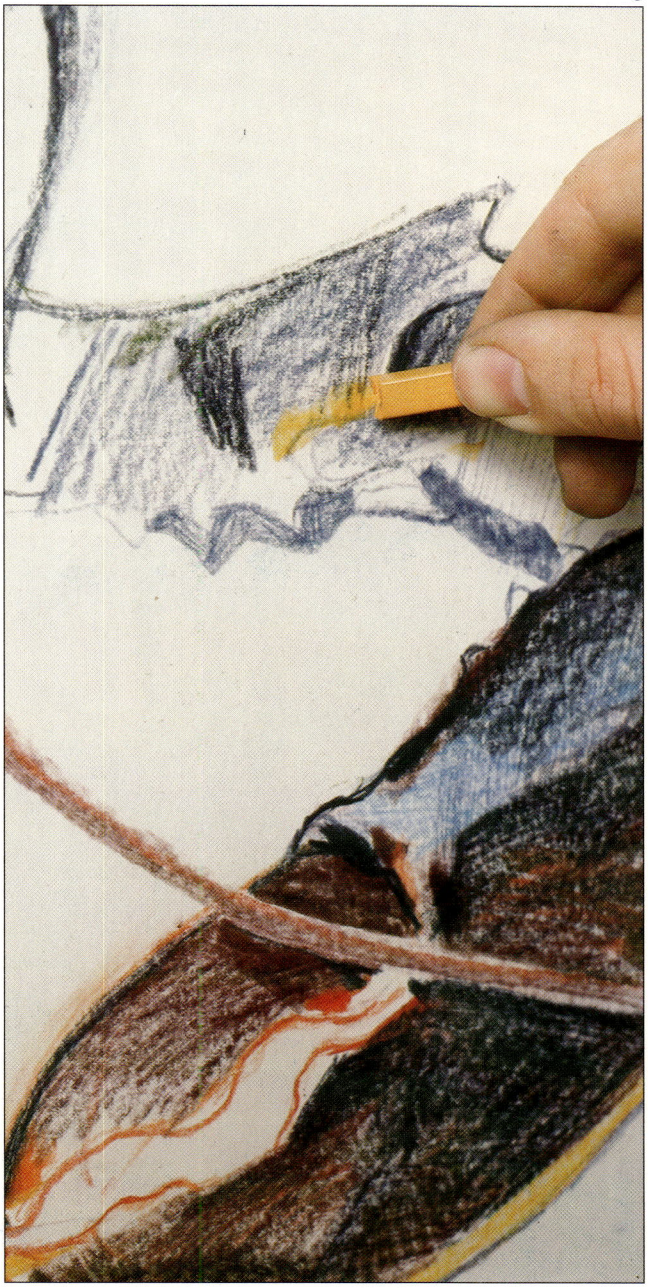

7

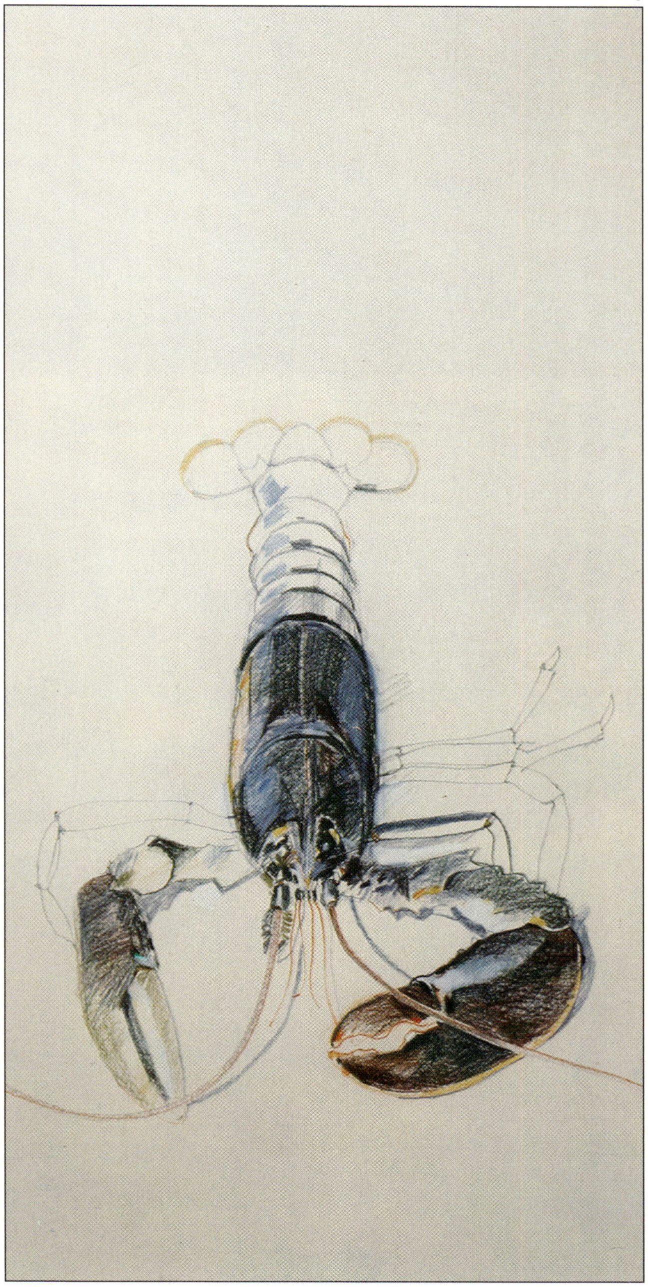

8

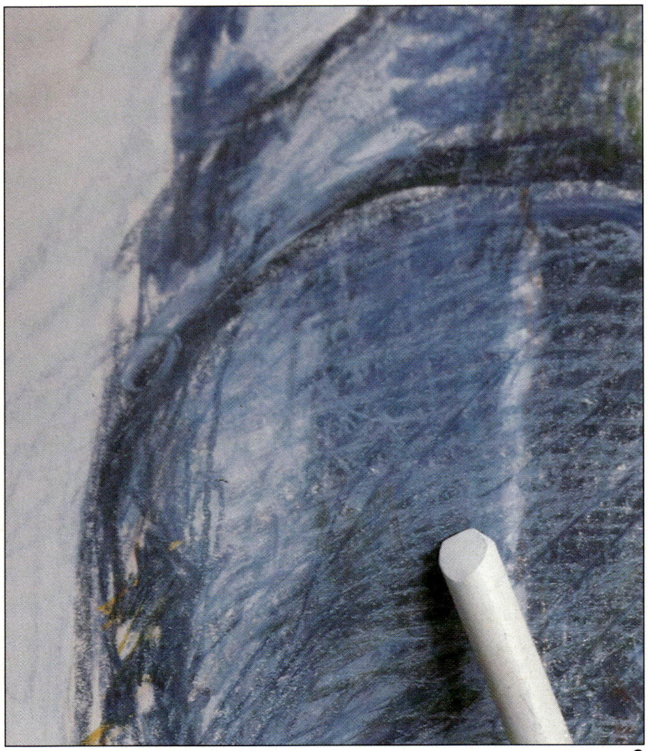

**8** Il est difficile avec ce matériau d'aller du plus foncé au plus clair, la cire formant une pellicule brillante qui empêche d'éclaircir les couleurs sombres : Il faut réserver les zones claires. On peut cependant en gratter la surface ou bien, comme ici, utiliser de la craie blanche.

**9** L'artiste a choisi, pour les reflets, la craie blanche : grâce à sa nature friable elle adhère à la cire des craies d'art. Les reflets de la carapace ont déjà été appliqués ; ici l'objectif est d'accentuer les contrastes en soulignant les contours. La craie tend à modifier et non à cacher la couleur sous-jacente.

9

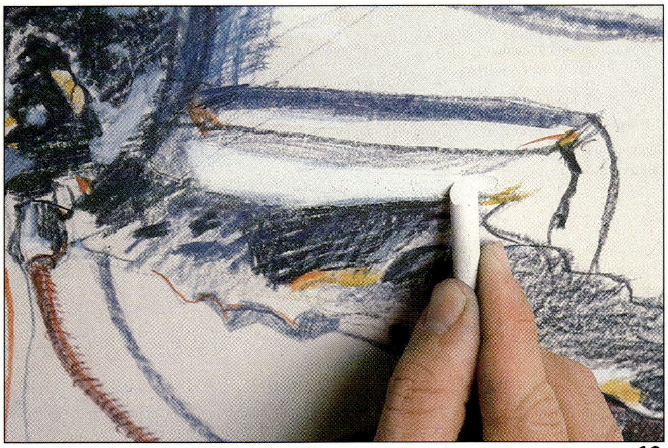

10

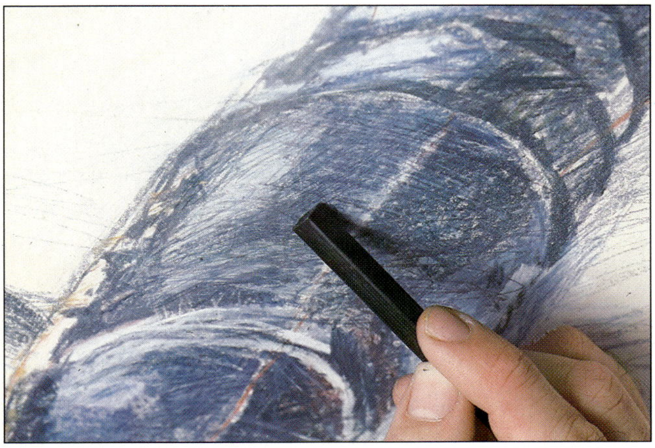

11

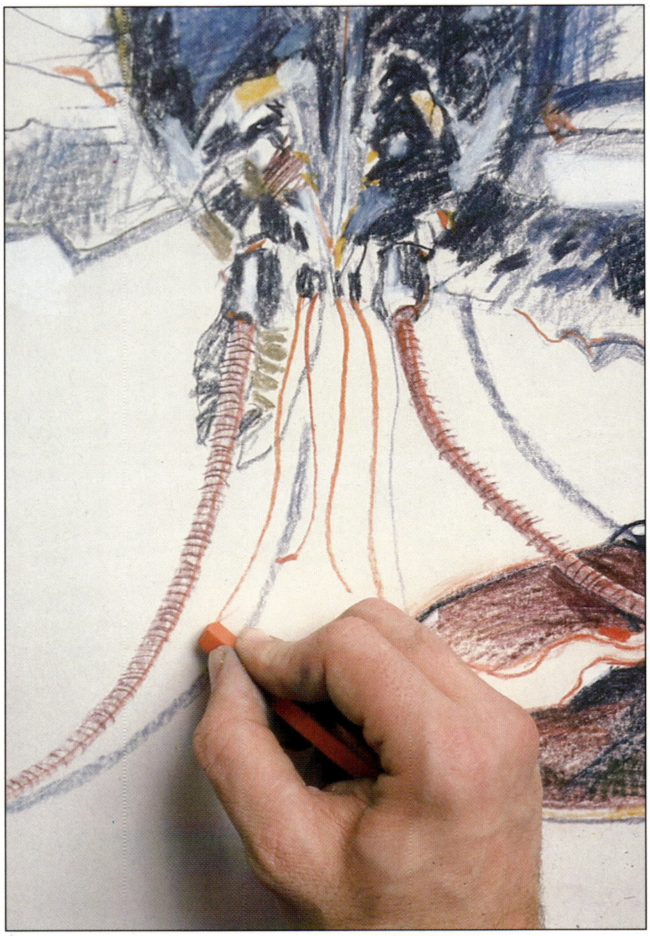

**10** La surface de la craie pouvant être retravaillée, il est alors possible pour le dessinateur de redéfinir certaines valeurs sombres par-dessus les reflets.

**11** Les touches finales sont maintenant apportées. Les antennes, élément important du sujet, sont à présent définies. Les segments ont été fidèlement reproduits avec l'arête d'un crayon violet. Les détails sont complétés à l'aide du brun, du rouge et de l'orangé.

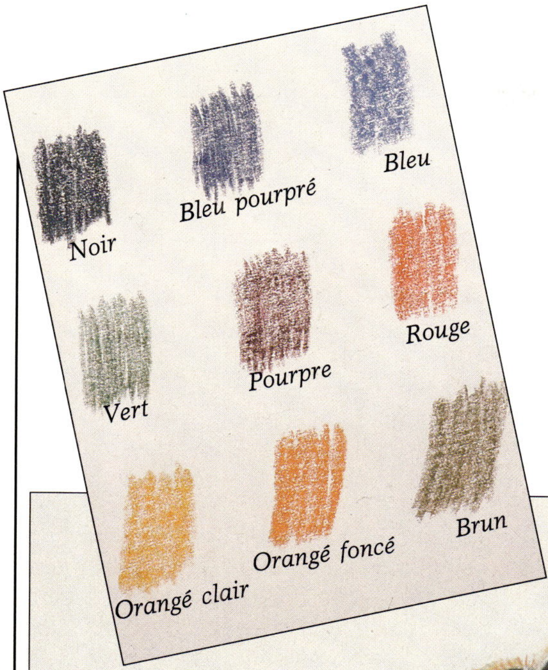


**12** La première chose que l'on remarque lorsqu'on regarde ce dessin achevé est l'absence de fond. L'artiste en avait décidé ainsi pour mettre en valeur la complexité organique du sujet : le corps, les pinces, les pattes et la queue. D'autre part, le homard couvre presque toute la surface du support. Dans la réalisation des petits formats le fond joue un rôle plus important, le vide autour du sujet risquant d'offrir une reproduction moins intéressante. Ici, le choix de l'échelle a autorisé dans l'interprétation du détail une liberté qui donne toute sa vigueur à l'exécution.

12

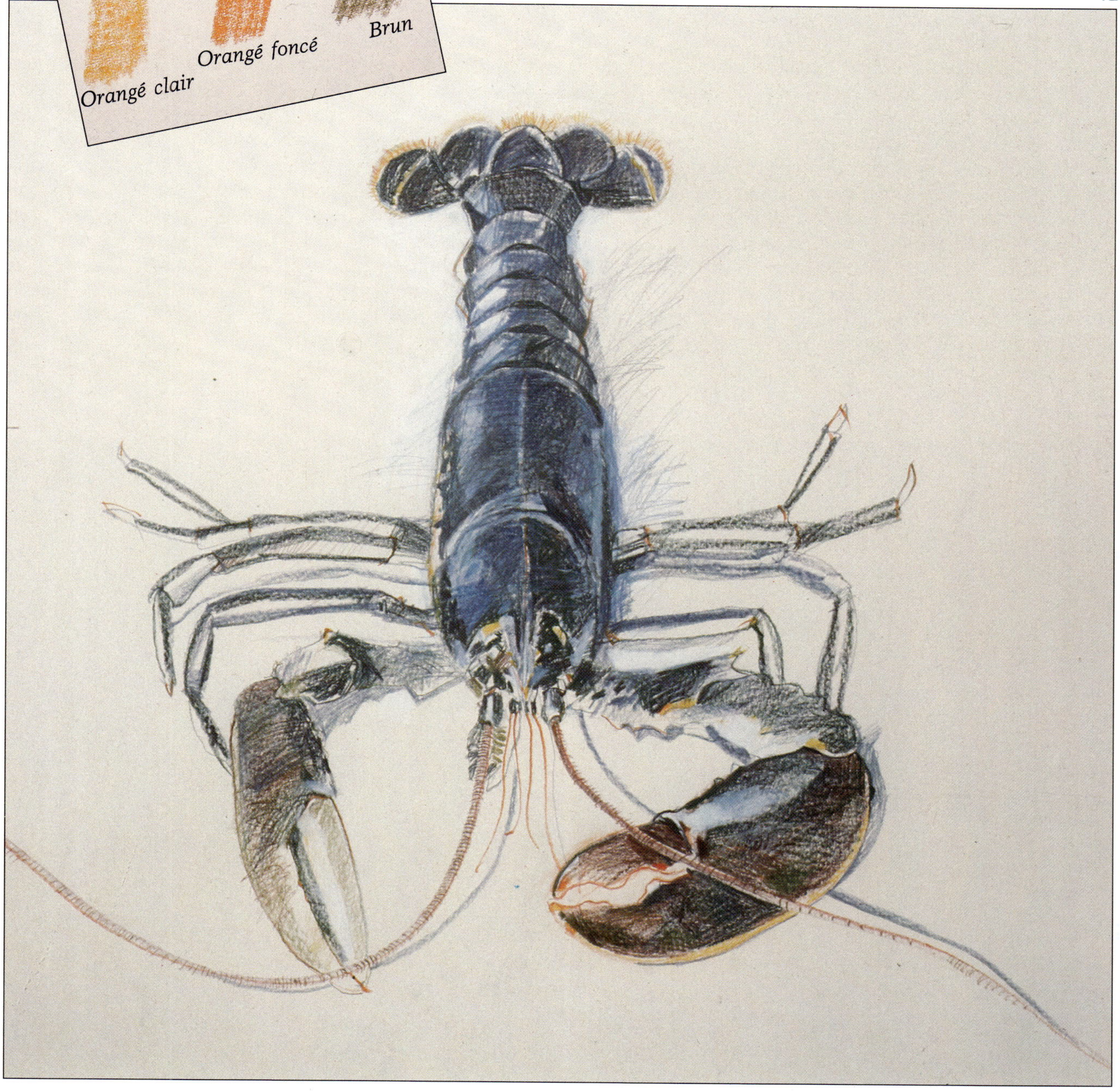

Chapitre 5

# Plume, pinceau et encre

Utilisée par de grands maîtres depuis des siècles, l'encre l'est encore de nos jours, non seulement sous sa forme traditionnelle mais aussi dans de nombreuses variétés modernes. Si vous choisissez le pinceau ou la plume et l'encre, vous resterez dans la tradition de peintres comme Rembrandt (1606-1669) qui a réalisé des dessins à l'encre brune et au lavis. Les innovations récentes dans le domaine des encres ont ouvert un nouveau champ d'action aux artistes.

Ce matériau autorise l'association de traits et de taches de couleur ou de ton. On peut réaliser des dessins en noir ou polychromes, à l'aide de traits uniquement ou en combinant la ligne à des taches colorées. Dans les démonstrations suivantes le dessinateur utilise la plume et l'encre noire dans la scène de cirque pour rehausser de grandes taches de couleurs vives et un crayon à bille ordinaire pour un rapide croquis.

Testez plusieurs instruments avant de faire votre choix. Essayez aussi la plume d'oie à l'ancienne et comparez avec les stylos modernes. L'encre s'utilise aussi bien pour des œuvres élaborées que pour des croquis « sur le motif ». Il existe un grand nombre de couleurs, certaines brillantes, voire même fluorescentes, ainsi que des concentrés.

Vous pourrez tester les possibilités et les limites de ce matériau de plusieurs manières. Soit avec le pinceau pour le style chinois très fluide, soit en commençant avec des lignes auxquelles vous ajouterez des couleurs, soit l'inverse.

Pour le débutant, le crayon à bille et le stylo sont des outils d'apprentissage de valeur. Dans ce domaine où il n'existe aucune tradition, vous serez tout à votre aise et vous vous laisserez guider au gré de votre imagination. Vous pourrez par contre tourner à votre avantage les limites de ce matériel, avec le croquis par exemple, pour lequel la monotonie importe peu. Vous mettrez l'accent sur la quantité de détails à saisir, sans vous soucier de l'effet artistique. Le geste sera précis ou ample, ou une conjugaison de ces deux qualités. L'absence de souplesse du trait vous obligera à affronter d'emblée les techniques de base du dessin, lignes, points et hachures utilisés pour créer les valeurs.

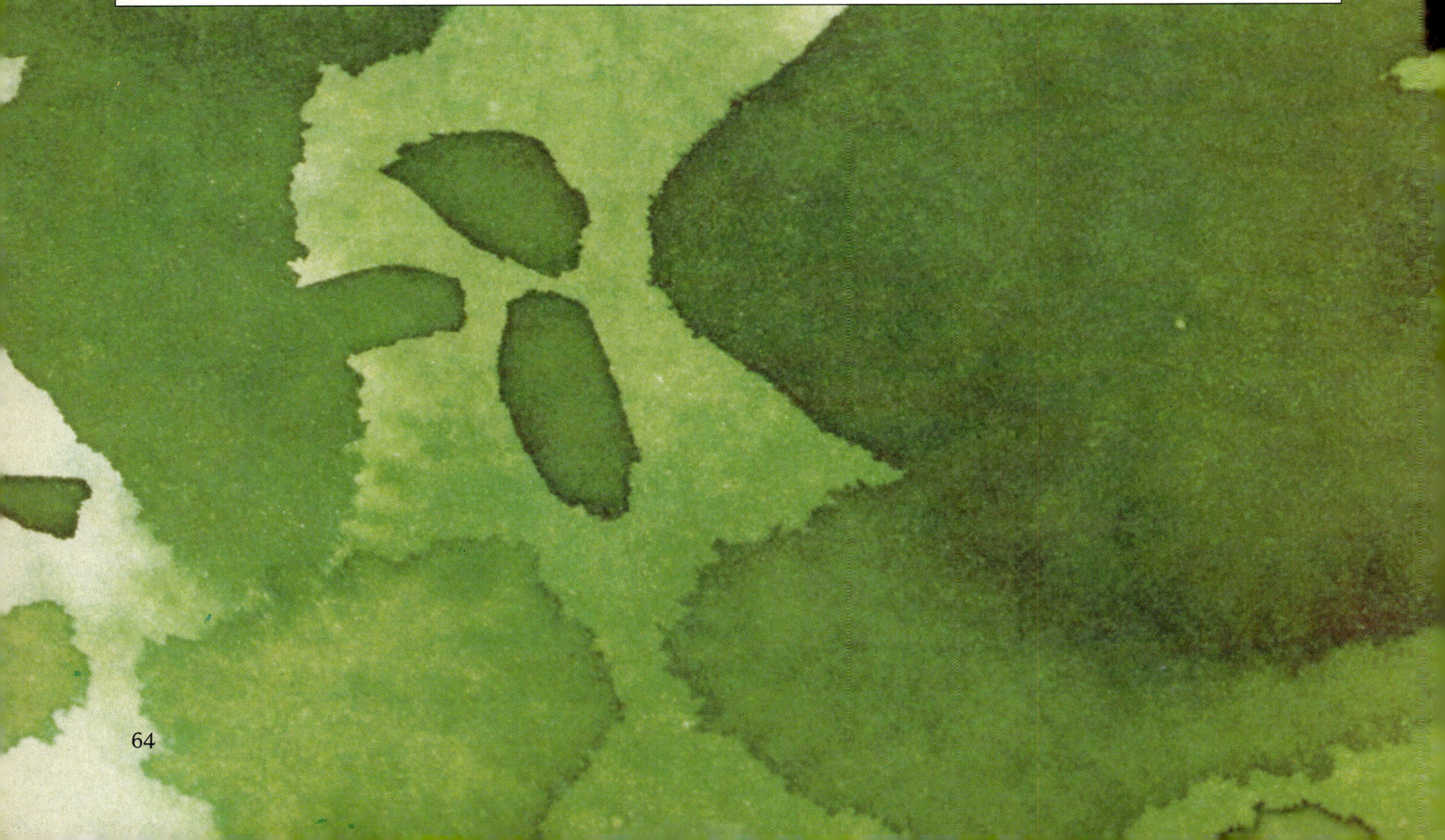

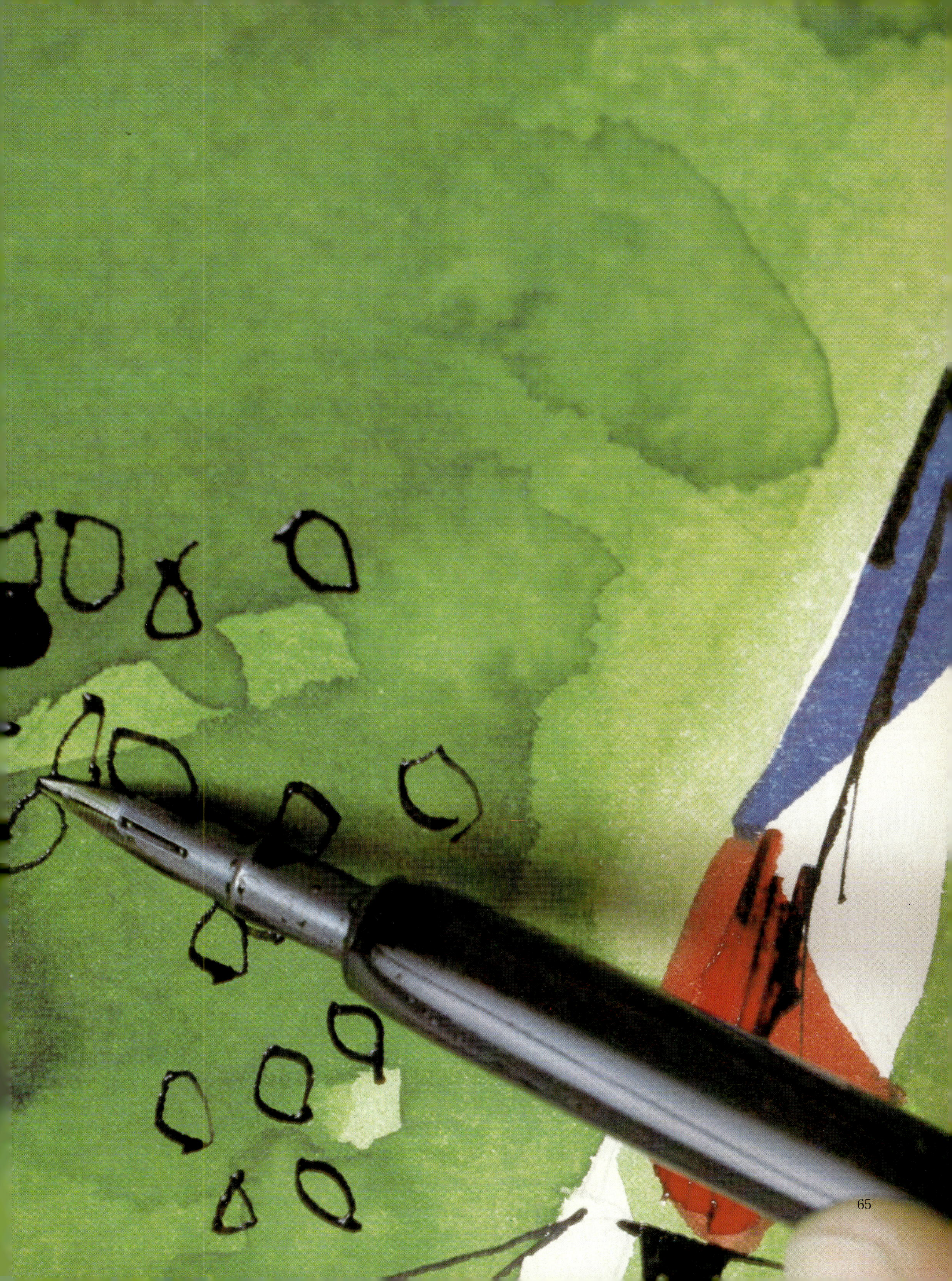

# *Matériaux*

PLUME, PINCEAU ET ENCRE

Ce domaine comprend les stylos à pointe tubulaire, mais aussi les stylos ordinaires disponibles dans tous les commerces. En dépit de l'immense développement de la technique, la traditionnelle plume d'oie n'a pas disparu ; elle connaît même un regain d'intérêt auprès de certains artistes qui apprécient l'aspect naturel de son trait. Son descendant en ligne directe est le stylo à pointe tubulaire. Son emploi est difficile, mais il apporte de grandes satisfactions au débutant prêt à explorer quelques-uns des principes fondamentaux du dessin.

## Stylo à pointe tubulaire

La pointe tubulaire produit un trait constant et régulier, adapté à un travail graphique, linéaire (voir la nature morte page 70). Vous les trouverez chez tous les spécialistes. Les plumes tubulaires vont de la plus fine (0,12 mm) à la plus large (2 mm), mais les largeurs varient avec les fabricants. Ces plumes se bouchent facilement et doivent être nettoyées après usage avec le solvant du fabricant. Pour éviter ce problème, utilisez l'encre spéciale vendue avec le stylo. Et si par mégarde vous avez laissé l'encre sécher, trempez le conduit dans un solvant.

## Plumes

Certains se souviennent de leurs débuts scolaires et de l'apprentissage de l'écriture. Tremper la plume dans l'encrier et s'appliquer à bien tracer les pleins et les déliés sans faire de pâtés n'était pas chose simple. Car la plume ne règle pas l'écoulement de l'encre et répond aux différentes pressions sur le papier. Mais ces particularités sont précisément celles que certains artistes apprécient. La plume produit une ligne que l'on peut façonner à son gré. Vous en trouverez une grande variété chez les spécialistes : la plupart s'adaptent sur un porte-plume standard. Il existe aussi des plumes spéciales pour traits extra-fins vendues avec leur porte-plume. Elles ne sont pas inusables, et avec le temps les pointes ont tendance à s'écarter.

*1 Encres solubles à l'eau*
*2 Encres indélébiles*
*3 Pinceaux chinois*
*4 Plumes d'oie*
*5 Plume de roseau*
*6 Porte-plume*
*7 Stylo tubulaire*
*8 Concentrés*
*9 Pinceaux à aquarelle*
*10 Godet.*

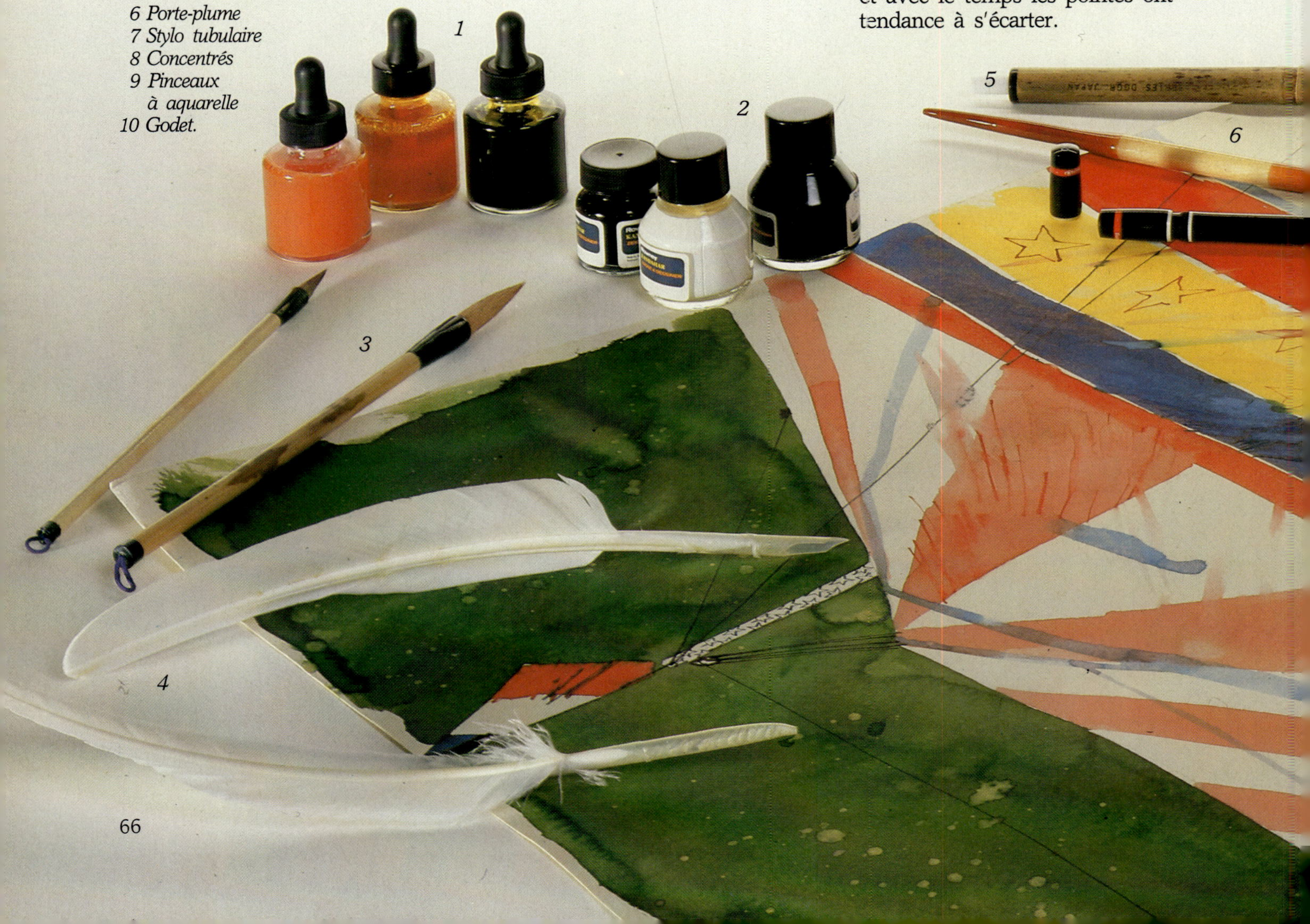

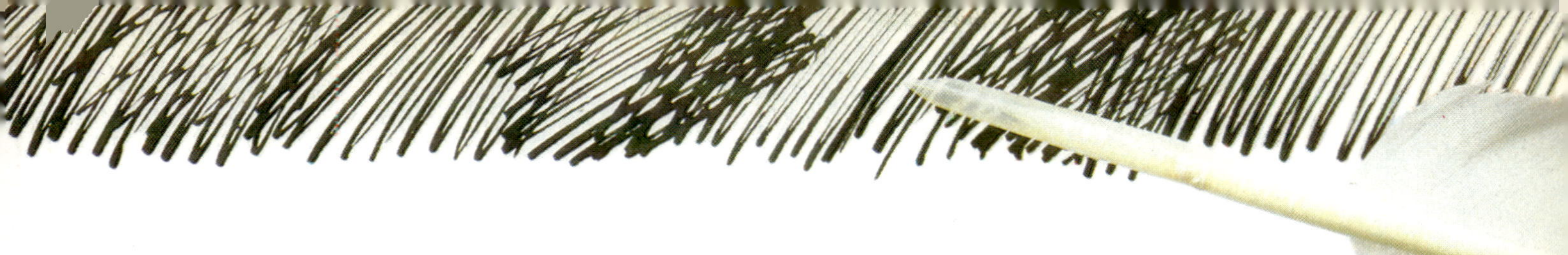



## Crayons à bille

Ils sont peu chers et disponibles partout. Si la qualité du trait ne présente guère d'intérêt, l'instrument est idéal pour réaliser des croquis rapides qui serviront de référence à des compositions ultérieures, que ce soit en atelier ou chez soi. Le choix de couleurs est classique ; rouge, bleu, noir et vert.

## Stylo à plume

Le stylo à plume est un porte-plume à réservoir qui fait aussi de très bon croquis. Ses lignes sont variées, bien qu'inférieures à celles des plumes, et il offre l'avantage d'un flux d'encre constant. Cependant, sa plume n'est pas conçue pour le dessin et vous risquez de l'user rapidement.

## Plumes d'oie et de roseau

Ces instruments primitifs ont conservé leur popularité au fil des siècles grâce aux traits variés et aux très beaux effets qu'ils produisent. Les plumes d'oie sont vendues chez les spécialistes. Mais vous devrez apprendre à en exploiter toutes les ressources. La pointe doit être aiguisée fréquemment car elle se ramollit vite. Affûtez-la avec une lame tranchante. La plume de roseau produit une ligne dure et heurtée, proche de l'effet linéaire de la plume en métal, mais sur une toute autre échelle. Apprendre à doser la quantité d'encre nécessaire, éviter les taches et le buvard, requiert une certaine habitude.

## Encres

Elles se sont développées en grand nombre ces dernières années. La gamme de couleurs est riche, tant dans les variétés solubles à l'eau que dans les indélébiles.

Les concentrés indélébiles sont très puissants, ils sont vendus en bouteilles. Les couleurs pouvant être diluées permettent une certaine marge d'expérience, mais certaines sont fugitives et résistent mal à la lumière.

## Pinceaux

Les pinceaux pour aquarelle conviennent à l'encre. Pour les lignes, la martre est souple et agréable, mais les mélanges avec d'autres soies sont également adéquats. Les pinceaux en fibre synthétique sont moins souples. Les pinceaux chinois et japonais ont des soies douces, bien effilées, parfaites pour les lignes fluides et naturelles.

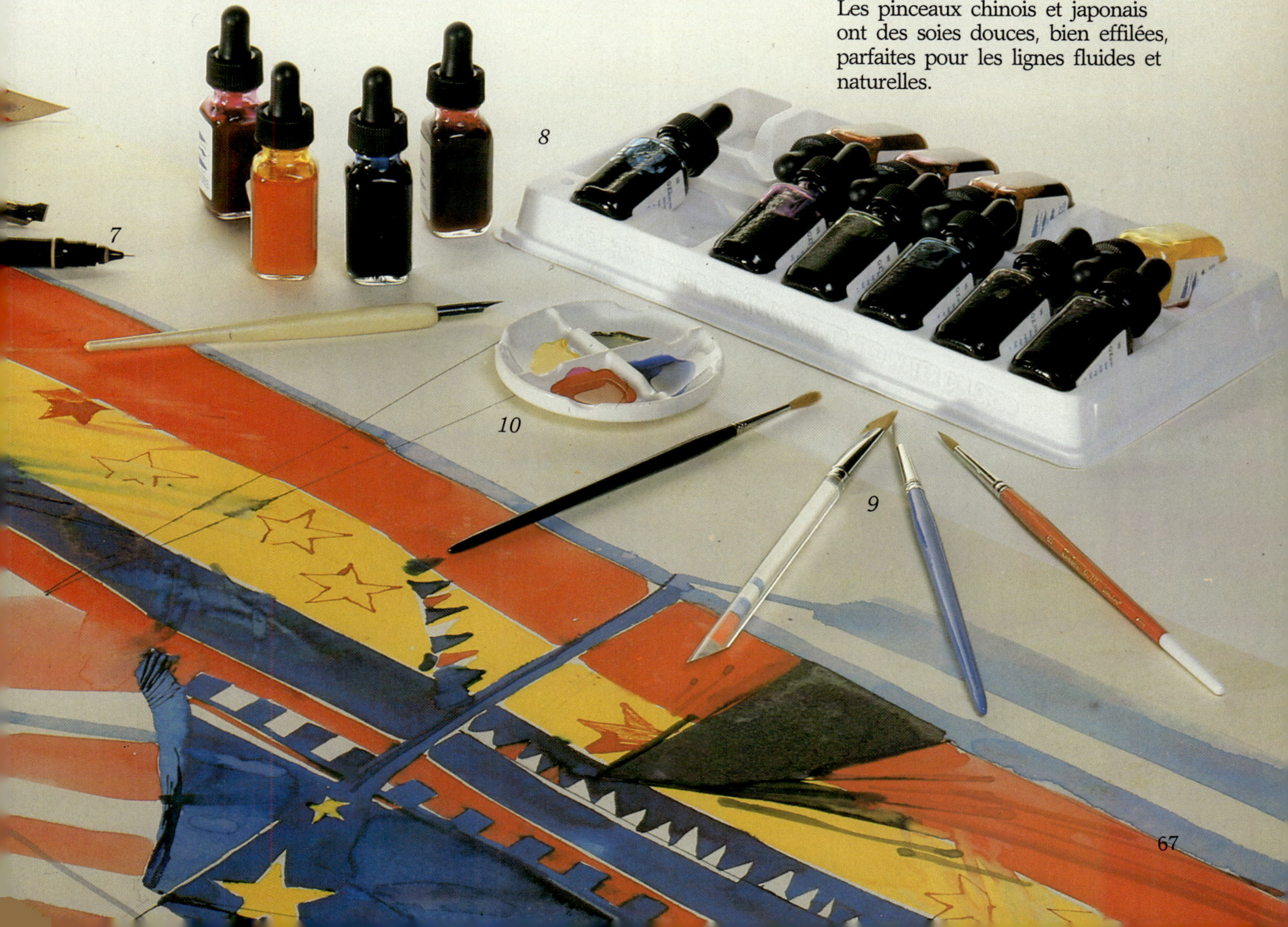

# *Techniques*

PLUME, PINCEAU ET ENCRE

## Stylo à pointe tubulaire

Le stylo à pointe tubulaire est conçu pour tracer des lignes uniquement. Elles doivent traduire aussi bien les valeurs, que les modelés ou la matière. Il vous faudra donc faire preuve de ressource et d'ingéniosité dans son utilisation. Le trait régulier et mécanique, contraignant sous bien des aspects, a également ses compensations, car avec la plume tubulaire vous être à l'abri des taches et des bavures. Aussi pourrez-vous exploiter cet avantage en tissant longuement de fines hachures pour créer des motifs et des effets de surface. Ci-dessous, le dessinateur a exécuté un damier de hachures croisées (1) en utilisant la surface lisse du papier bristol, de façon à produire un effet graphique (2).

1

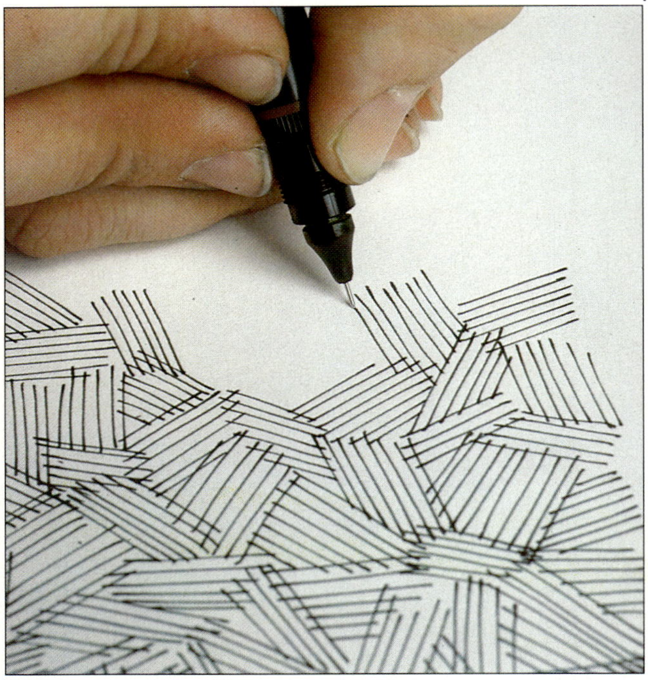

2

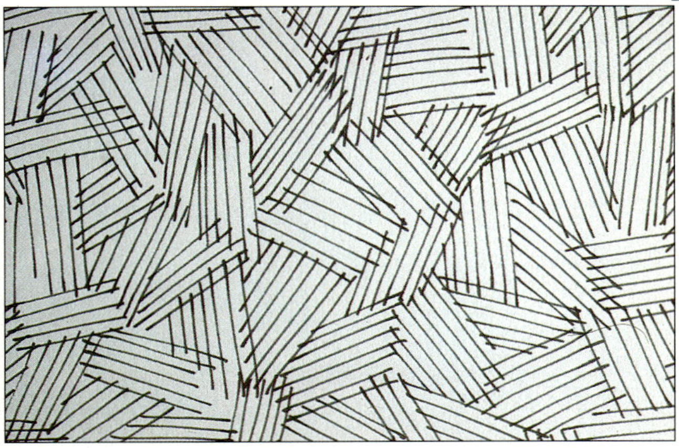

## Plume d'oie

L'ancienne plume d'oie ne ressemble en rien au stylo à pointe tubulaire moderne. Ils sont à l'opposé, le problème ici n'étant pas d'améliorer l'effet d'une ligne, mais à l'inverse d'en contrôler l'effet naturellement irrégulier. L'utilisation de la plume d'oie suppose un certain doigté ; et elle doit être souvent trempée dans l'encre. Ne recherchez pas un dessin trop précis - sachez tirer parti du trait ondulé et naturel propre à cet instrument. Ici (1), le dessinateur utilise des hachures irrégulières pour produire un ton rompu (2).

1

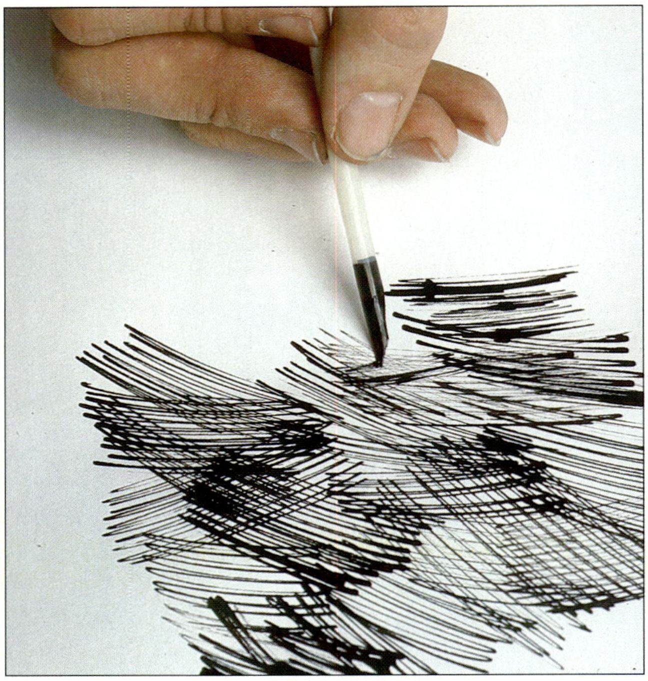

2

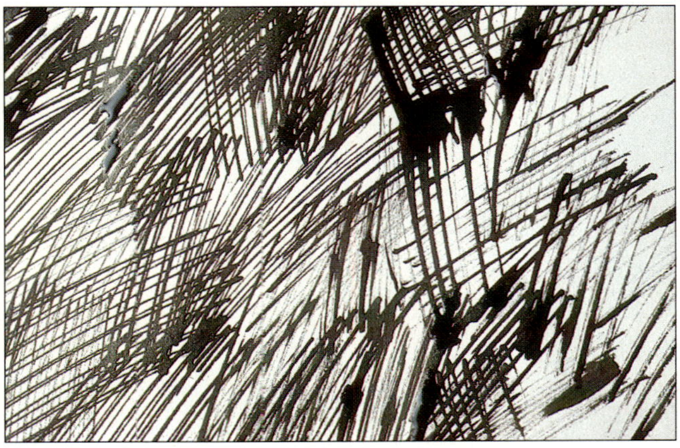

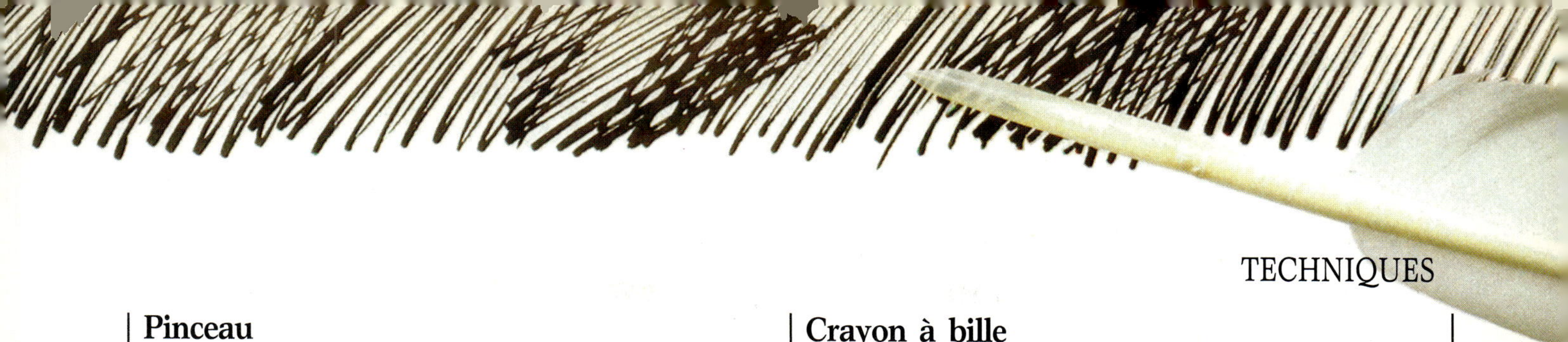



## Pinceau

Les pinceaux pour aquarelle sont de parfaits instruments de dessin. Plus le pinceau est fin, plus le trait sera délicat. Mais sachez cependant que cette technique exige une très grande sûreté du geste, ainsi qu'une grande habitude du matériau. La maladresse ou le manque d'assurance affecteront la qualité de la ligne et le résultat n'aura pas cette fluidité déliée caractéristique des réussites du genre. Prenez donc le temps de vous familiariser avec l'instrument et le matériau. Décidez d'abord de l'emplacement des hachures et procédez ensuite sans hésitation. Ne soyez pas timoré et tenez votre pinceau avec souplesse. Ici, les lignes effilées du pinceau à aquarelle sont employées (1) pour créer une zone de ton (2).

1

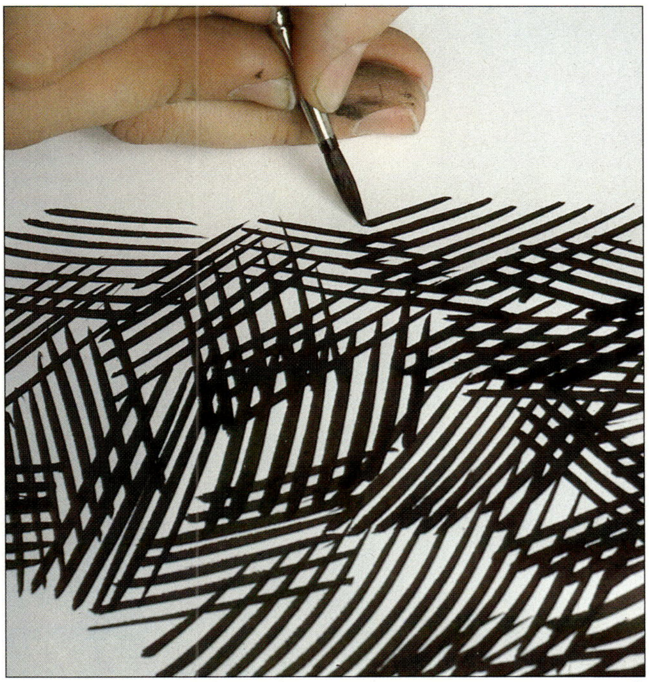

2

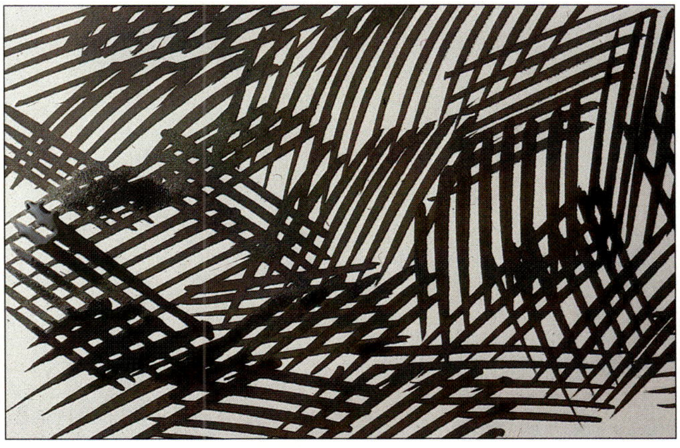

## Crayon à bille

L'objectif recherché avec le crayon à bille n'est pas la subtilité du dessin. En l'absence de moyens plus conventionnels, cet outil familier n'a pas son pareil pour réaliser un croquis rapide. Ses possibilités techniques se limitent au trait morne, aux hachures et aux griffonnages. Habituez-vous à travailler dans ces limites. Ci-dessous, le dessinateur a souvent recours au griffonnage lorsqu'il utilise le stylo à bille. Il commence généralement par un motif d'ensemble très aéré (1), dont il accroît ensuite la densité (2).

1

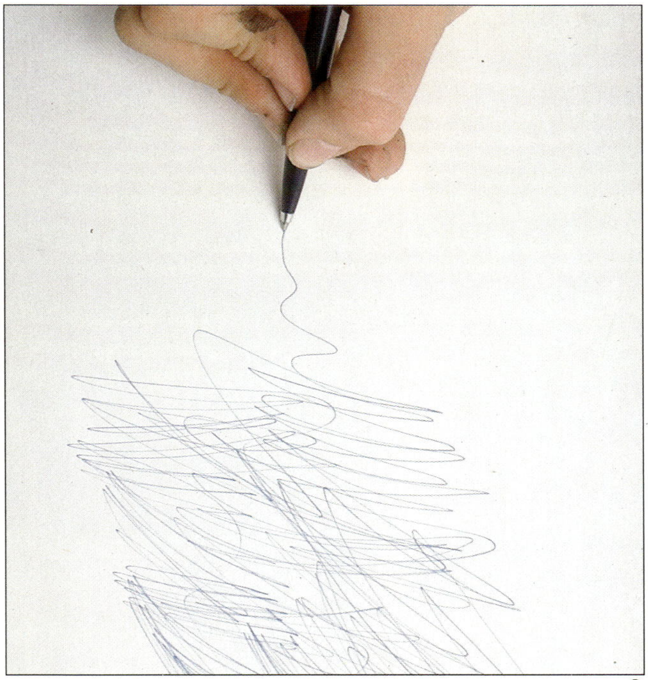

2

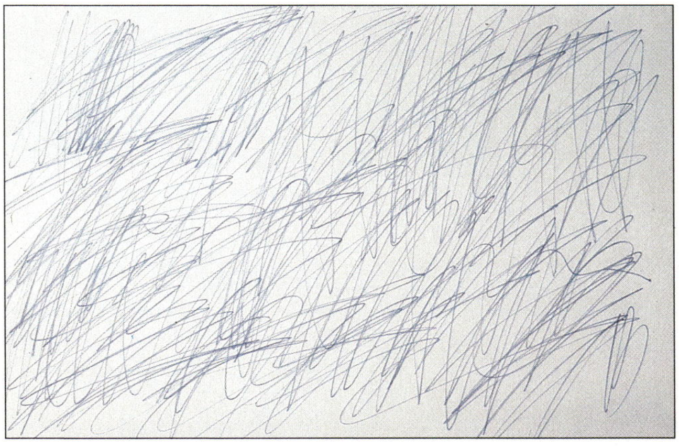

# *Nature morte en atelier*

## POINTE TUBULAIRE

L'aspect linéaire et dépouillé des objets placés sur une simple feuille d'album offre un sujet graphique idéal pour le stylo à pointe tubulaire. La disposition des feuilles de papier blanc concourt à la netteté des formes et à la cohésion des divers éléments. Notez, dans la composition du dessin terminé, l'importance qu'ont prise les formes quasi abstraites de la feuille de papier et de l'album. En choisissant de présenter l'album rectangulaire de face, l'artiste a éliminé les problèmes de perspective et d'espace au profit d'une composition plus vigoureuse.

Comme on ne peut pas modifier le trait de la pointe tubulaire, l'artiste a utilisé d'autres moyens pour créer l'illusion d'épaisseur. Pour souligner certains effets, deux lignes sont accolées ; le même trait peut aussi être repassé plusieurs fois pour l'accentuer. L'artiste a eu recours à cette méthode pour évoquer l'ombre à la base du pot à pinceaux.

Ce dessin a été réalisé sur un papier bristol, pour éviter que la fibre du papier n'obture le conduit de la plume.

**1** Sur un papier bristol de 36 cm × 46 cm, le dessinateur commence par esquisser son sujet d'un tracé linéaire dépouillé. Avant de commencer avec le stylo, il serait prudent de croquer les éléments au crayon. Vous pourrez ainsi assurer l'exactitude de l'échelle et de la composition.

**2** L'artiste élabore son dessin en allant d'un élément à un autre. Il est nécessaire de mettre en valeur les particularités des objets afin de compenser les effets monotones de la ligne, comme par exemple le détail des poils du pinceau, que l'artiste souligne, tandis qu'il définit d'autres parties d'un simple trait.

1

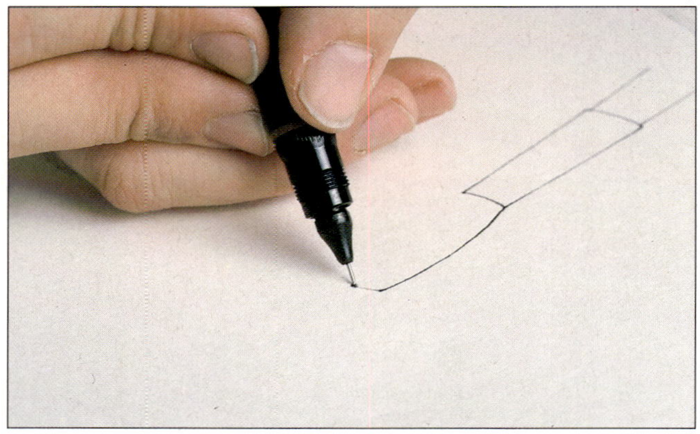

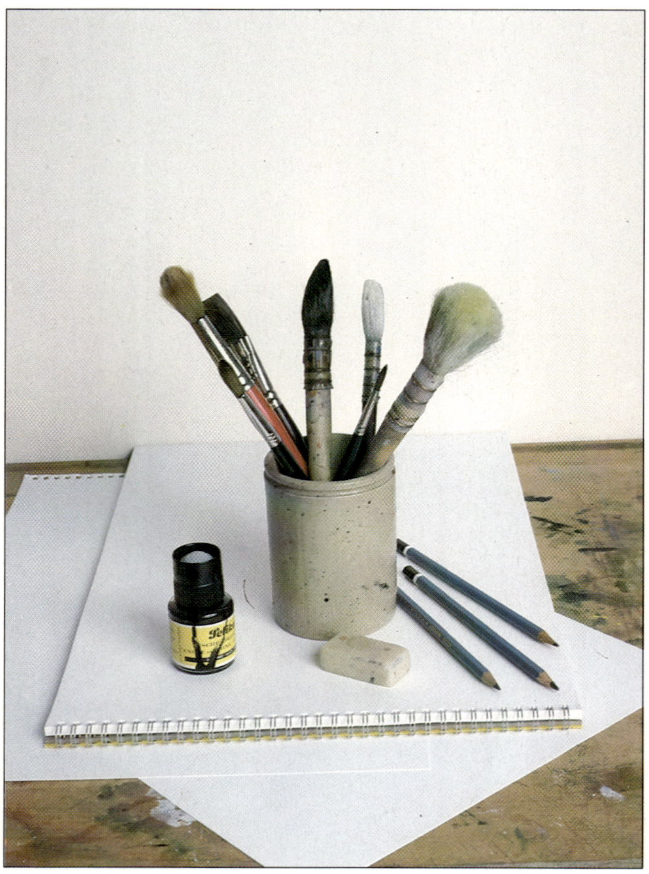

2

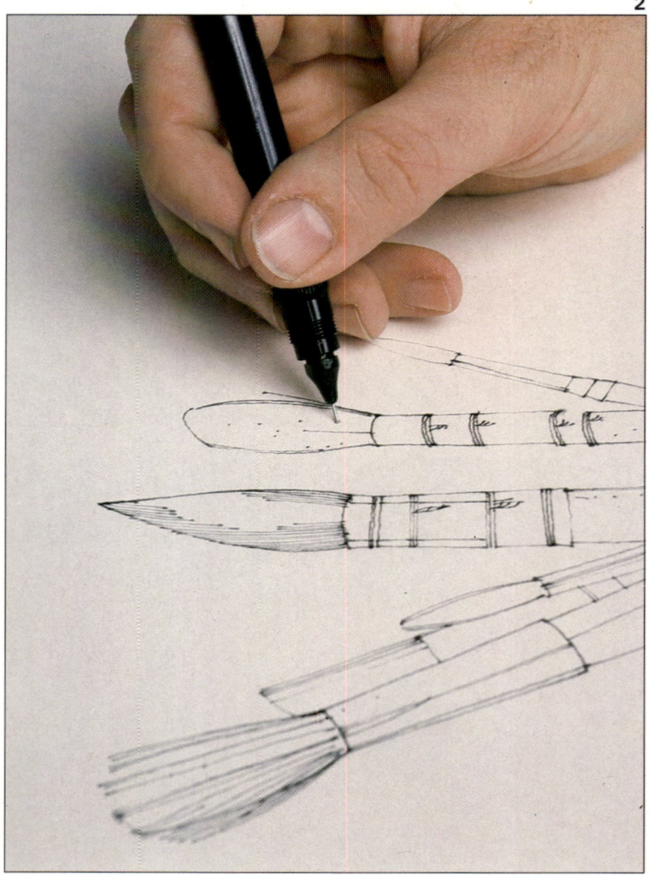

3 Le dégradé de tons qu'autorise la pointe tubulaire est limité. Ombres et contrastes ne peuvent être rendus qu'avec des zones de tons purs ou des tons obtenus à l'aide de hachures régulières, simples ou croisées. L'artiste noircit le verre de la bouteille avec des hachures très denses pour en évoquer le contenu.

4 La spirale de l'album est définie par une série de lignes nettes qui reproduisent avec fidélité les anneaux du fil métallique. La spirale qui court au premier plan fournit la notion d'espace en définissant l'échelle de l'album. C'est un élément important dans la composition, car il donne de la cohésion à l'ensemble.

5 L'artiste n'a pas laissé les contraintes du matériel brider son génie inventif. Il a su circonvenir la monotonie du trait et rehausser le dessin d'une richesse de détails qui donne vie à l'ensemble. Notez par exemple le grain du bois des pinceaux et la fine moucheture sur le pot en grès. Même les légères imperfections de la gomme ont été rendues avec fidélité. De même, les valeurs denses de l'encre noire sur la bouteille, l'extrémité des crayons et le manche des pinceaux ont été traitées avec ce qu'il fallait de discrétion et d'effet. Ainsi de petites taches noires suggèrent-elles le volume des objets sans nuire à l'harmonie d'ensemble.

3

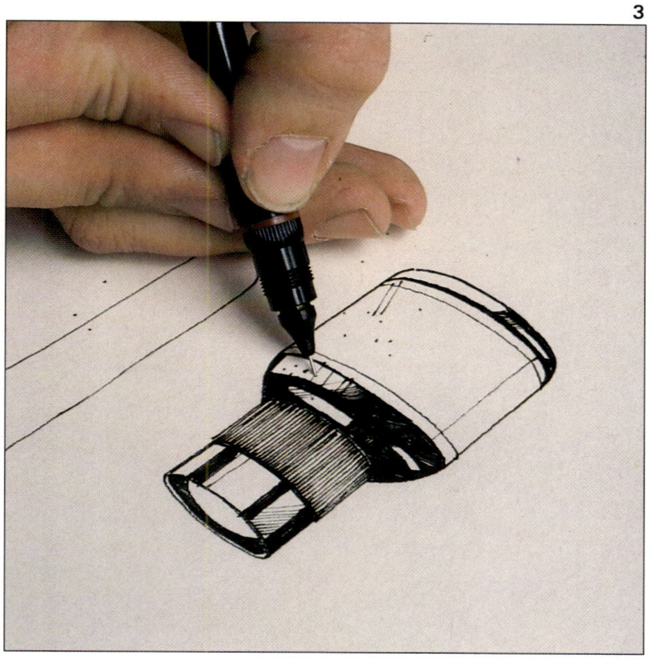

4

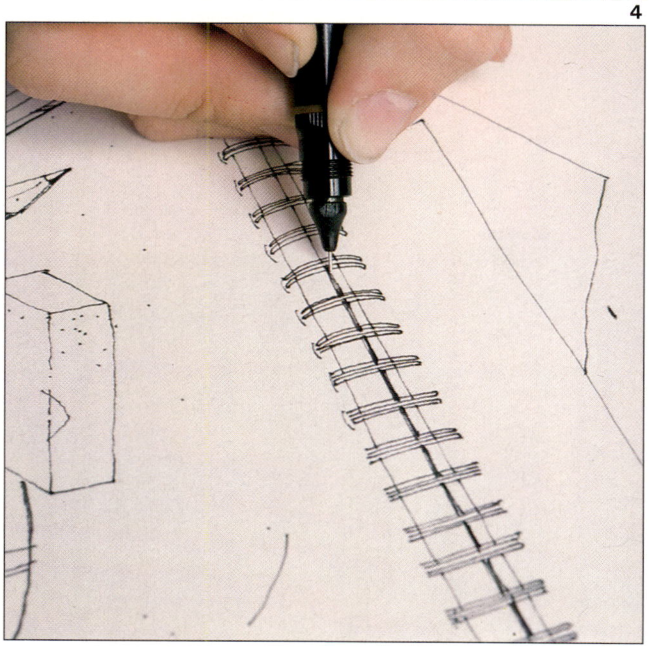

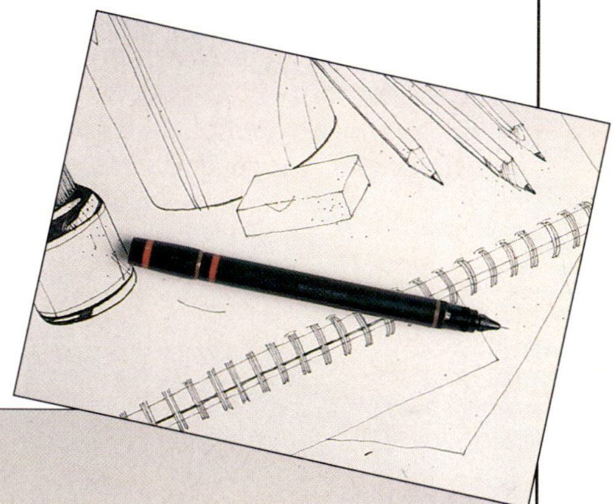

5

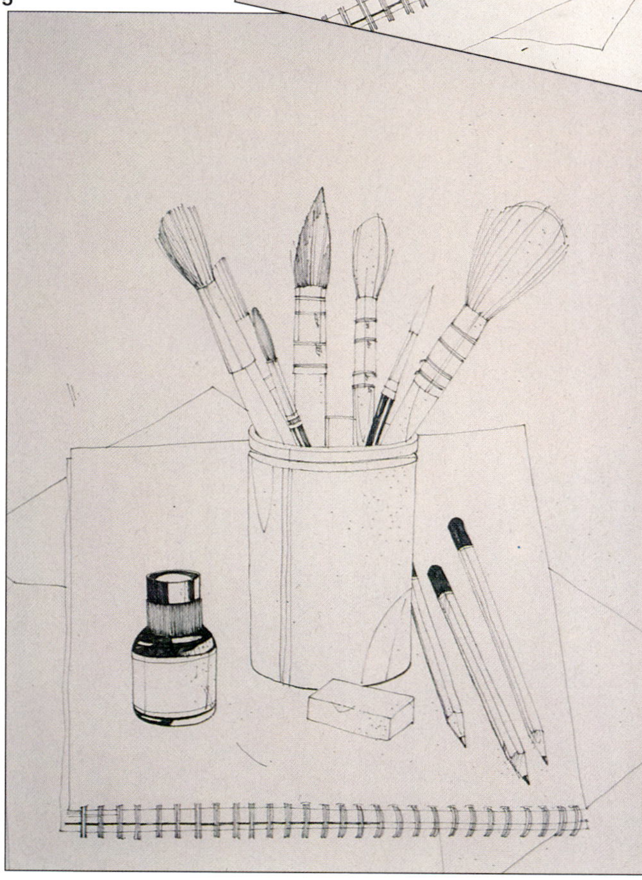

# *Le cirque*

## PLUME, PINCEAU ET ENCRE

Pour rendre cette scène vivante et colorée, le dessinateur a employé plusieurs techniques relevant de la peinture et du dessin. Le chapiteau, l'auvent et les arbres ont été traités avec un pinceau et d'un geste très libre, de façon à garder les marques de pinceau qui créent un effet de matière. L'artiste, qui utilise l'encre pure, cherche à éviter les aplats, ceux-ci risquant de produire un effet d'ensemble par trop naïf. Dans cette optique il a projeté de l'eau sur l'encre pour rompre la couleur unie du fond et évoquer la masse irrégulière du feuillage.

Pour ce travail il a préféré l'encre soluble à l'eau, d'une plus grande souplesse que l'encre indélébile. Une fois sèche, celle-ci peut encore être travaillée, qualité qu'il a exploitée pour créer les plis de l'auvent, le chapiteau et le feuillage. Cependant l'encre soluble a elle aussi ses inconvénients. Lorsque l'on applique deux couleurs côte à côte, elles saignent et s'interpénètrent. L'effet produit peut être heureux mais ce n'est pas toujours le cas. Pour pallier cet inconvénient l'artiste a réservé de fins espaces de papier vierge entre les couleurs.

1

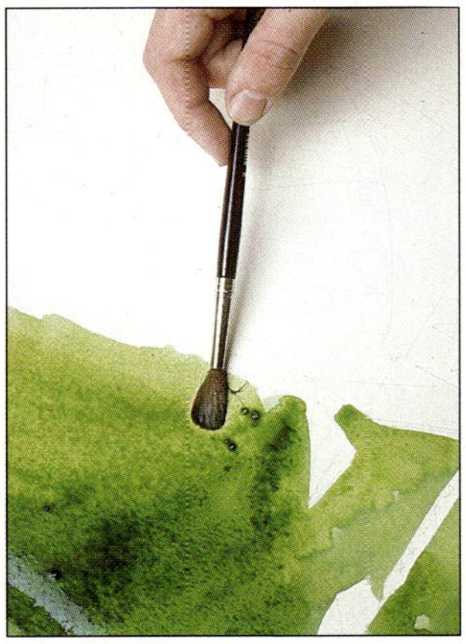

**1** Le dessinateur exécute un croquis initial léger, mais précis, du sujet sur une feuille de papier rigide (56 cm × 46 cm). L'esquisse ne doit omettre aucun des éléments ou des lignes maîtresses. Les corrections n'étant plus possibles par la suite, il importe que la composition à ce stade soit suffisamment élaborée. L'artiste commence par traiter le feuillage à l'aide d'un gros pinceau en martre.

Pour rendre tout l'éclat de cette scène de cirque, quatre couleurs d'encre ont été choisies parmi les plus vives : écarlate, bleu, vert et jaune.

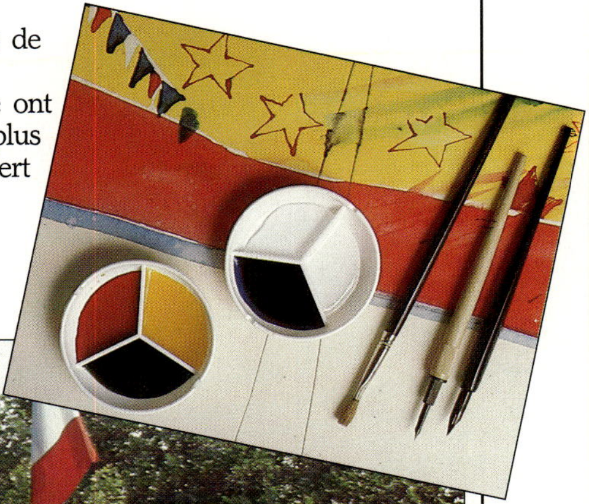

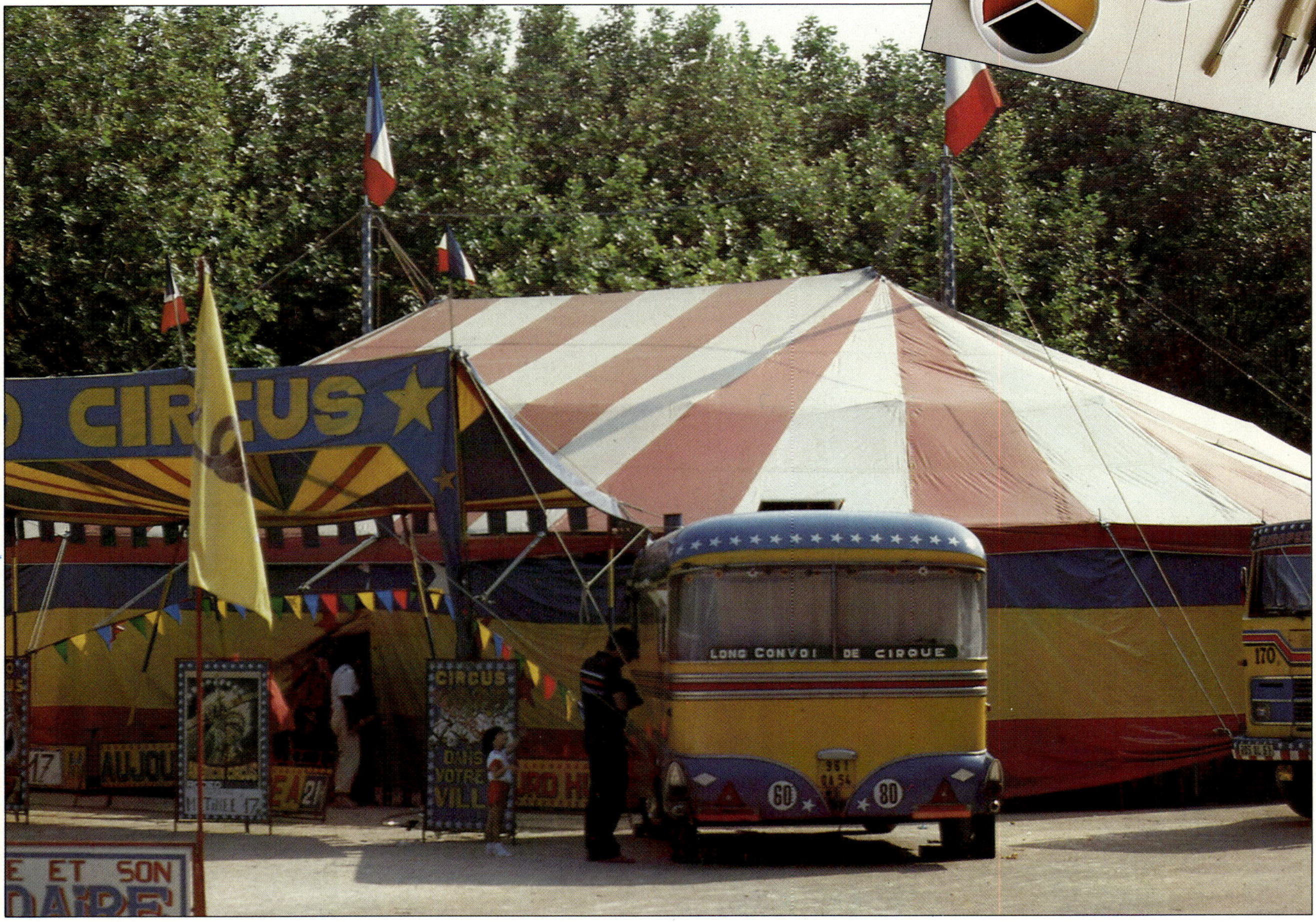

2

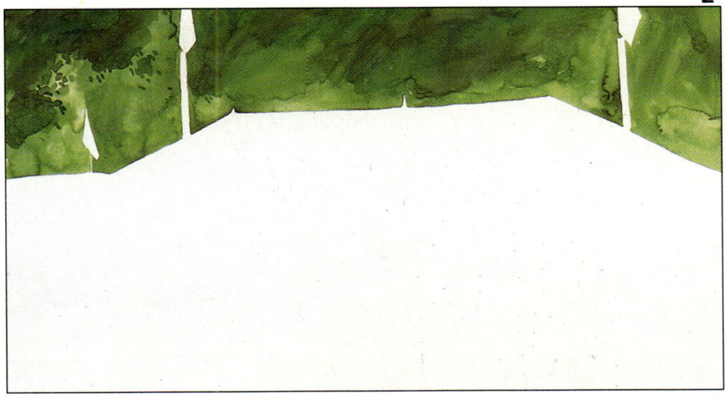

**2** Le feuillage est traité librement, les irrégularités de l'encre traduisent les reflets clairs des feuilles dans la masse verte. Les endroits les plus clairs sont ceux où l'encre a été diluée avec beaucoup d'eau. Mais des zones ombrées sont ensuite ajoutées. A ce stade votre coup de pinceau doit être léger et rapide, la qualité de l'effet en dépend.

**3** Avec de l'encre bleue, pure, peignez la bannière en respectant la forme des étoiles. Accordez beaucoup d'attention au graphisme des motifs, ceux-ci donneront toute sa vigueur à la composition ; si vous les négligez votre dessin perdra de son intérêt. Prévoyez de fines plages vierges entre les zones de couleur pour éviter qu'elles ne saignent.

3

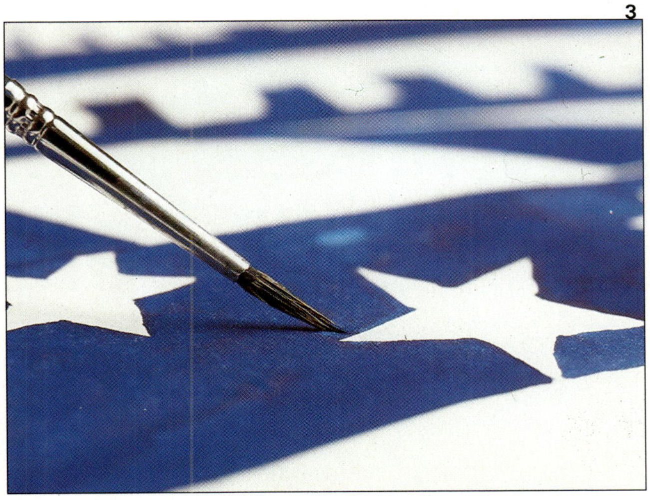

4

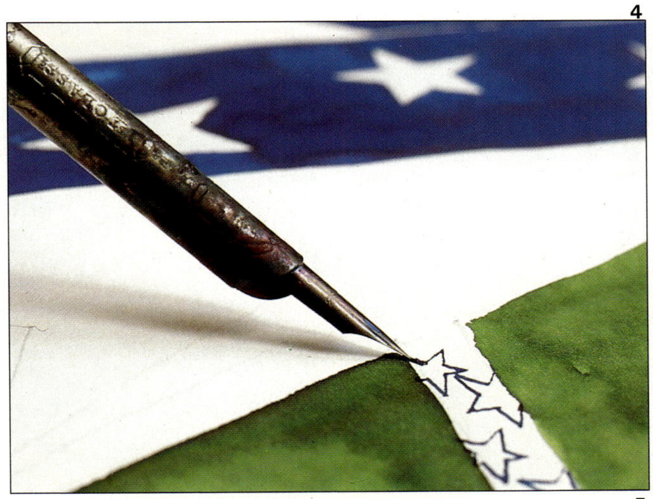

**4** Toujours avec l'encre bleue non diluée, tracez les étoiles sur le mât des drapeaux. Celles-ci rappellent le motif de la bannière étoilée, et ce graphisme d'éléments linéaires apporte un contraste qui rompt la masse de couleur du fond. Pour ce travail, utilisez une plume à bec moyen.

5

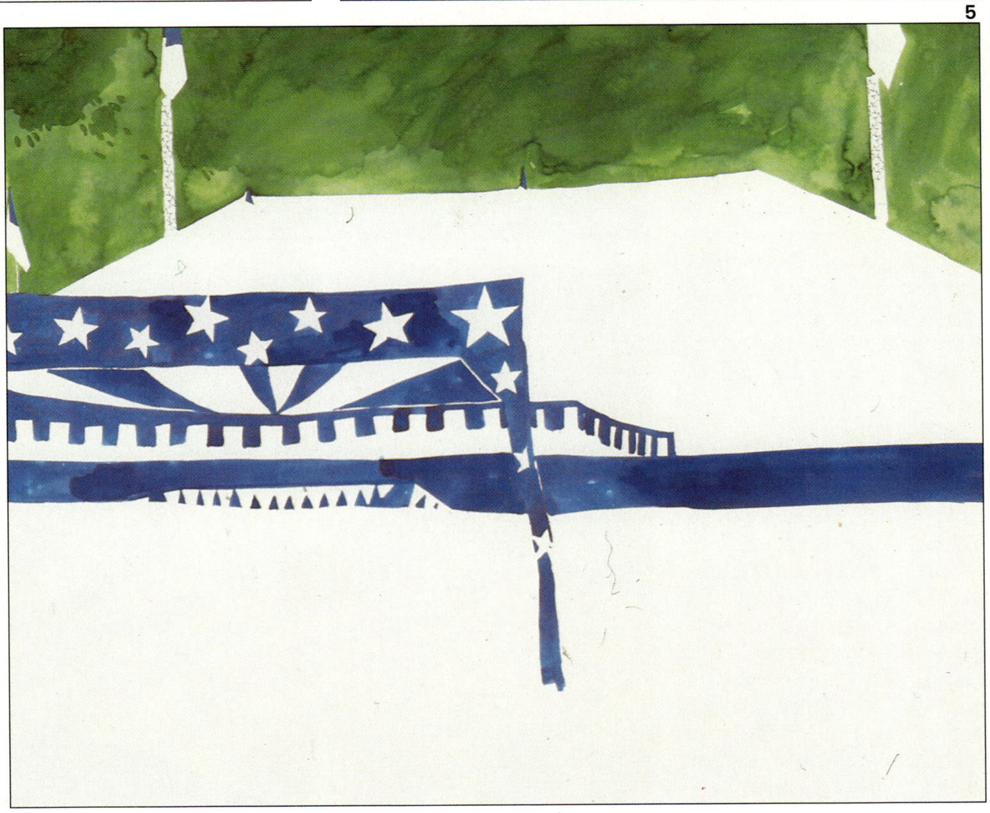

**5** A elles seules, les deux couleurs qui ont été traitées créent l'atmosphère et le caractère du sujet. Notez la qualité du graphisme des étoiles et des petits drapeaux triangulaires. Ceux-ci seront retouchés quand le fond sera sec. Il faut éviter de peindre les formes précises d'un geste lent, les mouvements ralentis sont toujours plus maladroits, apprenez donc à acquérir une certaine rapidité.

**6** Le dessinateur utilise les encres pures pour ébaucher les bandes de couleur rouge, jaune et bleue de la toile. Vous remarquerez qu'en appliquant le jaune il prend soin de laisser un mince espace entre les deux bandes pour éviter qu'elles n'entrent en contact.

6

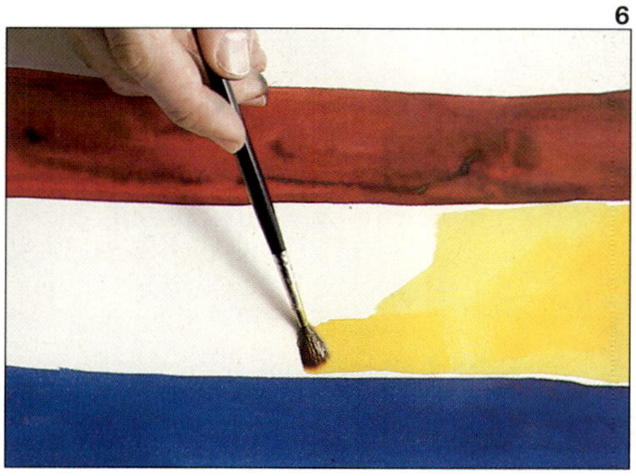

7

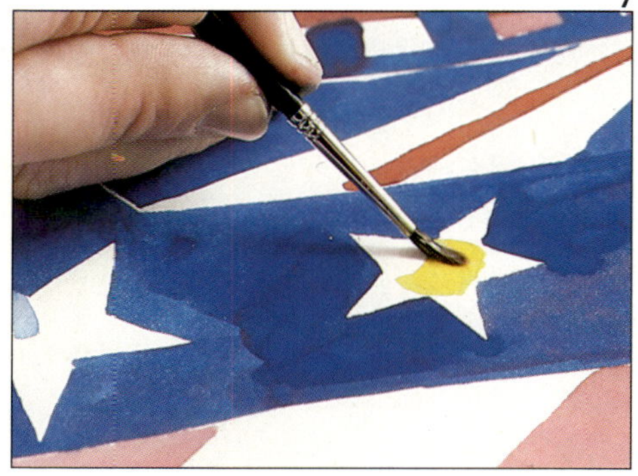

**7** Avec du jaune pur, il ne peint au début que le cœur des étoiles pour ne pas risquer de modifier le graphisme précis des motifs. L'espace vierge entre le jaune et le bleu qui l'entoure sera moins régulier, mais empêchera l'intrusion du bleu dans le jaune. Cet espace est à peine perceptible et n'affecte en rien la forte impression de forme négative créée par la densité du fond bleu.

8

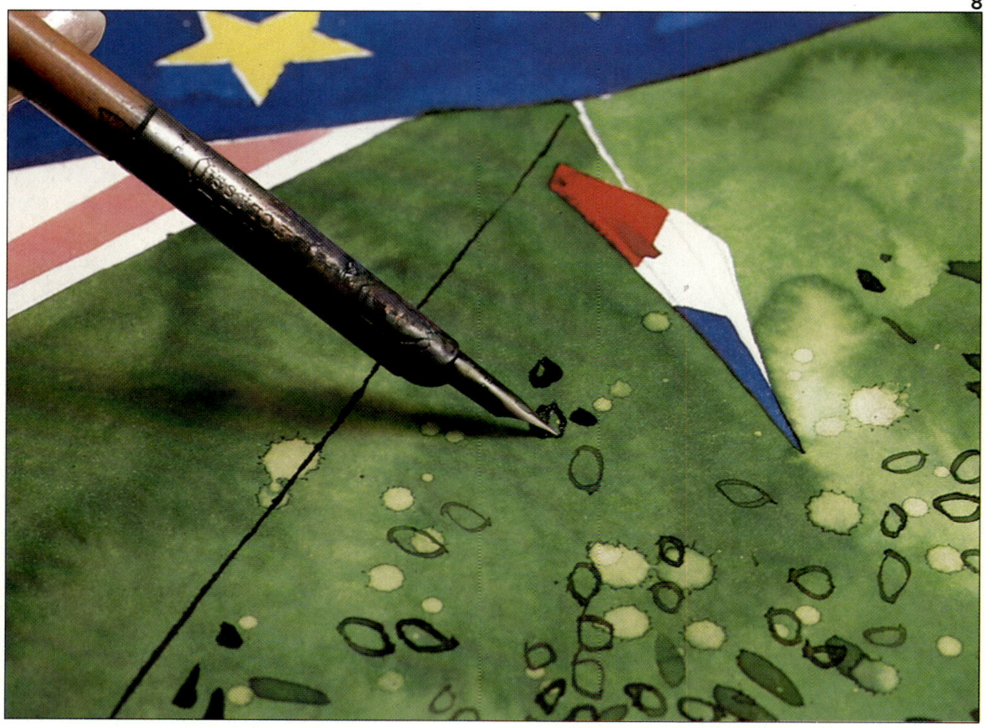

**8** Le dessin est en voie d'achèvement. Le dessinateur ajoute des détails et quelques graphismes ici et là, pour rompre la monotonie des grandes bandes de couleur unies. N'abusez pas de tels motifs à ce stade, vous risquerez en surchargeant votre dessin, de compromettre la force du graphisme. Ci-contre, le dessin semble terminé ; quelques touches finales viennent souligner certains détails. La plume trempée dans l'encre verte pure accentue avec souplesse la matière des feuilles.

9

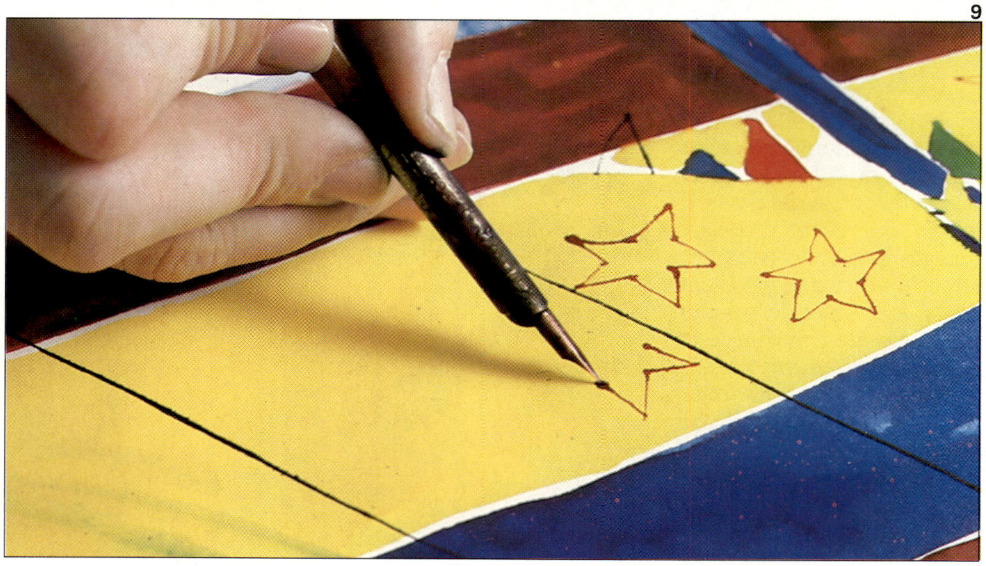

**9** Le dessinateur décide d'ajouter quelques étoiles à l'encre rouge sur la toile. La couleur saigne légèrement au contact de l'encre sous-jacente. Mais il s'agit ici d'un effet volontaire, de même pour l'irrégularité des formes. Pour obtenir ces détails d'un effet maladroit recherché, utilisez une plume ; les différentes épaisseurs sont obtenues par variation de la pression.

**10** Le dessin terminé offre un heureux équilibre entre les plages de couleur et les lignes. Ayant tout d'abord défini la composition par l'agencement des masses colorées et des traits, le dessinateur a ensuite pu travailler les détails et les effets de matière. Il importait ici d'éviter l'aspect plat que produisent les masses de couleurs vives, celles-ci tendant à se neutraliser si on ne prend garde de les modifier d'une quelconque manière. L'espace blanc entre les teintes a été exploité à cet effet. Cette démarche est évidente dans l'alternance des bandes rouges et blanches qui habillent le chapiteau, et plus subtile en ce qui concerne les fins espaces de papier blanc entre les couleurs. A d'autres endroits le dessinateur a volontairement fait saigner les couleurs en utilisant le pinceau. Dans la bande tricolore étoilée par exemple où la forme des plis a été suggérée à l'aide d'un pinceau plongé dans l'eau et passé sur le rouge pour créer quelques traînées.

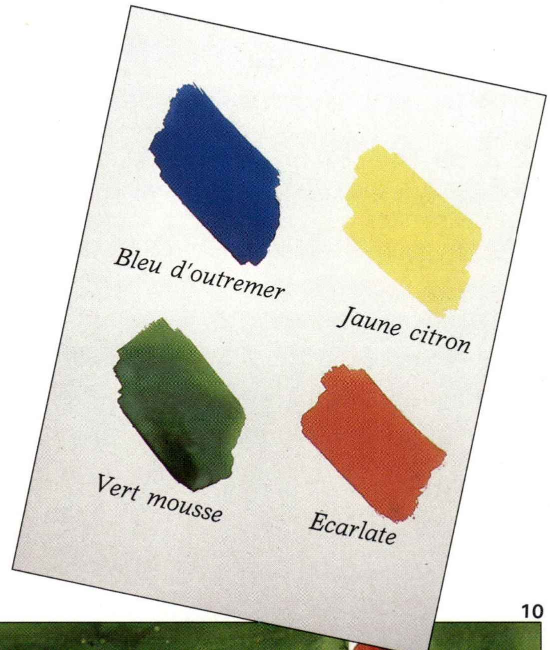


10

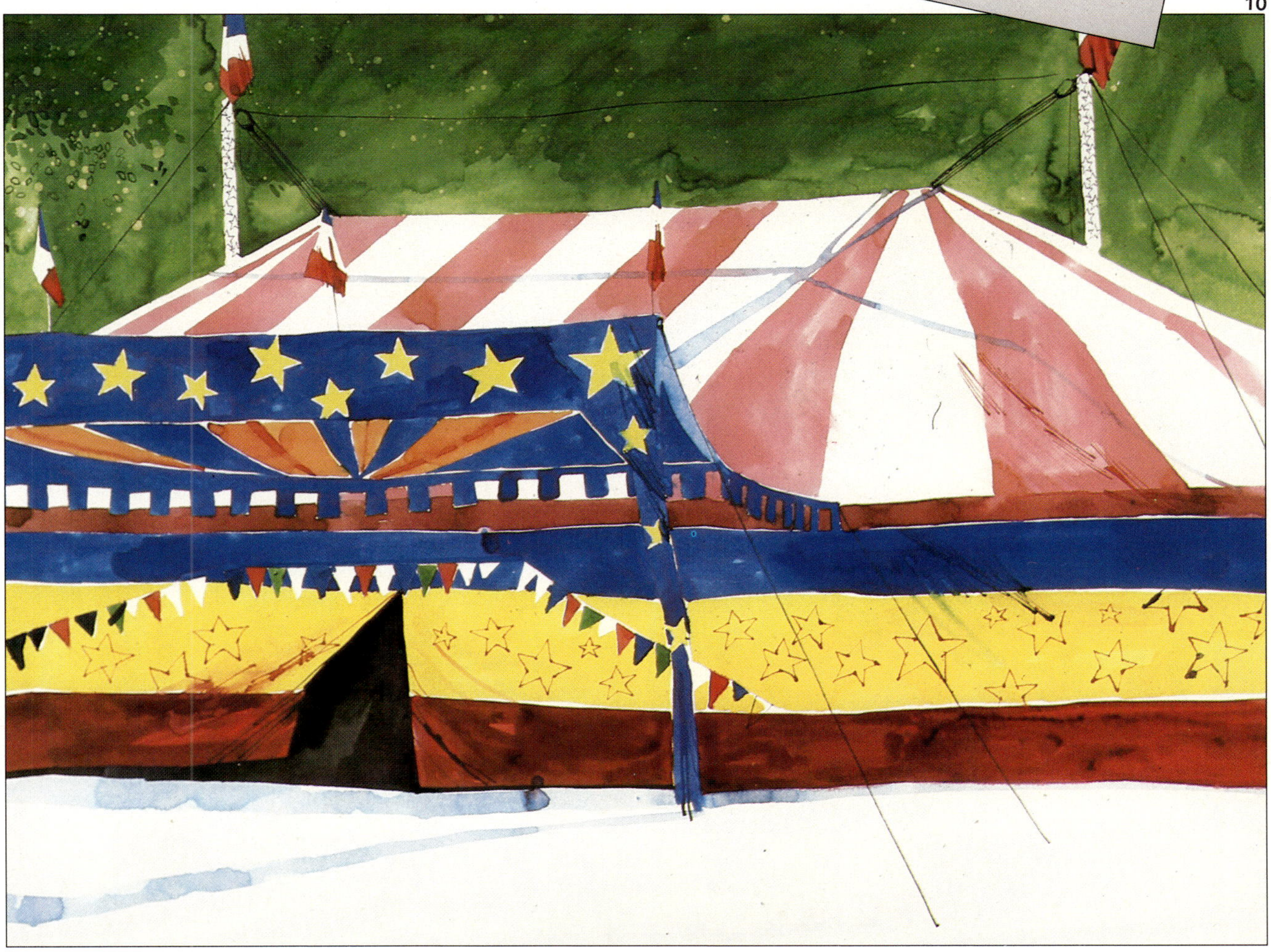

# Marine

## CRAYON À BILLE

L'artiste, lors d'une promenade dans un port, découvre tout à coup un sujet de tableau. Un bateau de pêche amarré avec son matériel à bord ; poulie, filets, etc. Tout un équipement coloré dont les éléments seraient idéals dans une composition future. Voilà pourquoi nous vous conseillons de toujours vous munir d'un bloc à dessin et d'un crayon, ou à défaut d'un stylo à bille, comme c'est le cas ici. Il se peut que dans un tel cas vous ne disposiez d'aucun autre instrument ; malheureusement celui-ci a des limites certaines. Le trait toujours identique ne présente guère d'intérêt et il vous faudra pour obtenir un ton soutenu, griffonner fortement ou bien appliquer des séries de hachures croisées et entrecroisées. Mais ces inconvénients sont secondaires pour un croquis de référence. Le crayon à bille n'a d'ailleurs pas que des inconvénients, vous n'aurez pas à attendre qu'il sèche et vous pourrez effectuer un croquis sur le motif dans les plus brefs délais.

Le fait de savoir que vous ne créez pas une œuvre d'art peut contribuer à une plus grande liberté et favoriser l'exécution rapide des données essentielles, sans que vous vous perdiez dans le superflu.

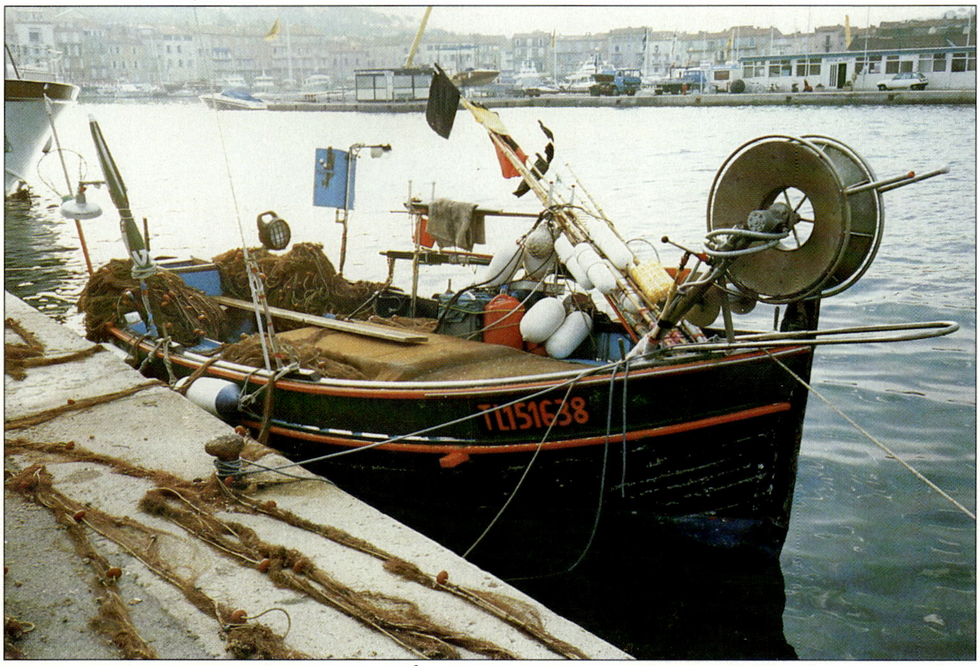


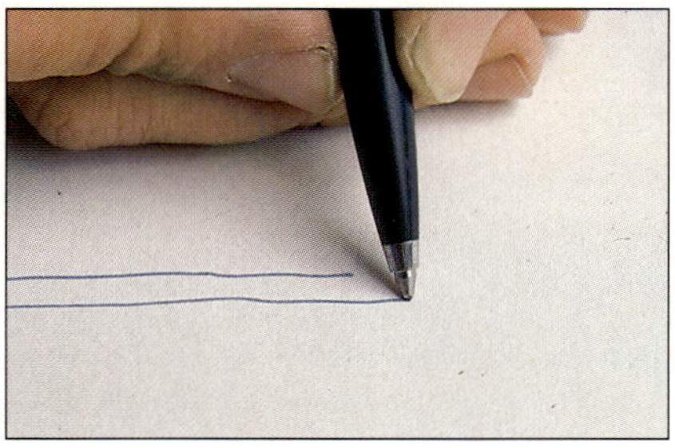

1

**1** Un stylo à bille et un bloc à dessin de papier fort (25 cm × 35 cm), voilà tout le matériel requis pour ce croquis rapide exécuté sur le motif. D'un geste souple et preste, l'artiste fait un relevé linéaire des principaux éléments de la scène.

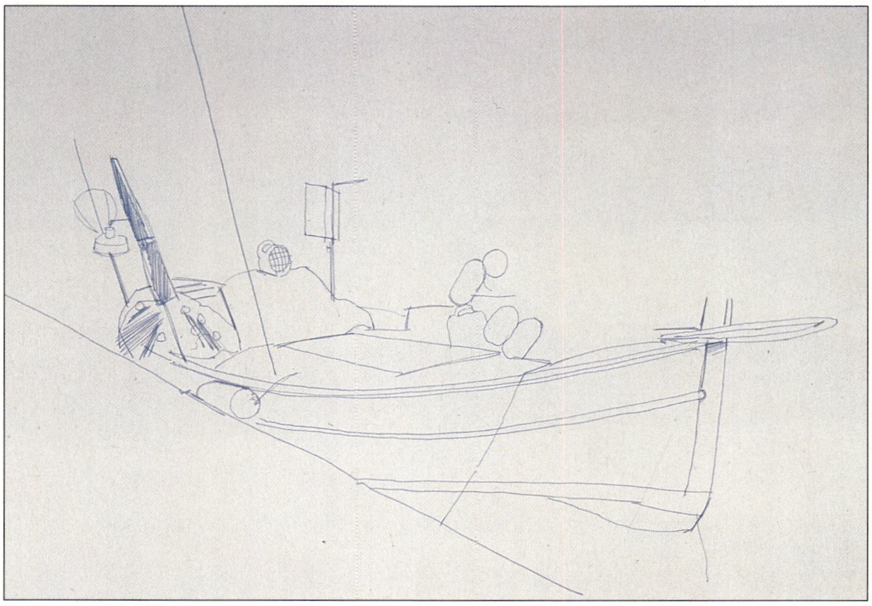

2

**2** Le but de l'esquisse est d'enregistrer une somme de renseignements qui permettront à l'artiste d'inclure le bateau dans une composition élaborée à une date ultérieure. Aussi la structure et les détails ont-ils une égale importance. Ci-dessous, l'artiste a défini les lignes de force de la structure générale ainsi qu'une partie de l'équipement du bateau. Dans ce type de dessin c'est moins l'aspect final qui importe que la somme de renseignements enregistrée. Travaillez rapidement ; si la ligne est incorrecte, reprenez-la en l'élargissant.

**3** Les valeurs sont définies rapidement par séries successives de hachures griffonnées. Dans cette illustration l'artiste exprime les formes incurvées par des traits parallèles rapprochés. Le crayon à bille ne permettant pas, quelle que soit la pression, de varier l'épaisseur du trait, les valeurs seront nécessairement créées par l'espacement des hachures.

**4** L'arrondi des formes est ici indiqué par des ombres progressives, réalisées uniquement à l'aide de hachures régulières. Sous l'arrondi, à l'endroit où l'ombre est la plus dense, les lignes sont rapprochées pour donner un ton plus soutenu, et elles s'espacent à mesure que l'ombre s'éclaircit. On peut également définir la couleur locale à l'aide des valeurs, ce qui est particulièrement utile dans les esquisses de référence comme celle-ci. En ébauchant la coque gris sombre dans un ton foncé équivalent, l'artiste établit le système tonal des valeurs du sujet. En d'autres termes, le croquis aidera à suppléer les lacunes de sa mémoire, en lui permettant de retrouver les différents rapports de valeur ; entre la coque sombre du bateau et le fond clair de l'eau ; entre les éléments sombres comme la poulie, le gréement et le fond clair ; et ainsi de suite.

3

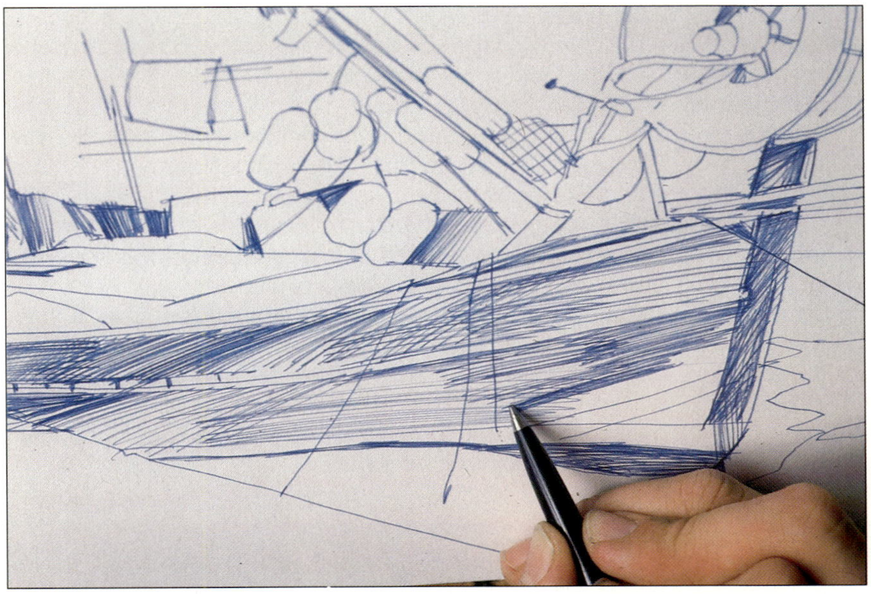

4

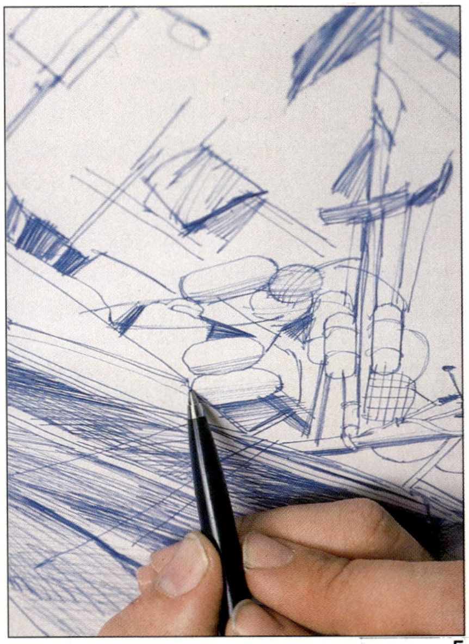

**5** Ce croquis — exécuté en quelques minutes — fait partie d'une série que l'auteur a réalisée sur le même sujet. Ces croquis n'ont pas l'aspect achevé de vrais dessins, car il leur manque la profondeur et les contrastes forts, mais ils contiennent toutes les données requises pour la réalisation en atelier d'un vrai dessin.

5

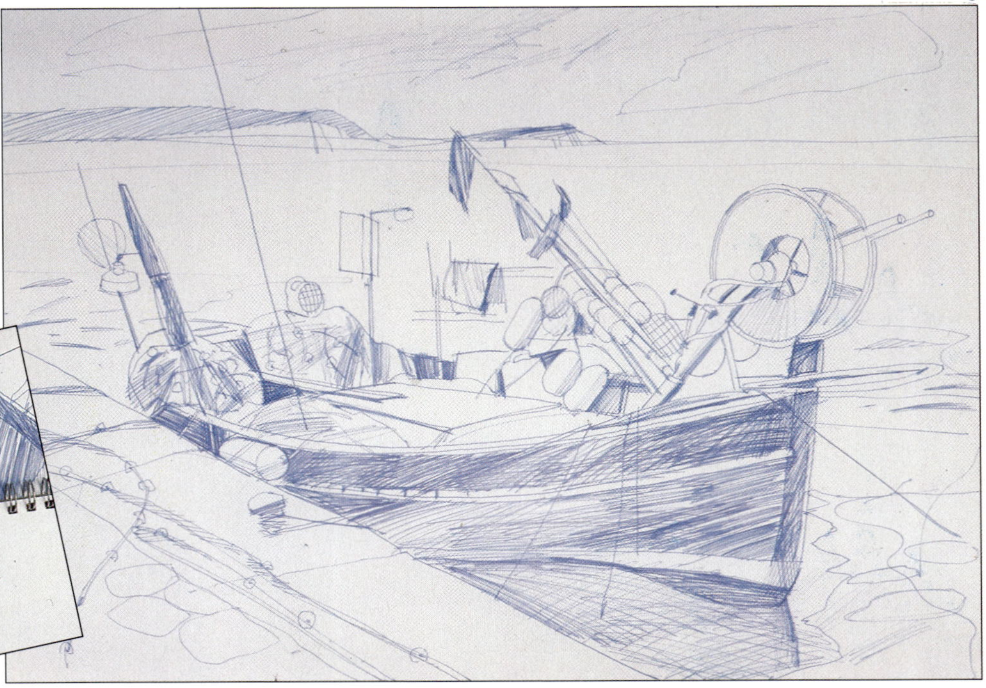

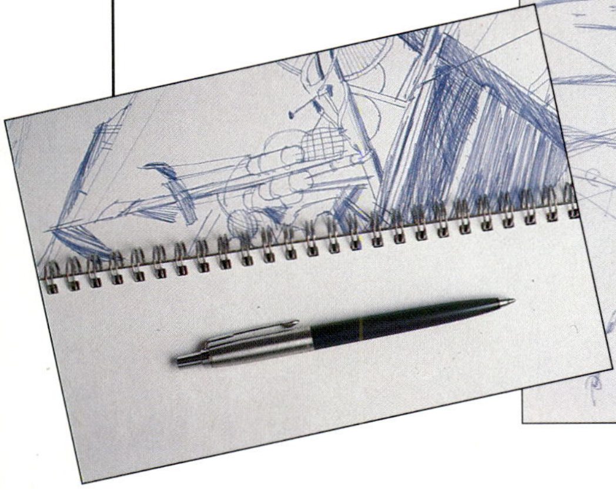

# Chapitre 6

# Pastel

Quelle est la place du pastel dans les techniques d'art ? Certains le comparent à la peinture proprement dite, et il est fréquent que la désignation « peinture au pastel » qualifie une œuvre réalisée avec ce matériau. Mais de par sa forme et sa nature, il appartient aux matériaux fongibles, et à ce titre il trouve sa place dans un ouvrage sur le dessin. Sous bien des rapports, le pastel ressemble aux craies de couleur, mais il requiert plus de savoir-faire, ce qui justifie qu'un chapitre lui soit consacré.

Le pastel est un matériau idéal pour les grands formats et les factures libres, faisant appel à une interprétation originale de la couleur. Sur les petits formats il tend à perdre de sa vigueur.

Il en existe deux variétés, le pastel tendre, le plus connu, très friable, et le pastel à l'huile ou pastel gras, chacun ayant sa méthode d'application propre. Avec le pastel tendre, la couleur et les tons s'élaborent au moyen de la superposition ou du mélange, et à ce titre il s'apparente à la peinture. Il est nécessaire de disposer d'une large gamme de couleurs — plusieurs tons d'une même teinte permettent d'obtenir des effets très naturels. Observez les pastels de Degas (1834-1917) qui toute sa vie expérimenta matériaux et techniques. A l'aide de hachures très libres mais dirigées, dans des tons rose, orangé, mauve et brun, il évoque la finesse et la transparence d'une peau. Mais cette technique requiert une grande pratique ! L'amateur commet souvent l'erreur d'appliquer une première couche de couleur dense, ce qui rend les applications ultérieures difficiles. Avec l'expérience, vous parviendrez à produire de beaux effets tout en finesse. Le pastel tendre doit être fixé — une légère couche à différentes étapes de l'exécution empêchera tout risque de frottement en cours de travail.

Les pastels à l'huile, plus récents, sont d'un tout autre ordre. La gamme de couleurs et de tons est plus limitée et ne permet pas d'obtenir les mêmes subtilités — ce serait une erreur de les essayer. Le pastel à l'huile s'adapte mieux aux travaux hardis de grand format, et ses effets immédiats en font un matériau idéal pour des travaux rapides, vivants et colorés. On peut aussi dissoudre la couleur avec de la térébenthine, mais il vaut mieux ne pas abuser de ce procédé ; quel serait en effet l'intérêt d'avoir choisi ce matériau si vous recherchez l'aspect de la peinture. Il se prête avant tout aux exécutions rapides, d'un impact immédiat — idéal pour apprendre à manier la couleur.

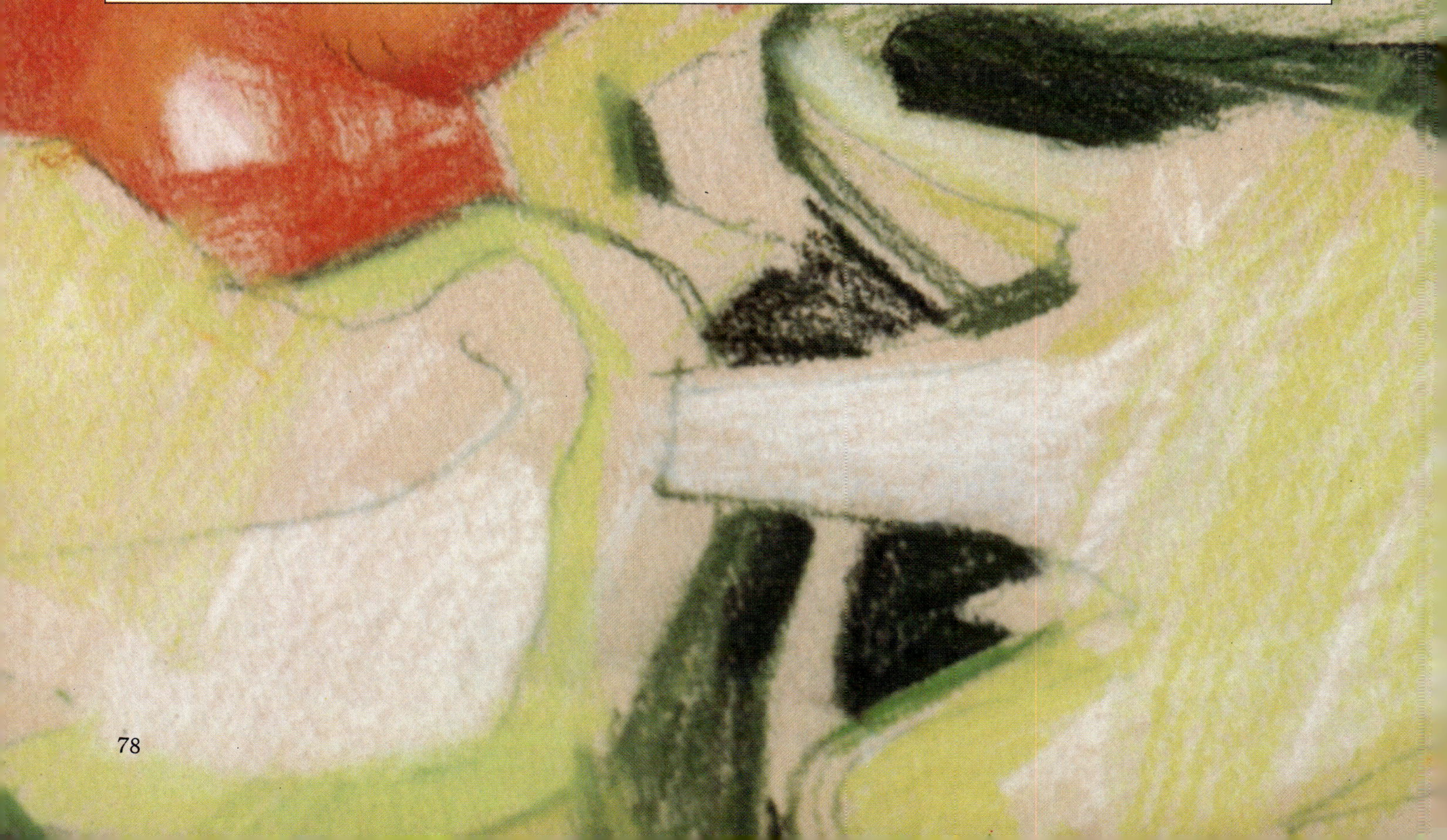

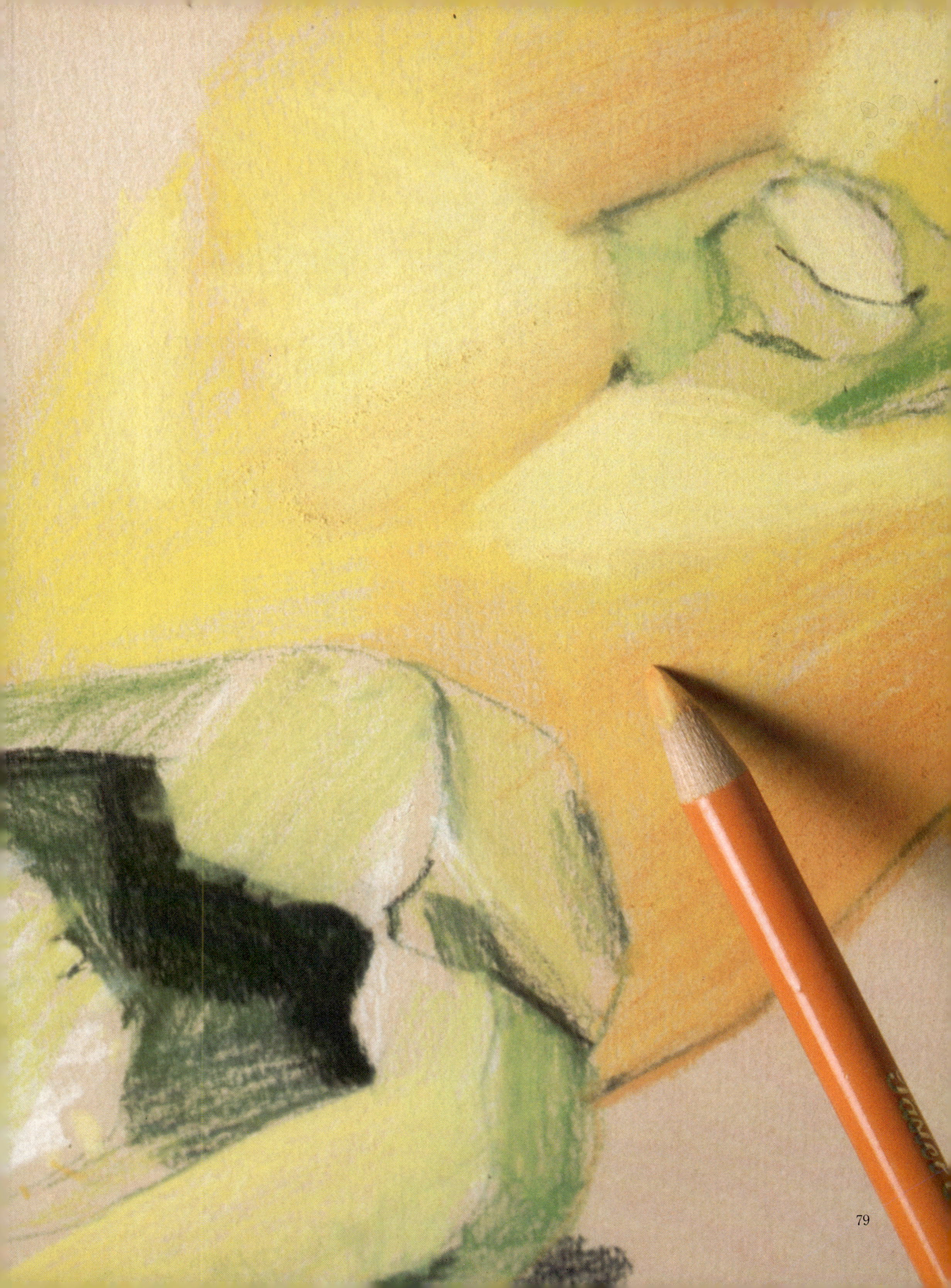

# *Matériaux*

## PASTEL

Le pastel dit tendre est fabriqué à partir de pigments broyés, mélangés avec une faible quantité de liant (résine ou gomme) et moulés en bâtonnets ronds ou carrés. Le pastel existe sous trois duretés : tendre, moyenne, dure. Le plus dur contient une plus grande quantité de liant, c'est pourquoi il n'a pas l'éclat des couleurs du plus tendre.

Le dessin au pastel requiert une large palette de nuances et de tons. Plus le ton est clair, plus il contient de craie blanche. Les pastels se présentent à l'unité ou en boîtes assorties de 12 à plus de 300 nuances, avec des associations destinées au portrait ou au paysage.

Le rangement des pastels est important. Les boîtes comportent des alvéoles pour séparer les couleurs. Si vous gardez vos pastels à même une boîte, ils finiront par se souiller les uns les autres et vous ne pourrez plus distinguer les couleurs. L'une des solutions consiste à couvrir le fond de la boîte de grains de riz — la friction de ceux-ci nettoie les bâtons et leur conserve toute leur fraîcheur.

Beaucoup d'artistes fabriquent leurs propres pastels en mélangeant les pigments avec diverses quantités de blanc de zinc, de l'eau distillée et de la gélatine. En dépit de l'immense gamme disponible, ils préfèrent confectionner les couleurs selon leur goût. Les tons clairs étant obtenus en augmentant graduellement la quantité de blanc, il est ainsi possible d'obtenir une large gamme adaptée à tous les besoins.

### Choix du support

Le choix du support est crucial pour le pastel tendre. La couleur de celui-ci joue un rôle important dans le résultat final et doit être choisie en harmonie avec le sujet. Un papier mat ou légèrement grenu est idéal. Les surfaces lisses ne conviennent pas, bien que pour les pastels délicats, on puisse utiliser le papier vélin ou celui destiné à la calligraphie.

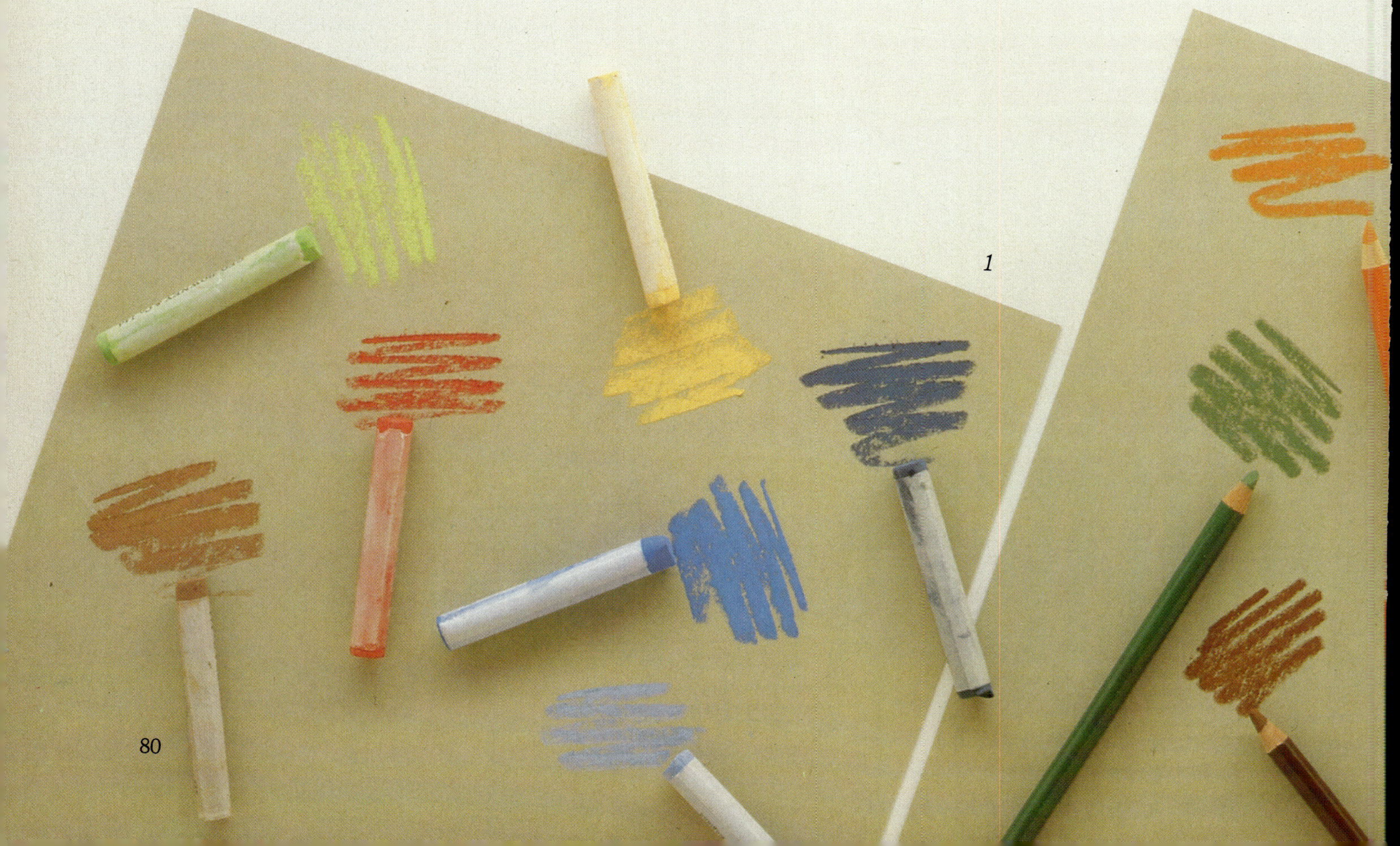

Le papier doit être de bonne qualité, pour pouvoir retenir les différentes couches de pastel. Les variétés mi-teintes chez Canson ont un aspect légèrement chiné, tandis que chez Ingres elles présentent un léger motif linéaire (vergeures). Vous trouverez chez votre marchand un papier spécial pour pastel qui ressemble à la qualité la plus fine du papier de verre industriel. Sa surface accroche bien la couleur et donne un résultat vigoureux d'un très bel éclat. Vous pourrez également essayer le papier de verre ordinaire, mais ses effets très particuliers ne font pas l'unanimité.

Il importe de fixer le dessin avec une légère vaporisation de fixatif à chaque étape de l'élaboration, en laissant bien sécher. Mais soyez modéré, faute de quoi la surface deviendrait brillante et vous ne pourriez plus la travailler. Le vernis a aussi tendance à assombrir les couleurs, tenez-en compte ! Certains artistes fixent leur dessin au verso — une partie du produit pénètre dans le matériau. D'autres jugent cette méthode moins efficace, mais si sa protection est moindre, elle a toutefois le mérite de ne pas affecter les couleurs.

Utilisez une estompe pour mélanger les couleurs — vous pourrez l'acheter, ou la confectionner avec du papier que vous roulerez comme un bâtonnet avec une extrémité en pointe. Pour les surfaces plus importantes, un papier absorbant ou une étoffe fine seront plus efficaces. Vous utiliserez une brosse douce pour enlever la couleur et une gomme-pâte pour l'effacer.

## Pastel à l'huile

Il est épais et plus proche de la peinture que les autres matériaux à dessin, il est également moins friable que le pastel tendre. Ces caractéristiques en font un matériau idéal pour le travail à l'extérieur. Il existe dans des couleurs vives généralement vendues en assortiments. Le choix de tons est plus limité, mais ce matériau convient aux exécutions de facture libre associant le trait épais, les zones de couleur dense et les effets de matière. Vous en tirerez mieux parti sur de grands formats. Utilisez un papier robuste, particulièrement si vous mélangez les couleurs à la térébenthine. On peut essayer de les superposer, mais il est difficile d'en contrôler les effets.

*1 Pastels à l'huile*
*2 Crayons pastel*
*3 Pastels tendres*

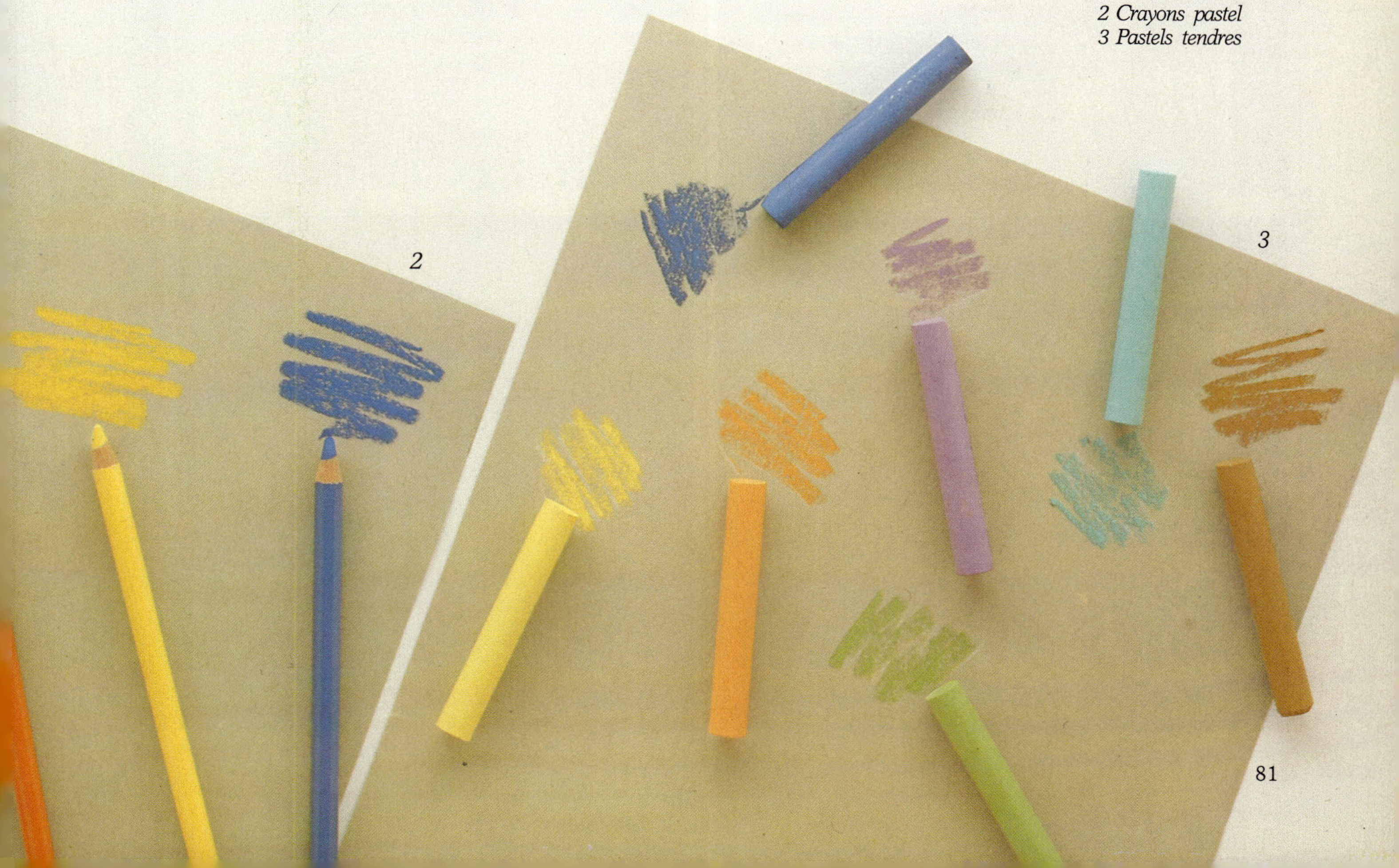

# *Techniques*

PASTEL

## Mélange

Le secret d'un pastel réussi réside dans le mélange des couleurs. Avec de la pratique vous découvrirez dans le pastel toutes les ressources de la peinture. Vous apprendrez à créer une gamme subtile de nuances et de tons, qu'il s'agisse d'aplats ou d'effets de surface. L'artiste démontre ci-dessous une méthode permettant de mélanger deux couleurs pour créer un camaïeu un peu flou — cet effet sert à évoquer le ciel et la surface de l'eau. De grandes traînées blanches sont d'abord appliquées sur un fond bleu clair *(1)*. Les effets sont obtenus en mélangeant légèrement avec le bout des doigts pour atténuer les contours trop nets et créer cet impression de miroitement.

1

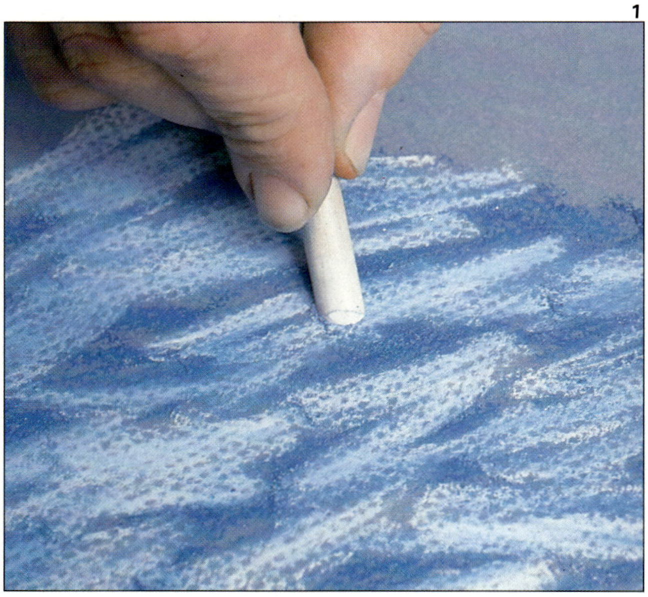

2

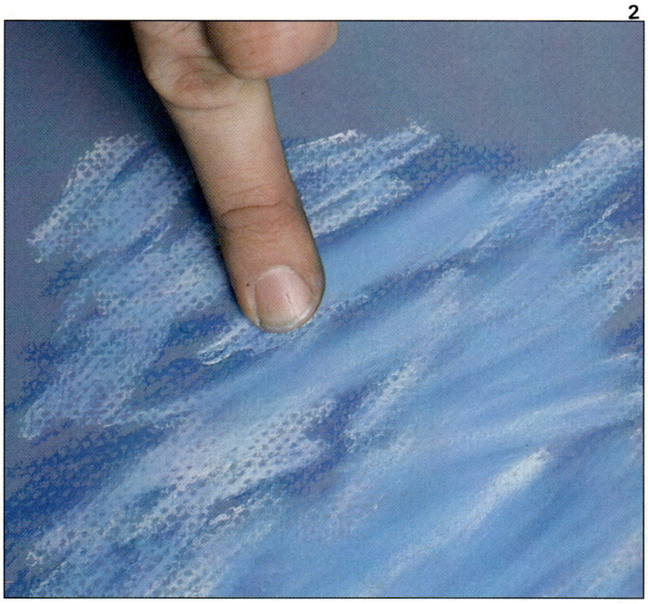

## Association

Si vous appliquez la couleur très légèrement, vous pourrez produire des associations aux effets chatoyants. Mais seule l'expérience vous enseignera comment opérer ces mélanges et le nombre de couches que l'on peut superposer avant saturation du papier. Sur l'illustration ci-dessous, l'artiste commence par ébaucher une zone assez dense de violet, qu'il éclaire ensuite avec de fines hachures blanches *(1)*. Un léger réseau rouge donne à l'ensemble un reflet rose *(2)*. Pour vous faciliter la tâche, fixez les couleurs après les applications, mais veillez à ce que le vernis soit bien sec avant de poursuivre.

1

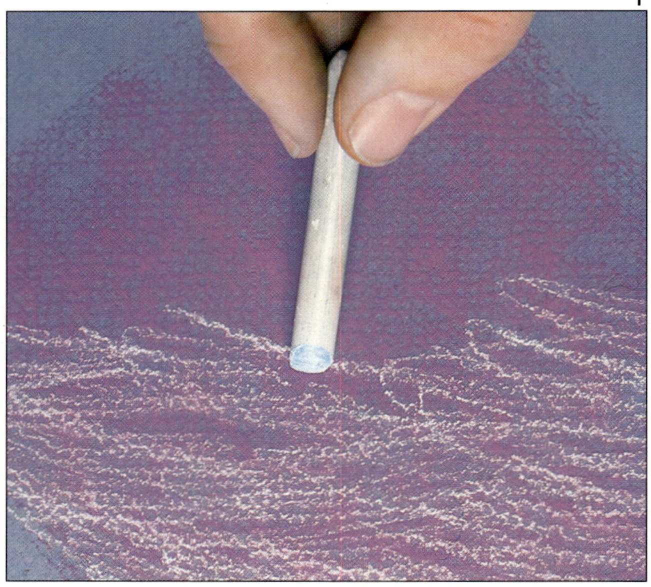

2

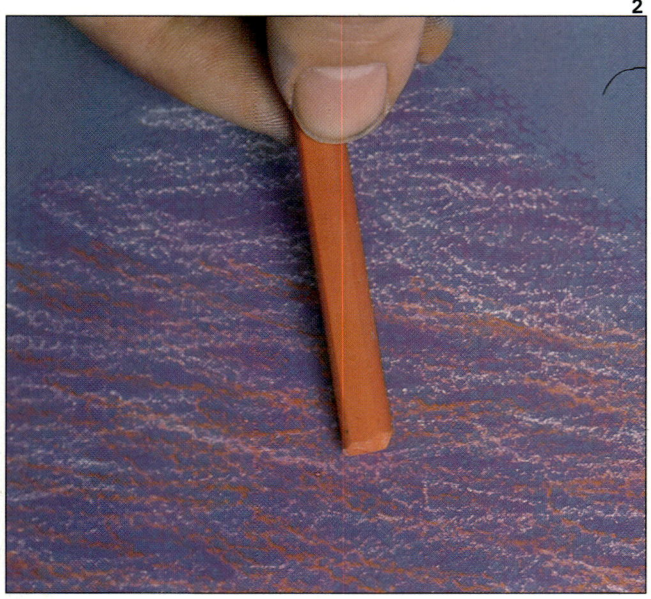

## Bâton utilisé de chant

La teinte du papier joue un rôle très important dans la peinture au pastel. Il vous sera plus facile de l'intégrer dans le dessin si vous utilisez le bâton de chant. Avec cette méthode la couleur adhère aux aspérités du support mat, tandis que les creux restent intacts et laissent filtrer la couleur du fond. Si vous utilisez un papier pour aquarelle, l'effet sera plus prononcé encore, ce qui vous permettra d'évoquer un aspect de matière grossière et granuleuse. Voyez ci-dessous, le dessinateur exécute un aplat dense rouge vif *(1)* sur un fond sombre. Notez comme le ton final *(2)* est modifié par la couleur du fond qui transparaît.

1

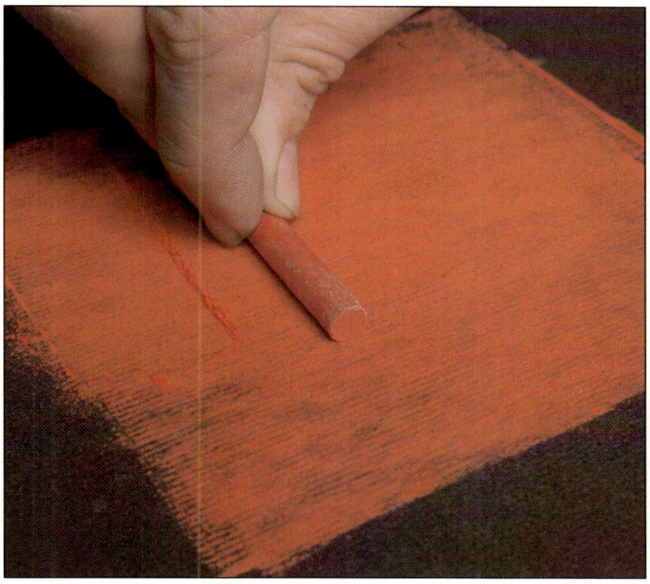

2

## Entrelacs

On peut aussi tirer parti du fond en appliquant la couleur en hachures brisées, d'un geste libre. Si cette méthode semble évidente, elle n'en est pas moins l'un des principes qui sous-tendent toute la technique du pastel. Pratiquez largement cette méthode en commençant, comme le dessinateur le fait ci-dessous, par appliquer une couleur sur le fond teinté *(1)* de manière à créer un réseau coloré inégal *(2)* auquel vous ajouterez d'autres teintes afin d'obtenir l'effet recherché. Pour éviter que la couleur ne devienne trop dense dès le début, vos hachures devront être souples et aérées, de facon à conserver toute sa légèreté à la méthode.

1

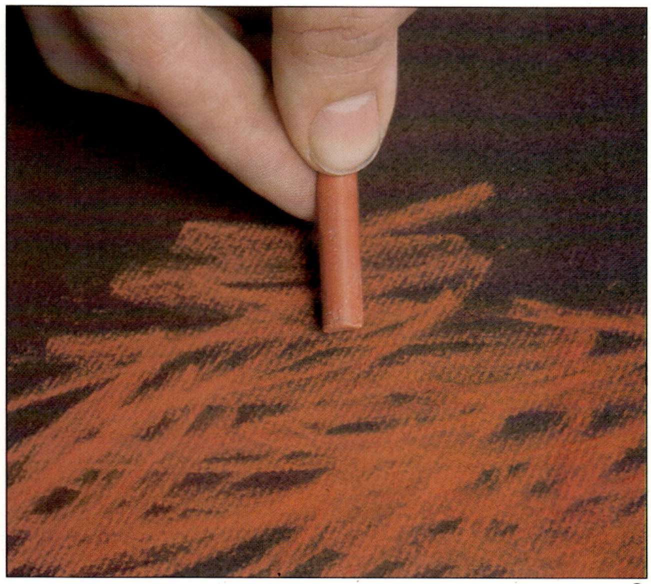

2

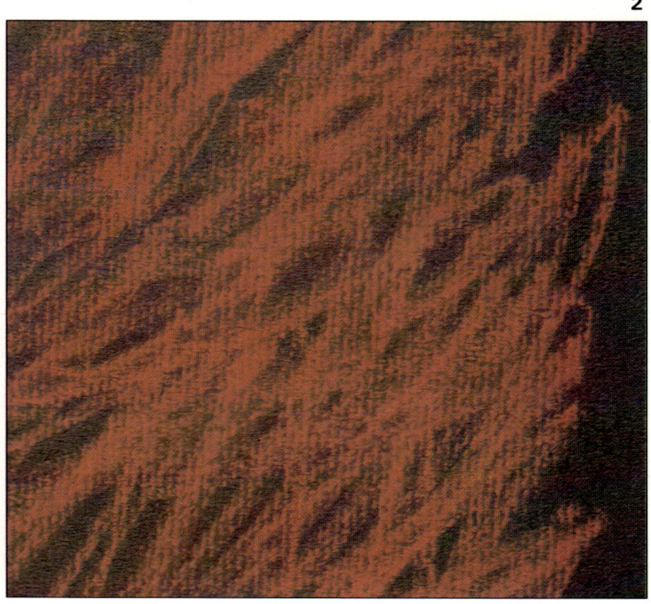

## Texture

Il s'agit d'un terme fourre-tout qui regroupe abusivement les effets de surface les plus divers. Qu'ils soient visuels, c'est-à-dire les motifs de décoration, ou qu'ils visent à évoquer un matériau naturel, aussi bien uni que structuré. Essayez d'imiter le plus grand nombre de matières possible et vous pourrez disposer d'un répertoire visuel apte à enrichir vos dessins à tout moment. Ici, l'artiste cherche à créer des effets de matière en exécutant une couche de lignes ondulées *(1)* d'une couleur, sur laquelle il superpose une seconde couche *(2)*.

1

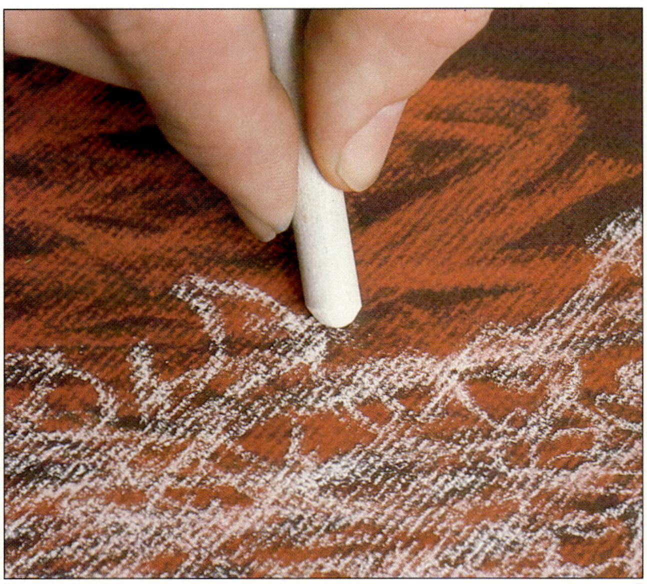

2

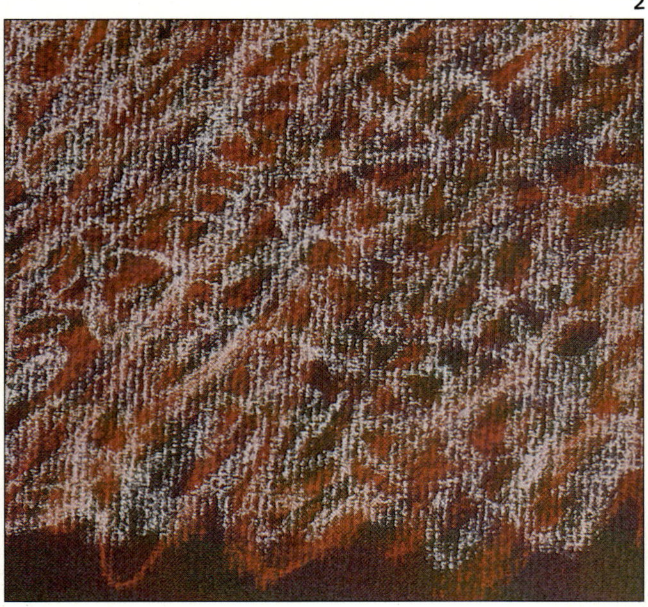

## Hachures croisées

Pour créer la couleur ou des effets de surface avec le pastel il existe des méthodes plus rapides que celle des hachures. Elles sont de ce fait inattendues. Cependant, on obtient grâce aux hachures un effet linéaire d'une grande fraîcheur qui fait contraste avec le fondu de nombreux pastels. Travaillez de la même façon que si vous utilisiez un crayon ou une plume, appliquez des lignes régulières *(1)* pour obtenir un réseau aéré. Ici, la teinte rouge foncé du papier transparaît et donne de la profondeur à l'ensemble *(2)*.

1

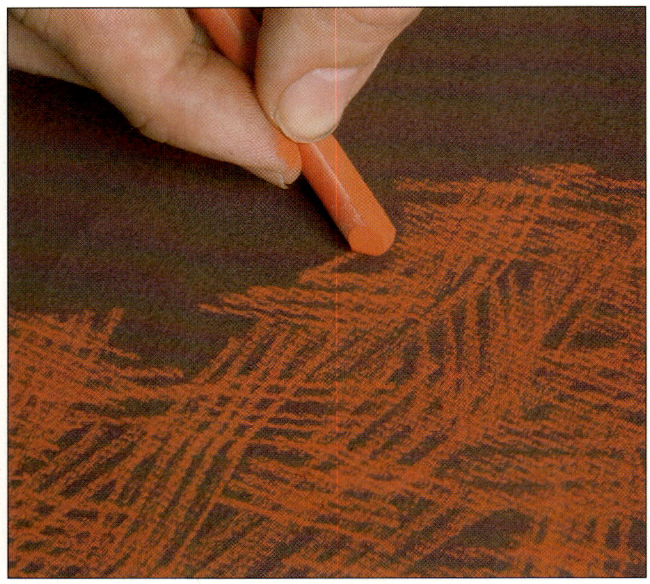

2

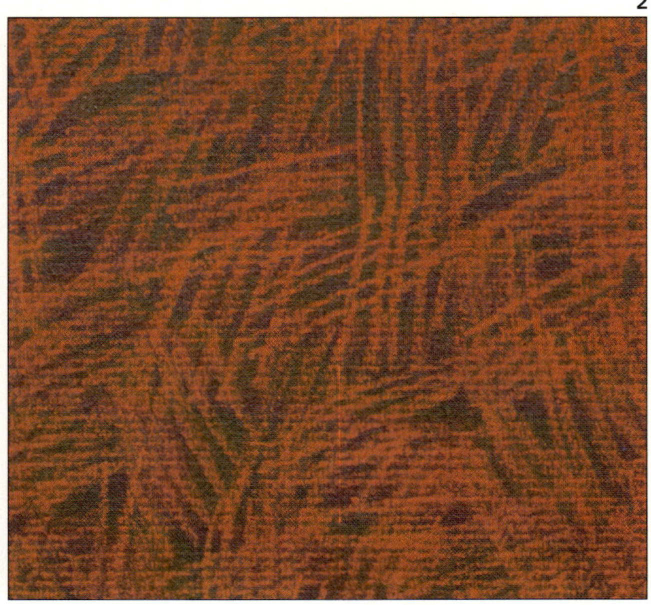

## Mélange optique

Tous les matériaux de couleur se prêtent au mélange optique — on juxtapose des touches de couleur dissociées qui se mélangent sur la rétine ; — et cela permet une application facile et rapide. L'extrémité large et tendre du pastel produit une tache importante et irrégulière qui donne un effet des plus naturels. Le dessinateur associe des touches bleu pâle et rouge vif *(1)* ; c'est la valeur du support qui fournit la troisième teinte *(2)*.

1

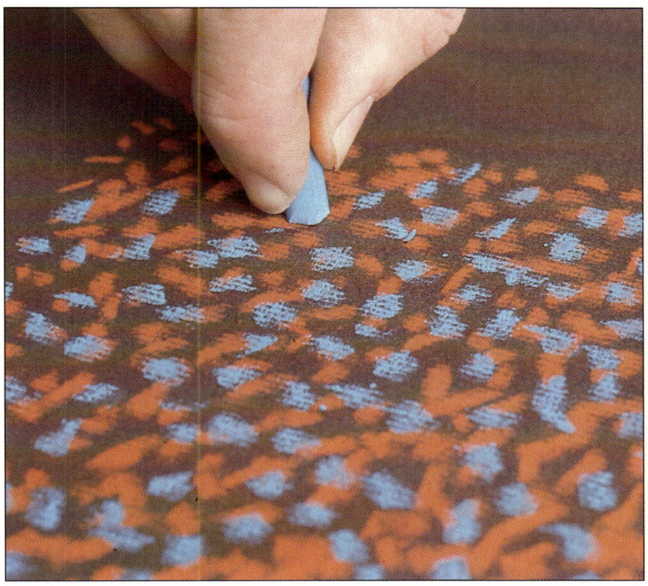

2

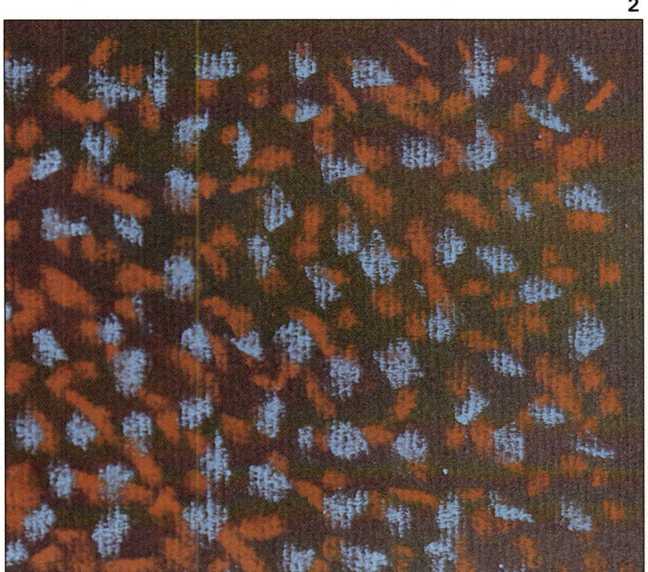

## Pastels à l'huile

On peut dissoudre les pastels à l'huile avec de la térébenthine ou du white-spirit, pour en mélanger les couleurs et créer des effets de peinture. N'utilisez cette méthode qu'avec discrétion pour des taches contrastées ici et là. Mais faites des essais préalables car ce procédé intensifie les couleurs de manière importante. Appliquez cette technique en juxtaposant deux couleurs *(1)*, et à l'aide d'un pinceau ou d'un chiffon propre trempé dans de la térébenthine mélangez intimement les deux teintes *(2)*.

1

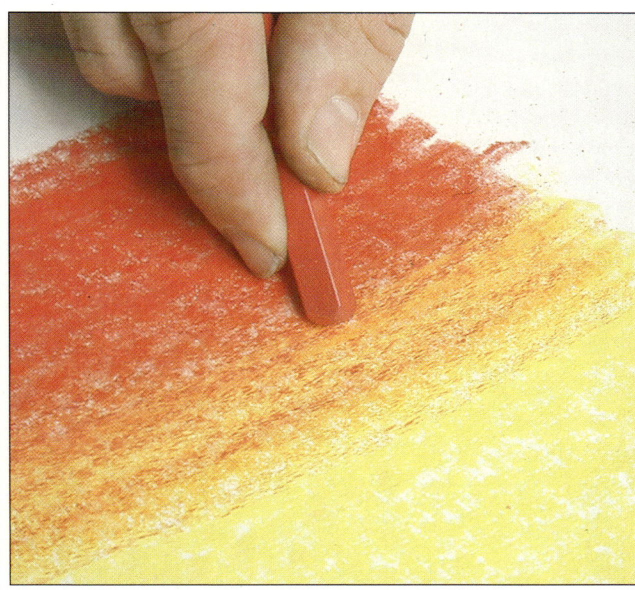

2

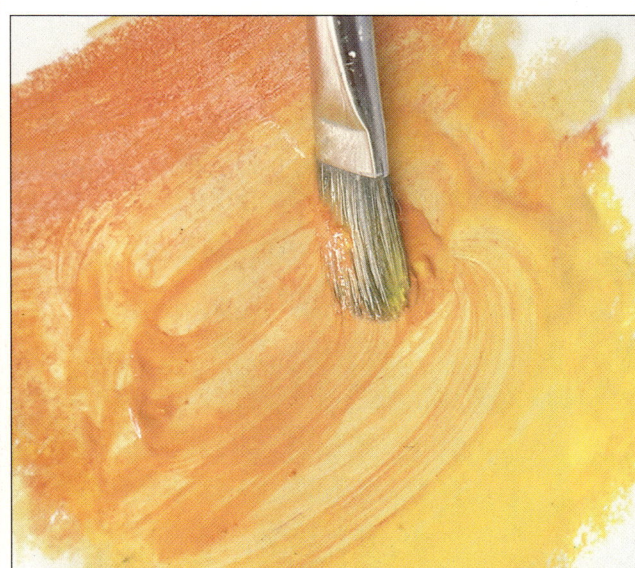

# *Le chou rouge*

PASTEL TENDRE

La représentation de la section d'un chou rouge peut se comparer à la démarche des créateurs, dans la décoration des étoffes en particulier. Celle-ci consiste à rechercher un motif intéressant, souvent puisé dans la nature, que l'on agrandit pour en souligner les détails et lui donner une autonomie. Le dessinateur adopte ici une démarche similaire, il se concentre sur les éléments essentiels du motif d'ensemble. Il en résulte une exécution très personnelle mais aussi d'une étonnante vérité. Dans cette optique, il a choisi de représenter le sujet sur une grande échelle afin d'en accentuer les motifs familiers et les denses circonvolutions des feuilles.

Ce dessin est avant tout un exercice sur le thème de la ligne. Que ce soient les parties les plus denses, les plus fines ou même les espaces entre elles — où le papier transparaît — toutes relèvent de la ligne, tantôt fine et régulière, tantôt épaisse et sinueuse. C'est par le jeu de la tension et l'illusion de mouvement créé par l'auteur que s'illustre le maniement de la ligne à son plus haut degré de perfection. Plutôt qu'une définition à la lettre du motif des feuilles, il s'agissait de donner une impression d'ensemble.

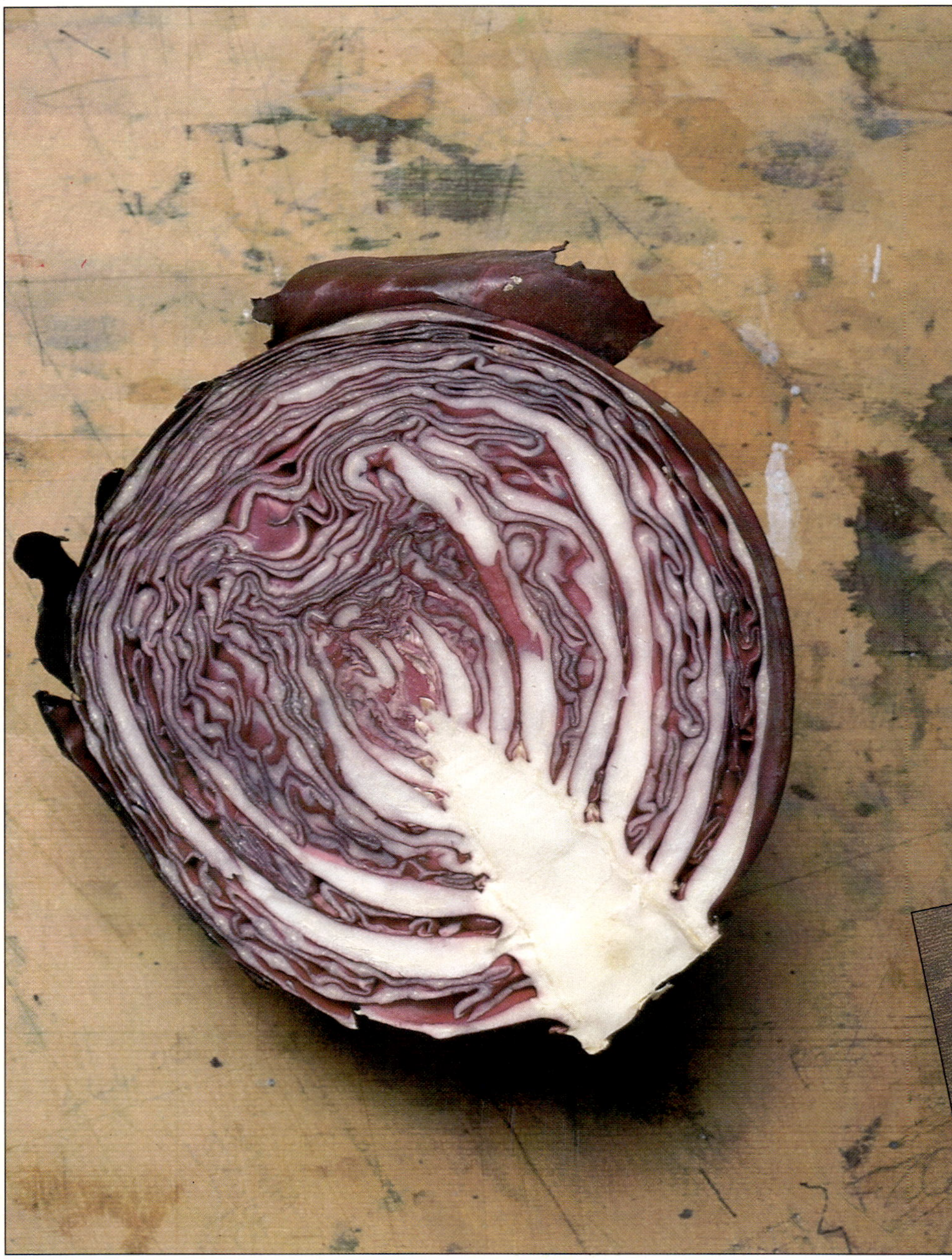

1

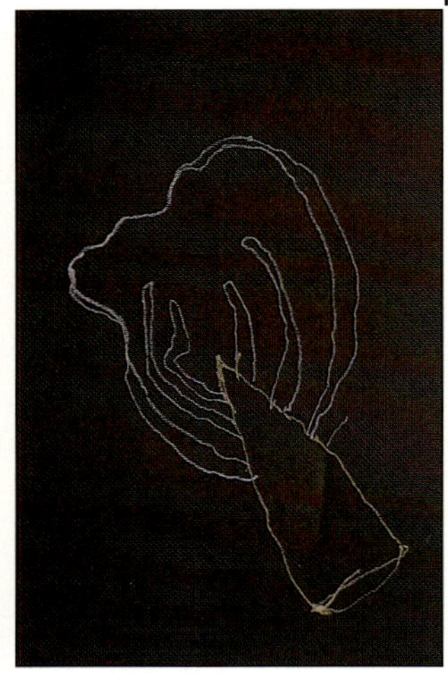

**1** Le dessinateur a choisi un papier pour pastel d'un rouge sombre (56 cm × 76 cm) qui s'harmonisera avec les tons subtils du chou et accentuera les effets des lignes blanches. Les parties claires sont d'abord ébauchées légèrement en jaune pâle, puis la forme intérieure des feuilles est définie en blanc.

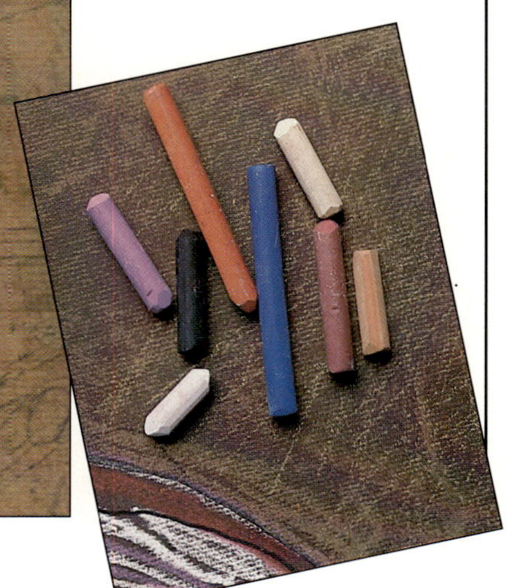

**2** Avec du blanc il comble les parties les plus denses. Une définition trop fidèle ne serait pas conforme à cette démarche, il s'agit au contraire de saisir le caractère du sujet, c'est-à-dire l'impression d'ensemble créée par les replis serrés et compliqués des feuilles.

**3** La plupart des formes blanches ont maintenant été traitées, elles se détachent clairement sur la teinte sombre du fond. Le grain du papier, choisi à cet effet, contribue à l'adhérence de la poudre du pastel et permet d'obtenir cette densité de couleur sans qu'il soit nécessaire d'accentuer la pression sur le bâton. Il importe à ce stade de conserver toute la fraîcheur et l'acuité des couleurs ; le dessinateur vaporise donc une fine couche de fixatif sur le dessin.

La diversité des lignes est ici très importante. Les formes organiques et naturelles adoptent des contours irréguliers et imprévisibles, que l'on ne peut rendre de façon ordonnée ou mécanique. Il faut donc dans un pareil cas jouer sur la diversité des traits. Ici par exemple, le dessinateur a utilisé l'arête du bâton pour les lignes très fines. Pour obtenir une ligne ondulée allant du plus fin au plus épais variez, en dessinant, la pression du bâton sur le papier.

**4** Des lignes mauves sinueuses sont appliquées sur le motif. Notez que le dessinateur ne suit pas son sujet à la lettre, il s'en sert comme modèle d'inspiration. La nuance mauve, à peine visible sur le sujet, est exagérée dans le rendu pour produire un effet de tension et de contraste à l'intérieur du dessin. Ces lignes sont appliquées d'un geste libre, le dessinateur ayant l'intention de les modifier au fil de l'exécution.

2

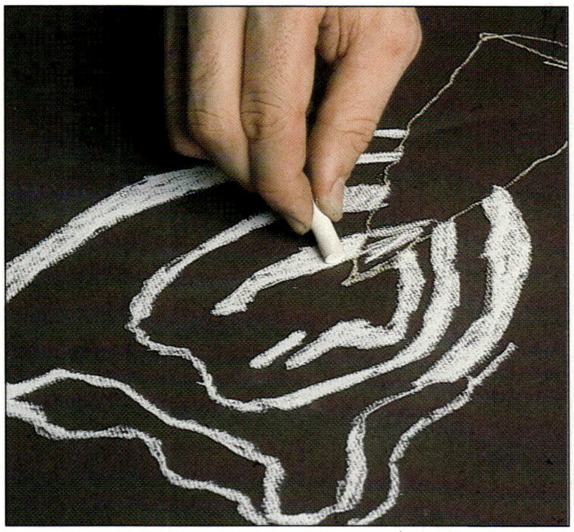

3

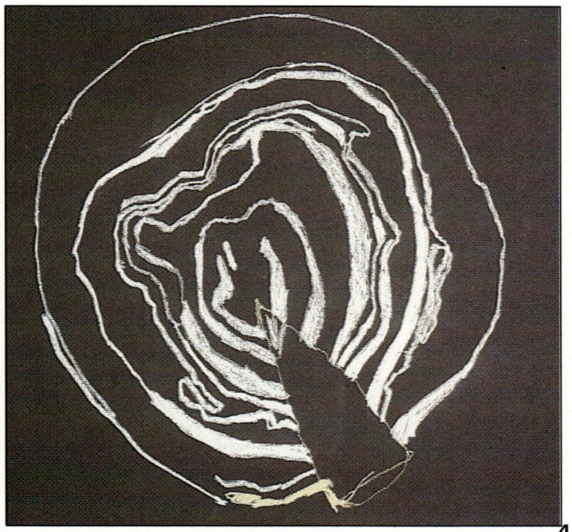

4

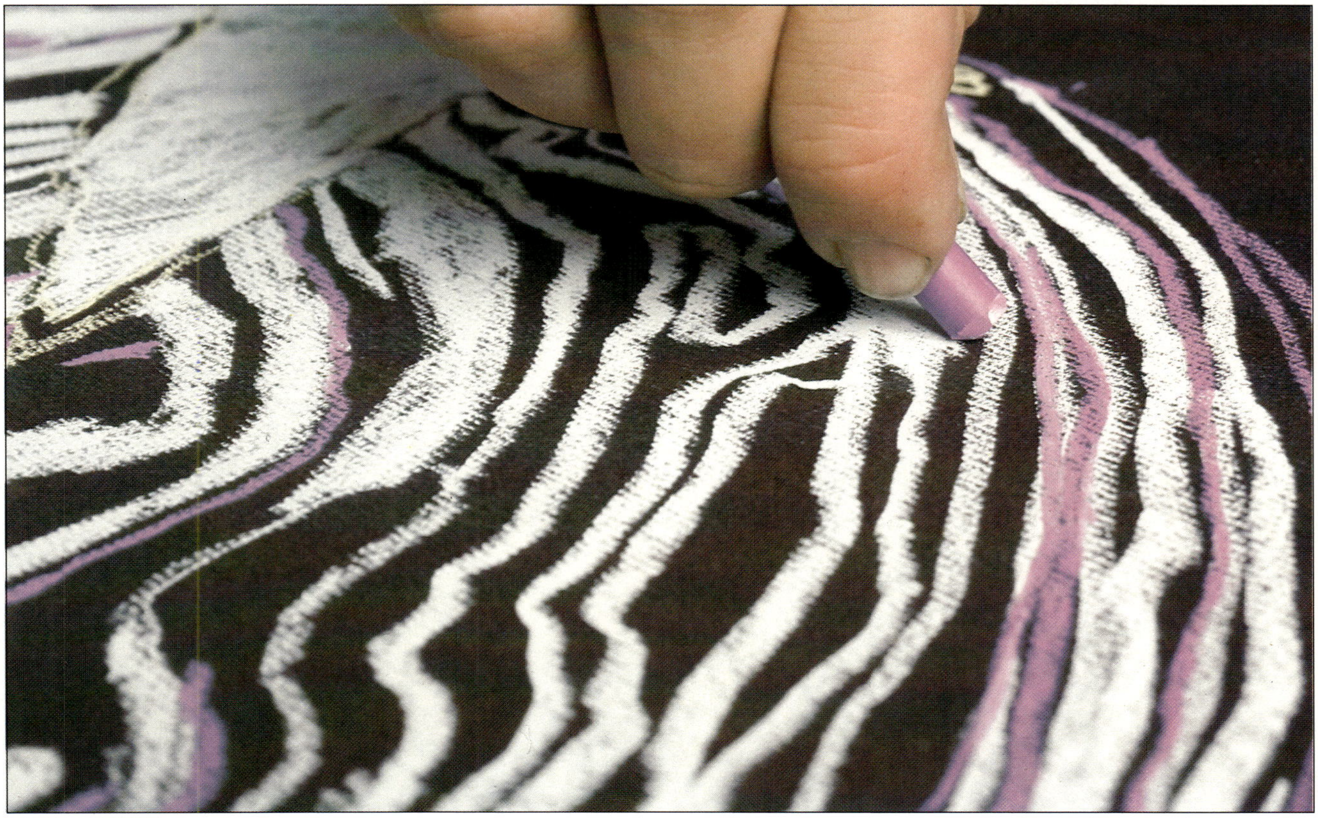

**5** Avec du rouge alizarine et du rouge franc, le dessinateur comble les espaces sombres entre les feuilles. Cette teinte, légèrement plus claire que le fond, est appliquée assez grossièrement. Le rouge alizarine couvre en partie les tons mauves, ce que l'auteur avait prévu, et laisse transparaître des taches plus claires pour produire des effets de couleurs, de lignes et de tons, comparables à ceux du modèle.

**6** Afin de préserver les couleurs et les forts contrastes entre les formes, le dessin est de nouveau vaporisé d'une couche de fixatif. Rien ne vous empêche, si vous le désirez, de fixer votre dessin plus fréquemment que ne le fait le dessinateur ; pourvu que vous n'en abusiez pas, quelques couches légères sont acceptables. Mais vous devrez attendre que le fixatif soit parfaitement sec avant de poursuivre l'exécution. Le dessinateur introduit maintenant dans son dessin de fines lignes noires et bleues. Elles ont pour but de souligner le contour des formes et de renforcer les lignes maîtresses. Le noir sert également à identifier les ombres dures, ce qui donne une impression de profondeur et crée un effet de matière.

**7** Les traits sont déliés et appliqués d'un geste rythmé pour donner vie à l'ensemble. Il faut éviter que le geste ne devienne mécanique, pour ce, référez-vous constamment à votre sujet. Ainsi, votre traitement de la ligne et de la couleur conservera-t-il toute sa fraîcheur.

5

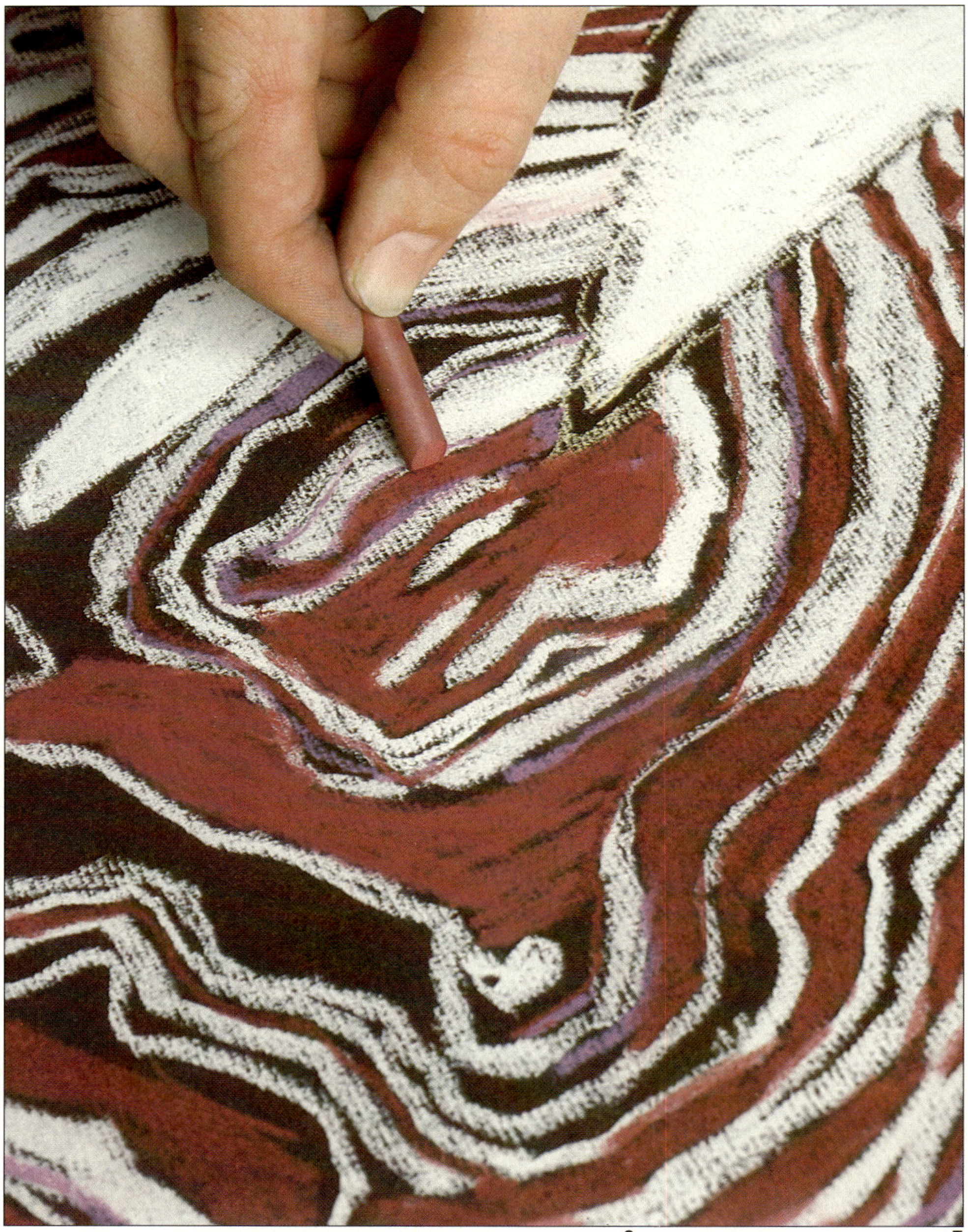

6

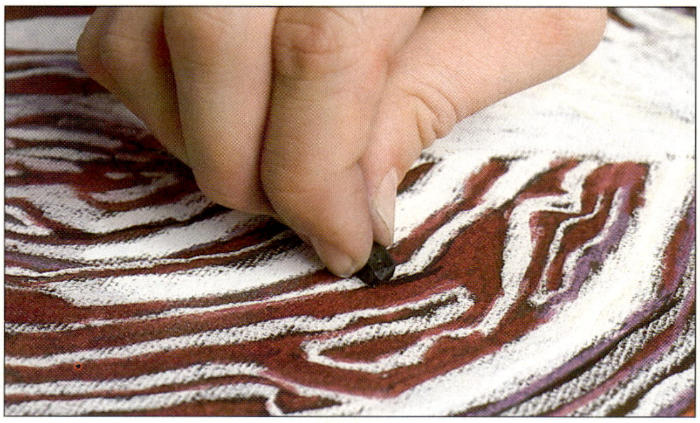

7

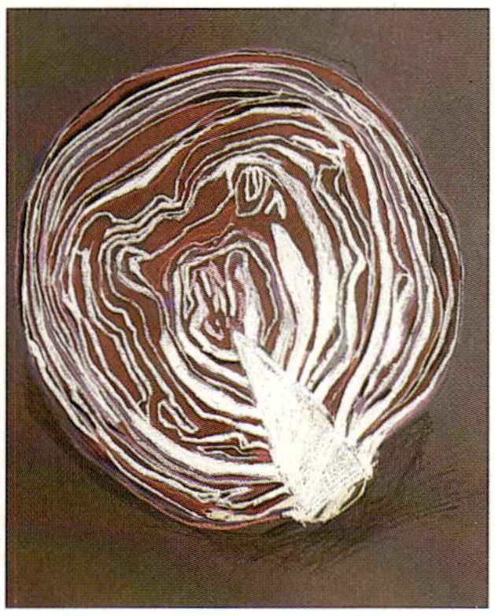

**8** Le dessinateur traite le fond en utilisant de chant un bâton de pastel orangé. Cette application légère laisse le ton sombre du fond transparaître, son rôle étant d'unifier l'effet d'ensemble. Le dessin achevé est fixé pour éviter que les couleurs ne s'altèrent.

8

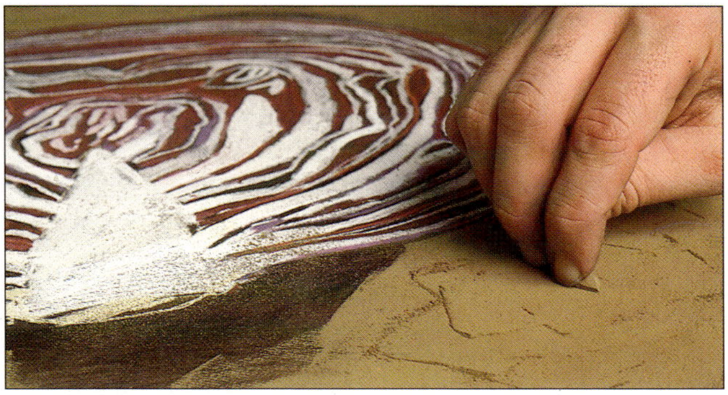

**9** Bien que le dessinateur n'ait pas cherché à copier la réalité dans tous ses détails, cette exécution est une évocation convaincante de la section d'un chou rouge. Il en va de même pour les couleurs, celles-ci ne reflètent pas stricto sensu les subtiles nuances du sujet. Aussi étonnant que cela puisse paraître, une définition fidèle risquait d'aboutir à un résultat moins satisfaisant et moins expressif. Le secret de la réussite de cette exécution réside dans la méthode d'approche directe, visant à saisir non pas la réalité botanique mais l'essence même du sujet, en l'occurrence l'effet de tension créé par la nature des feuilles et la couleur.

9

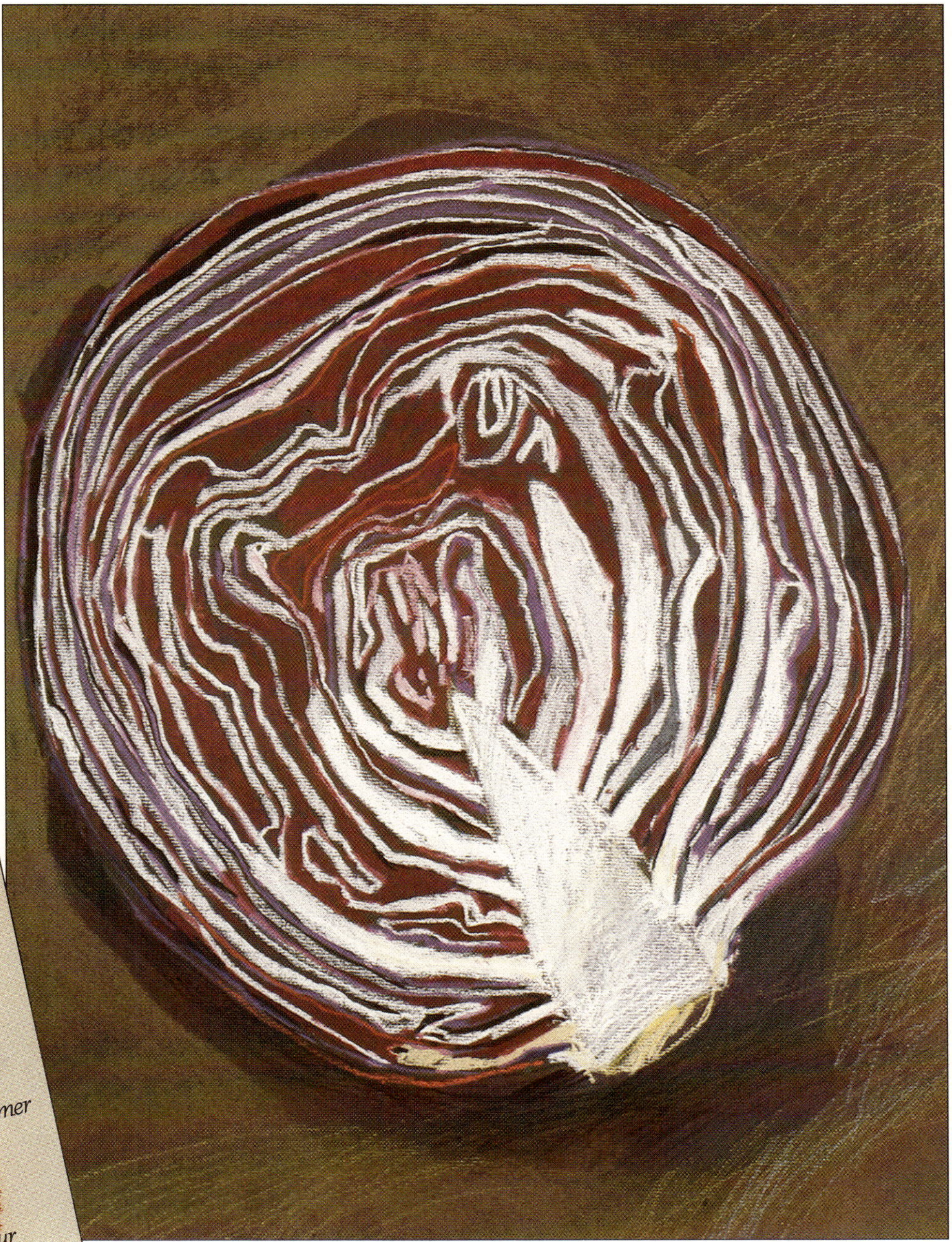

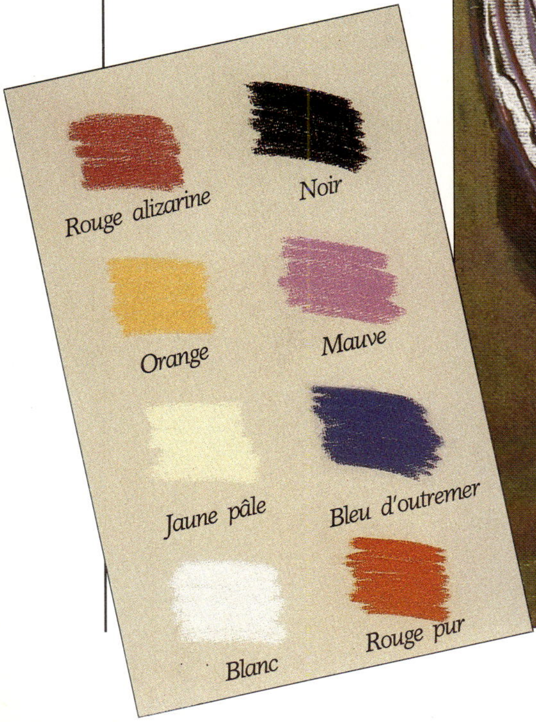

# La piscine

## PASTEL TENDRE

Pour ce dessin l'artiste a travaillé à partir d'une photographie, et non d'après nature. Pour le débutant qui aborde le rendu de l'élément liquide, cette méthode est excellente. Les formes et les reflets à la surface de l'eau ne sont jamais stables, car l'eau est animée de mouvements perpétuels. Beaucoup d'artistes travaillent à partir d'images fixes en enrichissant ensuite le sujet de ce qu'ils ont pu observer dans la nature ou de ce que leur a enseigné l'expérience. Pour le débutant ce sujet peut être déroutant. Mais une photographie fige temporairement les éléments et permet à l'artiste d'en étudier ses aspects à un moment donné. N'hésitez pas à vous munir de votre appareil photo lors de vos sorties. L'artiste a utilisé ici un appareil Polaroïd qui lui a permis d'avoir la photo immédiatement et de comparer l'effet obtenu avec la réalité. Avec l'expérience, vous apprendrez à réaliser des croquis sur le vif et vous serez moins dépendant de l'appareil photo.

Avant de vous mettre à l'ouvrage, observez le sujet ou la photo, et préparez votre palette. Cela vous évitera d'avoir à rechercher la couleur adéquate en cours de travail et de prendre la première couleur venue. La préparation préalable des couleurs vous donne le libre choix de la palette requise. Le choix initial du papier est aussi important, car il doit s'harmoniser avec les teintes dominantes. La teinte bleu clair du papier choisi ici jouera un rôle crucial dans l'harmonie d'ensemble des couleurs.

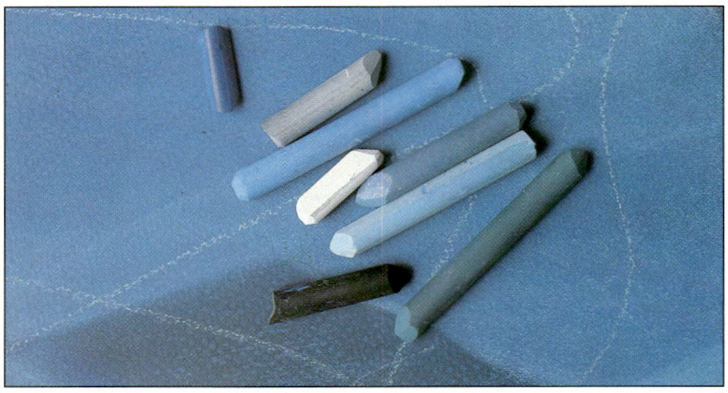

1

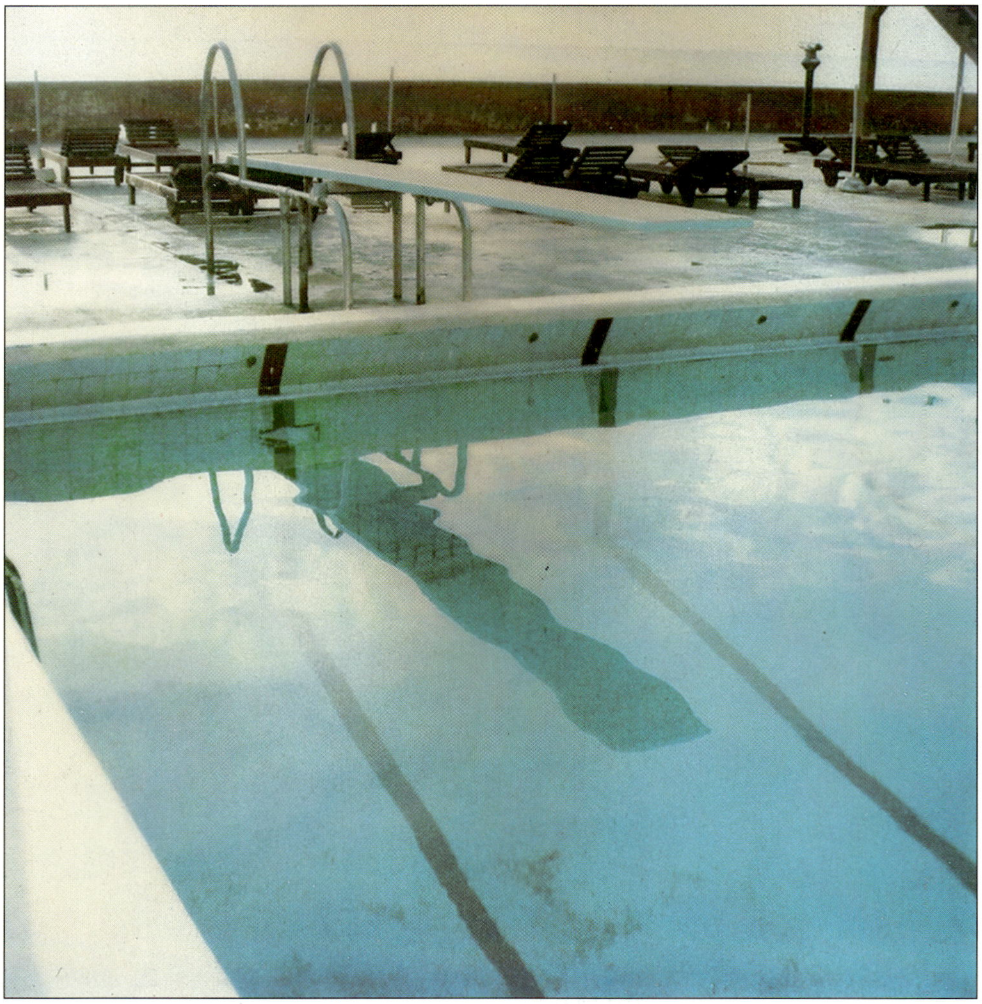

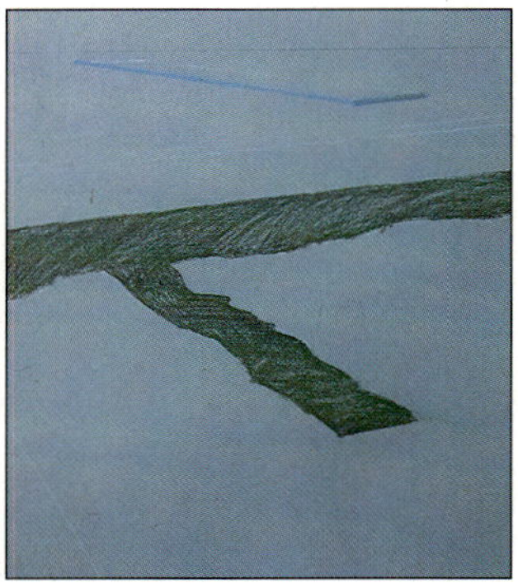

**1** L'image est ici en grande partie dominée par la présence de l'élément liquide, ses couleurs et ses reflets. Il importe à ce stade de définir les limites du plan d'eau : elles sont rendues avec un pastel blanc. Puis, avec un bleu-vert sombre sont ébauchées les formes maîtresses — l'ombre sur le pourtour de la piscine et le reflet du tremplin. L'artiste travaille sur un papier pour pastel (51 cm × 51 cm) de bonne qualité.

**2** Il s'agit dans un premier temps de placer les masses de couleur, par la suite celles-ci seront modifiées et estompées ; pour le moment contentez-vous de couvrir le dessin sans vous soucier de la ressemblance de l'effet. Les tons clairs de l'eau sont traités librement avec du bleu-vert. Le blanc sert à définir la surface du tremplin, l'un des tons les plus clairs de la composition. La couleur appliquée doit être dense, car dans le dessin final la teinte du tremplin sera d'un blanc lumineux. Et à mesure que l'exécution progresse, celui-ci servira de référence pour établir tous les autres tons et les couleurs.

2

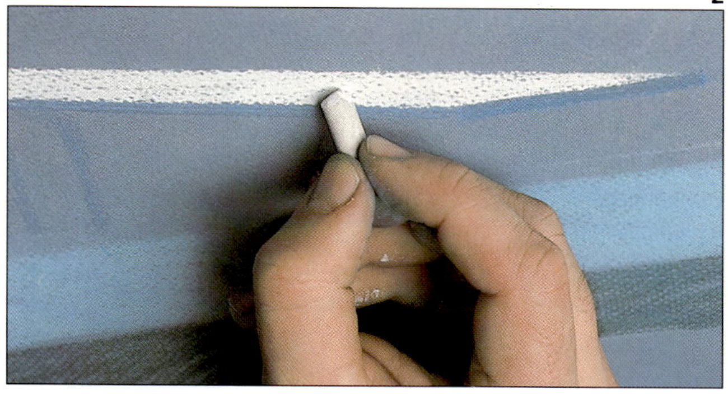

3

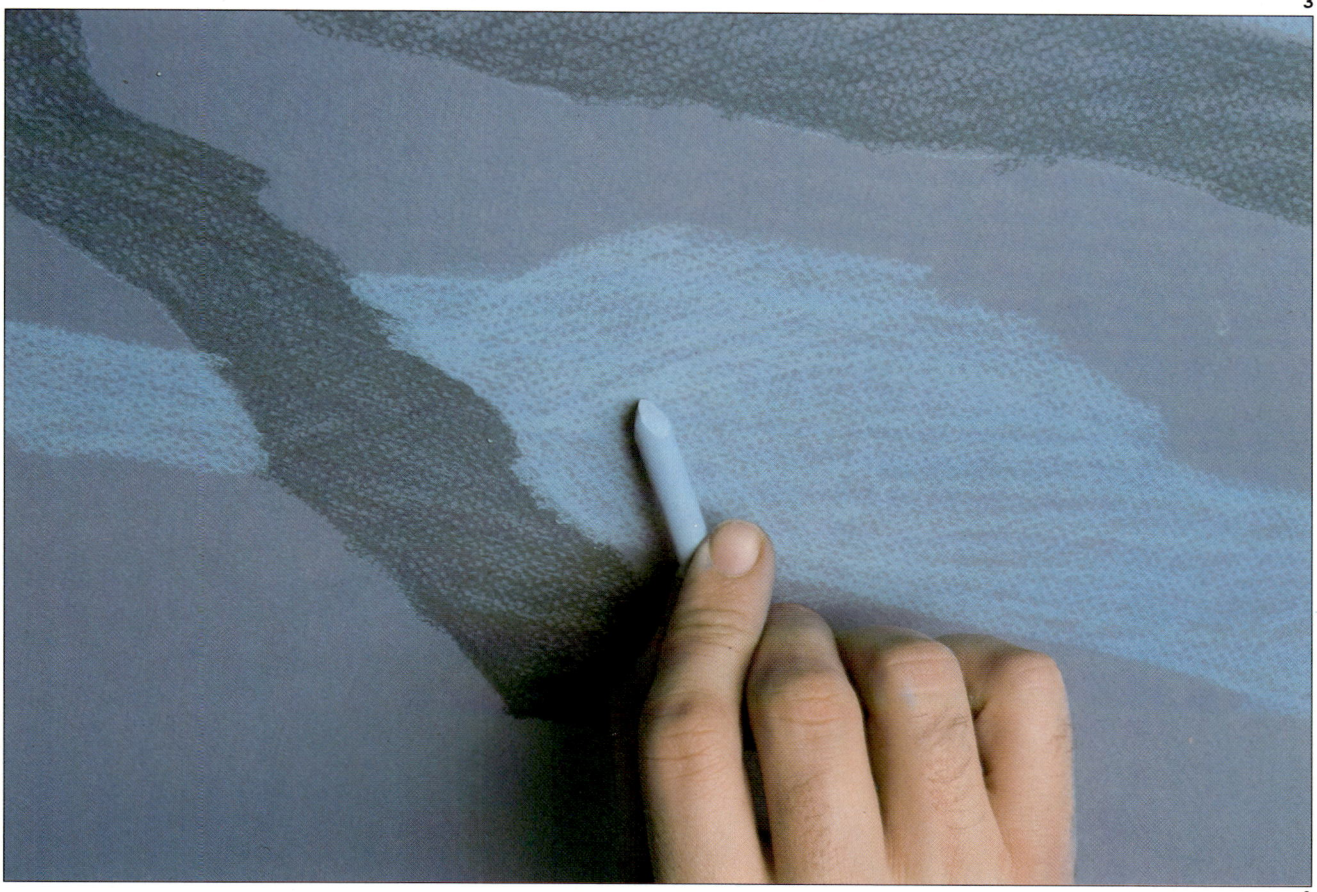

**3** L'artiste retravaille la surface de l'eau en donnant forme aux reflets par la couleur. La difficulté réside ici dans l'absence de contours bien définis ; ceux-ci se fondent et s'interpénètrent, raison pour laquelle il importe de les simplifier pour les interpréter. Ce serait une erreur de s'attacher à ce stade à une définition trop précise.

**4** A l'aide d'un bleu vif, l'artiste situe les tons moyens de la piscine. Ici encore, leur définition n'est pas nette. Les formes et les couleurs sont plus accentuées que sur le modèle. Pour traiter plus rapidement les zones importantes, l'artiste travaille le bâton de pastel sur le chant.

4

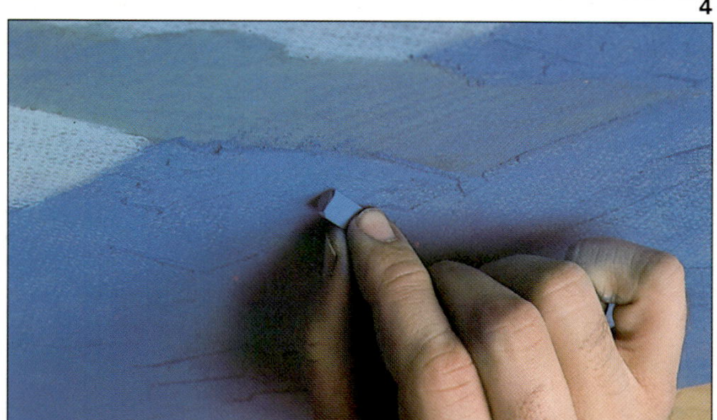

**5** L'artiste achève de définir les principales masses colorées avec la gamme de tons bleus de sa palette. Cette étape terminée, il estompe les couleurs pour les mélanger, cherchant cette fois à donner une représentation exacte de la surface liquide. Ci-contre, il fond les couleurs, les mélangeant entre elles d'un léger frottement des doigts.

**6** Il s'agit de rendre ici les distorsions de la ligne noire produites par le mouvement de l'eau. A cet effet, l'artiste applique une série de traits légers. Si l'on observe le phénomène avec attention on constate que la ligne apparaît nettement, mais de manière interrompue. Quelques traits légers permettront de reproduire cet effet.

**7** L'artiste décide d'interpréter la surface de l'eau afin de la rendre plus convaincante que nature. Mais il a pour lui l'expérience du sujet et du matériau. Ainsi, il a pu appliquer ici quelques techniques, comme les fines lignes ondulées couvrant la surface qu'il a exécutées d'un geste léger. Elles contribuent au réalisme et à la qualité de l'évocation.

6

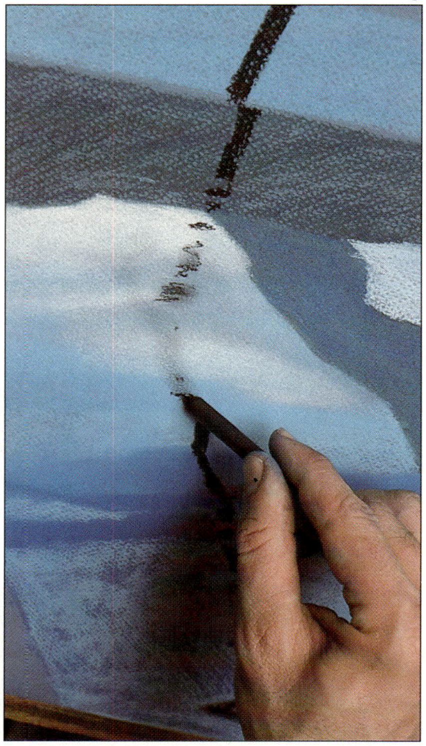

5

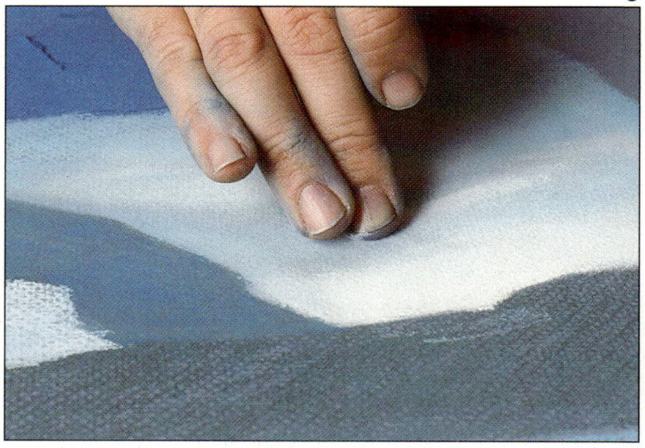

7

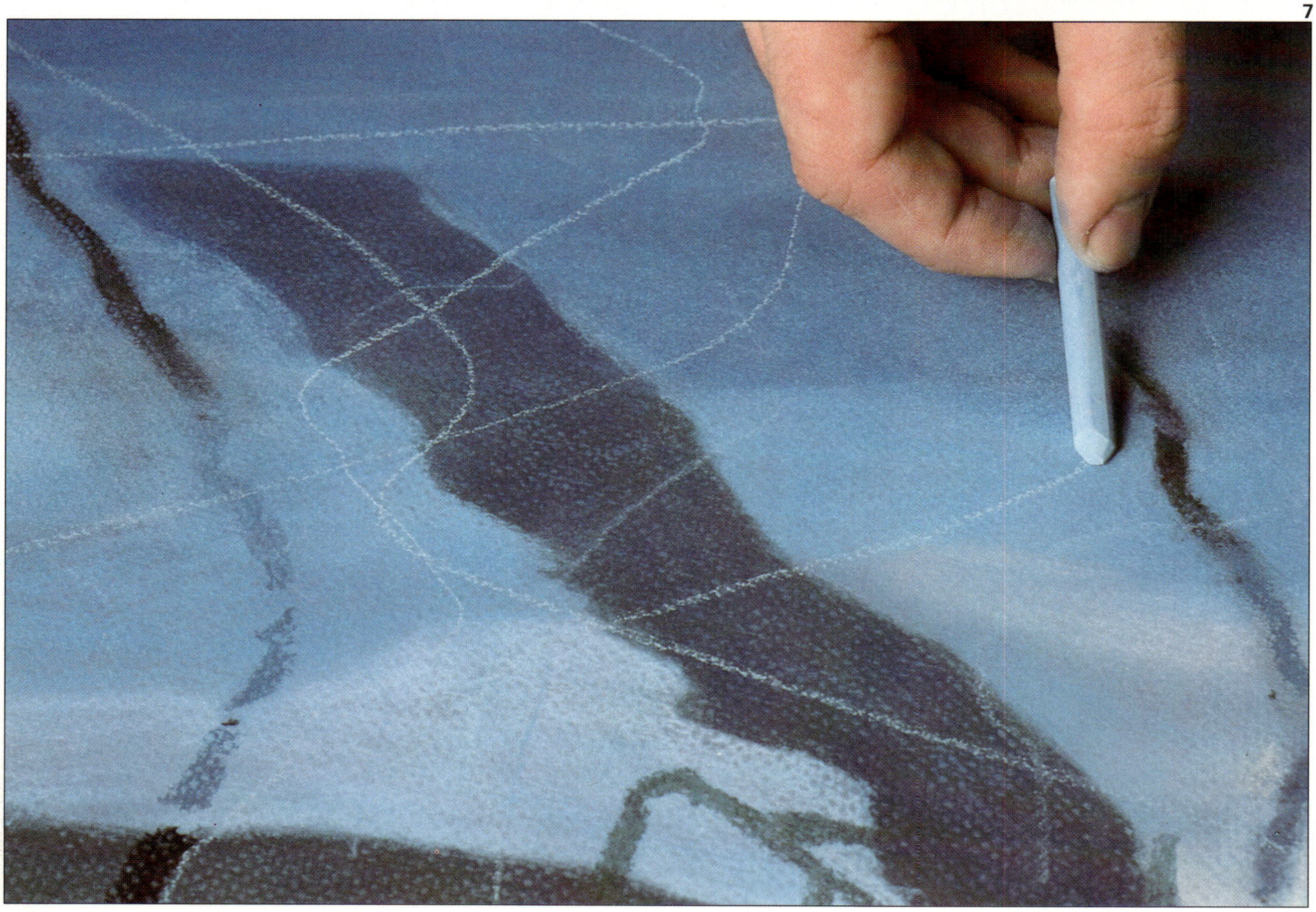

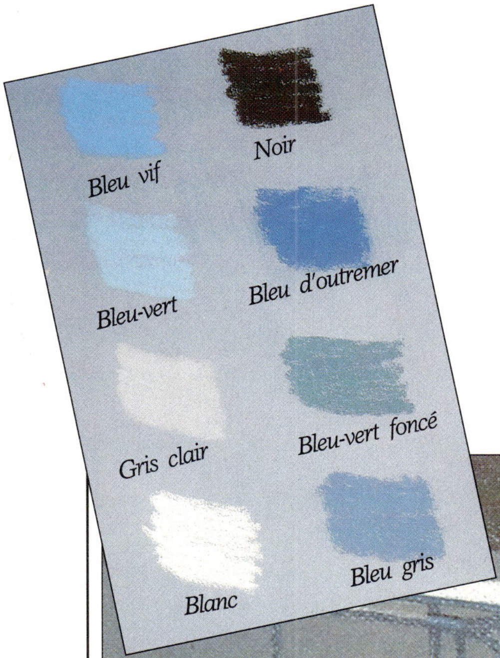


**8** Ce dessin achevé illustre l'une des méthodes permettant de rendre l'élément liquide. Pour y parvenir l'artiste a eu recours à un certain nombre de formules éprouvées. Celles-ci ne s'appliquent pas uniquement à ce sujet précis. Qu'il s'agisse de torrents impétueux, de marines ou de lacs, tous, pour leur représentation, relèvent des mêmes techniques. Une fois que vous les aurez observés avec soin et que vous aurez décidé d'une méthode d'approche systématique et simplifiée, vous pourrez les aborder avec la même facilité.

8

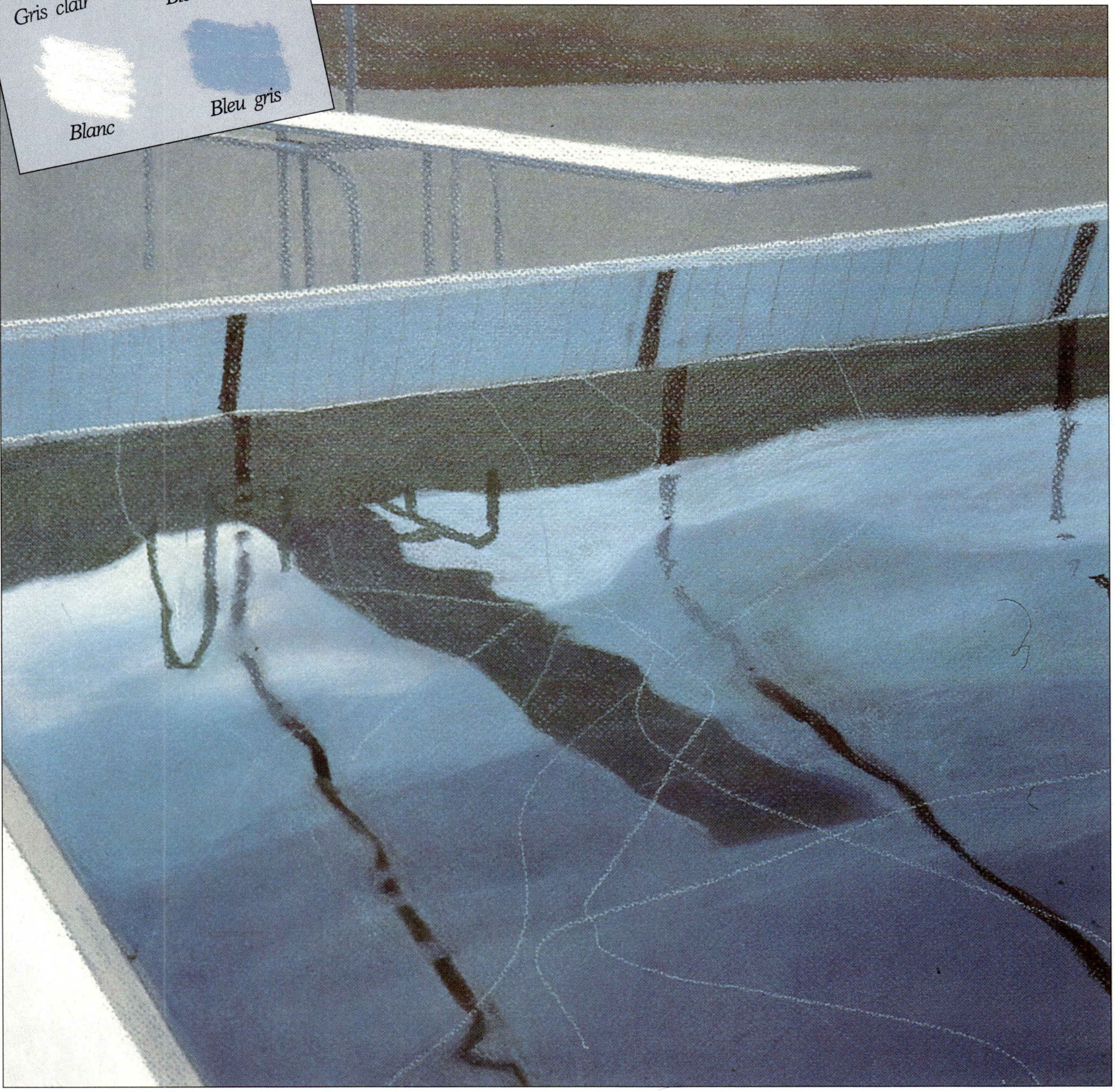

# *Les primevères*

PASTEL À L'HUILE

Le pastel à l'huile est un matériau idéal pour le dessin. Il autorise une interprétation libre et une approche très directe du sujet, ainsi qu'une grande spontanéité d'exécution. C'est pourquoi de nombreux artistes l'ont adopté pour leurs croquis d'essai. Il permet à tout dessin de garder un caractère inachevé ; aussi ne faut-il pas pousser trop avant la finition de l'œuvre, mais lui garder son aspect de fraîcheur. C'est ce qui ressort le mieux du dessin des trois pots de primevères présenté ici.

L'artiste a pris le parti d'un grand format. Cela lui permettra de grossir les détails, par exemple, les nervures des feuilles indiquées par la direction des hachures. Un petit format n'aurait pas permis d'exploiter toutes les qualités du pastel à l'huile, celui-ci n'étant pas adapté aux travaux élaborés et aux subtils dégradés de tons.

Pour conserver le caractère de spontanéité, l'artiste a éliminé l'esquisse classique au profit d'une définition immédiate du sujet par la couleur. Une fois la première fleur traitée, il a ensuite élaboré le reste de la plante.

1

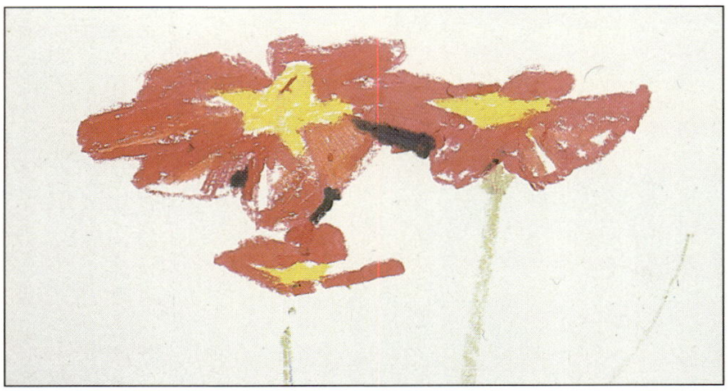

**1** Sur un papier bristol écru (76 cm × 56 cm), l'artiste commence par les fleurs de la plante du centre. Dans le cas présent, il n'a pas eu recours à l'esquisse. Les pétales sont rendus avec deux tons de rouge, un clair, un foncé, et le cœur avec du jaune.

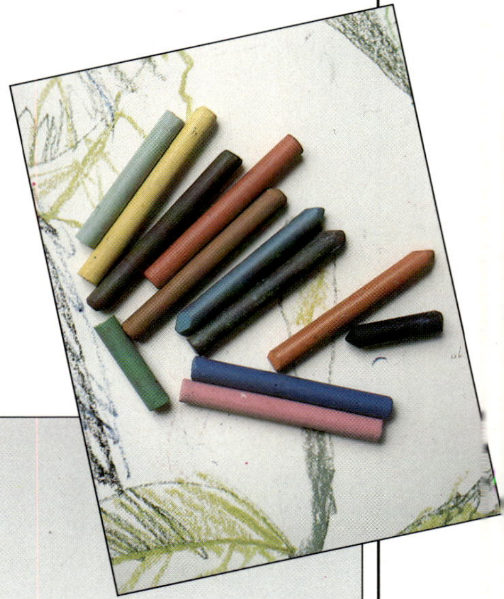

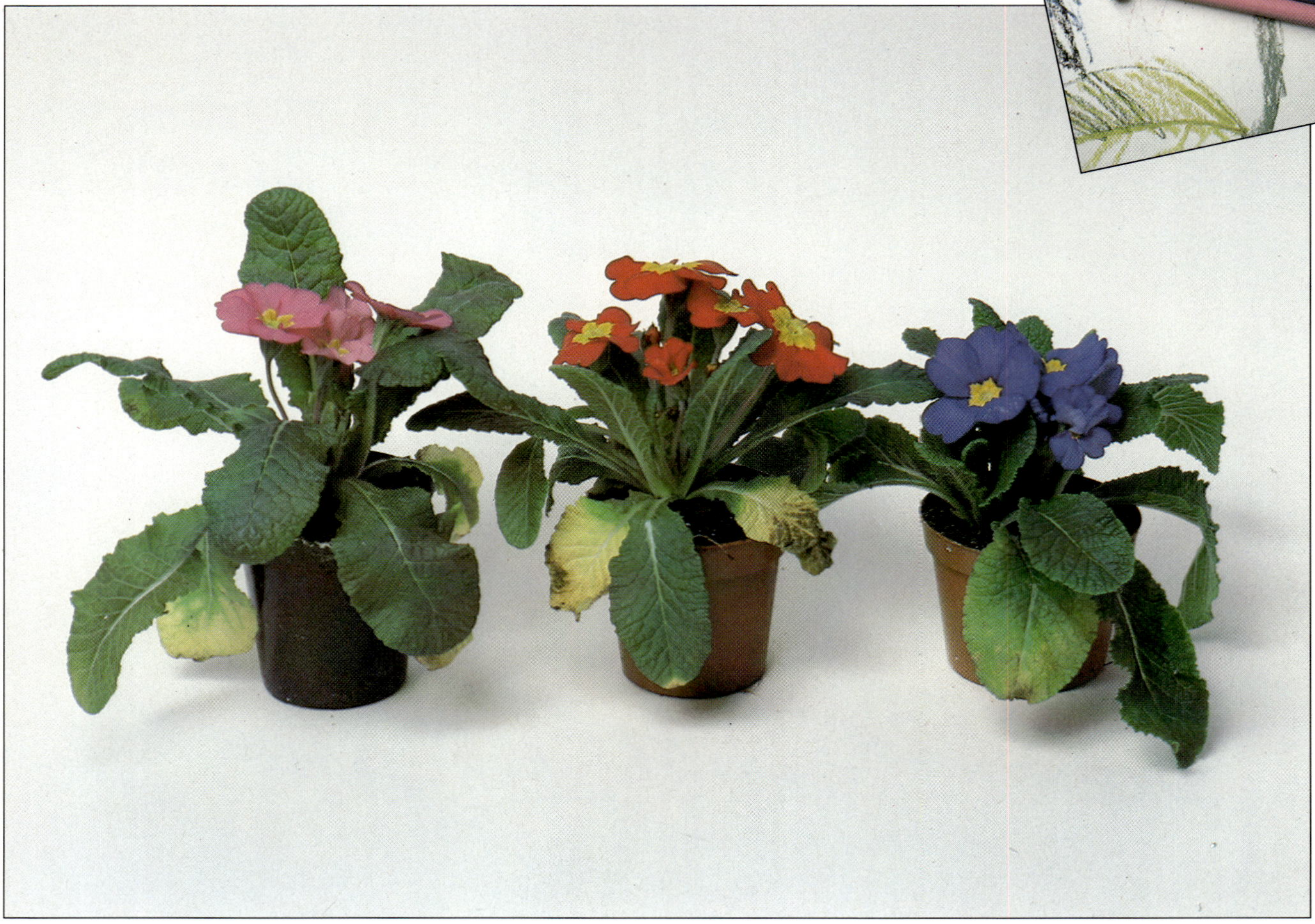

2 L'exécution se poursuit par le traitement des feuilles, trois tons de vert sont identifiés. Le pastel à l'huile, peu propice à la ligne, est appliqué à l'aide de traits souples et rapprochés, de façon à obtenir une certaine densité de couleur. Les ombres dures entre les fleurs sont rendues avec du noir et du bleu. Il serait vain d'essayer d'obtenir un fin dégradé de tons ou de nuances avec ce matériau. Le but est ici de créer une image d'un effet immédiat et vivant ; ce sont là les caractéristiques que vous devez rechercher dans le sujet. Pour mieux contrôler les couleurs, il est conseillé de ne pas appliquer par touches trop épaisses dans les premières phases de l'exécution.

3 Sur la même plante, l'artiste ébauche très grossièrement les différentes zones de tons à mesure qu'il les identifie sur les feuilles. Ici, il fait légèrement se chevaucher les zones de couleurs aux extrémités. Le pastel à l'huile ne permettant pas les mélanges, il est nécessaire de procéder ainsi pour éviter les démarcations brutales entre les nuances. Les rehauts et les clairs sont rendus par les espaces blancs du fond qu'il faut réserver à cet effet. Sur cette illustration, le côté clair de la plante est obtenu avec un vert pâle, toujours en travaillant avec le blanc du papier. Le pot de fleur est défini dans sa couleur locale, un rouge brique rehaussé d'ombres noires sous les feuilles qui retombent.

2

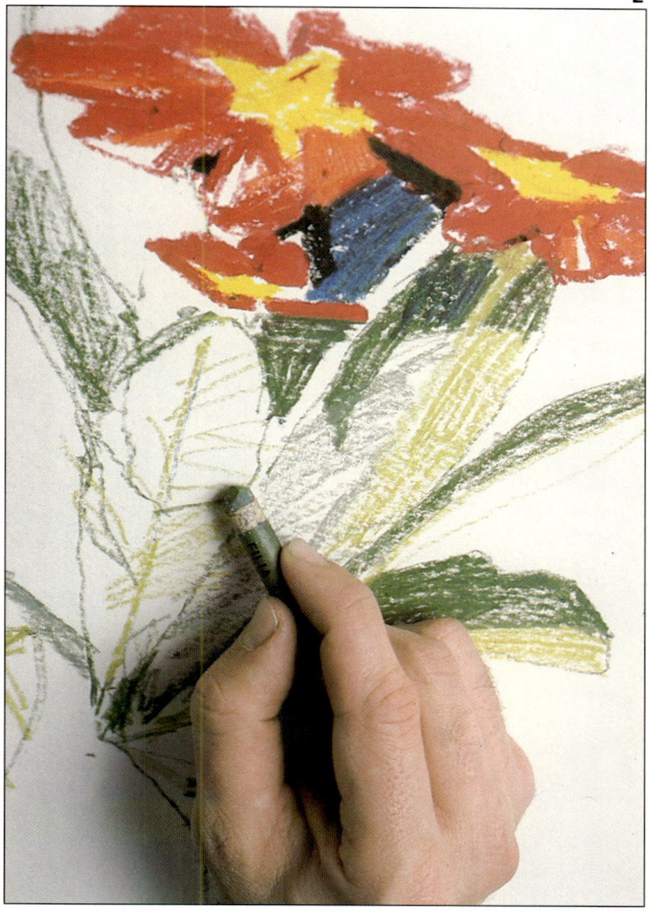

3

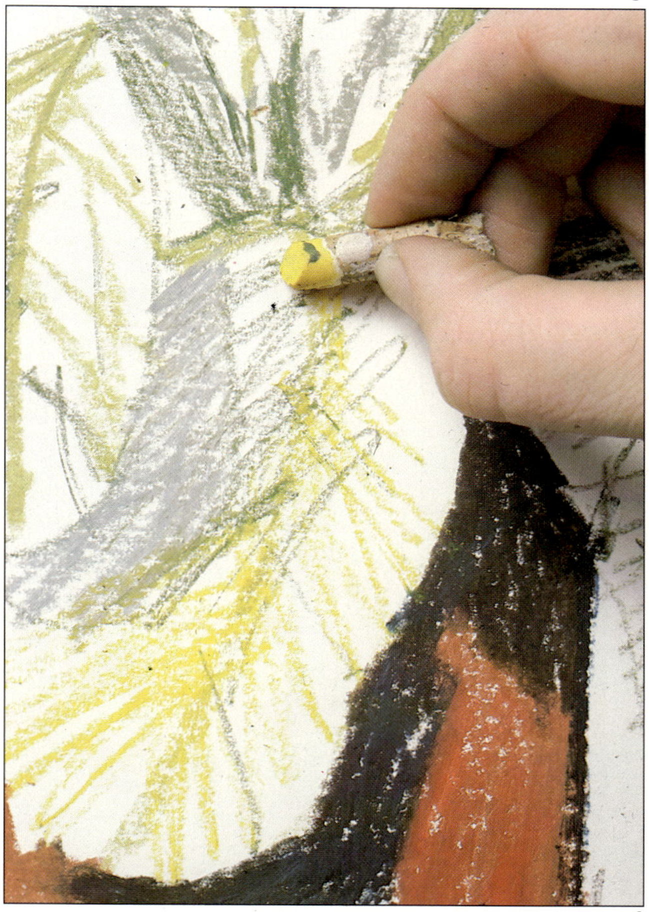

4 Du jaune et du brun servent à définir l'ombre sous le pot. La première plante est maintenant achevée. L'artiste a donné une représentation directe des couleurs vives et des formes de la primevère — une approche originale pour un sujet si délicat. Le côté esquisse souligne les effets de matière, ainsi que l'échelle adoptée par l'auteur, soit deux fois la grandeur nature ; tout cela a permis d'exploiter toutes les possibilités du matériau. On peut déjà mesurer l'effet des couleurs vives et la fraîcheur du rendu. L'artiste sait quand il doit s'arrêter. Les pastels à l'huile ne supportent pas la surcharge, n'ajoutez pas trop de détails afin de garder toute la spontanéité de l'effet.

4

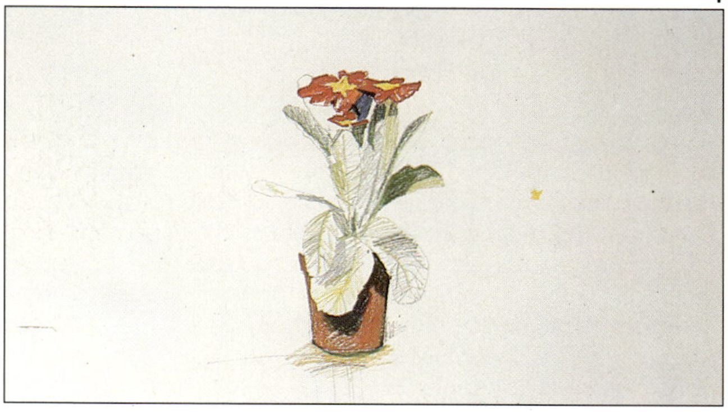

5 L'artiste passe maintenant à la seconde plante : il traite les pétales de la même manière que précédemment. Il imprime une forte pression sur le bâton pour obtenir une couleur d'une certaine densité. Remarquez la façon dont il exploite la direction des hachures pour décrire la structure organique des pétales. Le feuillage est traité légèrement avec du vert clair et du vert foncé. Le trait que produit le pastel à l'huile manque de souplesse : pour remédier à cet inconvénient, il est conseillé de représenter le feuillage avec des lignes légères, ce qui crée un contraste heureux entre l'effet linéaire et les zones de couleurs denses des pétales.

5

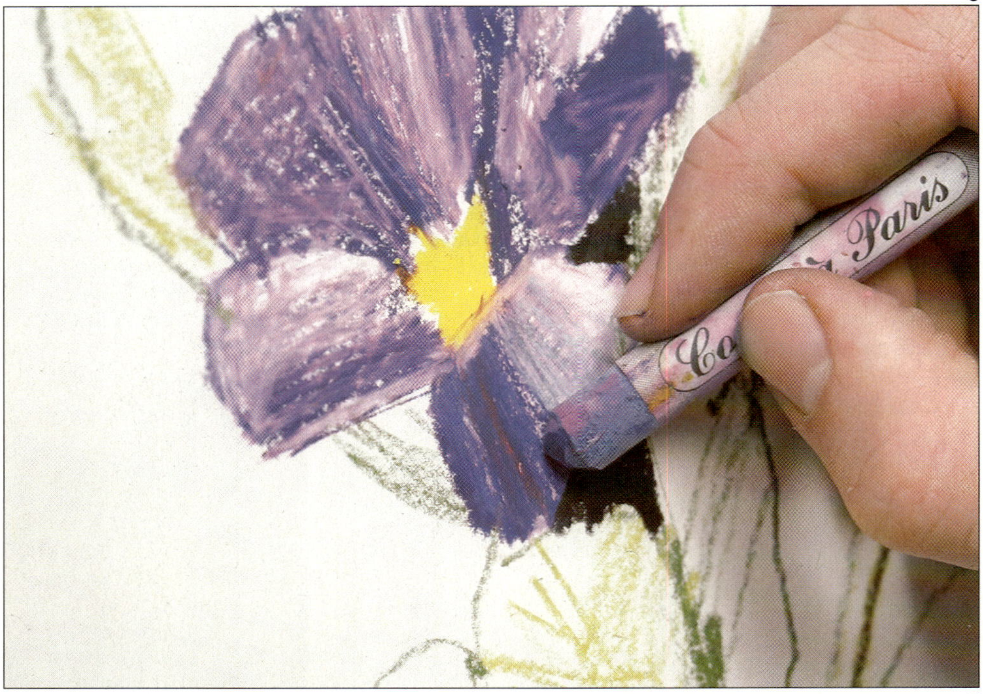


6

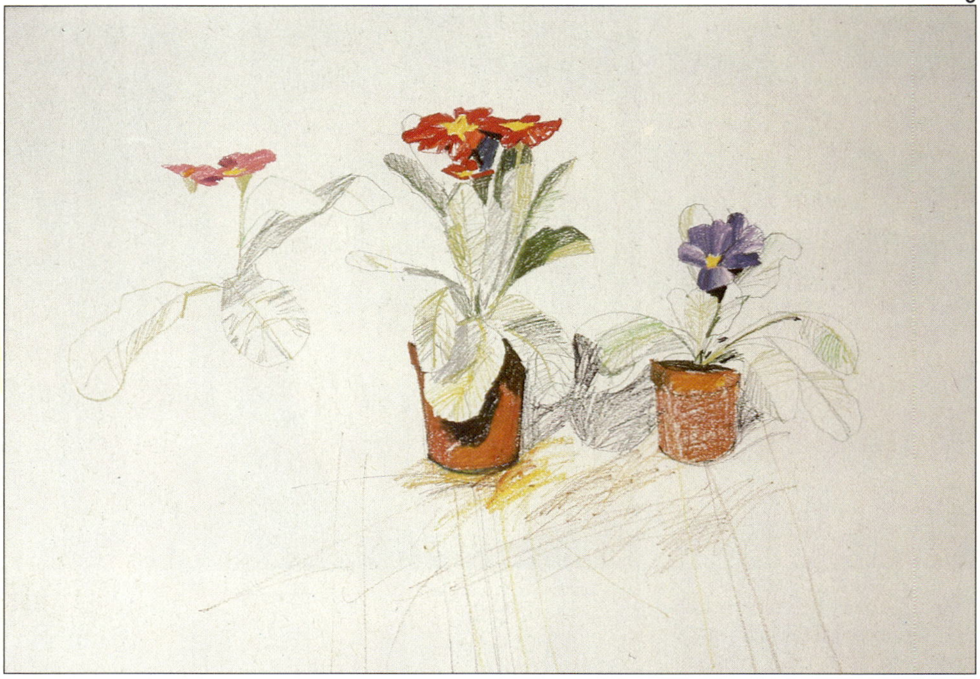

7

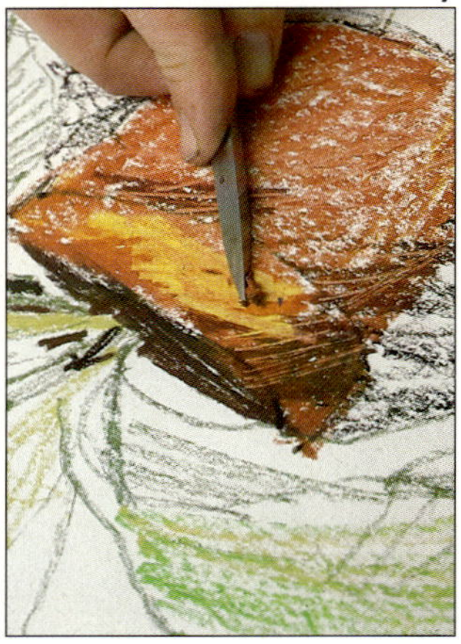

6 Les deux premiers pots sont maintenant terminés et l'artiste passe au troisième : les fleurs sont dessinées dans des tons approximatifs de rose, violet et jaune, tandis que l'emplacement de certaines feuilles a été esquissé. Mais cette exécution est toute en délicatesse de façon à établir une différence de position entre les trois plantes. Par ce traitement, le dessinateur évite la monotonie que risquaient de produire trois plantes alignées.

7 Il traite maintenant la surface du deuxième pot, cherchant à créer des effets de matière pour rompre la masse ce couleur plate. Après avoir appliqué une sous-couche jaune, puis une couche de brun-roux il gratte cette dernière avec un scalpel pour révéler le jaune vif sous-jacent. Cet effet de matière crée un certain degré de contraste dans la composition, toujours dans l'objectif d'apporter de la variété et de rehausser l'intérêt de l'image.

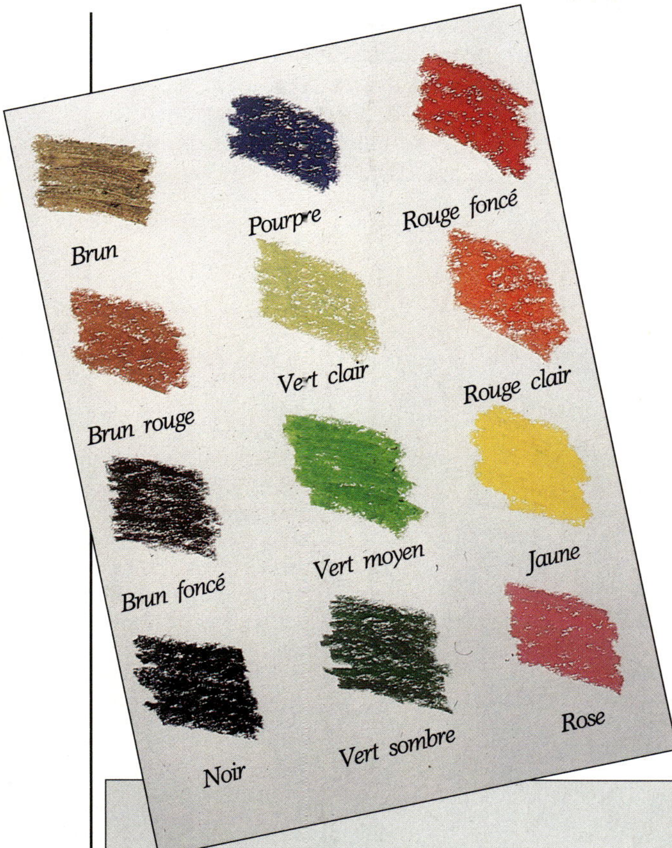


**8** Le pastel à l'huile exige un coup de crayon hardi, car les mélanges sont délicats et les subtilités impossibles. Un paysage vallonné ou une marine, sur grands formats, offrent des sujets parfaits pour ce matériau. Sujets que d'ailleurs les amateurs de pastels à l'huile apprécient, car ils autorisent de larges aplats de couleurs vives.

Ici le dessinateur voulait montrer que l'aspect esquissé et les effets de matière étaient tout aussi intéressants qu'un fidèle rendu du détail. Plutôt que de choisir un sujet de grande taille et de le condenser, l'auteur a fait l'inverse, pour grossir certains détails et exploiter ainsi toutes les ressources du matériau. Une seule primevère aurait certes suffit à cette démonstration, mais l'artiste voulait également montrer que la texture même du pastel à l'huile peut apporter un élément de variété supplémentaire. Les contrastes dans le traitement auraient pu être exploités dans une seule fleur. Mais l'artiste a été mis au défi avec ces trois pots de fleurs bien alignés. Afin d'éviter une trop grande impression d'isolement entre les sujets et palier l'absence de lien entre les éléments de la composition, tout un jeu d'ombres a été défini assez librement avec du noir. Elles ont été ébauchées derrière et entre les pots, ce qui contribue à la cohésion de l'ensemble.

8

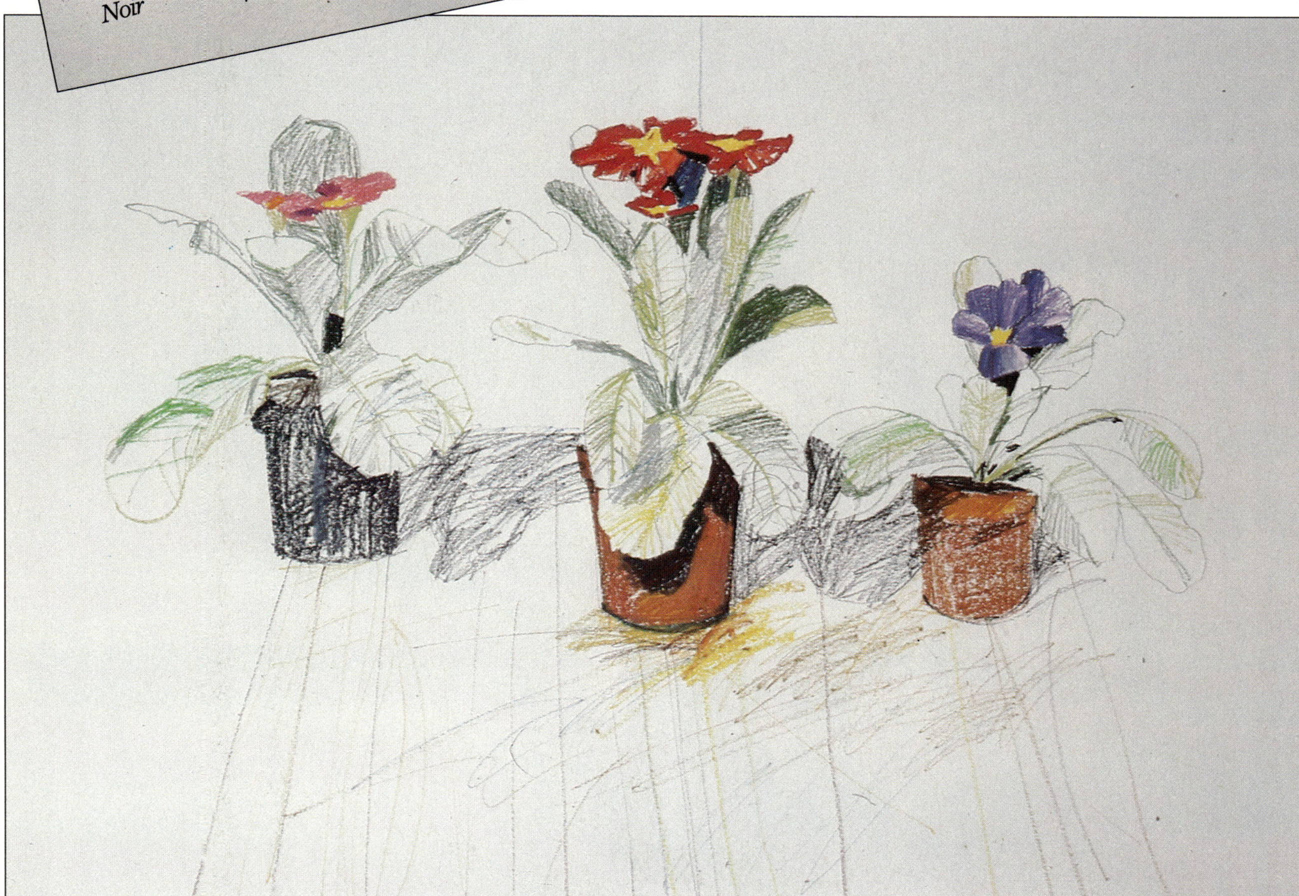

# *Nature morte aux légumes*

## CRAYON PASTEL

Le crayon pastel se prête aussi bien à la ligne qu'à la tache de couleur, qualité qui a été exploitée dans la nature morte aux légumes ci-dessous. C'est aussi dans cette optique que les légumes ont été choisis. Bien que les aplats de couleur dominent, le dessin lui-même est construit à partir de la ligne, c'est elle qui suggère la forme, que la couleur vient ensuite concrétiser.

Les dimensions ont leur importance. Il est conseillé de travailler sur de grands formats pour tirer le meilleur parti des crayons pastel. Si par goût vous inclinez vers les petits formats essayez néanmoins, lorsque vous emploierez ce matériau, d'agrandir la taille de votre sujet. Le débutant a trop souvent tendance à travailler à l'étroit, il cherche à compenser sa maladresse par un excès de minutie et un luxe de détails. Notez qu'ici l'artiste a adopté un grand format et qu'il ne craint pas de remodeler ses contours à plusieurs reprises. Si ensuite vous retournez aux petits formats, les enseignements de cette liberté d'approche vous seront d'une grande utilité.

Le papier pour pastel Canson choisi est de bonne qualité pour mieux résister au traitement des crayons. Sa chaude teinte neutre fournit une base heureuse aux nuances du bois de la table. La douceur du ton aura le double avantage de mettre en valeur les couleurs vives et de s'intégrer rapidement dans la composition.

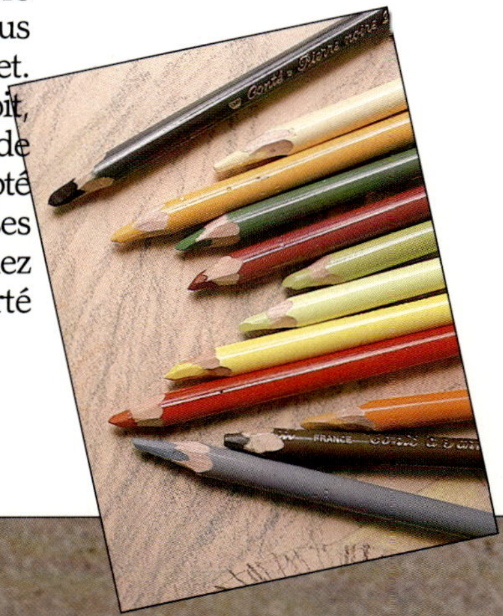

Avant de commencer, l'auteur réunit toutes les couleurs susceptibles d'être utilisées dans l'exécution du dessin. Le sujet est un arrangement de légumes de couleurs vives, offrant divers types de surfaces, et présenté sur un fond et une table en bois.

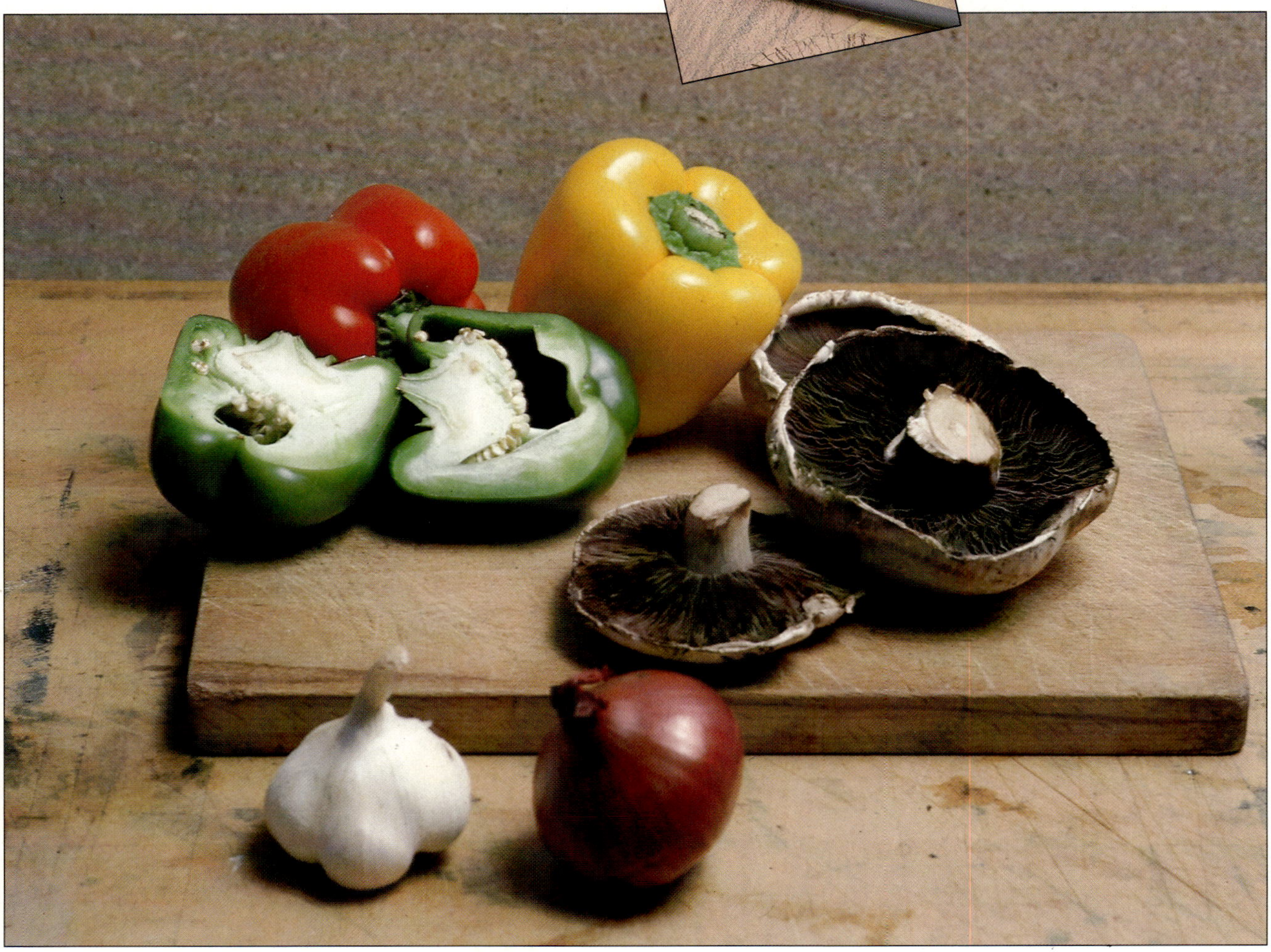

**1** Pour refléter les nuances du bois, l'artiste a sélectionné un papier beige d'un ton chaud. Il s'agit d'une qualité spéciale pour pastel (71 cm × 56 cm) qui supportera la forte pression des crayons pastel. Leur mine est plus dure et moins friable que celle des bâtons. Avec un crayon vert olive l'artiste procède à l'esquisse préliminaire. Il campe son sujet au centre du support : celui-ci occupera presque tout l'espace. D'un trait léger, il cherche à saisir les formes exactes, corrigeant à mesure qu'il progresse. Si le dessin est incorrect à ce stade vous ne parviendrez pas à le corriger par la suite, car les erreurs seront alors agrandies.

**2** L'artiste commence son dessin, définissant avec soin les différents plans de couleur locale, d'ombre et de lumière, les rendant comme des formes simplifiées d'un seul ton. Ce matériau permet un assez bon contrôle des couleurs, par conséquent, vous n'aurez pas vraiment besoin de recourir à la gomme ou à vos doigts. En général, un léger dégradé permet de fondre les couleurs aux endroits où elles se chevauchent. C'est le cas ci-dessous, l'ombre vert sombre s'estompe dans la couleur locale claire — l'artiste a allégé la pression et espacé les traits pour laisser filtrer la couleur du fond. Ici, il comble la section blanche du poivron vert à l'aide de hachures croisées pour obtenir une couleur mate.

1

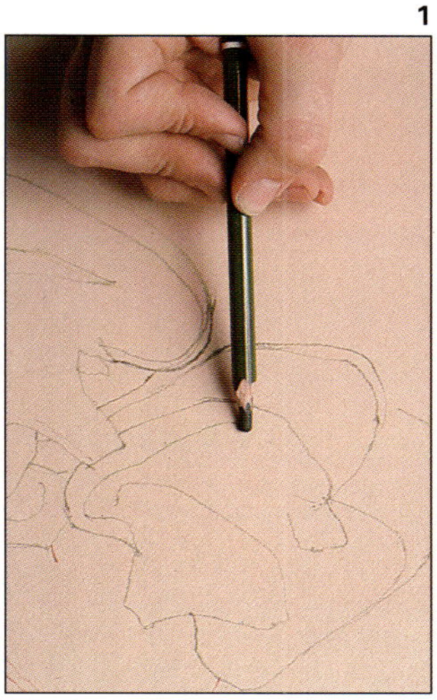

2

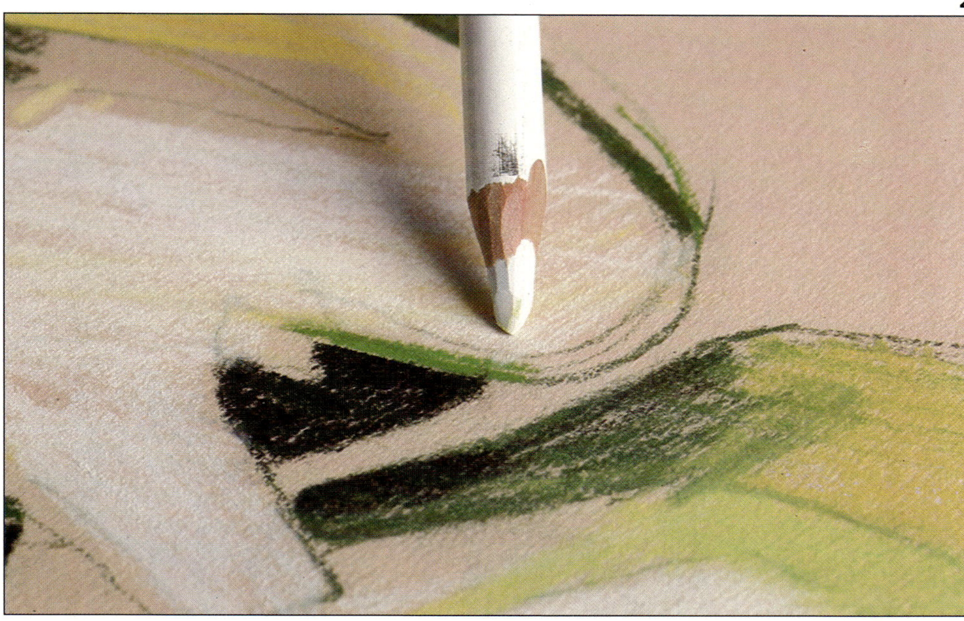

**3** Il traite ensuite en orangé vif les parties ombrées du poivron jaune. Pour couvrir l'épaisse couche jaune sous-jacente il est nécessaire d'imprimer une certaine pression au crayon. Les touches sont très serrées, mais la pression s'allège aux extrémités pour fondre l'orangé dans le jaune. Les rehauts qui évoquent la surface brillante du poivron s'appliquent de la même manière ; ils sont définis en jaune pâle et s'estompent dans la couleur locale.

3

**4** Le crayon pastel permet de traiter aussi bien des lignes que des aplats de couleur, c'est un de ses grands avantages. L'artiste cherche ici à réunir ces qualités dans le même dessin. D'un geste preste et sûr il définit les lamelles des champignons avec un crayon noir.

4

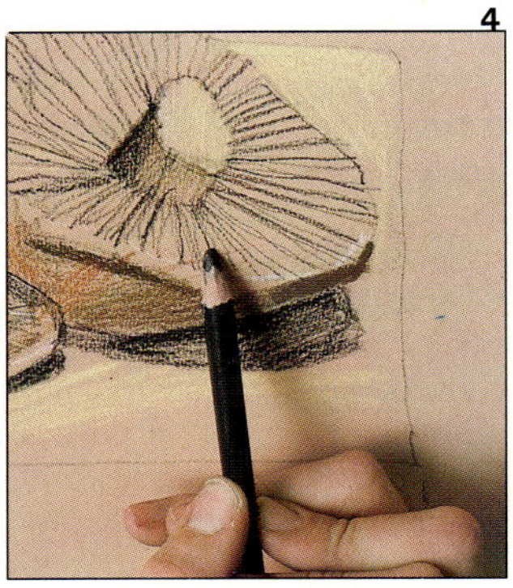

5

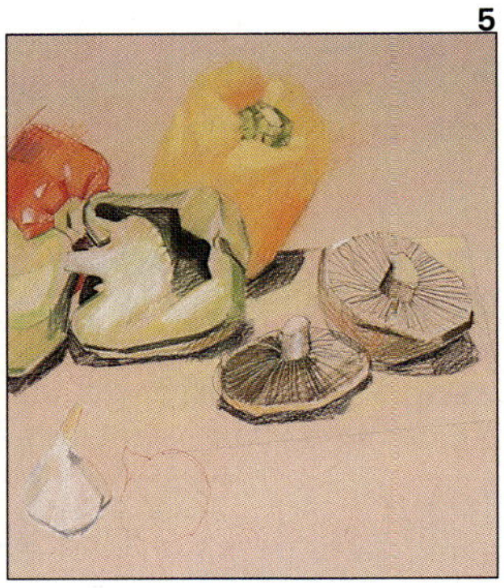

**5** Grâce au maniement habile du crayon, divers effets de surface ont été créés, sans recourir au mélange ou à l'étalement des couleurs. Le brillant de la peau des poivrons a été obtenu par un fin dégradé de tons sombres, moyens et clairs, tandis que la partie intérieure est rendue par un aplat de blanc mat.

6

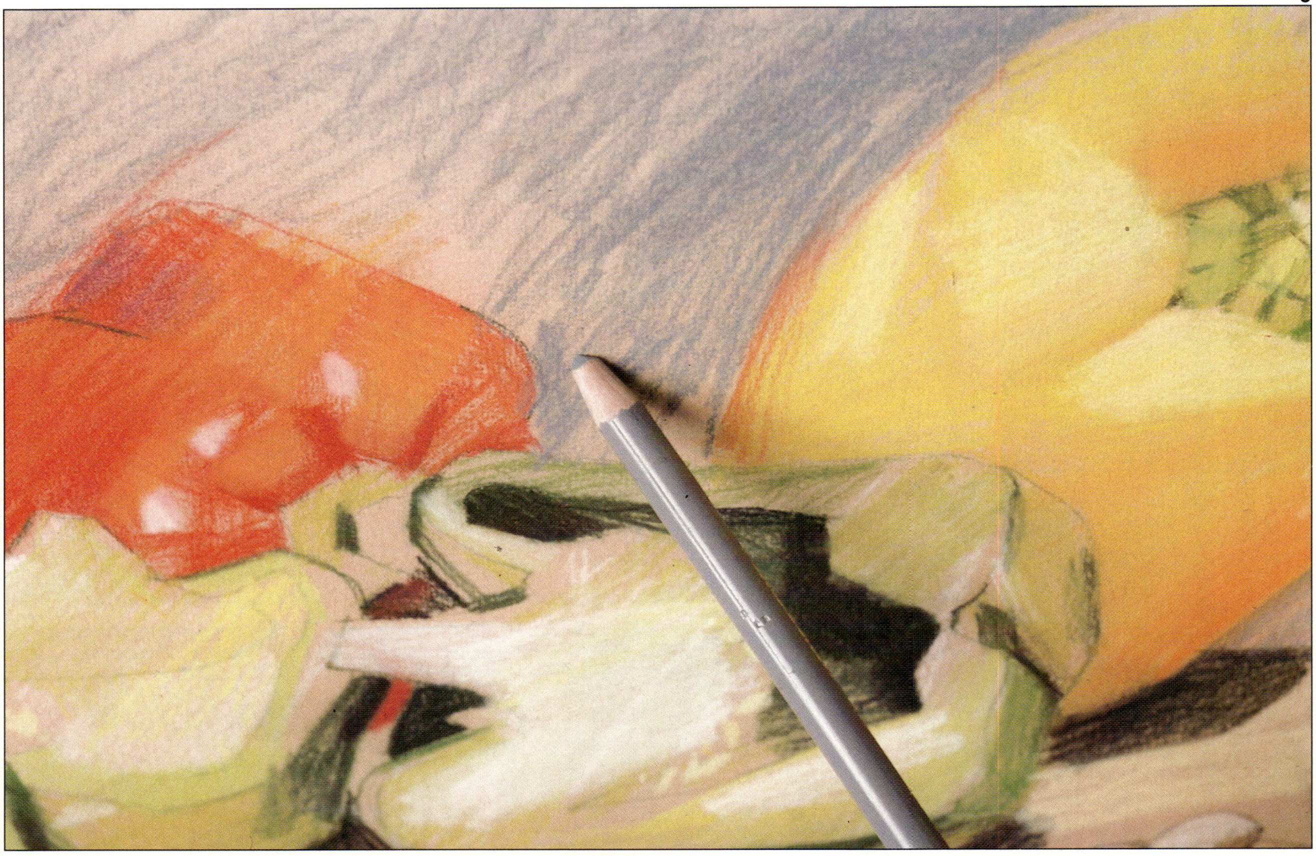

**6** L'artiste a utilisé un gris froid pour définir le fond. Les hachures marquées ont pour but de suggérer les ombres projetées ; elles soulignent la notion d'espace entre le sujet et le fond. En laissant filtrer largement la teinte du papier, l'artiste veut éviter qu'un aplat de couleur dense ne rivalise avec le sujet.

7

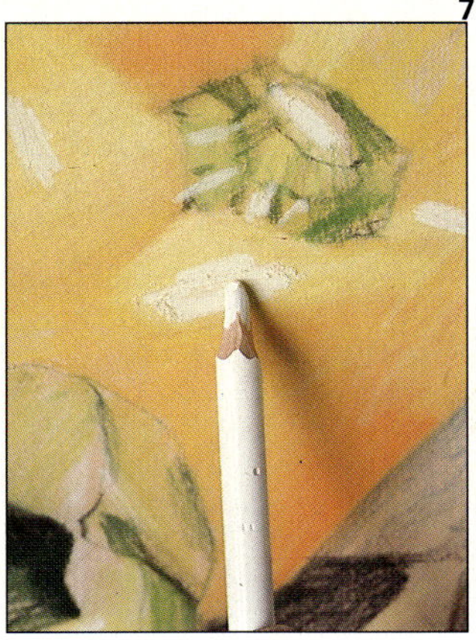

**7** De par leur nature friable, le pastel et les crayons pastel tendent à s'estomper et à perdre de leur fraîcheur au fil de l'exécution. L'artiste a pallié ce problème en appliquant quelques couches de fixatif, mais il est nécessaire à ce stade de redéfinir les zones claires et les zones sombres, afin que le sujet acquière toute sa netteté. Les ombres sont d'abord renforcées ; il en résulte un effet de relief qui contribue à l'impression d'espace et de profondeur. Il est ensuite nécessaire d'aviver les zones claires et les reflets à divers endroits, ce qui renforce l'acuité de l'image, comme précédemment avec les ombres. Sur l'illustration ci-contre le dessinateur accentue les reflets blancs de la peau brillante.

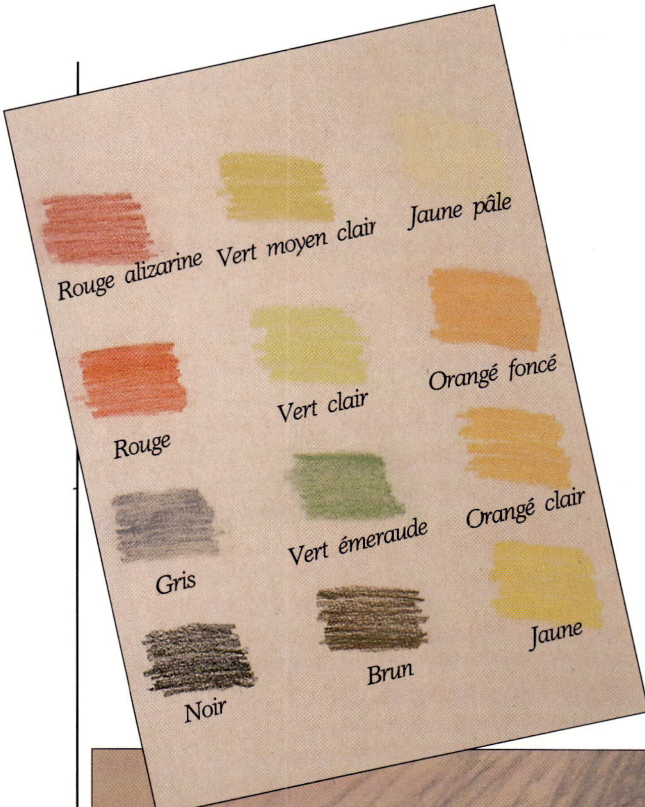


**8** Pour parfaire l'équilibre de la composition, une gousse d'ail et un oignon ont été ajoutés au premier plan, légèrement détachés du centre d'intérêt. Ils ont un pouvoir d'harmonisation sur l'ensemble ; le sujet semble à la fois plus proche de l'observateur et plus vivant. Ils ont également pour rôle d'accentuer la notion d'espace à l'intérieur du dessin.

Bien qu'au cours des différentes phases de l'exécution l'artiste ait fondu les couleurs pour modeler les formes, l'aspect linéaire demeure un élément saillant du dessin. Il importait d'éviter que toutes ces formes arrondies ne produisent un effet plat et monotone. Mais le tracé vigoureux de l'artiste a éviter cet écueil. De la même manière, il a pris soin d'orienter ses hachures pour favoriser l'identification des différents effets de matière, d'ombre et de lumière. En ce qui concerne les formes homogènes, comme l'oignon et le poivron rouge, où le dégradé des tons est subtil, seule l'orientation des hachures peut permettre de dissocier les plans.

La touche finale essentielle consiste à protéger le dessin avec une légère couche de fixatif.

8

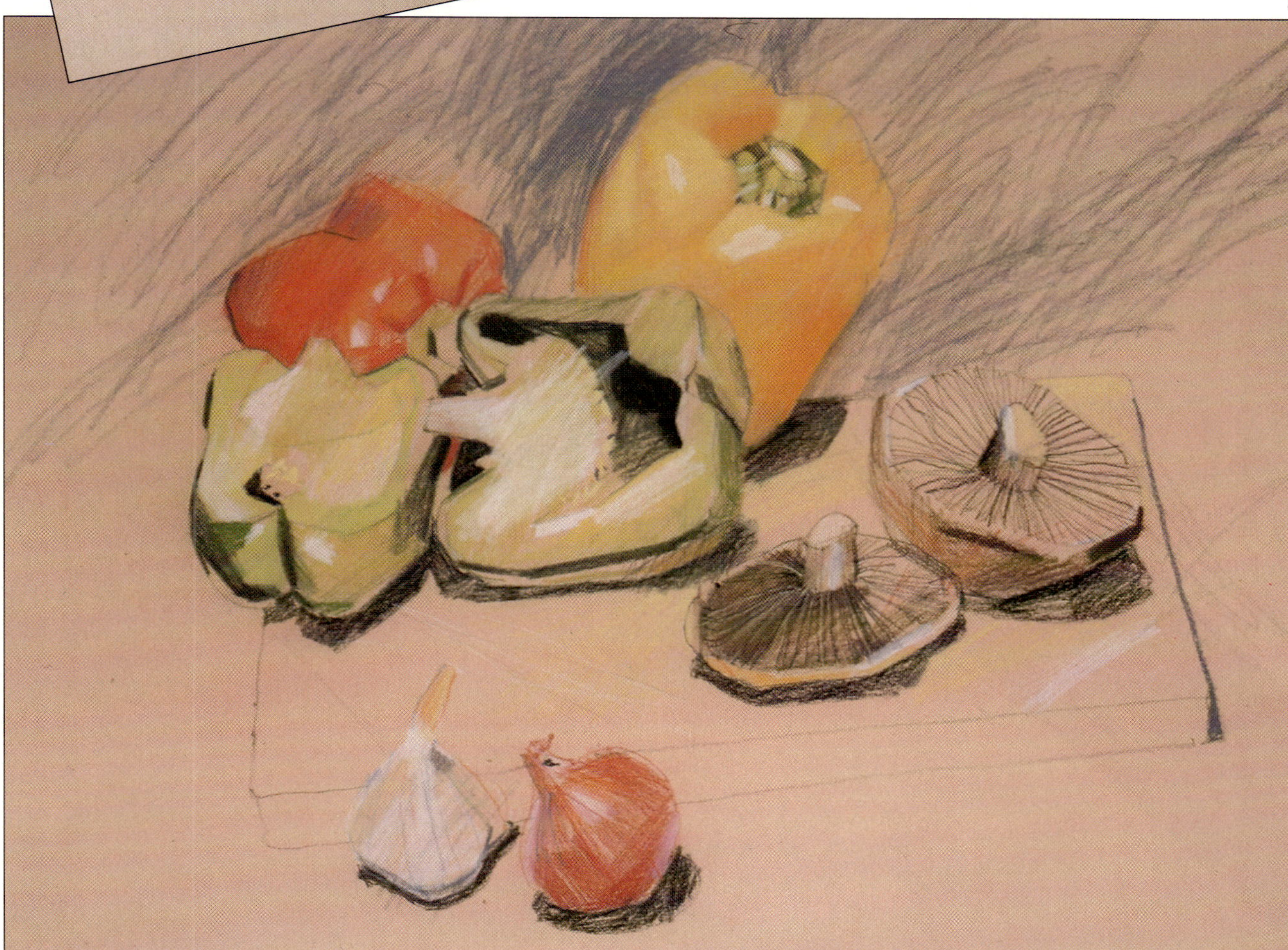

# Chapitre 7

# Crayon et graphite

Si le crayon noir est le plus courant des instruments à dessin, son emploi n'est pas des plus faciles ; la ligne parfois hachée manque de vigueur. Le crayon se prête aux minuties et encourage chez le débutant le goût du détail, alors qu'il conviendrait qu'il se soucie du développement des lignes de force, de la fluidité des formes et de la mise en valeur des taches de couleur, qui sont les points essentiels d'une composition.

Ces notions une fois acquises, le crayon de graphite se révèle un instrument de dessin maniable, capable tant de magnifiques réalisations que d'annotations et de croquis. Si son calibre ne se prête guère aux interprétations libres, il permet une grande variété de hachures et de subtils dégradés.

Le graphite est une forme de carbone cristallisé qui a des liens historiques avec la région des lacs en Angleterre, d'où il fut pendant très longtemps exporté, mais on en trouve aussi en Caroline du Nord, au Mexique, au Sri Lanka et en Sibérie. On le fabrique artificiellement dans les hauts fourneaux ou par traitement électrique. Le graphite se présente aujourd'hui sous forme de crayon, de mine, de bâton ou en poudre.

Les termes « crayon de plomb » sont à l'origine d'une confusion, les premiers dépôts découverts en Angleterre ayant été confondus avec du plomb. La fabrication du premier crayon de graphite date de 1662, et sa forme n'a guère changé au fil des siècles. Les tout premiers étaient formés de mines de graphite broyé, mélangé avec de la gomme ou de la résine et présenté dans une gaine de bois, comme le crayon moderne, ou encore dans un tube métallique, comme les porte-mines.

Le terme latin *pencillus* désignait les pinceaux utilisés au Moyen Age, et non l'instrument que nous utilisons de nos jours. L'ancêtre le plus direct est la pointe d'argent, une fine tige d'étain et de plomb (style ou stylet) qui fut employée par de grands maîtres comme Léonard de Vinci, Dürer et Rembrandt. La pointe d'argent a produit de merveilleux dessins aux lignes fines et variées et d'une grande richesse de tons. Mais la pointe d'argent n'était pas sans inconvénient, car elle nécessitait un support particulier exigeant une longue préparation.

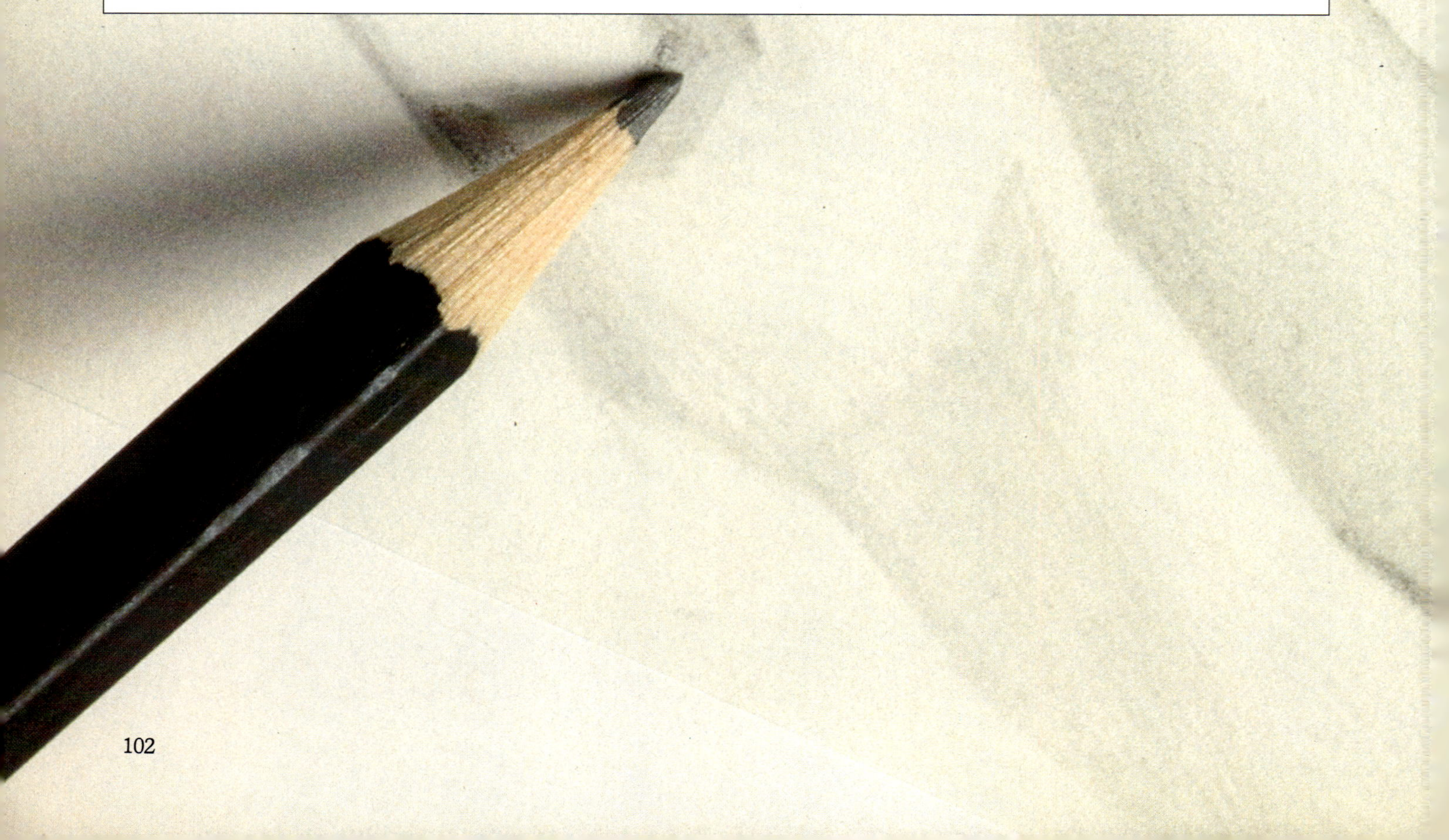

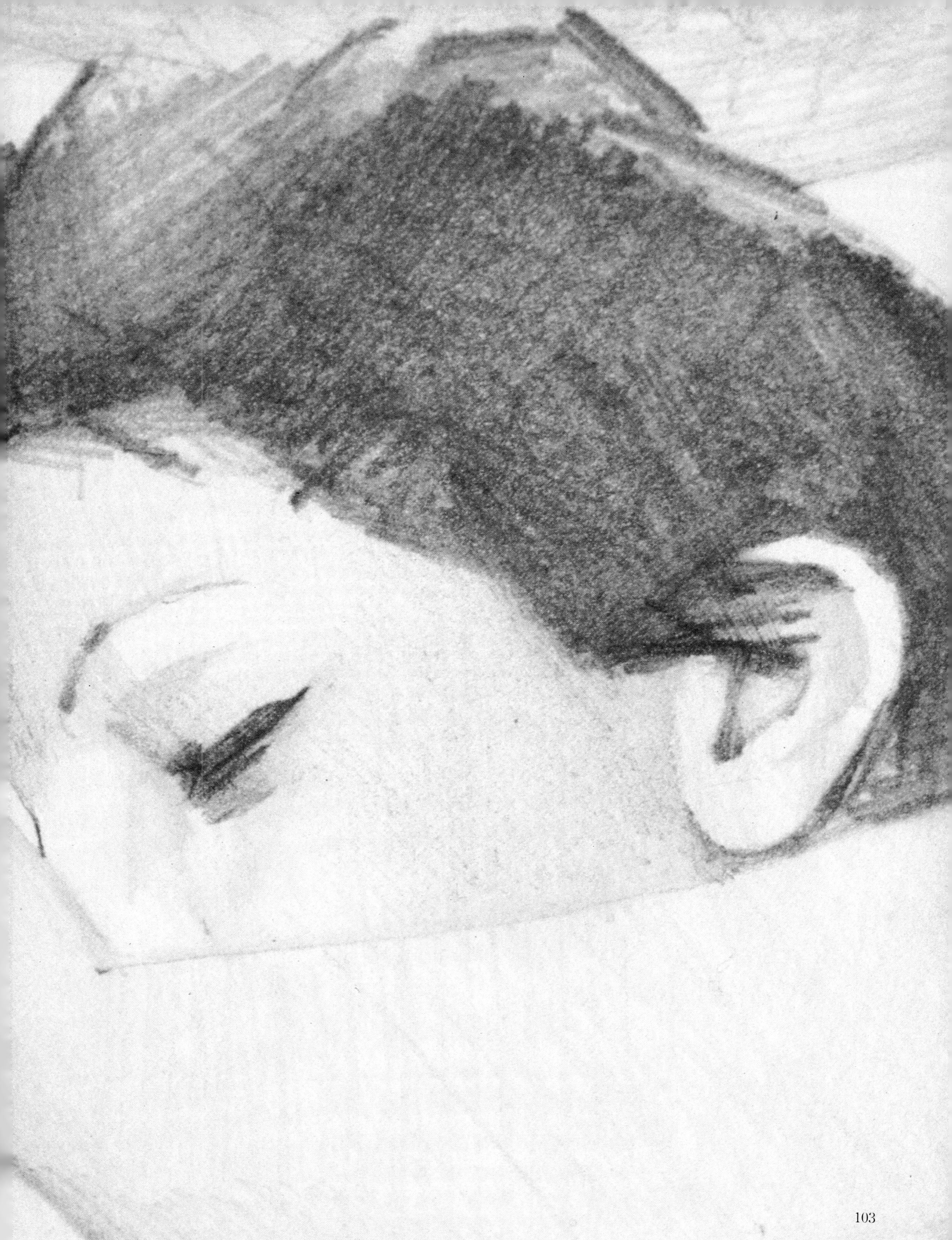

# *Matériaux*

## CRAYON ET GRAPHITE

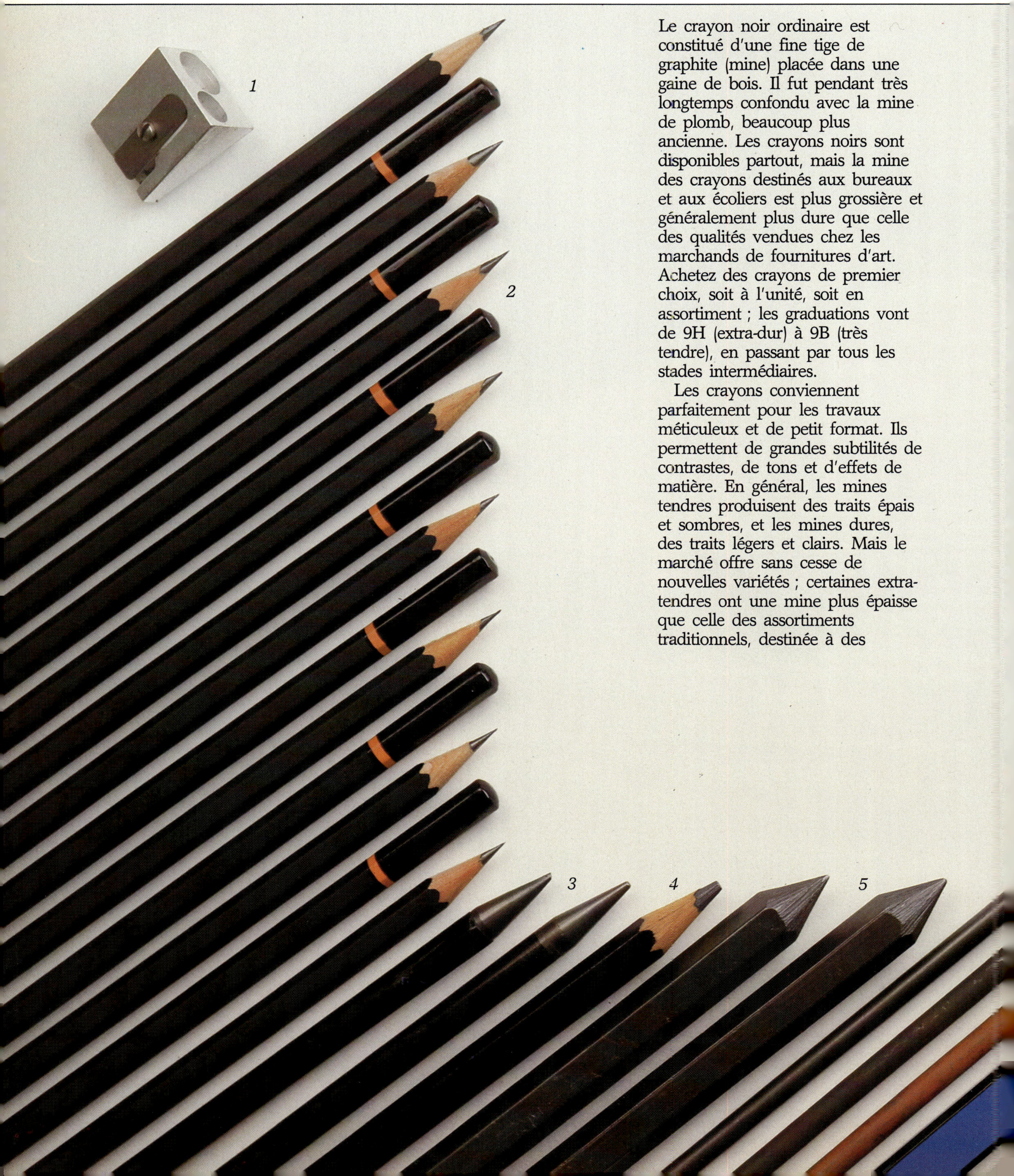


Le crayon noir ordinaire est constitué d'une fine tige de graphite (mine) placée dans une gaine de bois. Il fut pendant très longtemps confondu avec la mine de plomb, beaucoup plus ancienne. Les crayons noirs sont disponibles partout, mais la mine des crayons destinés aux bureaux et aux écoliers est plus grossière et généralement plus dure que celle des qualités vendues chez les marchands de fournitures d'art. Achetez des crayons de premier choix, soit à l'unité, soit en assortiment ; les graduations vont de 9H (extra-dur) à 9B (très tendre), en passant par tous les stades intermédiaires.

Les crayons conviennent parfaitement pour les travaux méticuleux et de petit format. Ils permettent de grandes subtilités de contrastes, de tons et d'effets de matière. En général, les mines tendres produisent des traits épais et sombres, et les mines dures, des traits légers et clairs. Mais le marché offre sans cesse de nouvelles variétés ; certaines extra-tendres ont une mine plus épaisse que celle des assortiments traditionnels, destinée à des

travaux de grande envergure. Les crayons d'art sont également des instruments spécialisés ; de forme rectangulaire ils permettent aussi de couvrir de grandes surfaces et de varier l'épaisseur des traits en changeant l'orientation de la mine. Ils ressemblent aux crayons de charpentiers.

## Porte-mines

La plupart des crayons courants se taillent à l'aide d'un taille-crayon manuel ou électrique, ou d'une lame. Mais pour les crayons rectangulaires une lame tranchante est indispensable. Si cela vous ennuie de tailler vos crayons, il vous reste la solution du porte-mine. Il en existe de toutes sortes dont les mines, analogues à celles des crayons, vont du plus tendre au plus dur, et varient en épaisseur.

Pour le dessin au crayon, on peut utiliser une grande variété de papier. Le papier cartonné lisse ou bristol, le papier à aquarelle et les papiers de couleur, tous sont appropriés. La structure et le grain du papier dictent le type de ligne et les effets obtenus. En général, les mines dures ressortent mal sur un papier lisse et les crayons très tendres sont d'un contrôle difficile sur un grain épais.

Pour durer, un dessin au crayon, et en particulier au crayon tendre, doit être fixé.

## Bâton de graphite

Si l'on recherche une approche spontanée, moins élaborée, on peut employer un bâton de graphite. Il est recommandé pour les travaux de facture libre sur grand format. Il autorise divers degrés de densité et d'harmonie de ton. Le bâton de graphite existe dans les mêmes graduations que les crayons, mais aussi en plusieurs épaisseurs. Vous obtiendrez des traits différents en utilisant la pointe, le biseau de la pointe ou le bâton de chant.

## Poudre de graphite

Pour obtenir des effets particuliers, des fins dégradés par exemple, le graphite est disponible en poudre. Vous en trouverez chez les marchands spécialisés. Frottez la poudre avec le doigt ou un chiffon et associez ces effets à la ligne. Une gomme peut être employée pour enlever une partie de la poudre et créer des zones plus claires. Mais la manipulation de ce matériau demande une certaine pratique et sa nature pulvérulente exige une fixation.

*1 Taille-crayon*
*2 Crayon de graphite*
*3 Bâton de graphite (dur)*
*4 Crayon à dessin extra-tendre*
*5 Bâton de graphite (tendre)*
*6 Mines*
*7 Crayons d'art*
*8 Gomme*
*9 Poudre de graphite*

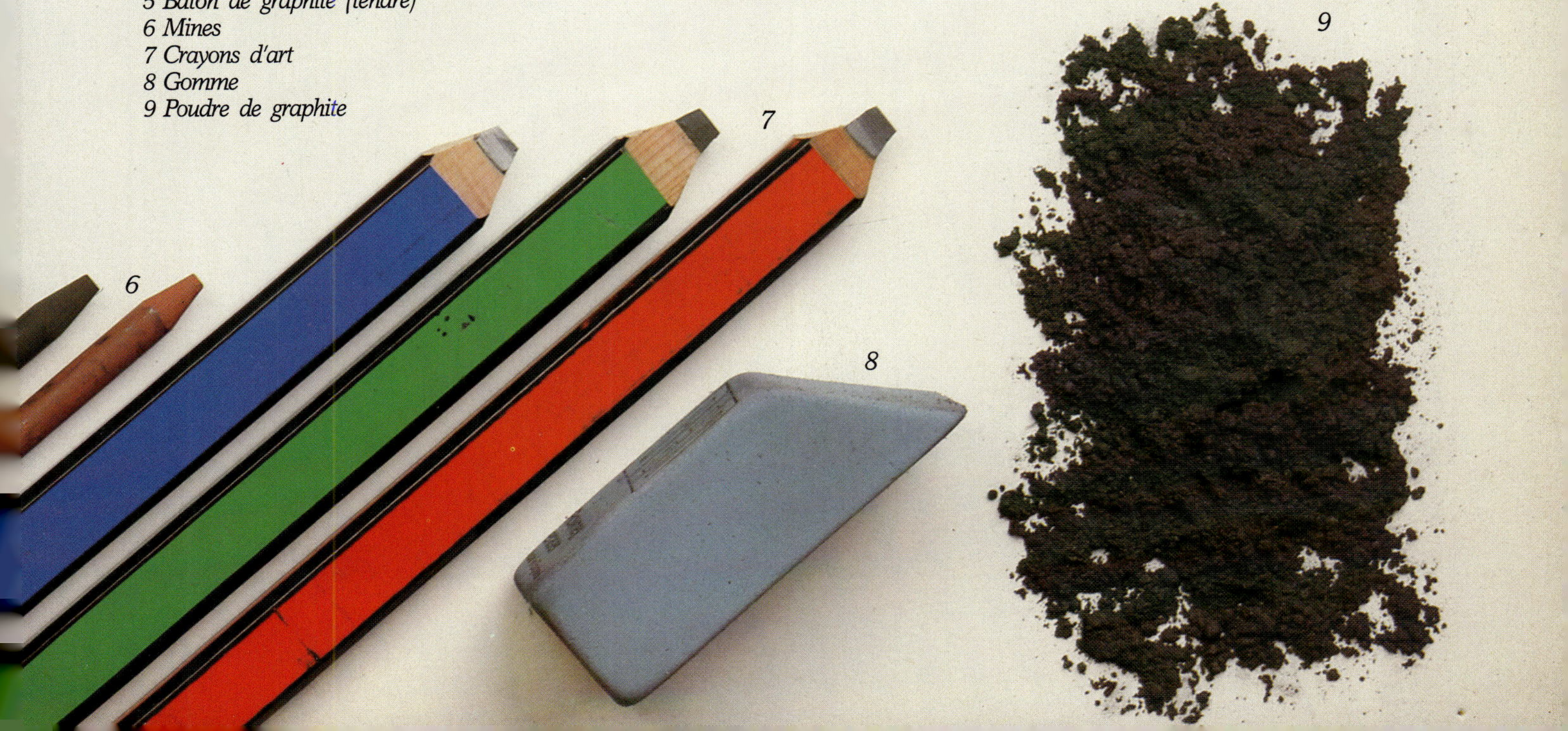

# Techniques

## CRAYON ET GRAPHITE

### Le trait dur

La mine dure produit un trait plus pâle et plus fin que les autres graduations, mais les artistes lui préfèrent la mine tendre. Elle est cependant utile dans les croquis préliminaires que l'on veut discrets et propres. Sachez donc choisir un crayon dur lorsque votre travail le demande. Il vous permettra de tracer une ligne plus nette que celle, même légère, d'un crayon tendre. Ne commettez pas l'erreur de beaucoup d'artistes qui se limitent à un seul crayon et qui, pour varier la ligne, n'ont que la pression comme unique recours. Puisqu'il en existe une si grande gamme utilisez-la ! Ici l'auteur entrecroise des hachures avec un crayon 2H *(1)* cherchant à créer une zone grise régulière *(2)*.

1

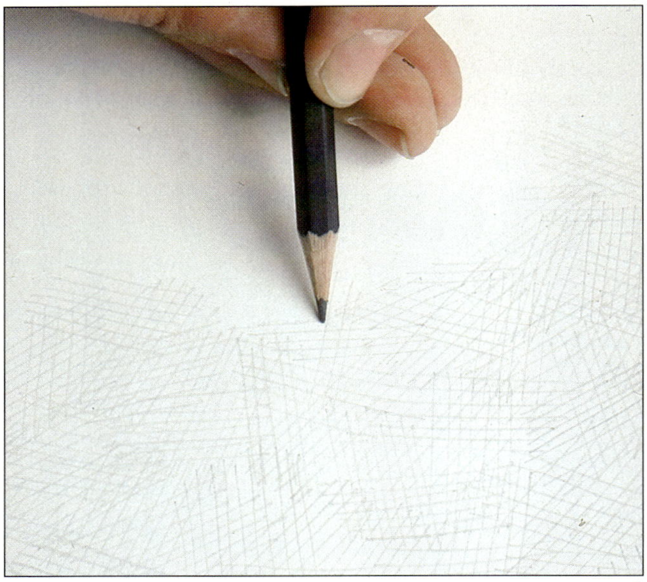

2

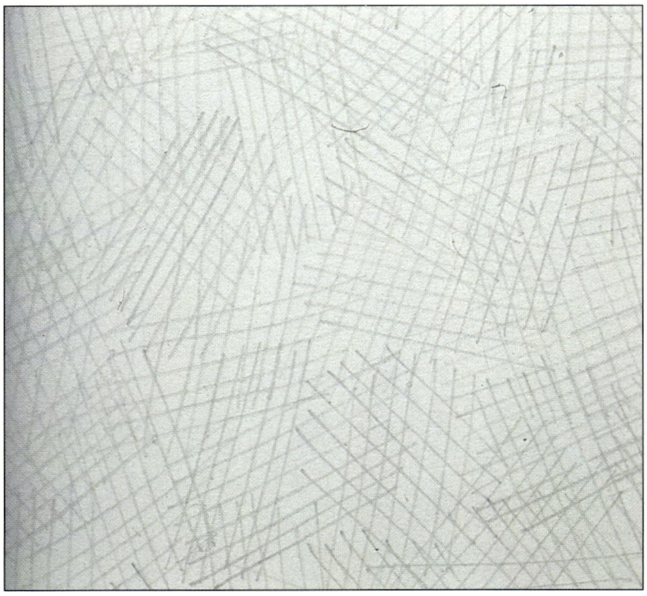

### Le trait gras

Les traits gras et sombres sont caractéristiques des crayons à mine tendre. Les hachures ci-dessous ont été réalisées avec un crayon 3B. Un crayon bien aiguisé et une pression légère autorisent un trait assez précis *(1)*. Cependant la zone hachurée, une fois terminée, offre un aspect sombre et doux à la fois *(2)*. Le grain du papier contribue à adoucir l'effet ; observez de près le trait et vous verrez que sa surface est rompue par les grains blancs du papier qui filtrent au travers.

1

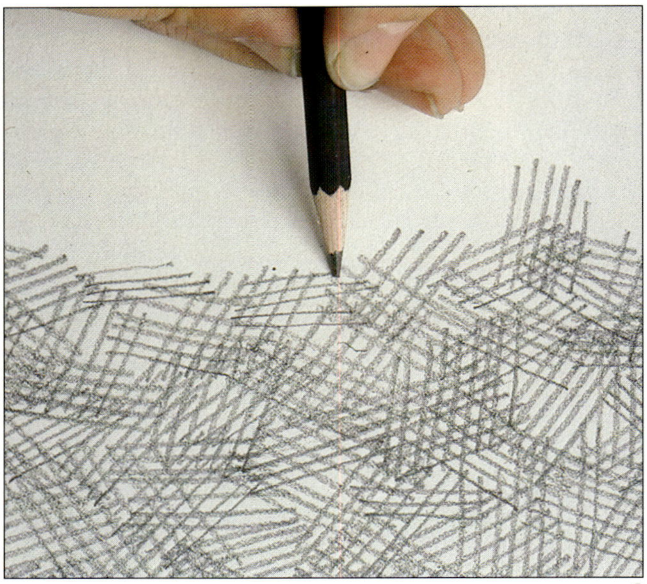

2

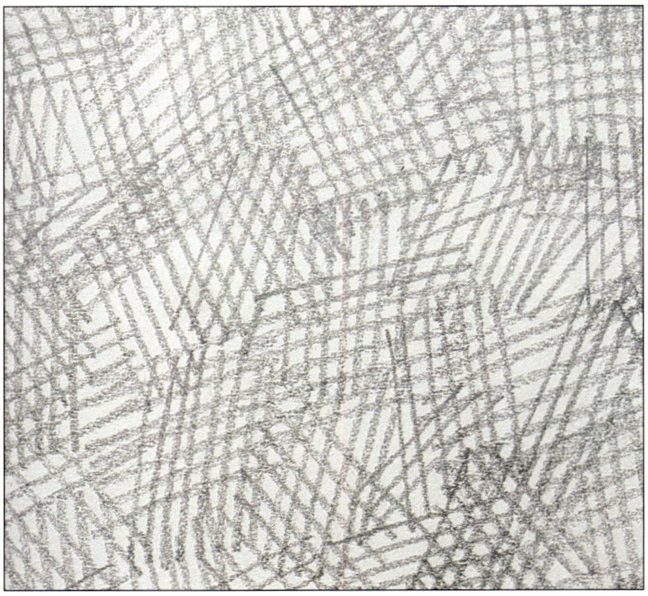

## Hachures libres (dures)

Quel que soit l'usage que vous ferez de votre crayon dur, vous n'obtiendrez que des tons de gris clair. Sachez tirer parti de cette caractéristique ; lorsque vous désirez ébaucher rapidement une large zone de ton clair par exemple, choisissez un crayon dans la graduation H. Mais attention, car entre H et 7H les différences sont grandes, explorez-en toutes les possibilités. Ci-dessous, le dessinateur utilise un crayon 4H pour réaliser un léger réseau de hachures sur un papier bristol *(1)*. Le résultat *(2)* présente un effet de matière souple et naturel, effet que le dessinateur utilise fréquemment pour rompre la monotonie d'un fond de portrait ou de nature morte.

1

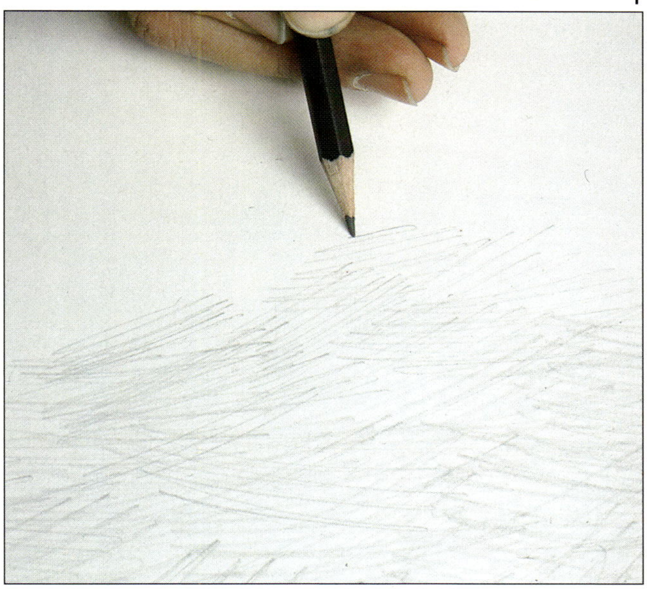

2

## Hachures libres (grasses)

Les crayons B, les plus tendres, offrent une gamme de tons plus profonds. Ici, l'effet général est plus velouté qu'avec les précédents obtenus à la mine dure. Un crayon 4B est utilisé *(1)* pour couvrir une zone de papier blanc d'un réseau régulier de hachures *(2)*. Les hachures souples, légèrement arquées, sont une excellente technique pour l'exécution des paysages, en particulier pour les ciels, les plans d'eau, les collines et les champs, dont le traitement nécessite une démarche ample.

1

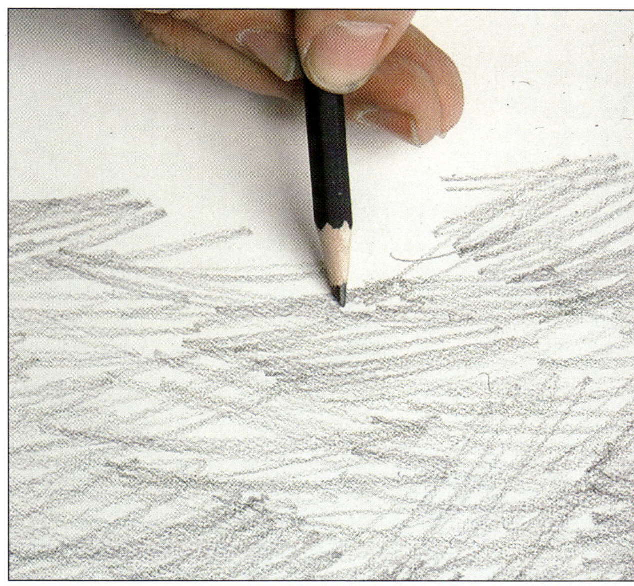

2

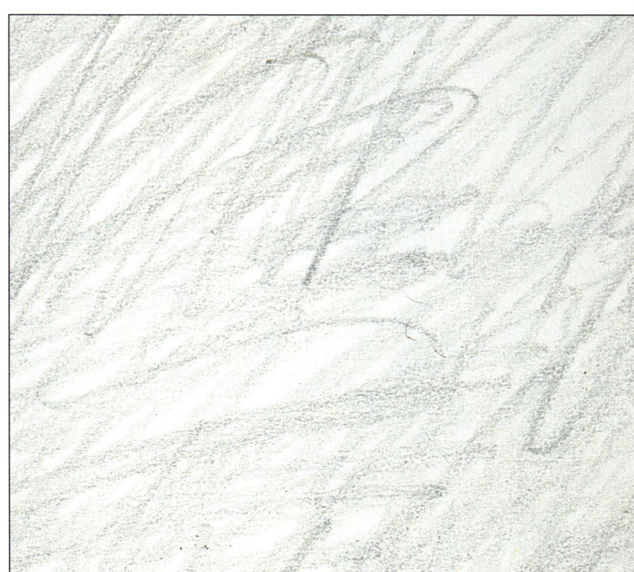

## Le crayon d'art

Il s'agit d'un nouveau venu dans la famille des crayons. Sa forme rectangulaire permet d'obtenir des effets très différents grâce à la largeur de la mine. Ci-dessous *(1)*, l'artiste ébauche un motif qui évoque un effet de tissage.

## Le bâton de graphite

Le bâton de graphite permet de couvrir rapidement de larges zones de ton. Essayez-en plusieurs sortes — dur, tendre, épais ou fin — explorez toutes les ressources. Par exemple ici *(2)*, le dessinateur réalise un ton léger avec la pointe biseautée du crayon sur un papier à grain épais.

**Crayon d'art** 1

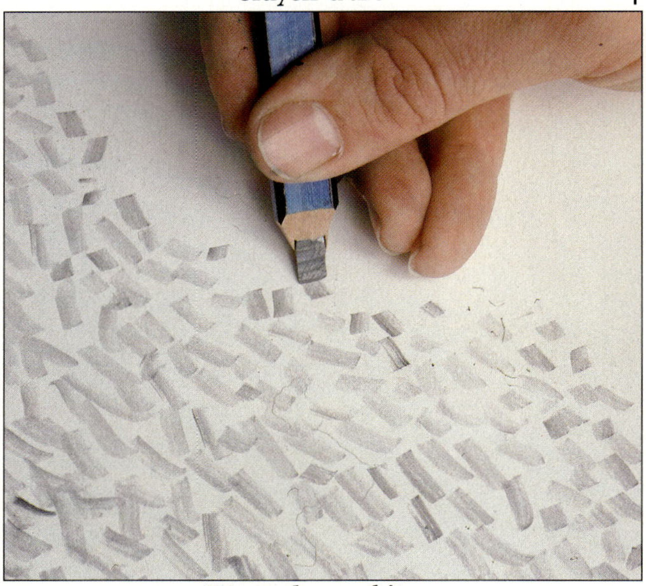

**Bâton de graphite** 2

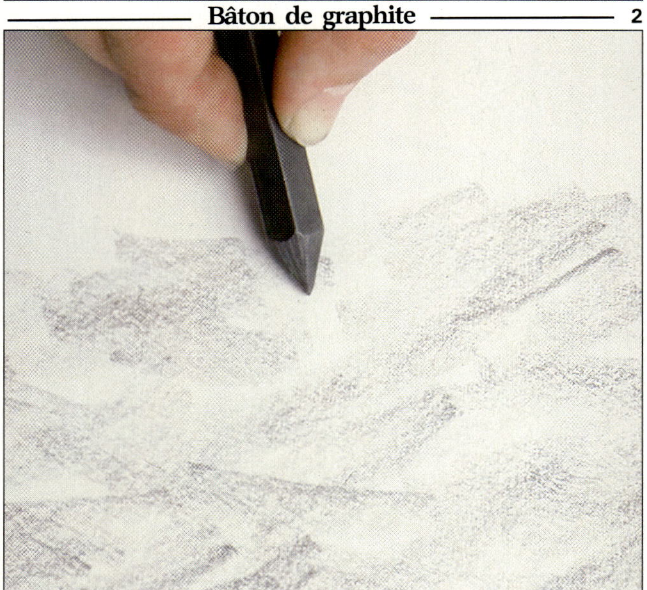

## Estompage

On peut estomper les traits de graphite pour en adoucir les effets. Il va sans dire que plus la mine est tendre, plus l'estompage est efficace. S'il s'agit d'une mine dure, l'effet sera flou *(1)*, et si elle est tendre, l'aspect sera sombre *(2)*. La plupart des dessinateurs limitent cet emploi à quelques parties d'un dessin — pour créer un contraste avec le caractère linéaire du dessin au crayon ou encore pour rabattre un ton ou un effet de surface trop prononcé. Faites vos propres expériences, mais fixez votre travail afin qu'il ne s'estompe pas davantage.

**Estompage de la mine dure** 1

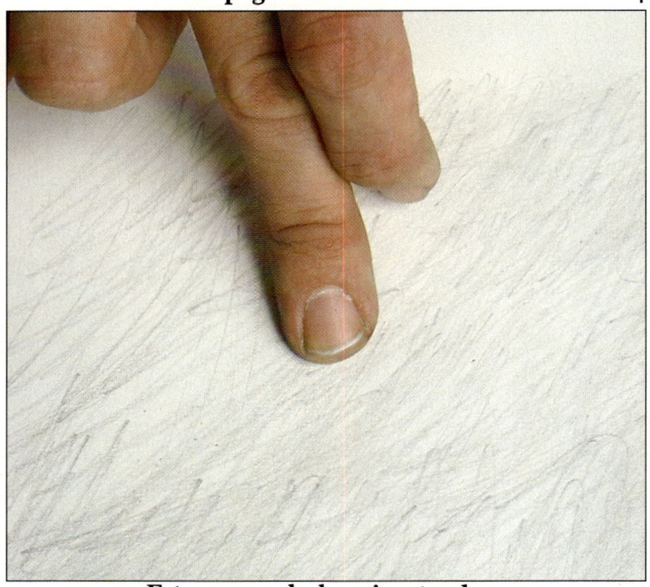

**Estompage de la mine tendre** 2

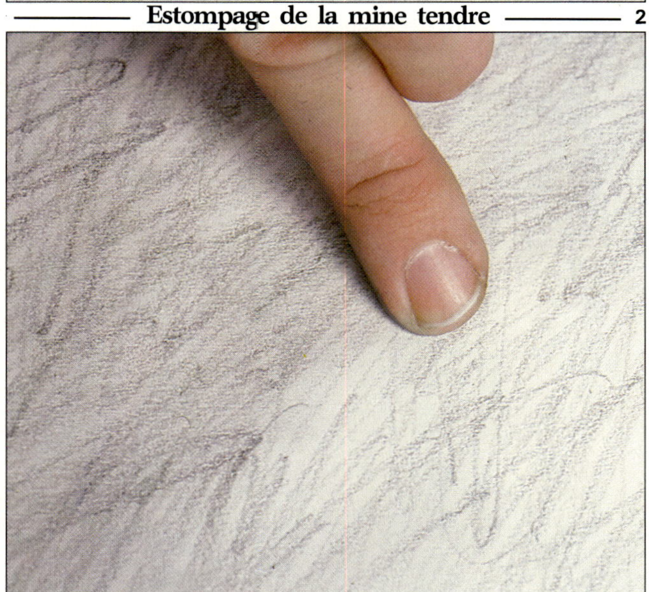

## La poudre de graphite

La poudre de graphite est de nature instable et tache facilement ; n'en attendez pas la perfection dès le premier essai. Soyez patient et ne craignez pas de laisser une certaine part d'imprévu intervenir dans votre exécution. Ici comme ailleurs, la pratique est la clé de la réussite, et même lorsque vous aurez acquis de l'expérience, il n'est pas recommandé d'employer ce matériau pour des travaux de précision. Utilisez la poudre en association avec le crayon et le bâton de graphite (voir page 110). Et si vous recherchez un effet plus subtil et plus statique, utilisez la poudre de graphite seule. Commencez par déposer une petite quantité de poudre sur la zone à traiter *(1)*. Si vous n'avez besoin que d'une petite quantité, prélevez-la par pincées. Frottez-la sur le support avec les doigts *(2)* ou un mouchoir en papier *(3)*. Replacez l'excédent dans le pot. La zone de ton gris peut être facilement effacée avec une gomme-pâte *(4)*. Celle-ci vous permettra de créer des rehauts ou tout simplement de faire des corrections. Mais ne manquez pas de fixer ce matériau instable sitôt votre dessin achevé.

1

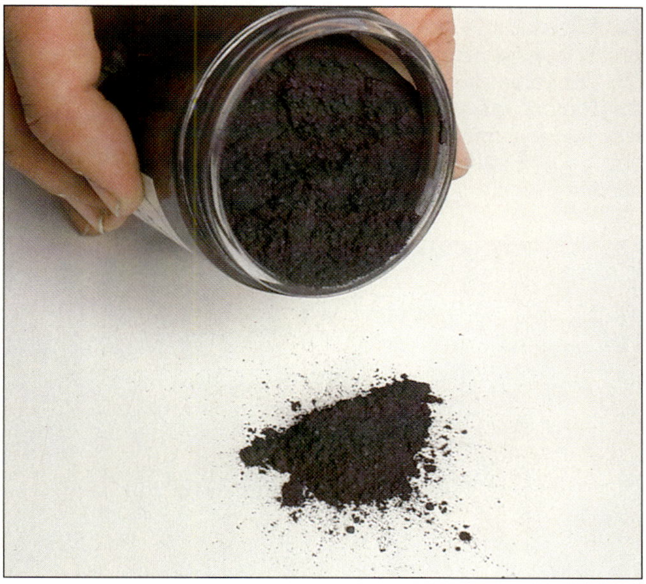

2

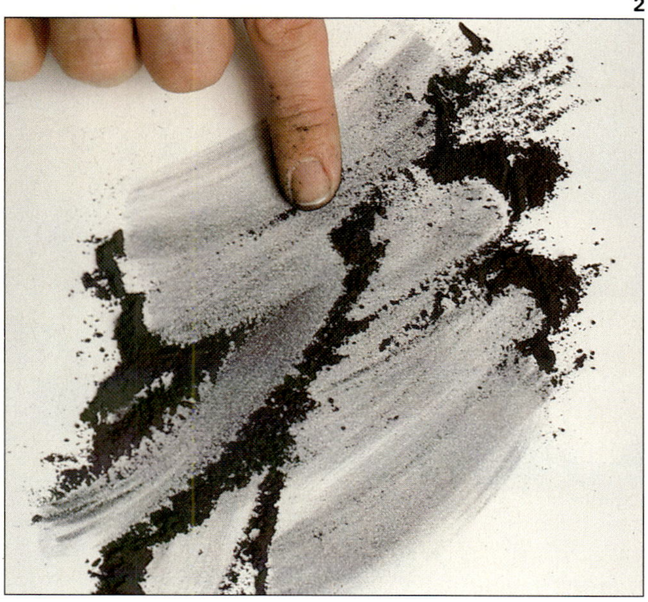

3

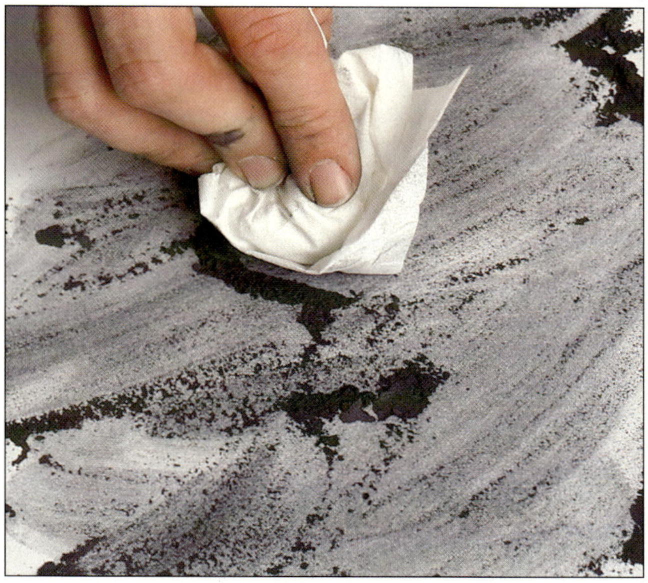

4

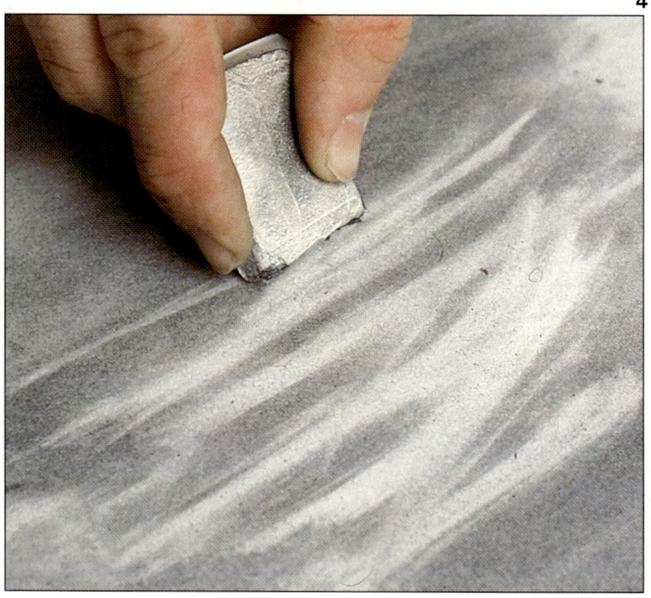

# *Le gorille*

POUDRE DE GRAPHITE

Pour cette étude l'artiste s'est rendu au zoo. La difficulté première était évidemment celle que posait le déplacement perpétuel de l'animal. Il importe ici pour l'artiste de saisir l'impression de mouvement en une fraction de seconde, alors que celui-ci s'amorce et avant que l'enchaînement ne devienne trop confus. La poudre de graphite est utile, car elle se répand très rapidement et peut être retouchée ultérieurement.

La technique consiste à saisir les formes « de l'intérieur ». L'idée selon laquelle tout dessin commence par la définition des contours est fallacieuse. Un des exercices couramment proposés aux étudiants dans les écoles de Beaux-Arts, consiste à réaliser un dessin sans le concours de la ligne ou des contours. On développe ainsi l'art de construire une image en partant de l'intérieur des formes et des ombres vers l'extérieur du sujet. Dans le cas présent, c'est cette technique qui est appliquée : on étale la poudre de graphite rapidement sur le papier pour définir les masses d'ombre du sujet. Mais l'artiste a pris soin d'étudier attentivement la structure de l'animal et de déterminer les masses d'ombres résultant des os et des muscles saillant sous la peau. Une patiente observation des mouvements de l'animal est essentielle avant d'entreprendre leur définition.

Il convient également d'agencer la composition, d'évaluer l'espace occupé par l'animal et d'en bien étudier les proportions, de façon à déterminer avec précision l'endroit où vous commencerez le dessin.

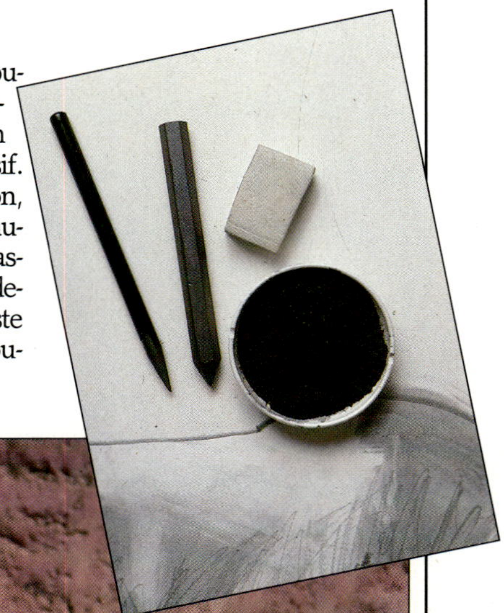

Il importe ici de saisir le mouvement du gorille aussi rapidement que possible afin d'obtenir un rendu expressif. La diligence de l'exécution, primordiale, se fait par l'ébauche des volumes et des masses d'ombre, qui seront modelées ultérieurement. L'artiste doit d'abord traduire le mouvement.

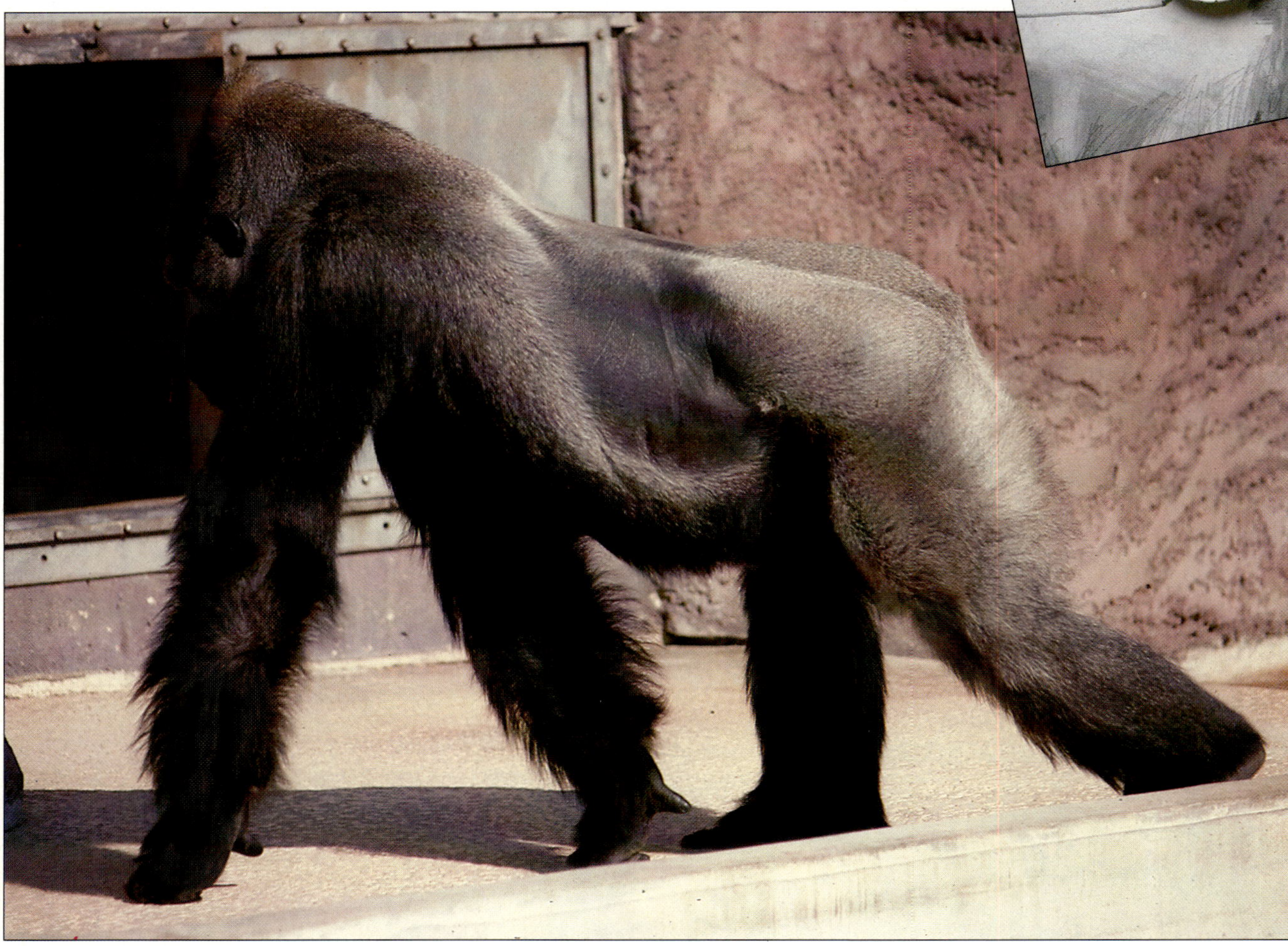

**1** L'artiste procède de l'intérieur des volumes, il travaille le modelé et les tons vers l'extérieur sans se soucier des contours. Il prélève une pincée de poudre entre ses doigts et l'étale sur une feuille de papier bristol blanc mesurant 71 cm × 51 cm. Il emploie un mouchoir de papier pour définir les formes du corps de l'animal. On peut aussi utiliser les doigts, mais le mouchoir est plus propre et permet d'obtenir des traces plus larges. Pour éliminer l'excédent de poudre, soufflez dessus ou tapotez doucement le recto de la feuille pour le récupérer.

**2** Avec un bâton de graphite 2B l'artiste esquisse les contours hachurés de la fourrure du gorille. Le trait est souple, tourné tantôt d'une façon tantôt d'une autre, pour évoquer l'aspect irrégulier de la fourrure. Il s'agit d'éviter un contour sec et dur, peu conforme avec la nature soyeuse de la fourrure de l'animal.

2

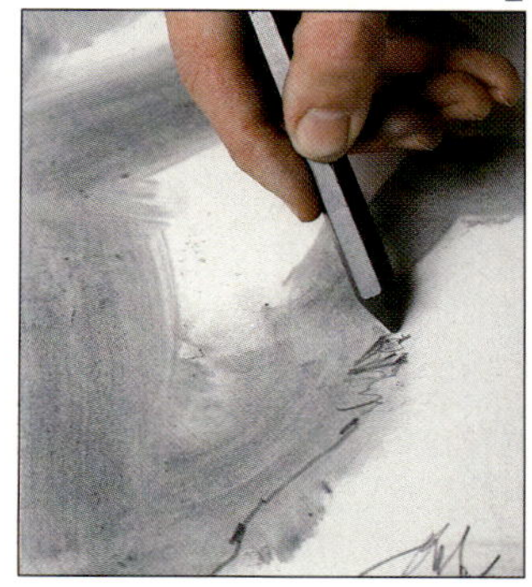

1

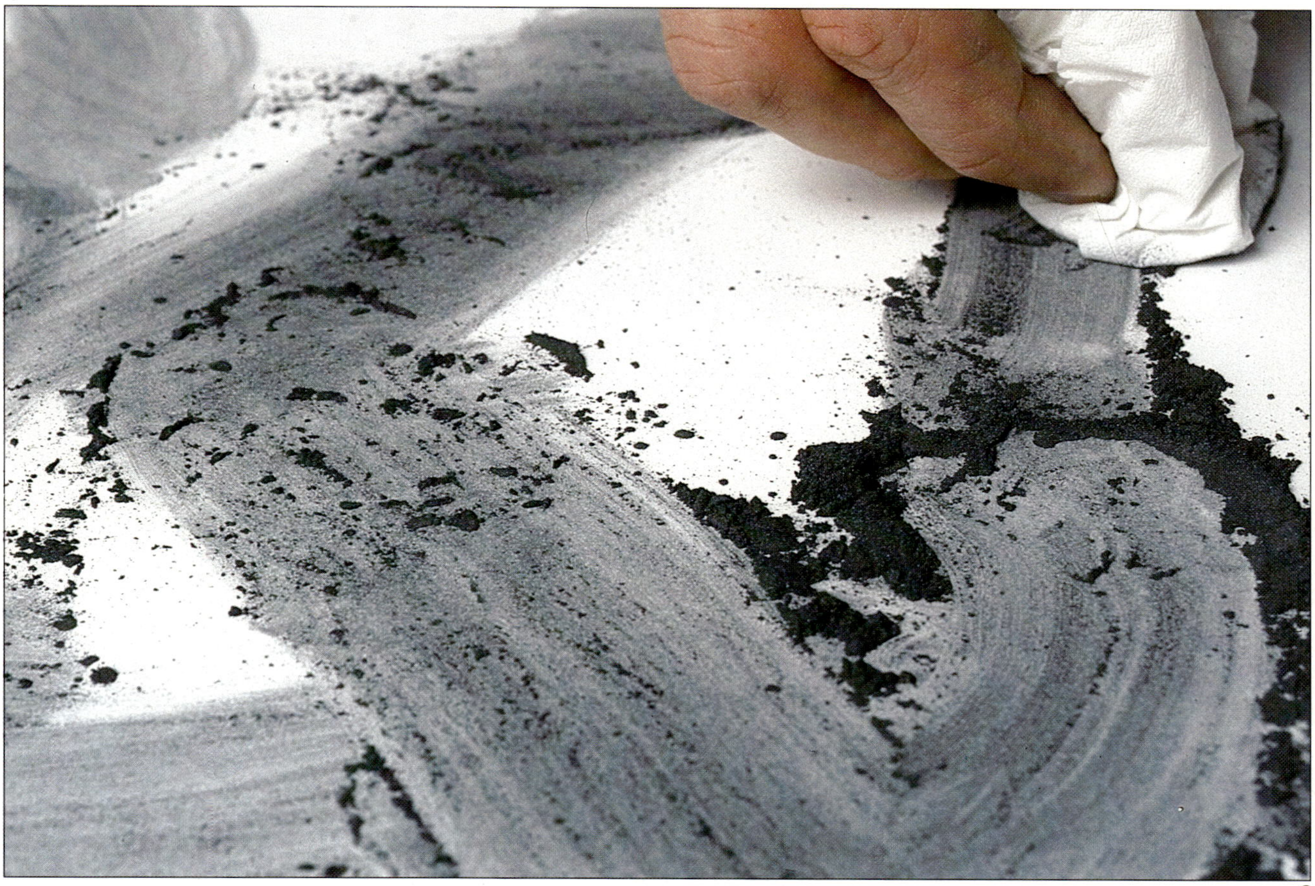

**3** Notez comme l'artiste a su saisir rapidement le mouvement sur le vif. Le gorille donne l'impression de traverser la feuille de papier. Il s'agit ici d'une étude, et à ce titre un fond n'est pas nécessaire. Il importait que les contours ne soient pas trop nets, de manière à ne pas aplatir l'image et à ne pas nuire à la fluidité et au rythme des formes, qui sont essentiels au sujet. L'artiste a identifié les volumes et les ombres uniquement avec la poudre de graphite, sans le concours de la ligne. Mais à ce stade les zones d'ombre et de lumière ne sont encore qu'approximatives, elles seront reprises et développées ultérieurement, pour une plus grande précision.

3

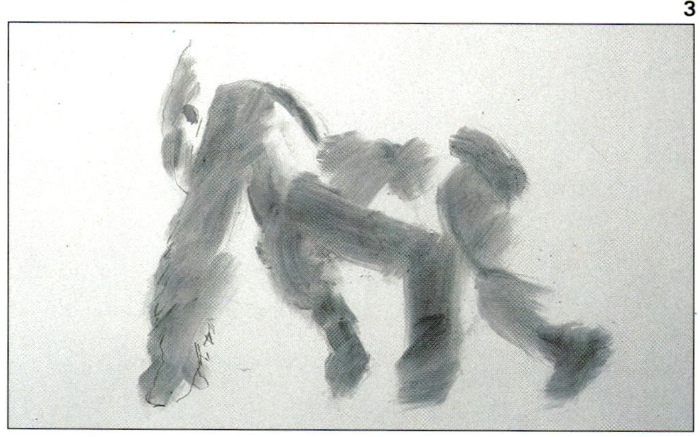

4

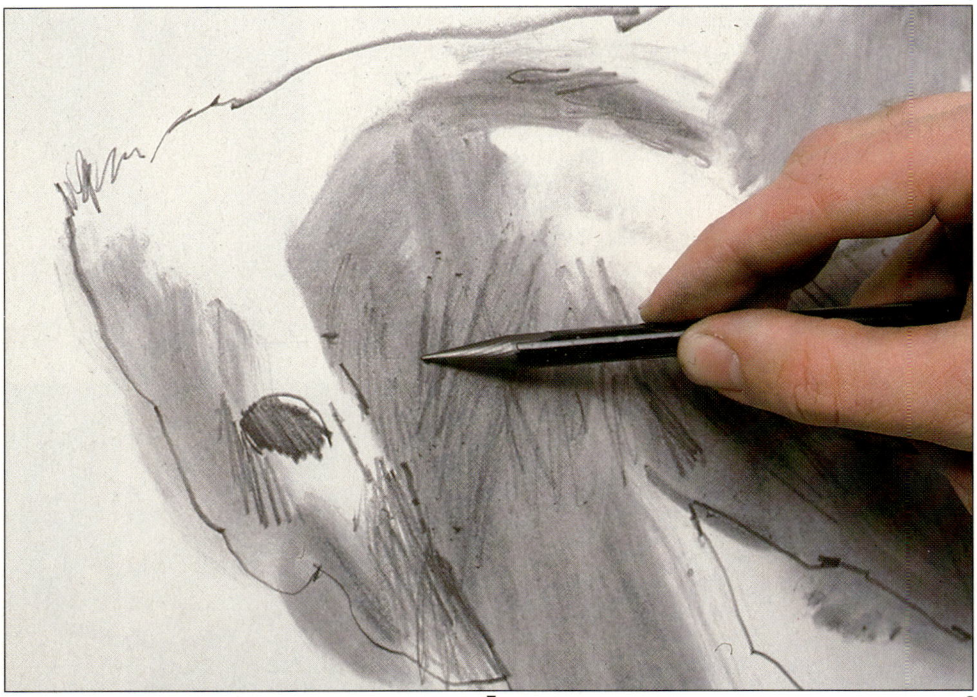

**4** L'artiste utilise maintenant un bâton de graphite dur (graduation H) et applique des hachures légères sur les parties ombrées afin de préciser la nature de la fourrure ; ce faisant il revient constamment à son sujet de façon à reproduire les tons soutenus le plus fidèlement possible. D'autres zones sont laissées presque totalement vierges.

5

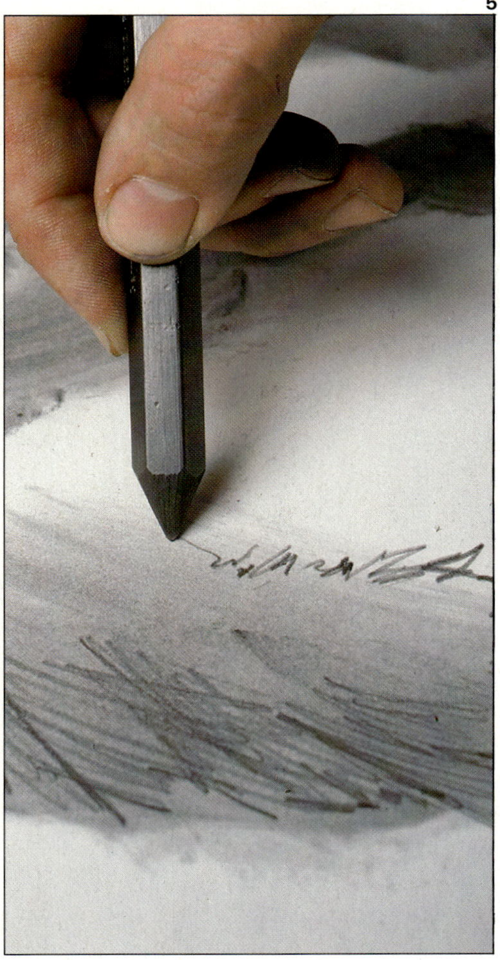

6

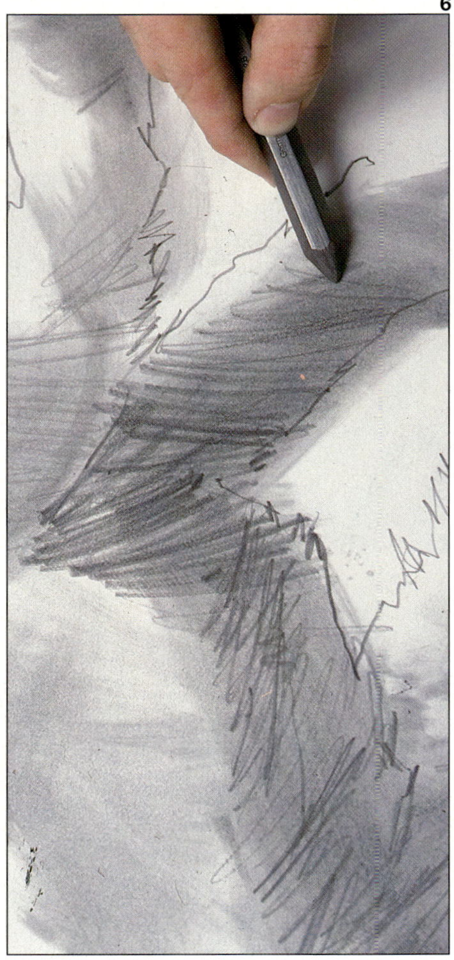

**5** Avec un bâton de graphite plus tendre, l'artiste précise les effets de la fourrure. Le bâton tendre, aux traits plus épais et plus doux, apporte une certaine variété linéaire. L'illustration montre l'artiste dessinant les contours hachés et irréguliers de la fourrure touffue qui tapisse la partie intérieure des pattes.

**6** Le travail se poursuit de la même façon sur l'ensemble de l'animal. L'artiste emploie un geste de va-et-vient qui fait appel à un mouvement large du poignet. Il faut éviter de donner à la fourrure une apparence trop lisse qui ne serait pas naturelle. Observez les animaux, vous remarquerez de nettes différences dans l'aspect de la fourrure aux divers endroits du corps, régulière et lisse à certains, touffue et hirsute à d'autres. Et bien qu'il soit souvent difficile à l'œil de préciser ces impressions, votre interprétation ne sera pas convaincante si vous donnez à la fourrure un aspect lisse et uniforme.

**7** L'un des avantages qu'offre la poudre de graphite est qu'elle permet d'évoquer des formes vaguement définies sans se soucier des zones de lumière. Vous n'êtes aucunement astreint aux valeurs sombres, il vous sera très aisé d'utiliser une gomme-pâte pour effacer ou modeler la poudre. Vous pourrez créer des rehauts d'une parfaite netteté, aussi blancs que le papier. Rien n'est permanent, vous pouvez remodeler votre dessin à volonté.

**8** Étant donné la nature instable du matériau et sa tendance à tacher, il est indispensable de fixer votre dessin le plus rapidement possible, pour éviter tout risque d'accident.

Mais c'est précisément grâce à la poudre que l'auteur a obtenu un effet instantané sur une grande dimension. Tout autre matériau pour une ébauche de cette dimension aurait nécessité un laps de temps beaucoup trop long. Le facteur temps se pose dans toute représentation analogue, car les animaux sont rarement en arrêt. Le mérite de l'auteur est ici d'avoir su éviter de donner de ces masses tonales une image figée et d'avoir conservé l'aspect nébuleux des contours. Il importait également de terminer le dessin dans le même esprit que celui qui avait prévalu à l'exécution des masses d'ombres. C'est ainsi qu'il a employé un trait court et saccadé pour suggérer, et non définir, les contours de l'animal.

7

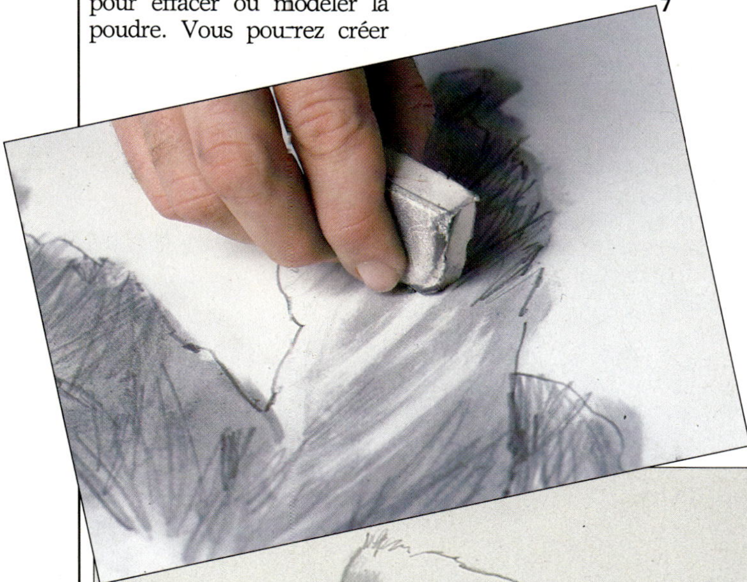

8

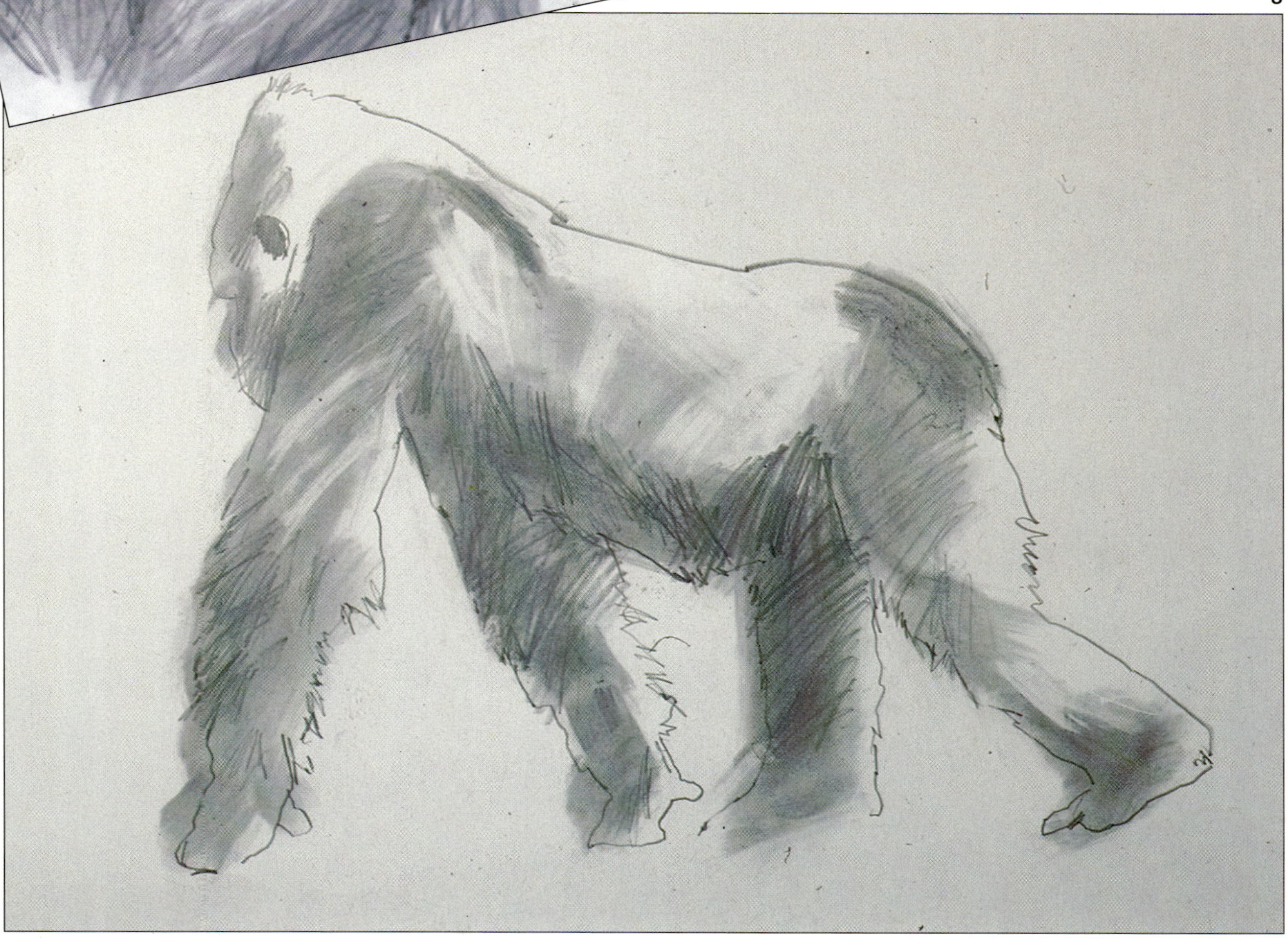

# *Nu de femme*

## CRAYON DE GRAPHITE

Bien qu'il s'agisse ici d'une étude sur l'ombre et la lumière, l'artiste a néanmoins appuyé son exécution sur un support linéaire. Il a d'abord exécuté un croquis, aussi léger que possible, pour ne pas altérer la subtilité des tons. La précision de l'esquisse étant capitale, il a accordé beaucoup de soin à la réalisation ; avec précision, il a utilisé la méthode du repérage des formes (voir page 16). Il a utilisé la longueur du bras, de l'épaule au coude, comme unité de mesure.

Pour cette réalisation, le dessinateur a sélectionné quatre crayons de la graduation 2B à 4H, allant du gris pâle au gris foncé. Cela lui a permis d'obtenir ses tons sans le recours à la pression, ce qu'il faut faire et que beaucoup d'artistes ne font pas : le type de ligne obtenu est fonction de la nature du crayon employé. Un crayon de graduation H ne produit qu'un trait pâle, quelle que soit la pression adoptée. Le crayon tendre est plus facile à contrôler par la pression, mais même le trait le plus léger sera flou comparé à celui du crayon dur. Étant donné la subtilité des tons dans ce dessin, l'auteur doit avoir une totale maîtrise des dégradés. Aussi est-il important de pouvoir passer d'un crayon tendre à un crayon dur lorsqu'une zone plus claire le nécessitait.

Un papier lisse a été choisi pour les mêmes raisons, celui-ci permettant le contrôle du trait, contrairement au papier grenu qui impose sa structure.

Le nu repose à la surface de draps blancs, aussi le corps apparaît-il comme une masse sombre sur un fond clair. Par comparaison, même les zones de lumière sur le corps sont foncées. L'artiste a utilisé 4 crayons — 2B, BH et 4H — ainsi qu'une gomme-pâte pour les points lumineux et les reflets.

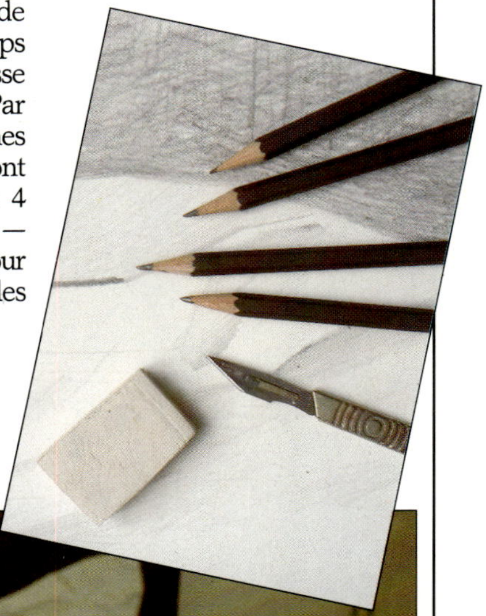

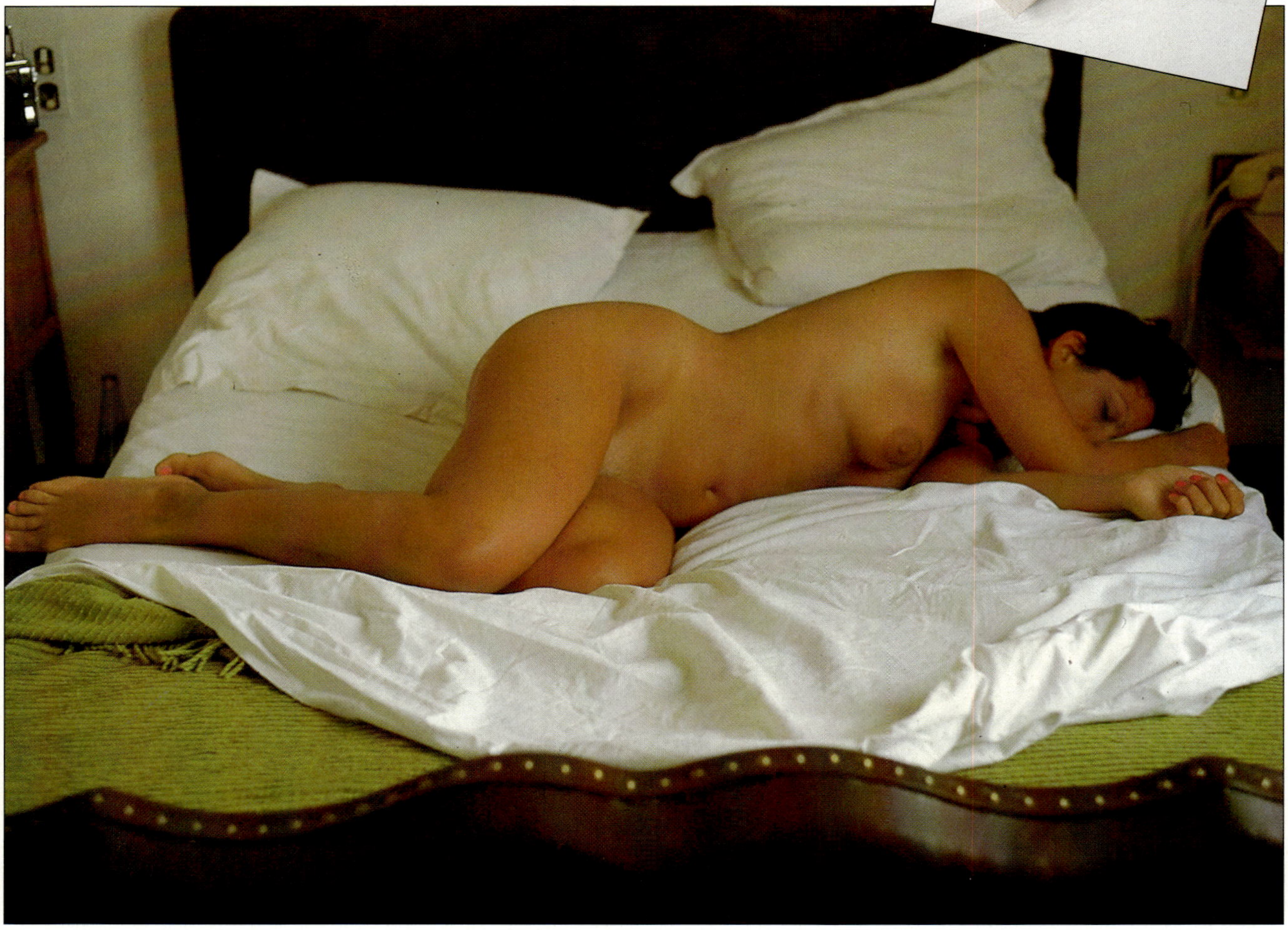

**1** Sur un papier fort (76 cm × 51 cm), l'artiste esquisse un léger contour avec un crayon B. Le sujet occupe presque toute la largeur de la feuille. A l'aide d'un crayon 2B l'artiste définit les valeurs très sombres, comme les cheveux et les yeux, avec des traits exprimant la direction, la forme et le relief.

**2** La couleur des cheveux, une fois définie, servira de référence pour les autres tons. Avec le biseau d'un crayon H, l'artiste traite ensuite les ombres très claires sur le bras. Celles-ci vont en se dégradant du plus sombre au plus clair, vers le reflet au centre du bras.

**3** Avant de poursuivre sur le reste du corps, l'artiste travaille sur certaines parties contrastées de la tête de lit, dont les tons sombres serviront aussi de référence aux autres valeurs du dessin. Il utilise ici un crayon 2B pour traiter la zone de la tête de lit.

**4** L'artiste doit maintenant nuancer les valeurs du corps et des draps pour évoquer les différences entre les chairs et l'étoffe. Les tons de la peau, plus fins, sont définis très progressivement afin de mieux contrôler le modelé des formes. Ici, il utilise un crayon H pour modeler les parties ombrées.

1

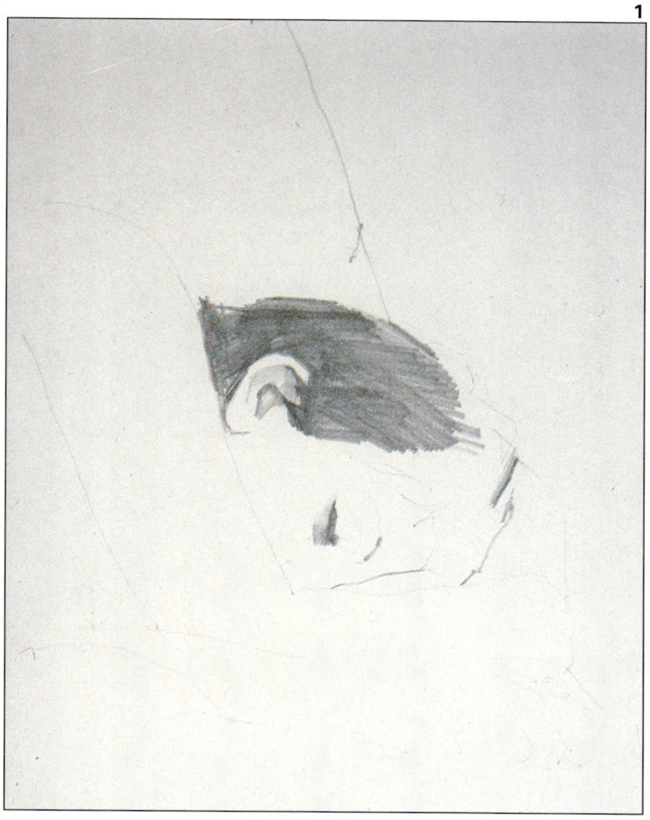

2

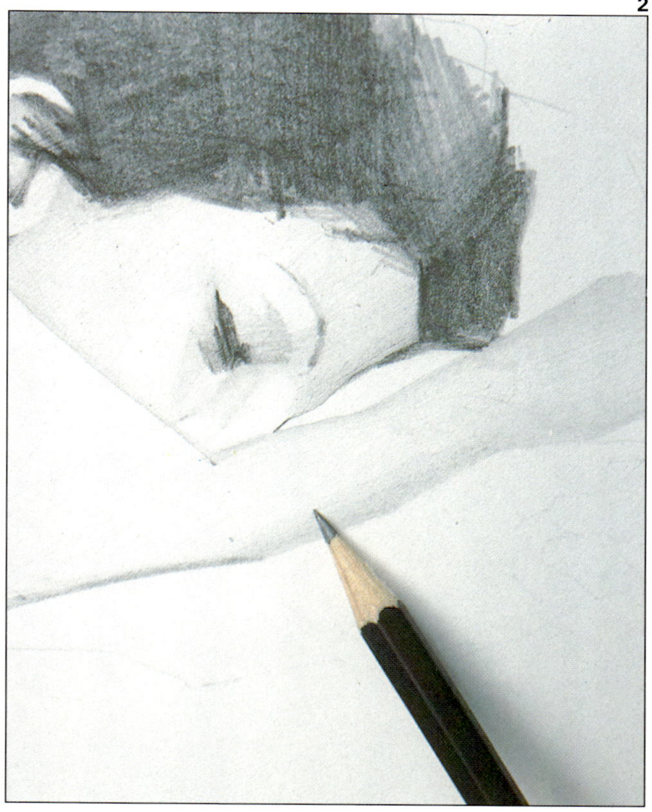

3

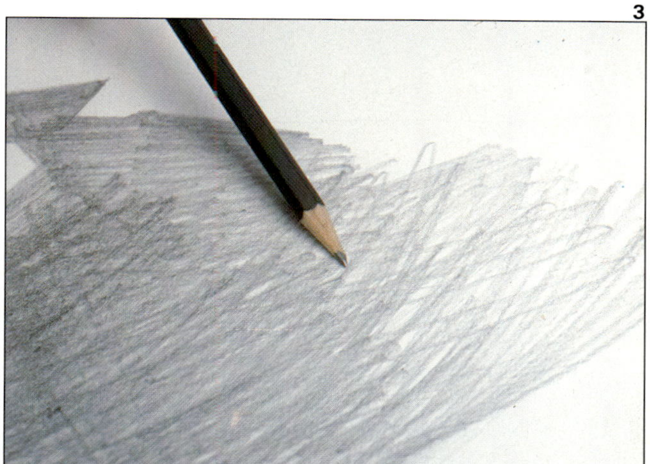

4

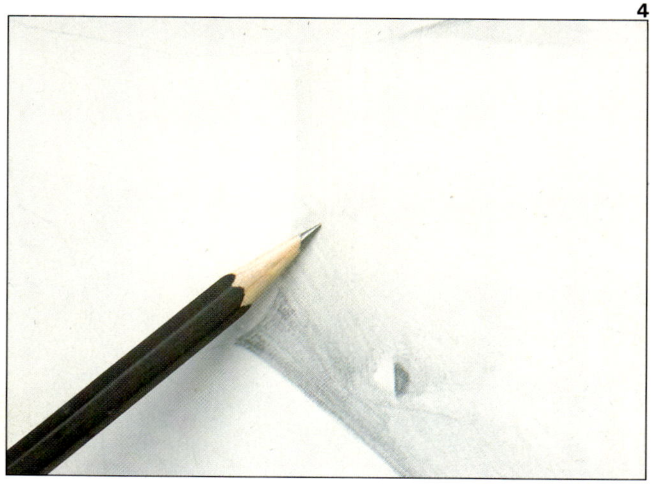

**5** L'artiste traite l'ensemble du corps, en prenant soin de préciser les zones d'ombre peu à peu, de façon à respecter l'équilibre des rapports entre les tons. De légères hachures entrecroisées définissent les ombres triangulaires entre le bras et la poitrine. L'ombre très foncée est ici de même valeur que celle des cheveux, qui servent de référence. Dans un dessin où l'ombre joue un si grand rôle, il est essentiel de se référer en permanence au modèle. Cependant, le processus est assez laborieux et il est très facile de se laisser guider par sa propre inspiration. Mais c'est que l'on risque d'aboutir à une interprétation plate et dépourvue de vie.

**6** L'artiste a traité les tons de la partie supérieure du corps en relation avec la forme plate du lit. Dans notre exemple, l'artiste commence par un point donné du corps et traite complètement cette partie, avant de continuer.

**7** Le pied est d'abord ébauché comme une forme négative. L'artiste a traité l'espace qui l'entoure, ce qui le fait apparaître comme une zone plate et blanche. Puis il utilise un crayon 4H pour donner du relief à cette zone. Ce crayon lui permet de conserver la légèreté des valeurs dans cette partie du dessin.

5

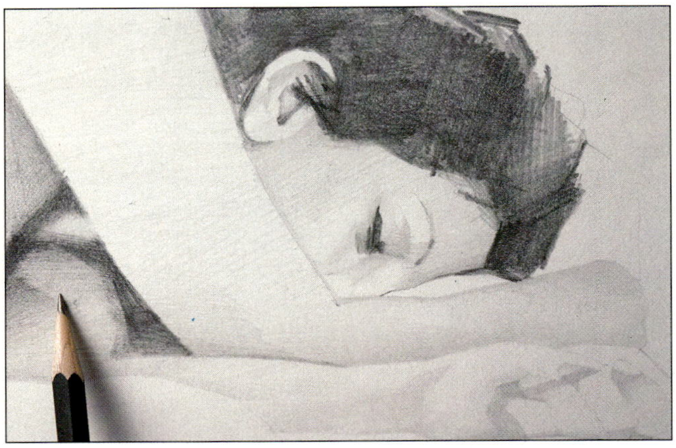

6

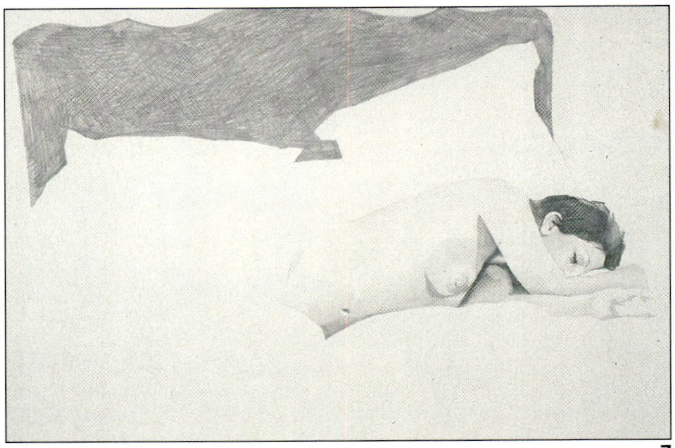

7

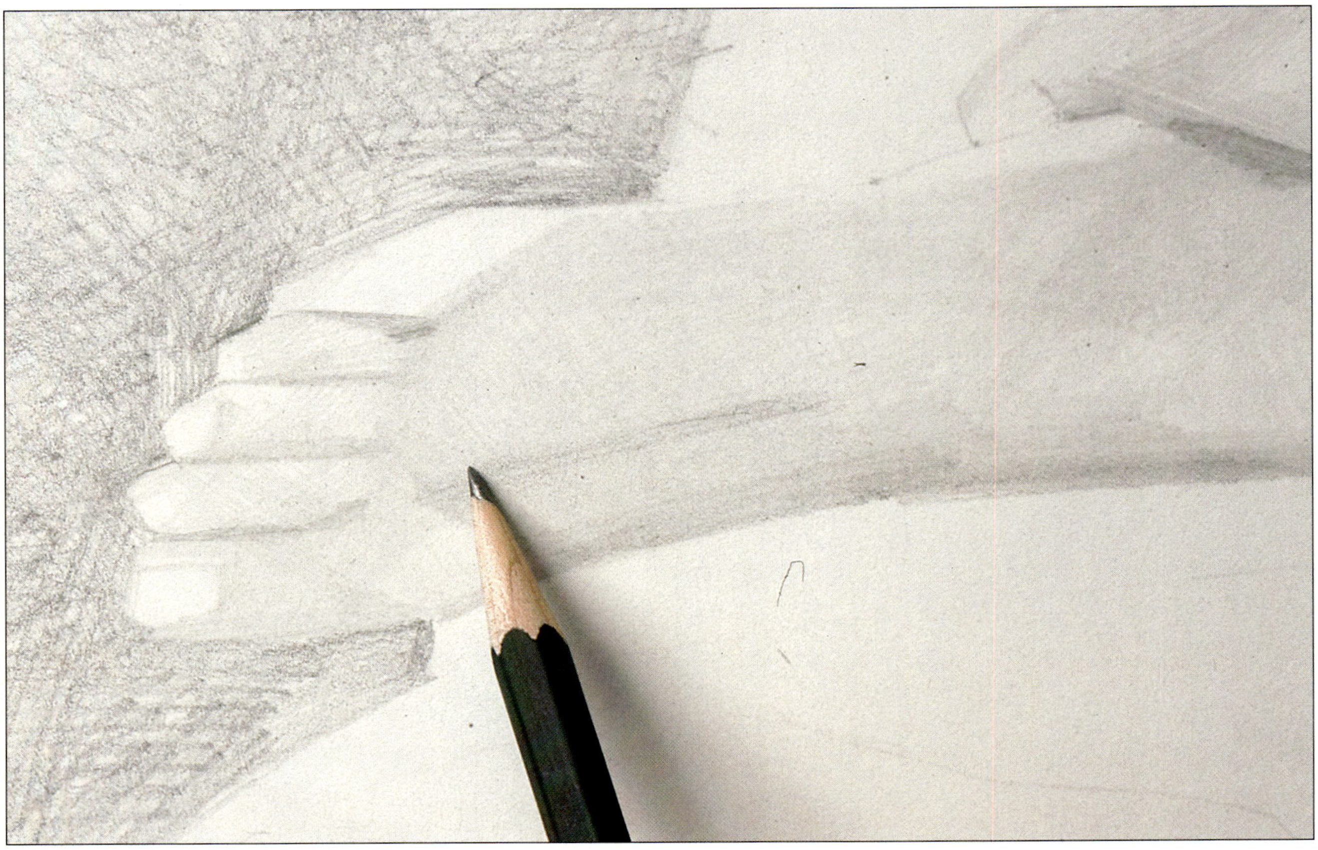

**8** Les reflets blancs sur les draps sont nets et géométriques. Ils sont définis par l'élaboration des ombres alentour, tantôt avec un crayon B, tantôt avec un crayon H, selon l'intensité du ton requis. Les rehauts sont précisés à l'aide d'une gomme-pâte. Cette technique est efficace dès lors que vous ne vous laissez pas emporter et n'oubliez pas votre modèle. Si vous voulez obtenir un effet convaincant, vous devez vous y référer en permanence. En utilisant les arêtes et les angles de la gomme vous obtiendez des rehauts d'une grande finesse.

8

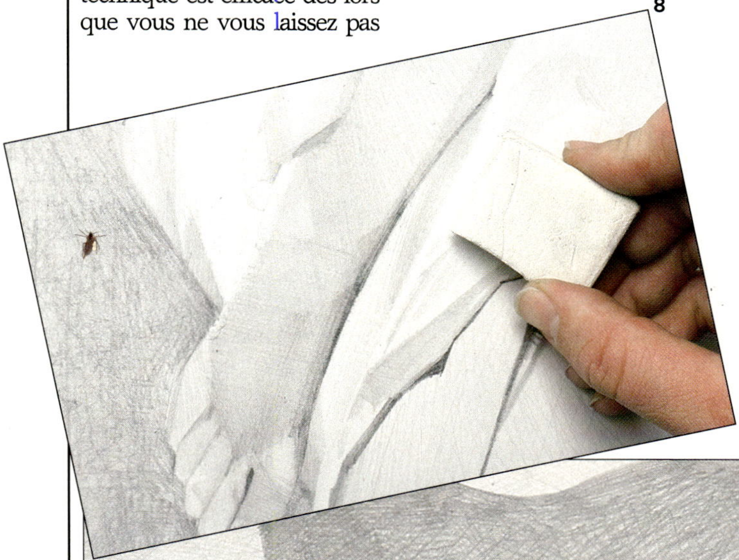

**9** La méthode employée pour l'exécution de ce nu n'est qu'un des moyens permettant d'aborder un arrangement compliqué de volumes et de formes ; il en existe d'autres. Mais aucune n'étant parfaite, chaque dessinateur doit adopter la sienne. Tandis que certains préfèrent définir les formes, en ayant recours à la ligne, d'autres accorderont plus d'importance aux valeurs. Et nombreux sont ceux qui préfèrent travailler sur l'ensemble du corps dès le départ, développant toutes les parties simultanément.

Ici, l'artiste s'est attaché à décrire le sujet en termes d'ombre et de lumière. Les formes sont réduites à des masses de lumière dont les reflets projettent des ombres sur d'autres régions du corps. Dans cette composition, le rôle du fond est prépondérant, il doit faire ressortir le délicat velouté de la peau, parfois à peine ombré.

Il aurait été impossible de réaliser cette étude d'un nu sur un fond blanc, les tons clairs du corps se seraient tout simplement confondus avec celui du papier. Aussi l'auteur a-t-il attaché beaucoup de soin à la définition du fond, grâce auquel il est possible de situer le corps dans l'espace immédiat et dans son environnement. La troisième dimension étant ainsi suggérée, elle définit l'ensemble du corps auquel un subtil jeu d'ombres suffira à donner vie.

9

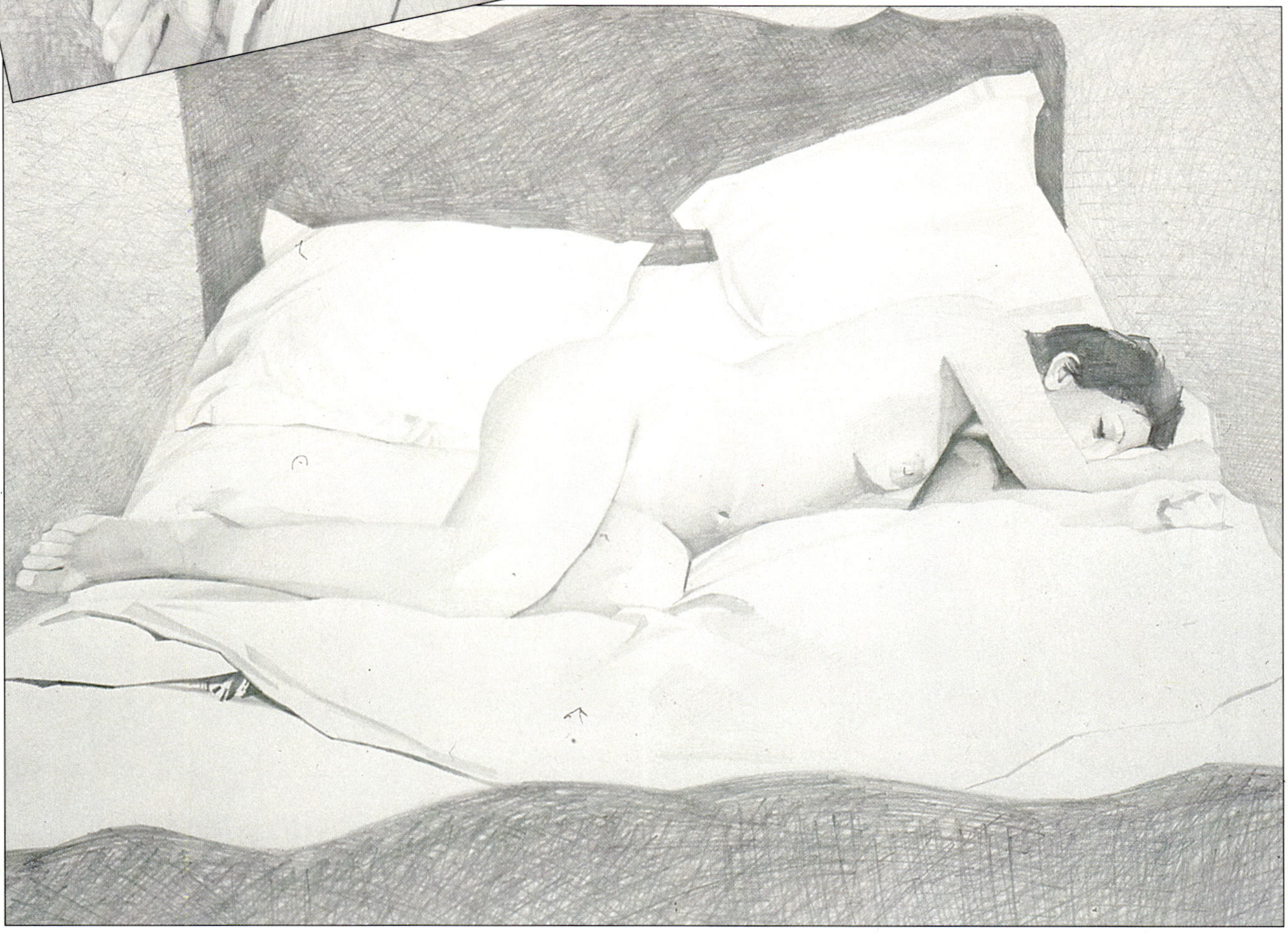

# Chapitre 8

# Crayons de couleur

L'un des aspects les plus marquants, concernant les crayons de couleur durant ces dernières décennies a été leur entrée en force dans le domaine des Beaux-Arts. Ils ne sont plus la seule exclusivité des activités enfantines, mais sont devenus des outils élaborés évoluant sans cesse vers des produits plus raffinés. Ce qui ne dévalorise en rien leur rôle éducatif, car ce qu'ils fournissent dans l'apprentissage du dessin à l'école constitue peut-être les meilleurs rudiments pour les artistes en herbe. On trouve de nos jours des assortiments de crayons de couleur d'art qui compte jusqu'à 72 nuances, composant une palette infiniment subtile et variée. Mais cette vaste gamme est déroutante pour l'amateur.

Les crayons de couleur ordinaires et les crayons aquarelle solubles jouissent d'une grande réputation auprès des illustrateurs et des dessinateurs de dessins animés. Ils produisent un effet particulier, tout en finesse, en vogue aujourd'hui dans les bandes dessinées et les dessins animés. Mais cette délicatesse est révélatrice du problème qu'elle pose aux artistes, car c'est précisément ce facteur qui complique la définition des contrastes. Le blanc du papier n'est jamais totalement oblitéré ; même le noir ne parvient qu'à l'obscurcir. On ne peut construire la couleur comme on le ferait avec de la peinture par exemple, car la nature cireuse du matériau masque le grain léger du papier et rend sa surface imperméable à d'autres couches. Les dessinateurs tiennent compte de ces contraintes et réservent l'usage des crayons de couleurs à certains effets et à des sujets particuliers.

Dans des travaux de petite dimension où l'on recherche certains types d'effets, naturels ou détaillés, on peut associer des taches de couleur dense au dessin linéaire. Mais l'un des domaines où les crayons de couleur sont vraiment à leur place est celui des associations de matériaux. On peut conjuguer l'effet délicat des crayons avec celui plus vigoureux des encres, ou bien celui de la peinture, pour ne citer que quelques exemples. C'est véritablement un nouveau domaine qui ouvre la voie à la recherche et à l'imagination.

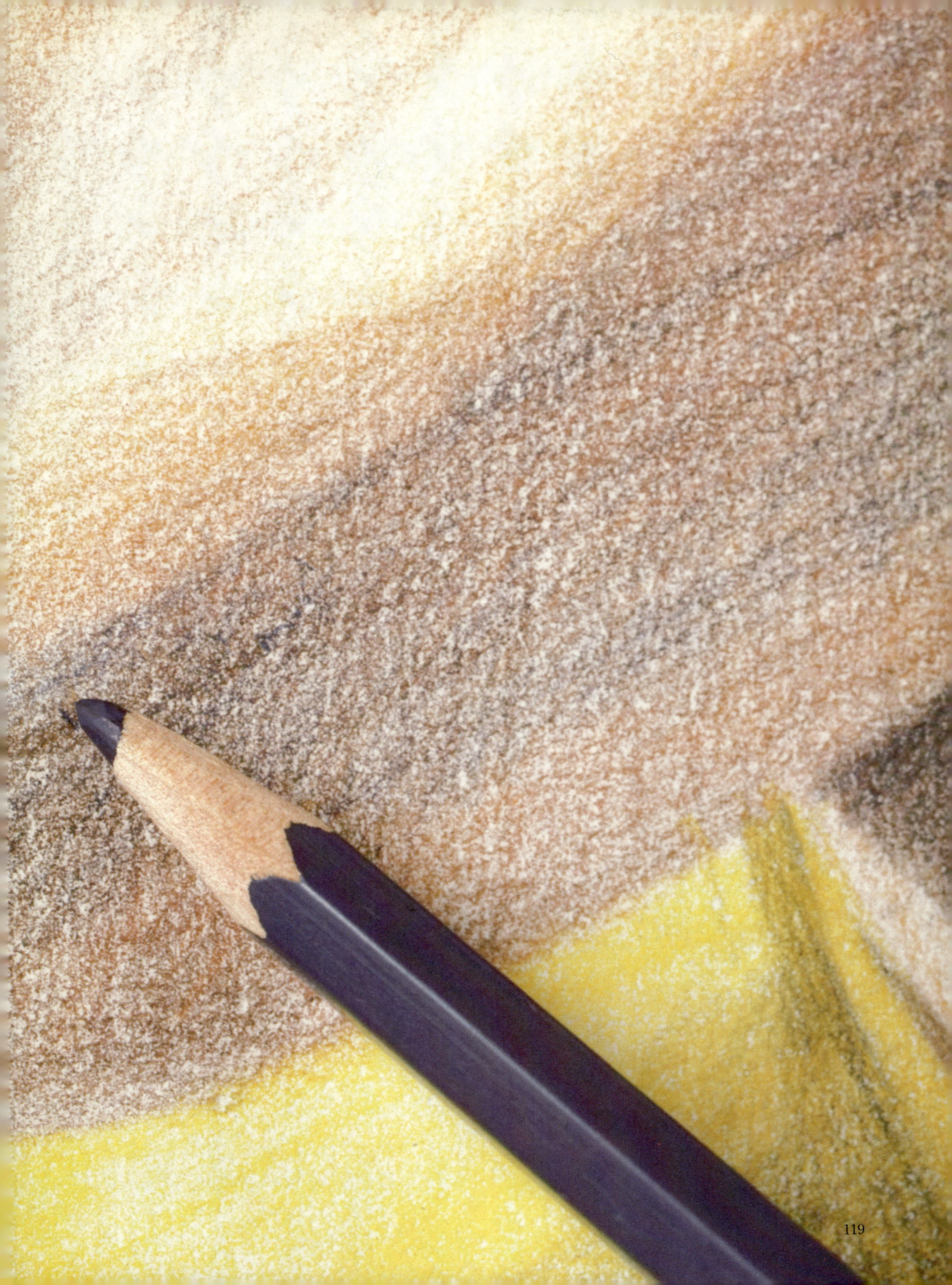

# *Matériaux*

## CRAYONS DE COULEUR

Les crayons de couleur sont fabriqués à partir d'argile et de pigments, liés avec de la gomme arabique, trempés dans la cire, puis agglutinés en mines et ensuite gainés de bois. Ces dernières années ont vu un accroissement spectaculaire de variétés, tant dans le domaine des couleurs que dans celui des matériaux ; il existe maintenant des crayons aquarelle que l'on peut dissoudre à l'eau sur le papier. Les crayons de couleur courants varient selon les fabricants et les séries. Certains, riches en cire sont durs, d'autres sont tendres et friables ; leurs effets s'apparentent à ceux des crayons pastel.

Les fabricants produisent une infinie variété de crayons de grande qualité ; une fois la nuance établie les composants, minutieusement dosés, sont mélangés industriellement et la couleur peut ainsi être reproduite à l'infini avec la même précision. La gaine est généralement fabriquée avec du cèdre de Californie, bois tendre qui ne risque pas de se fendre quand on le taille.

La trace du crayon de couleur s'efface difficilement, contrairement à celle du crayon de graphite. Le seul moyen de venir à bout d'un trait dur est de le gratter avec une lame. Mais cette méthode ne peut s'employer que dans des cas extrêmes, car elle endommage la surface du support.

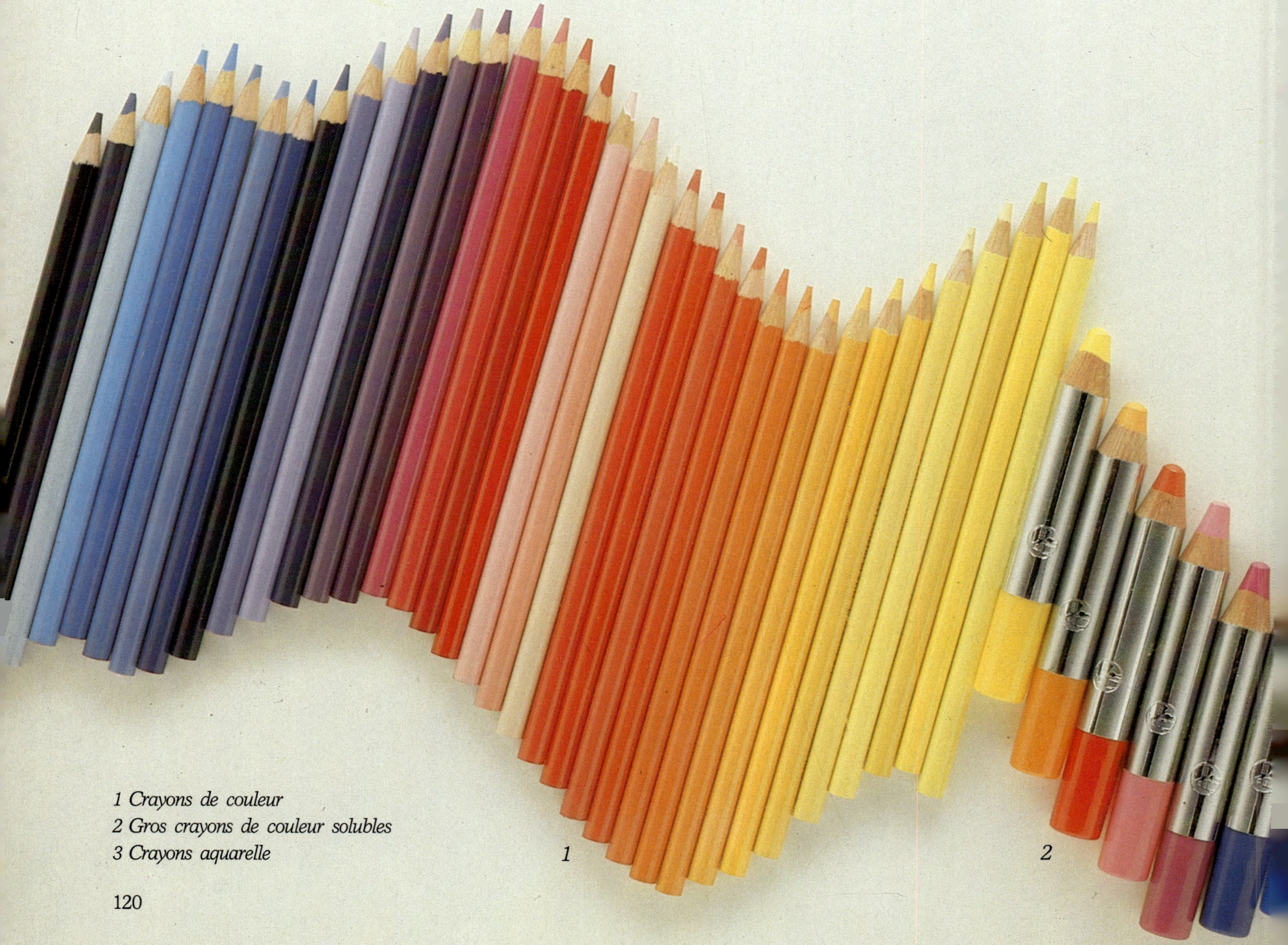


*1 Crayons de couleur*
*2 Gros crayons de couleur solubles*
*3 Crayons aquarelle*

## Crayons de couleur courants

On peut se procurer ces crayons soit à l'unité, soit en assortiments offrant jusqu'à 72 couleurs différentes. Les crayons de couleur courants conviennent aux dessins rapides, mais ils n'ont pas la finesse des crayons destinés aux artistes. La gaine de bois peut être de forme cylindrique ou hexagonale. Malgré leur apparence robuste, il convient de les traiter avec douceur, car s'ils sont malmenés, s'ils tombent au sol par exemple, la mine intérieure se brisera et partira avec le bois lorsque vous les taillerez.

Il existe des crayons spécialement conçus pour les travaux sur calque et papier acétate. Mais cette variété est principalement destinée à l'illustration et le dessin animé, et ne convient pas au dessin classique.

## Crayons aquarelle

Ceux-ci sont employés soit comme des crayons de couleur ordinaires, soit pour obtenir des effets aquarellés. Dans ce dernier cas, vous appliquerez de l'eau avec un pinceau sur les endroits que vous désirez fondre. Vous pouvez aussi humidifier le papier au préalable, ce qui fera saigner la couleur, celle-ci s'élargira légèrement et produira un effet plus doux.

Les gros crayons de couleur solubles sont parfaitement adaptés aux travaux de grandes dimensions. Ils sont vendus individuellement ou en boîte avec leur propre taille-crayon.

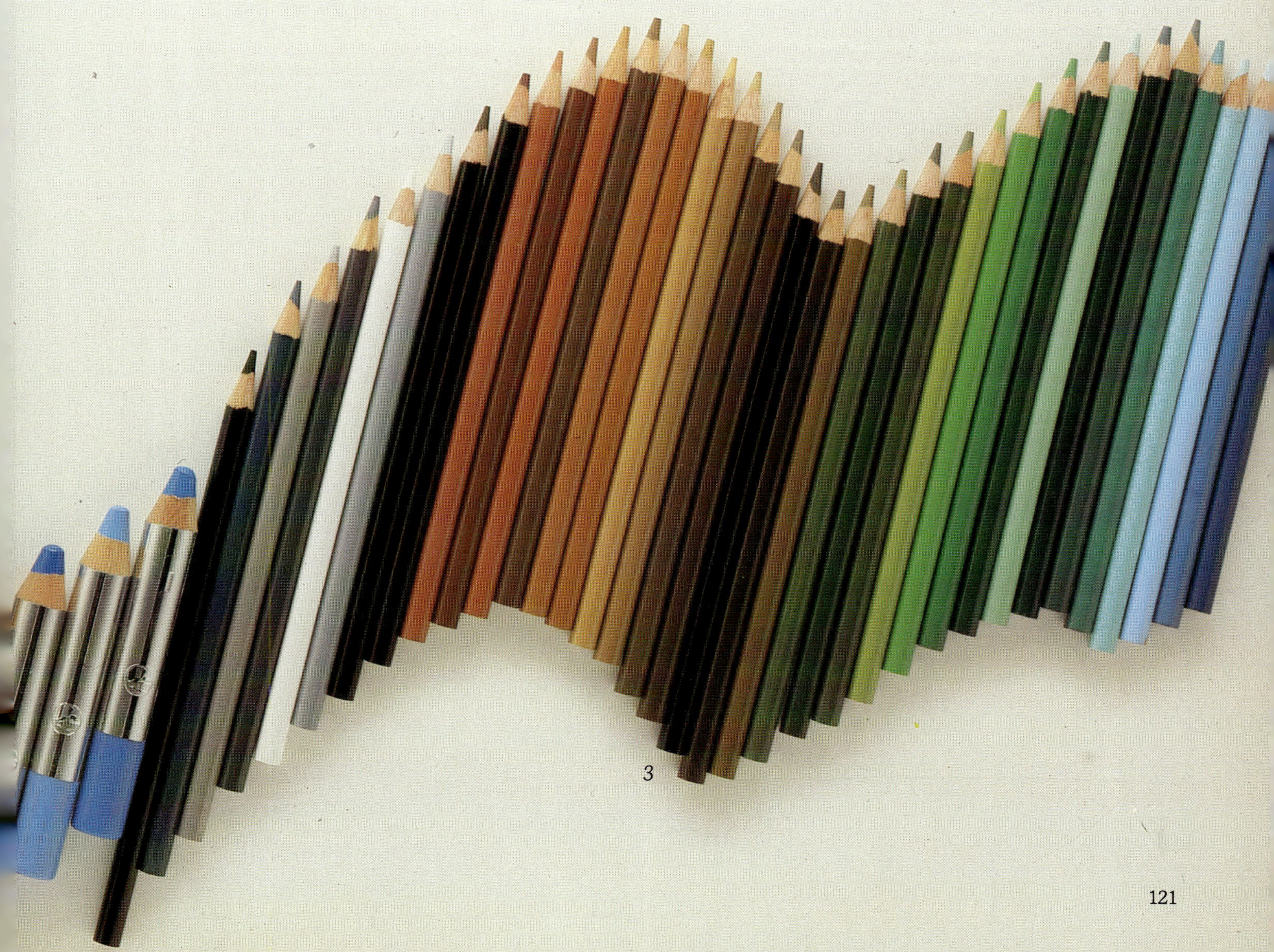

3

1

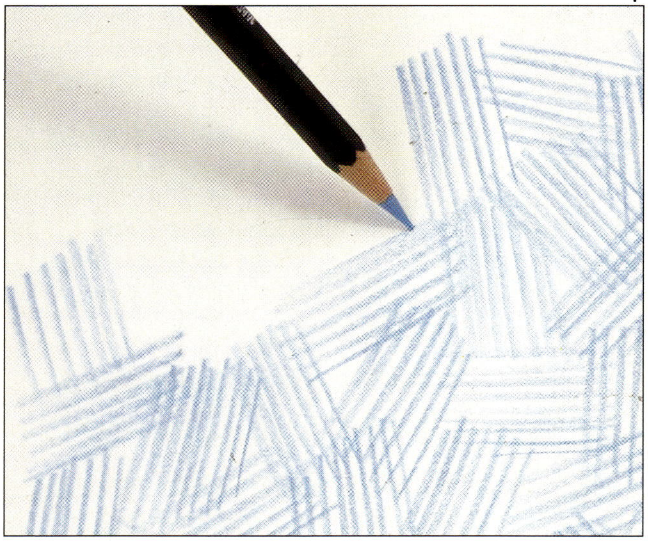

2

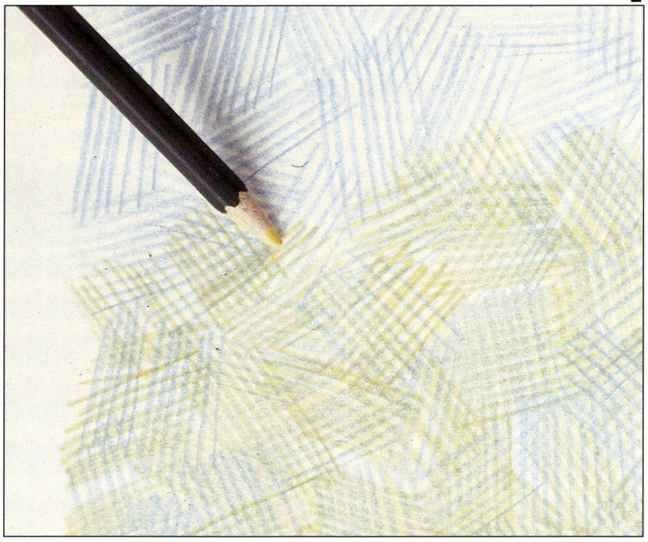

## Hachures croisées

La réussite du mélange des couleurs réside dans l'exploitation de la nuance du support. Les dessinateurs, rompus à l'usage de cet instrument maniable, en connaissent les limites et savent que ce n'est qu'en l'amadouant qu'ils obtiendront certains effets. Si vous recherchez par exemple un vert à partir du bleu et du jaune, mais dont l'effet composé de touches bleues et jaunes serait d'un plus grand intérêt que celui d'un crayon vert pris dans la boîte, il ne serait guère possible d'y parvenir en superposant deux couches de couleur épaisses. Car celles-ci produiraient un empâtement brillant, irrégulier et inesthétique, qu'il vous serait ensuite impossible de modifier. Par conséquent, la solution qui s'impose consiste à construire la couleur graduellement, par un réseau de lignes très aérées au travers desquelles apparaîtra le blanc du papier, comme sur l'illustration ci-dessus. Le système des hachures croisées, grâce au contrôle que l'artiste peut exercer sur les espacements, répond à cette nécessité. L'artiste commence par exécuter un réseau régulier de traits bleus sur un papier bristol *(1)* — si vous vous limitez à une surface trop étroite, il vous sera difficile d'en apprécier l'effet d'ensemble. Ensuite, il superpose un autre réseau de traits jaunes *(2)*. Il en résulte une couleur vivante, dont on peut parfaitement identifier les composantes, et dont l'effet global est néanmoins un vert *(3)*.

3

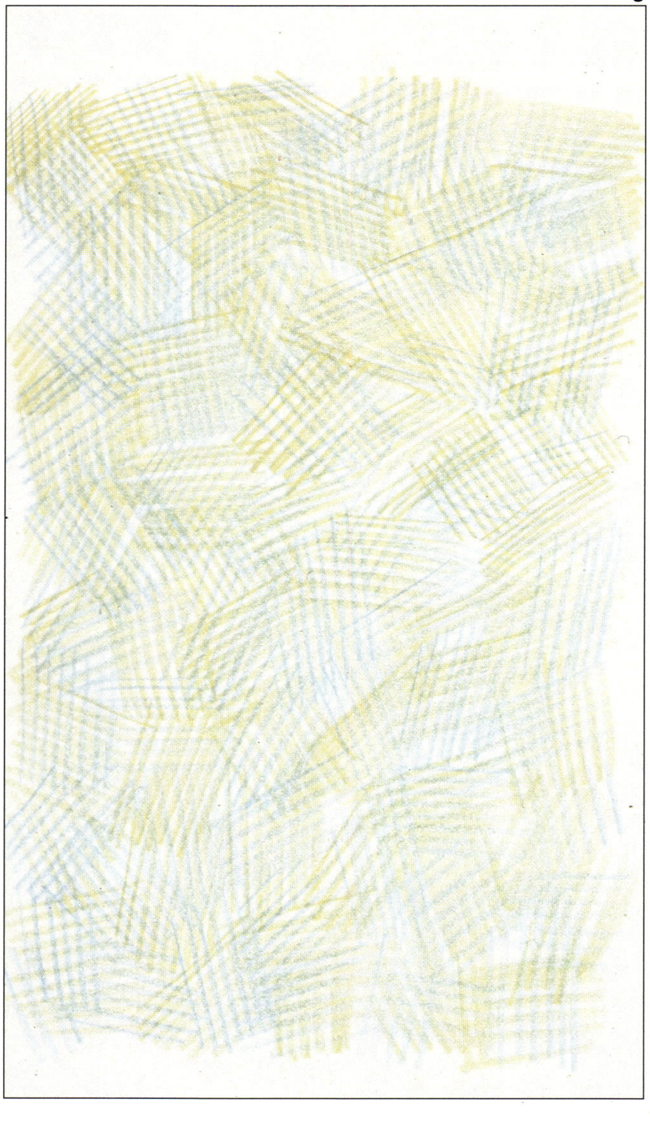

1

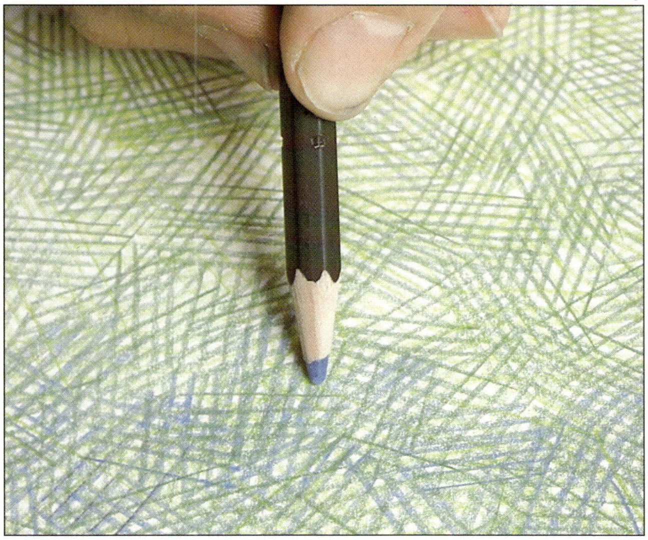

2

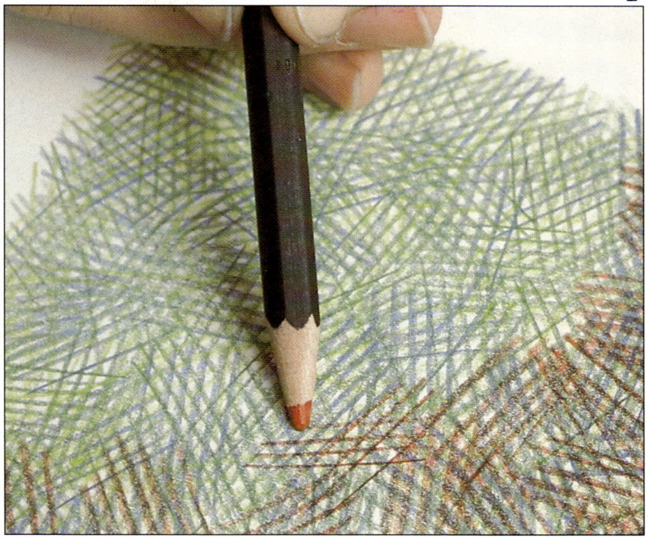

3

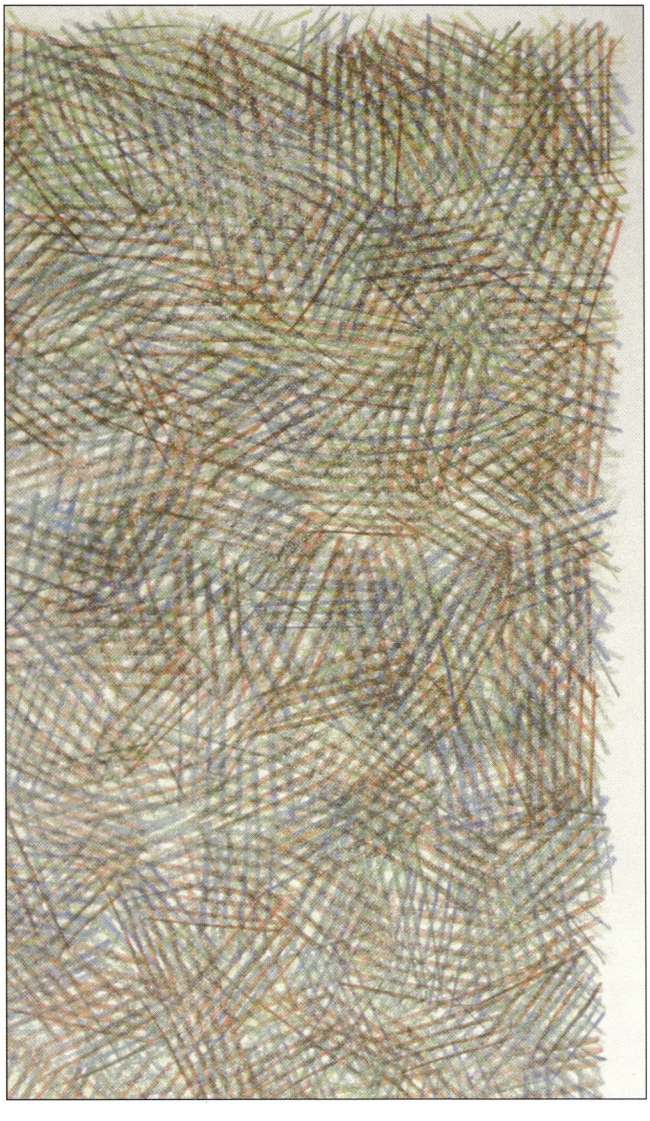

## Mélange optique

Le mélange optique illustré sur cette page n'est que le prolongement des démonstrations précédentes. L'auteur ajoute des hachures bleues au mélange pour en foncer le ton *(1)*. Il superpose ensuite du rouge vif *(2)* qui donnera une teinte chaude à l'ensemble *(3)*. Appliquées par couches successives, ces trois couleurs auraient créé une masse terne d'un gris brun irrégulier, la dernière couleur constituant la dominante. L'auteur a exploité la couleur du support et c'est la contribution du blanc au motif qui permet d'éviter cet effet. Ici les couleurs se complètent et s'harmonisent avec bonheur en un ton neutre, gris brun à distance, mais dont toutes les composantes restent identifiables.

Ces illustrations démontrent l'un des principes de base du dessin au crayon de couleur et nous fournissent les raisons de sa popularité. Ce principe de composition permet d'obtenir des couleurs aux effets chatoyants très attrayantes. Mieux vous saurez exploiter ces associations et plus les résultats seront intéressants. Pourquoi en effet utiliser un orangé ordinaire par exemple, si cette méthode peut vous permettre de créer une gamme de riches nuances à partir du rouge, du jaune et quelques ajouts de votre cru. Les effets obtenus sont souvent délicats et originaux, sans comparaison avec celui des couleurs dures fournies par les fabricants. Essayez vos propres mélanges, les résultats vous étonneront et stimuleront votre sens de l'innovation

1

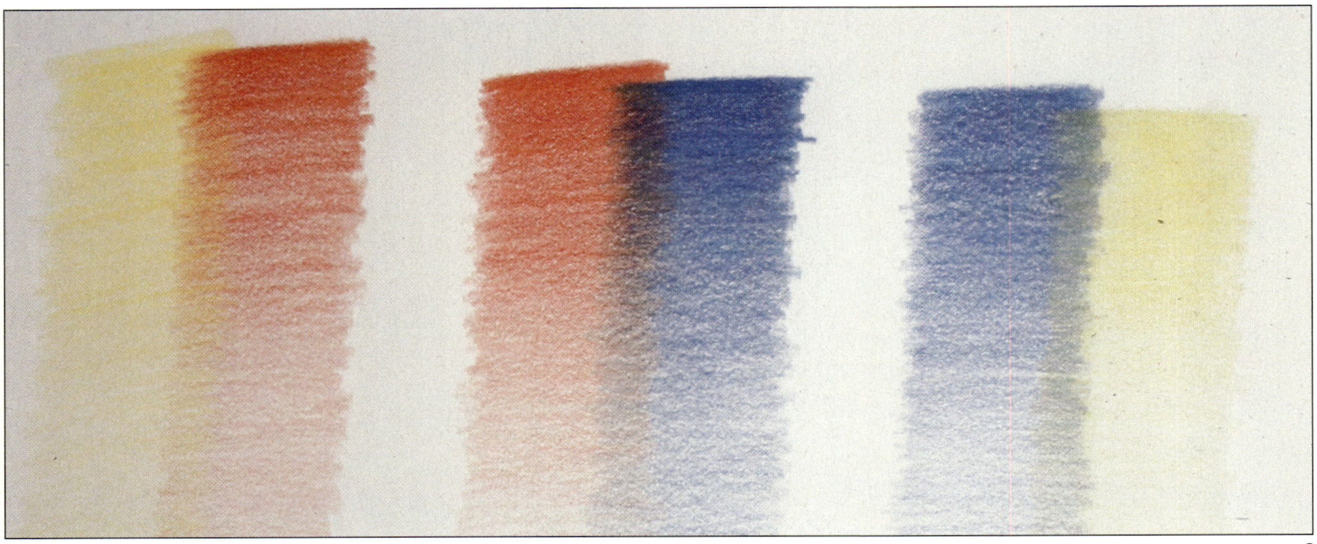

2

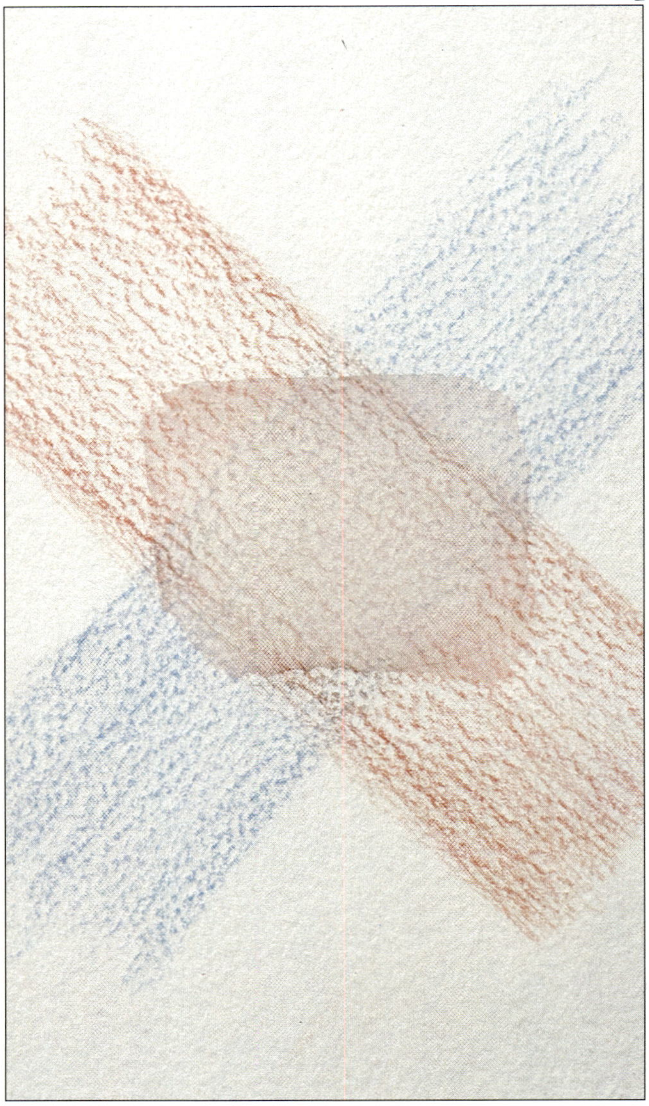

## Mélanges de couleurs

Nous avons abordé plusieurs méthodes permettant d'obtenir des mélanges de couleurs : les hachures croisées, le mélange optique et la superposition des couches. Avec un peu de pratique vous apprendrez à maîtriser les divers matériaux sans difficulté. Mais la connaissance des techniques et des matériaux ne vous dira rien sur le choix des couleurs nécessaires à la composition de la nuance que vous désirez. Il faut pour cela un peu de théorie et beaucoup de pratique. Essayez donc systématiquement tous vos crayons un à un dans toutes les associations et les permutations possibles *(1)*. Établissez un tableau des résultats, ces références vous seront d'une aide précieuse, elle vous permettront d'un coup d'œil d'identifier une couleur et son mode de composition.

Les crayons de couleurs solubles se diluent à l'eau. Après avoir appliqué la couleur d'un trait léger, prenez un pinceau souple et travaillez la couleur avec un peu d'eau claire. L'apprence est celle de la peinture à l'aquarelle, avec la même qualité de transparence qui la caractérise *(2)*. Cette technique présente cependant un inconvénient, car la couleur que l'on dilue à l'eau a tendance à s'assombrir et à se modifier, parfois même considérablement. Lorsque vous aurez acquis une certaine pratique, vous pourrez plus facilement anticiper le résultat. Quoi qu'il en soit, n'essayez pas d'imiter la peinture à l'aquarelle avec les crayons, ce sont avant tout des outils à dessin dont vous obtiendrez les meilleurs effets sur de petites surfaces.

1

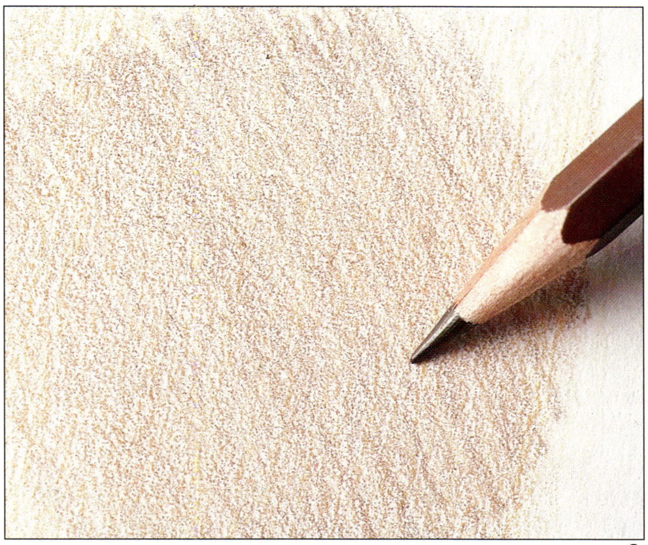

2

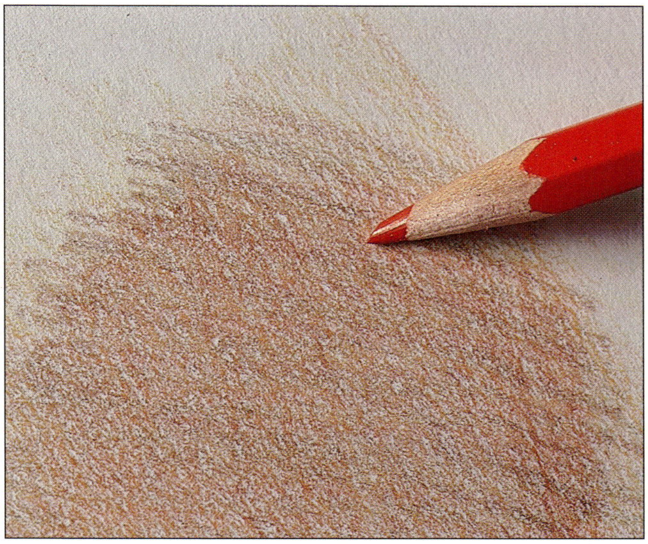

3

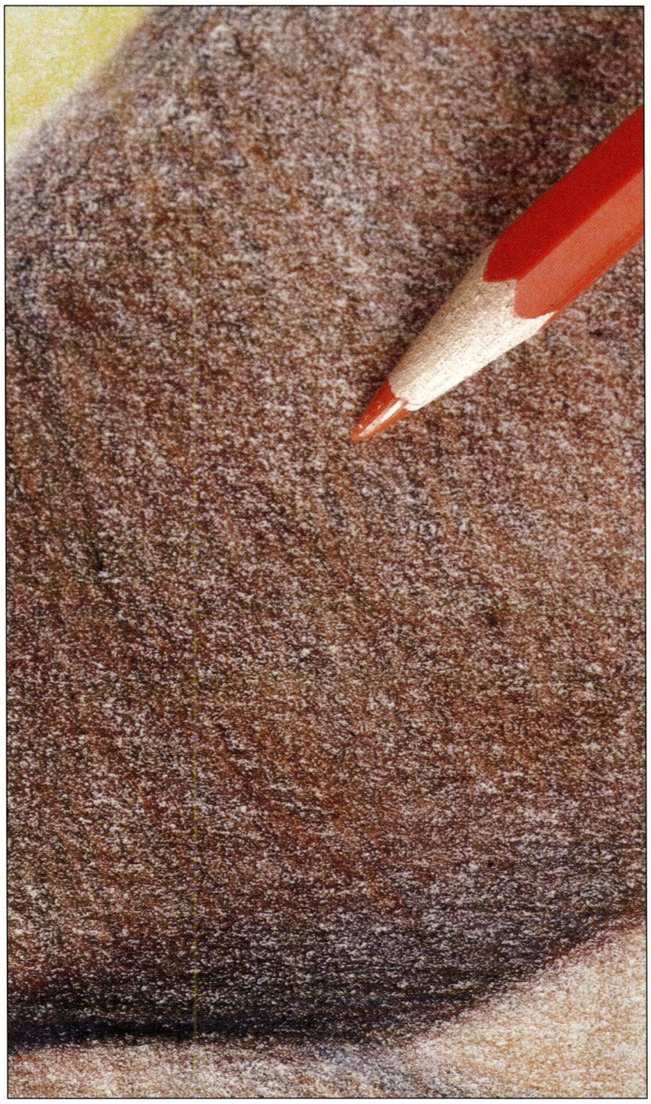

## Mélanges par superposition

Nous avons étudié sur les pages précédentes quelques méthodes efficaces de mélange des couleurs. Entre autres, celle qui consiste à superposer deux ou trois couleurs différentes pour en créer une troisième. Cette technique repose sur l'utilisation du blanc du papier, la couleur étant élaborée peu à peu par réseaux de hachures, pour que l'artiste puisse en contrôler les effets. La technique illustrée ici est plus directe ; il s'agit de superposer plusieurs couches de couleur unie, mais légères. Si vous recherchez l'effet d'un aplat et non celui irrégulier du mélange optique ou des hachures croisées, vous devrez tenir compte des limites du procédé pour en obtenir de bons résultats. Commencez par appliquer la couleur aussi légèrement que possible avec le biseau de la mine *(1)*. Cette méthode n'oblitère pas entièrement le grain du papier et vous permet d'ajouter une ou deux couleurs supplémentaires, du moment que vous les appliquez très finement *(2)*. Des tons très soutenus peuvent être obtenus en superposant deux ou trois couleurs claires *(3)*. Mais voyez comme déjà l'artiste éprouve des difficultés à superposer un second rouge ; l'épaisseur de la couche sous-jacente n'accepte plus le matériau.

Le grain du papier joue un rôle important dans le mélange des crayons de couleur. Pour cette démonstration, l'artiste a simplifié l'opération en choisissant un papier fort à grain ; ainsi les aspérités du support accrochent la cire colorée tandis que les minuscules interstices restent intacts et blancs. Il est indispensable de maintenir vos crayons parfaitement taillés, pour conserver l'acuité de la couleur et éviter les amas de cire.

# *Les palmiers*

## CRAYONS DE COULEUR SOLUBLES

Les dessins réalisés avec ces gros crayons de couleur solubles offrent une note ludique. Les palmiers n'ont pas été représentés dans leur vérité botanique, ils ont servi d'inspiration à un dessin lumineux, d'une harmonie toute en gaieté. L'accent est mis ici sur l'aspect décoratif ; dans cette version stylisée du sujet l'artiste a accusé des traits familiers et caractéristiques comme les larges feuilles. L'absence de fond isole les plantes et leur donne une dimension presque abstraite qui sied au matériau ; préciser la notion d'espace et d'éloignement implique des dégradés de tons plus subtils.

Ce matériau favorise une exécution ample et libre, il est donc mieux adapté aux travaux de grandes dimensions. Bien que les couleurs choisies soient inspirées de la réalité, elles sont plus vives ; la gamme couvre cinq verts différents, deux bruns, du noir et de l'orangé, utilisés çà et là pour réchauffer les couleurs à dominante froide. Dans la phase terminale, quelques effets aquarellés de couleur claire ont été créés avec de l'eau ; on utilise un pinceau à cet effet.

Pour obtenir des contours flous, il y a une autre méthode qui consiste à humidifier la feuille avec de l'eau claire avant de dessiner.

Ces gros crayons de couleur conviennent aux dessins linéaires de grande dimension. L'artiste a choisi un arrangement végétal dont les larges feuilles caractérisiques offrent un sujet idéal pour l'emploi de ce matériau.

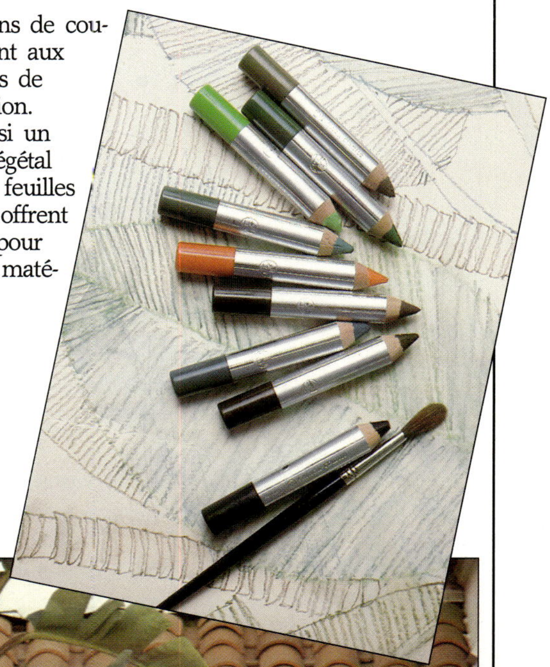

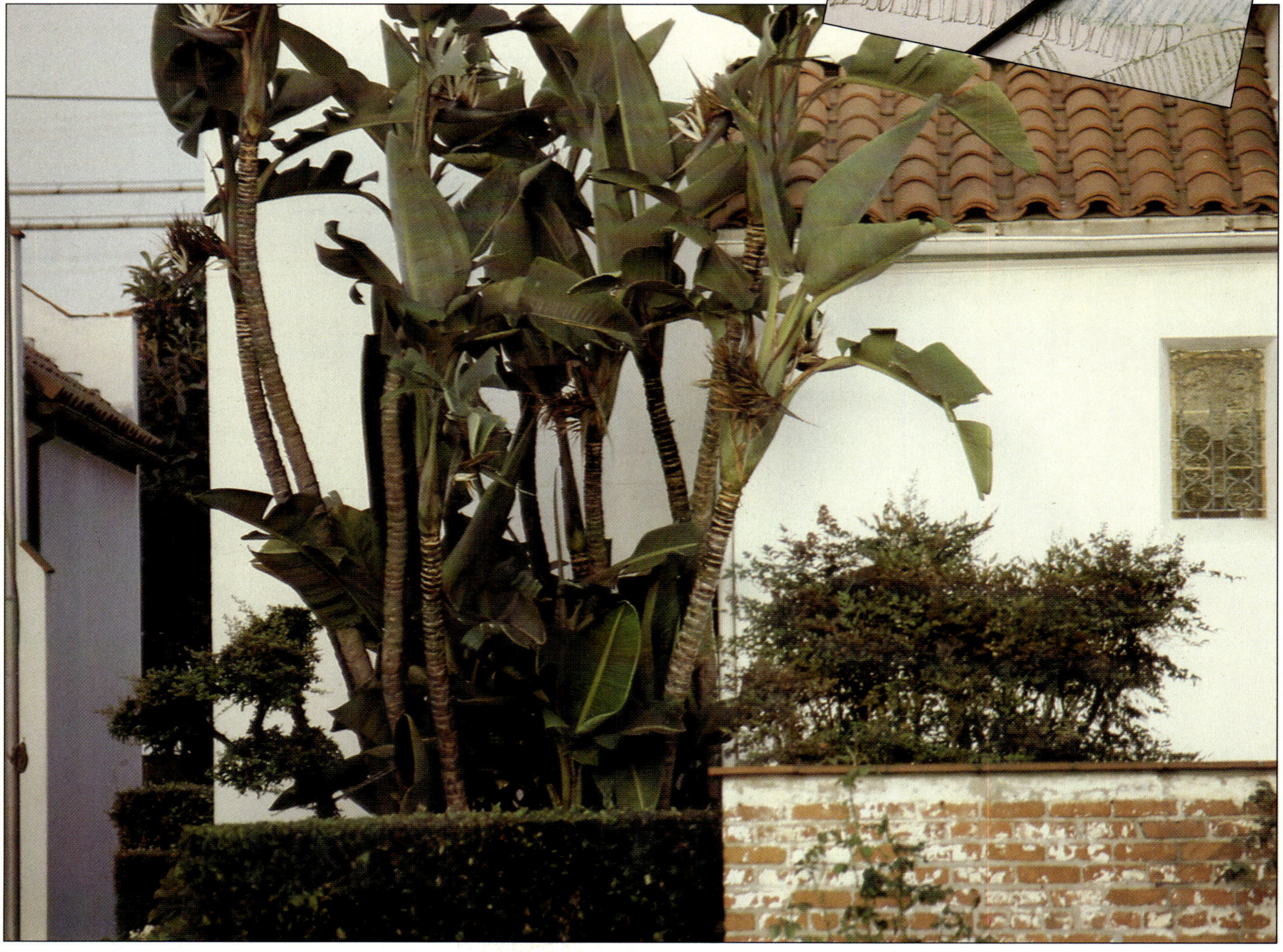

**1** L'objectif n'étant pas la représentation à la lettre du sujet, l'auteur commence par une esquisse d'un effet un peu plat, qui est une définition simplifiée — approche qui s'apparente à celle employée par les illustrateurs et dessinateurs de mode par exemple. Il utilise un papier blanc robuste (51 cm × 76 cm). Assurez-vous de la solidité de votre papier ou bien adoptez un papier bristol qui résistera à l'humidité.

**2** Les contours du premier tronc et des feuilles sont maintenant définis ; pour ce faire l'artiste a utilisé la couleur locale des parties concernées. Par exemple, le tronc est de teinte brune et les feuilles sont en partie brunes et vertes. Une partie du traitement des feuilles a déjà été réalisée, pour les décrire. L'artiste a simplifié son sujet, il en offre une version abrégée. Les feuilles sont colorées dans des tons de brun, de noir, de vert foncé et de vert clair.

1

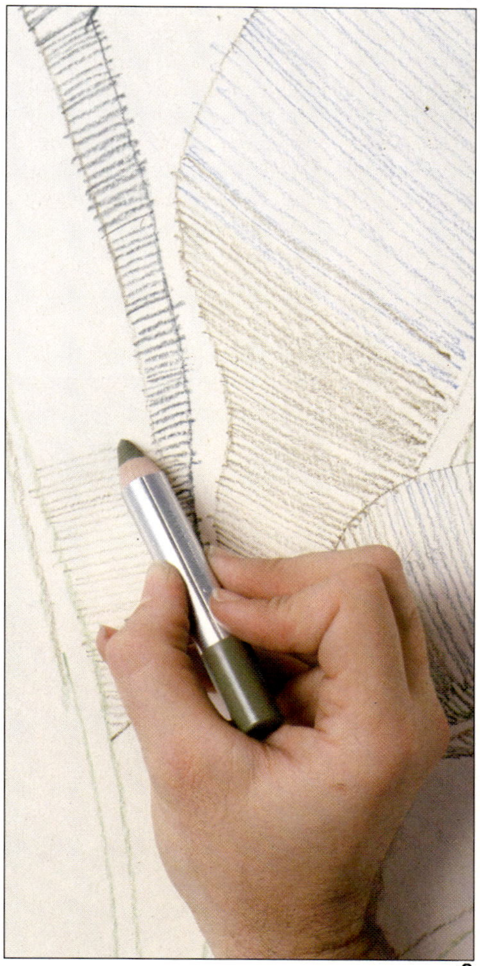

2

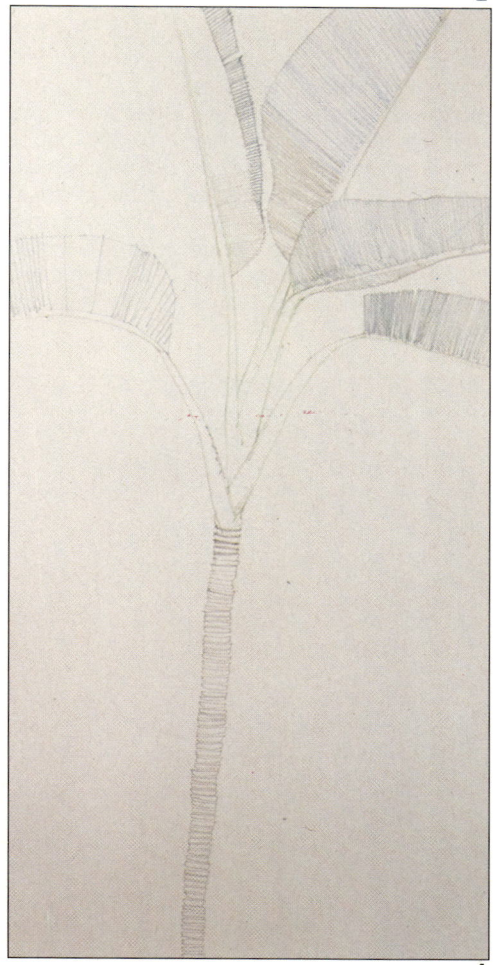

**3** L'artiste poursuit la définition des nervures en superposant un vert vif à un vert sombre. C'est ainsi qu'il procède pour représenter le feuillage. Ces variantes dans l'élaboration des couleurs d'une feuille à l'autre produisent un effet décoratif, mais cherchent aussi à rendre le sujet plus convaincant ; les subtiles variantes dans la nuance des feuilles suggèrent le jeu des ombres et de la lumière. Par le biais de ces associations de teintes, à partir d'un même assortiment de couleurs, on obtient un thème à dominante vive, mais harmonieuse.

3

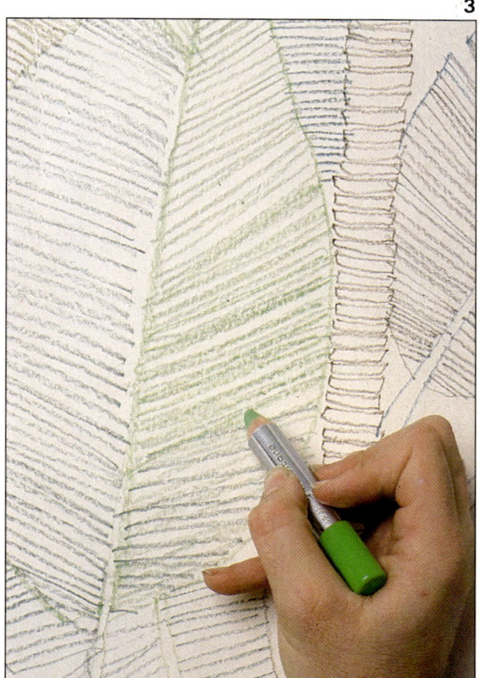

4

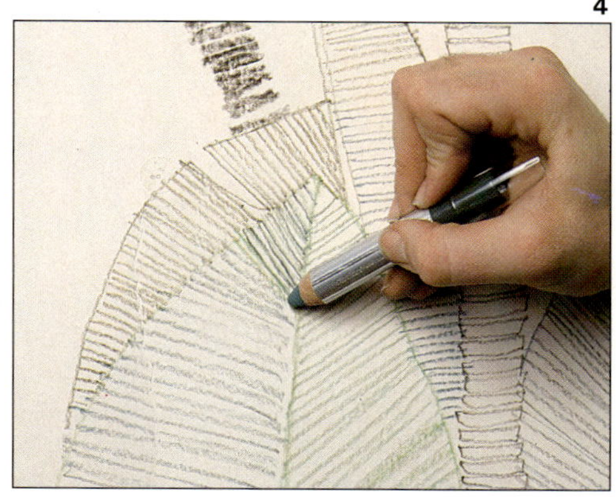

**4** L'artiste utilise un vert plus soutenu sur une moitié de la feuille, afin d'accentuer la densité tonale de la couleur. La nuance claire est conservée sur l'autre moitié, ce qu'il obtient en élargissant les espaces entre les nervures. Cette démarche ajoute une touche de réalisme.

**5** Pour définir les segments qui forment le tronc, l'artiste accentue la pression du crayon et obtient un trait plus sombre. Souvenez-vous qu'il n'est pas facile de travailler avec ces crayons ; la mine trop tendre rend le contrôle tonal extrêmement délicat. Pour obtenir des dégradés de valeurs il faut donc employer d'autres méthodes. La pression en est une, elle donne des traits plus épais et plus doux. Vous pourriez également avoir recours au système des hachures croisées, qui offre un parfait contrôle de la tonalité. Il est cependant préférable de faire un emploi naturel et logique de l'instrument et du matériau que vous employez afin d'en tirer le meilleur parti. Ne vous compliquez donc pas la vie en choisissant un sujet qui présente soit des couleurs denses, soit de subtils dégradés de tons. Les gros crayons de couleur solubles ne conviennent pas à ces usages. Préférez-leur un sujet aux lignes amples et fluides qui sauront mettre l'accent sur les qualités de ce matériau.

5

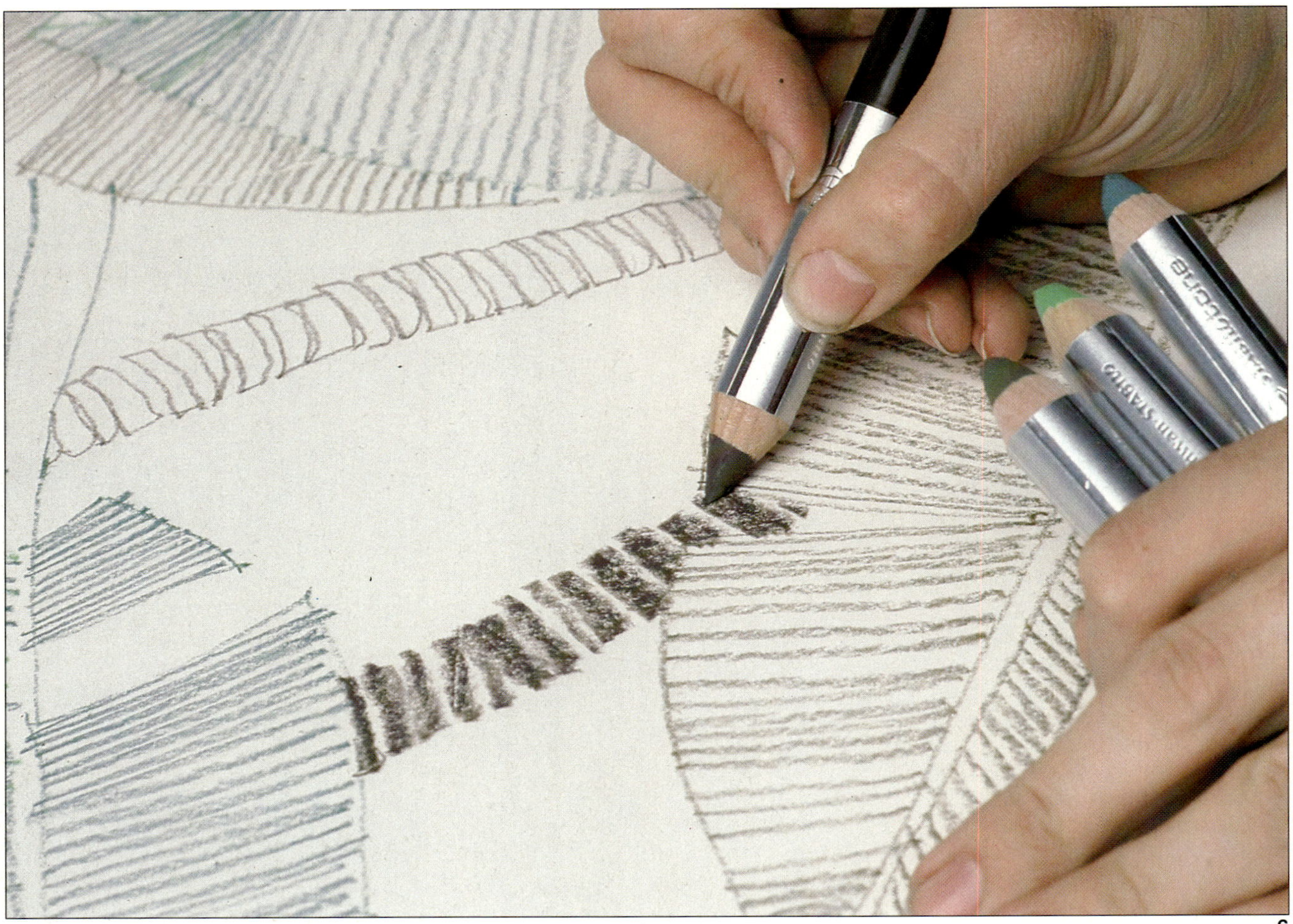

**6** Le détail d'une feuille ci-contre illustre la manière dont l'artiste a accentué les fines nervures et enrichi la matière du sujet pour créer un tissu complexe de traits orientés et de colorations. Les feuilles ont perdu leur nature propre pour s'intégrer dans un ensemble offrant une dimension quasi abstraite. Le noir, le brun, le vert clair, le vert foncé et le vert olive concourent à la complexité de la palette de ce dessin. C'est elle qui donne sa cohésion à cet ensemble, composé des différents aspects propres au sujet et des innovations de l'auteur.

6

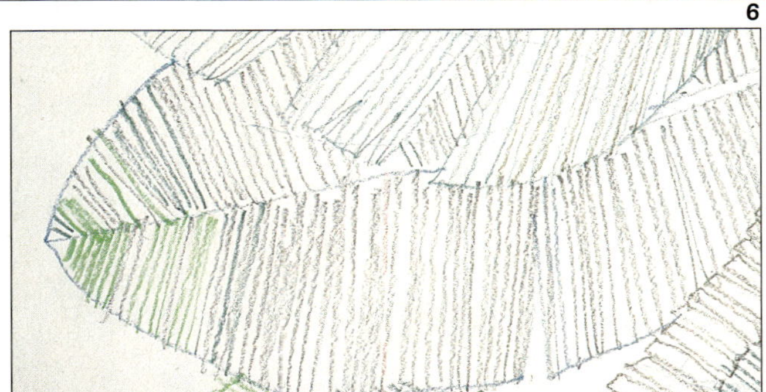

7

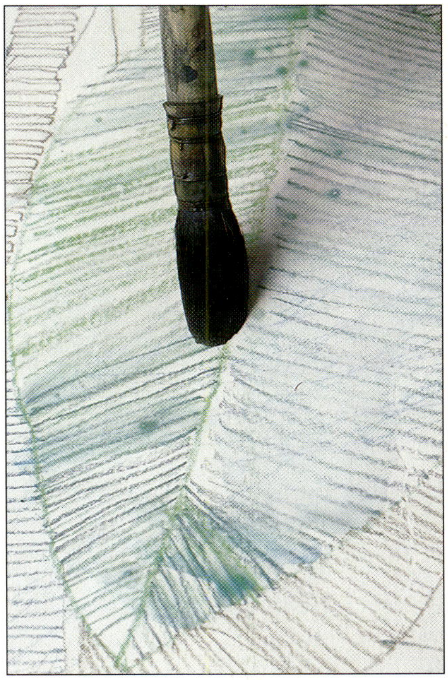

7 Sans perdre de vue l'effet d'ensemble, l'artiste dissout les couleurs à plusieurs endroits afin d'en fondre les nuances. Avec un pinceau imbibé d'eau claire, il effleure les nervures ; ce faisant, il libère juste ce qu'il faut de pigment pour fondre, sans le détruire, l'aspect linéaire.

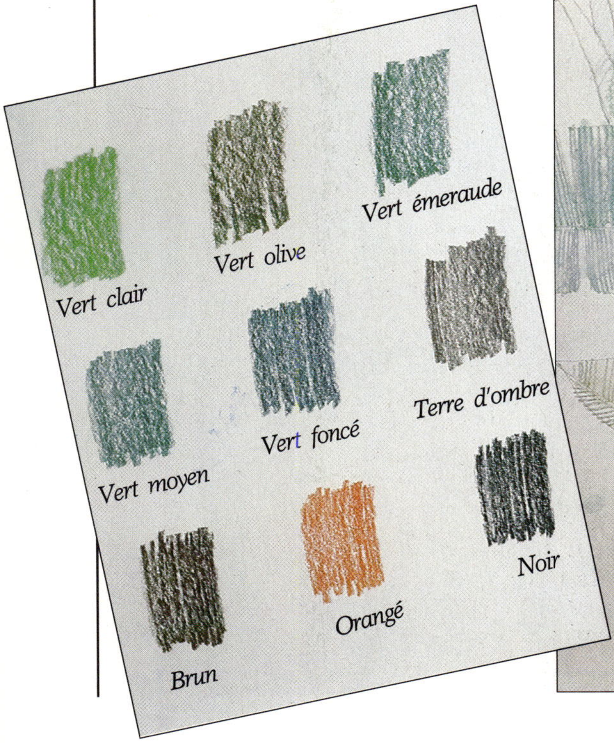


8 L'objectif de l'artiste était ici de faire ressortir les éléments dominants. Il en a dès le début souligné l'aspect décoratif et les formes plates. Il aurait été inopportun de tenter une réalisation figurative élaborée avec ce matériau. L'artiste a donc privilégié l'effet d'ensemble, grâce aux simples hachures orientées et à la résonance des couleurs. Ce sujet démontre toute l'importance d'une parfaite harmonie entre le choix du dessin et le matériau employé. C'est un aspect essentiel, que les débutants ignorent trop souvent lorsqu'il entreprennent un dessin. Ces gros crayons exigent un doigté délicat. Dans ce dessin, l'artiste n'a employé l'eau que dans les dernières phases de l'exécution afin d'introduire un élément de contraste.

8

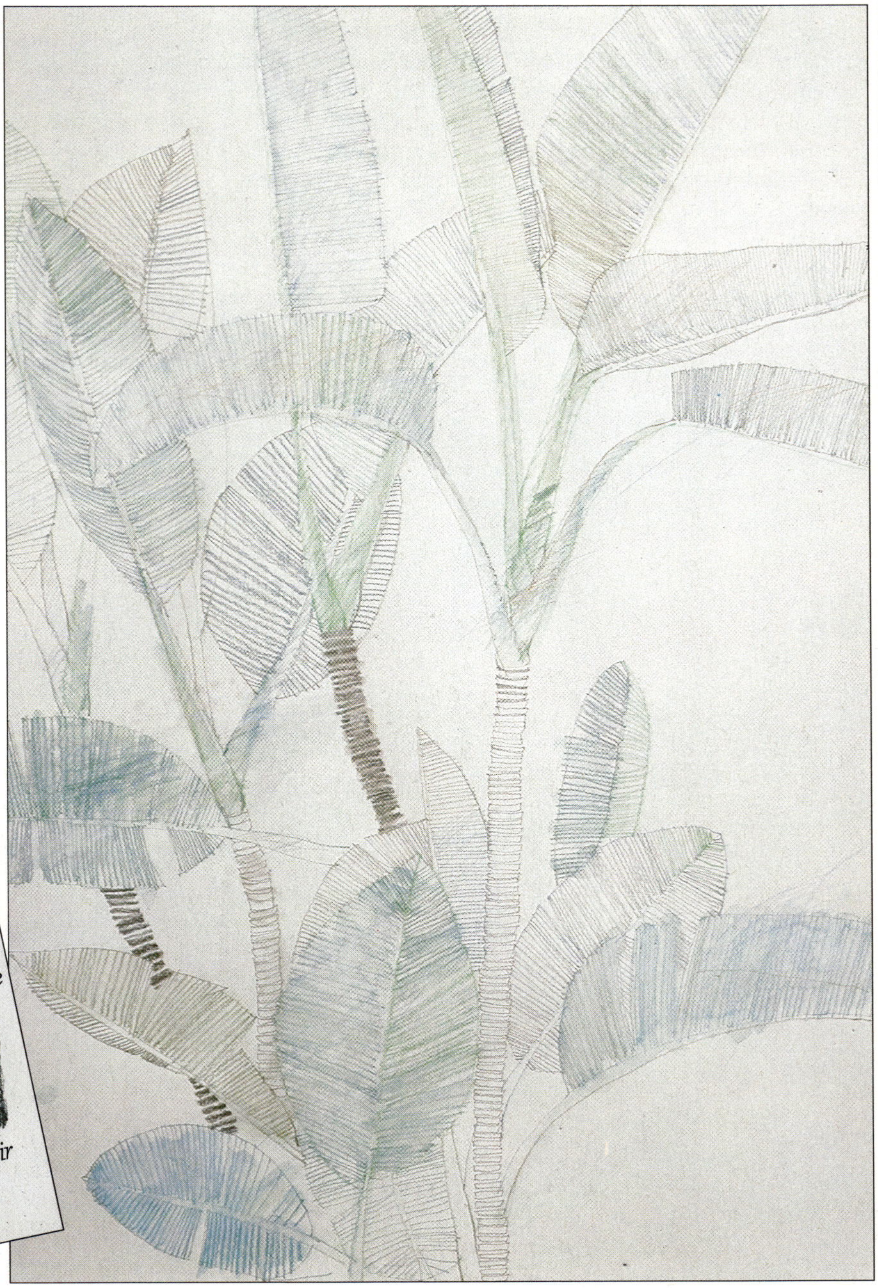

# *La femme sur la plage*

## CRAYONS DE COULEUR

Pour réaliser ce dessin lumineux où dominent de forts contrastes entre l'ombre et la lumière, l'artiste n'a utilisé que des crayons de couleur. Il a esquissé les contours avec quelques couleurs locales. Le crayon de graphite ne s'impose pas ici. Si les couleurs de ce sujet semblent se limiter principalement au rouge, au jaune et au bleu, la palette s'est révélée infiniment plus variée, à cause des tons subtils des chairs du personnage.

La peau est infiniment complexe et il ne suffit pas de différencier les parties exposées à la lumière de celles qui en sont protégées. Car chacune possède ses propres associations de tons chauds et froids. La peau d'un être humain, quelles que soient ses origines, est d'un grain transparent, finement nuancé, et la meilleure façon de le rendre est d'élaborer les tons par superposition. Avec les crayons de couleur on peut couvrir une zone légèrement et progressivement, ce qui permet aux couches sous-jacentes de filtrer entre les touches. Il en résulte, à condition que les applications soient très fines, un effet transparent. Au cas où la couleur serait trop dense, utilisez la gomme.

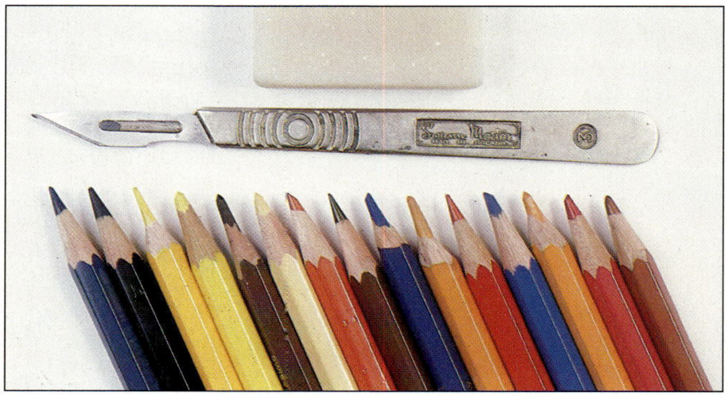

15 couleurs ont été choisies pour cette réalisation. Ayez une gomme ainsi qu'un scalpel à portée de main. Les crayons seront taillés en permanence pour éviter les surépaisseurs. Ce corps brun, gainé d'un maillot de bain jaune vif, sur fond rouge et bleu, est un sujet fort. La lumière vive produit des contrastes très marqués ; le corps est défini par des ombres dures et des reflets très clairs. Et la vive lumière du soleil projette une ombre nette sur le sable. Utilisez un papier bristol blanc (71 cm × 51 cm).

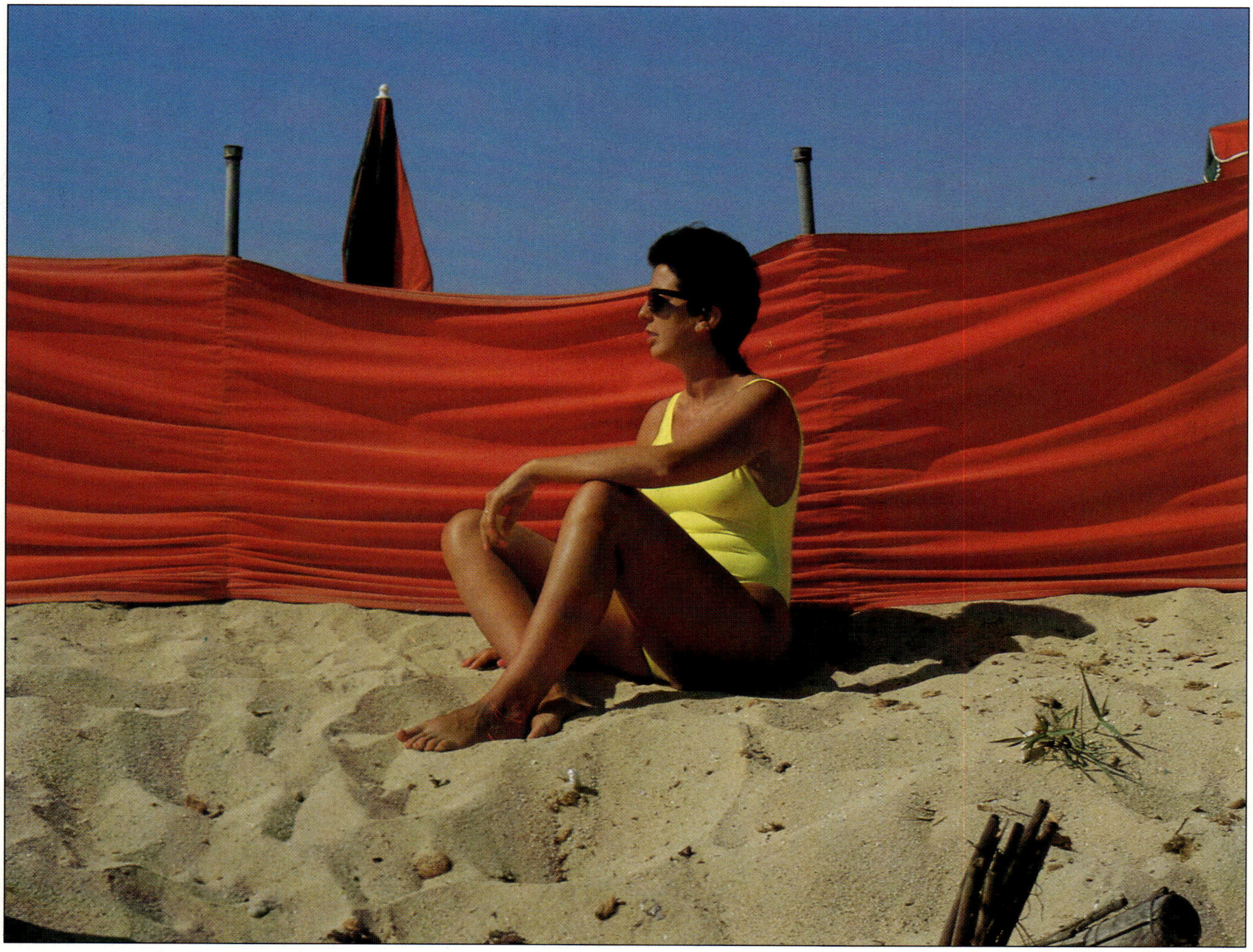

1

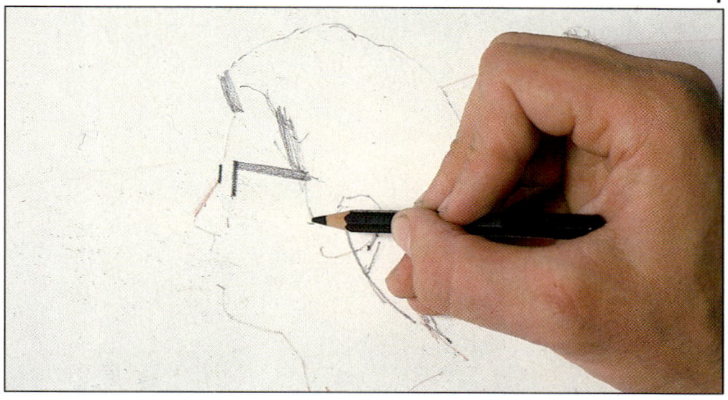

**1** L'artiste commence par dessiner les contours du sujet. Chaque partie de cette esquisse est définie avec sa couleur locale. Ici, par exemple, les chairs du visage sont dessinées avec un crayon terre de Sienne brûlée, les cheveux et les lunettes de soleil, avec un crayon noir.

**2** L'artiste traite la masse des cheveux. Les chairs du visage sont construites par de légères couches successives. Commencez avec du jaune de Naples, puis ajoutez des tons chauds, brun et rouge. Les ombres sont travaillées avec des couleurs froides comme le noir et le bleu. Les zones de papier blanc représentent les parties en pleine lumière.

2

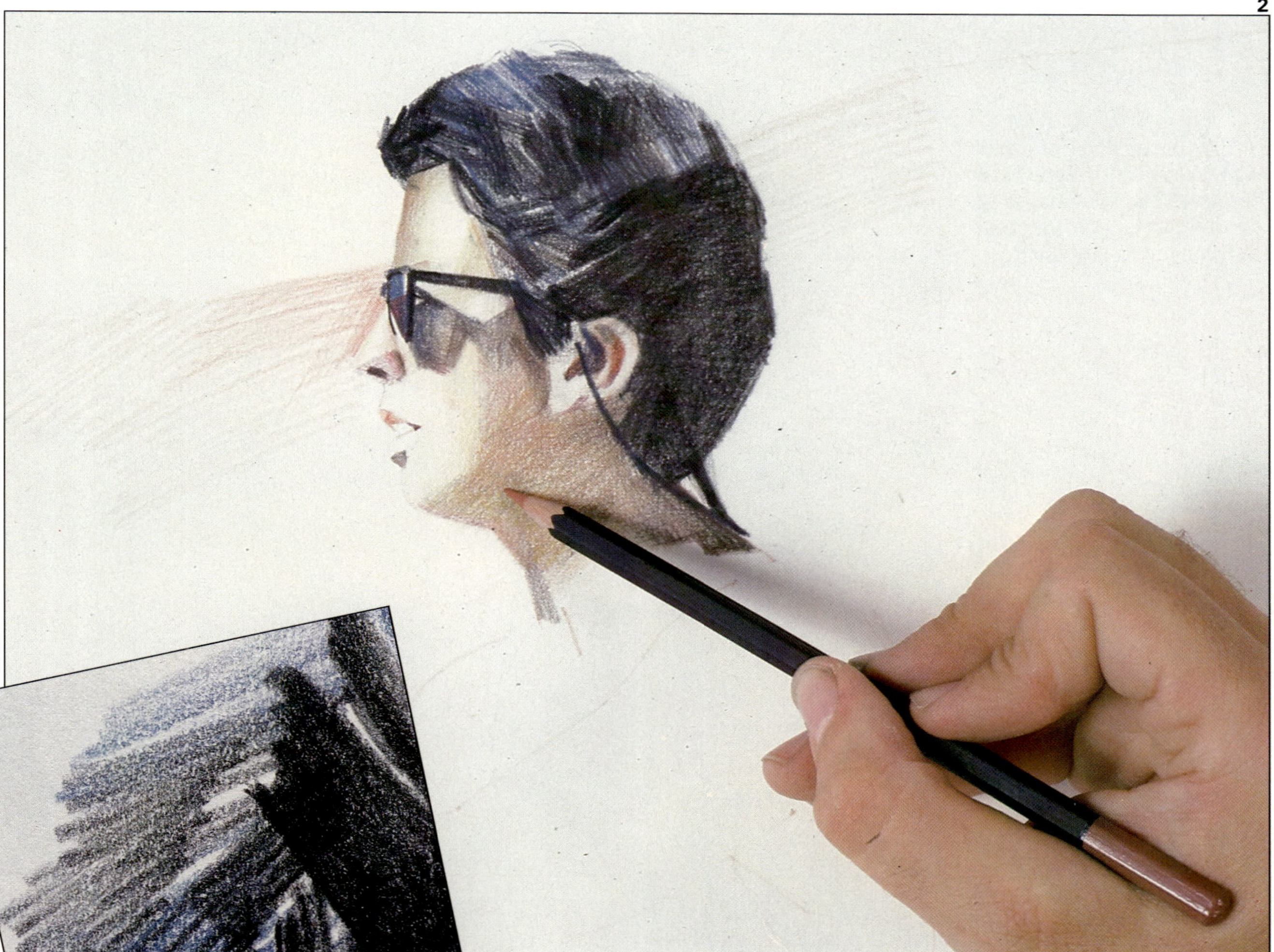

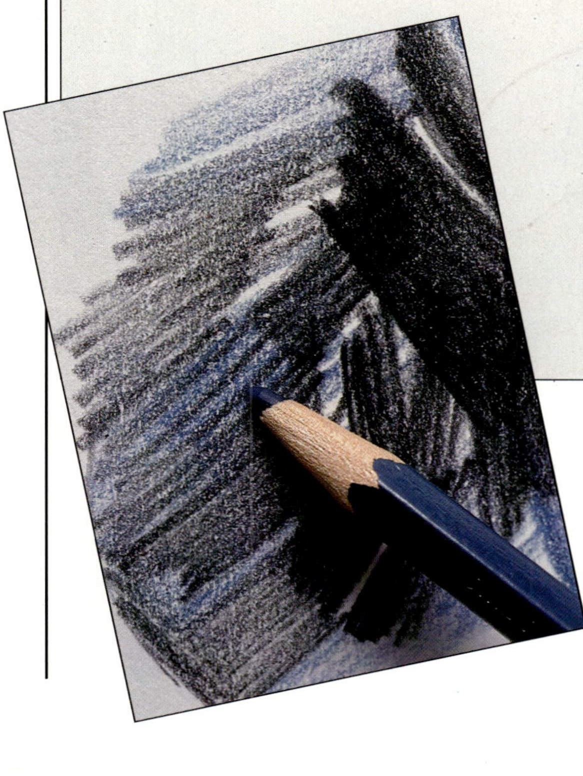

3

**3** Le détail des cheveux, ci-contre, illustre la manière dont la masse a été traitée par des hachures plus ou moins foncées. Notez l'orientation des traits qui indiquent le mouvement des cheveux. Les effets de valeurs ont été obtenus en variant la pression du crayon. Le brun rouge et l'indigo se superposent à la couleur locale pour saisir les reflets brillants sur les cheveux du sujet. Les traits énergiques demeurent visibles et contribuent au graphisme vigoureux du dessin.

**4** La toile rouge et le maillot de bain jaune ont été traités d'un trait léger, sans se soucier des valeurs au sein des formes. L'artiste s'est d'abord attaché à établir un ton approximatif autour du corps. Il peut maintenant travailler les chairs. Il définit ici les tons très sombres sur le bras avec un brun rouge, du jaune de Naples, du jaune citron et de la terre de Sienne brûlée.

**5** Les ton chauds et froids sont définis sur l'ensemble du dessin. Ici l'artiste applique un ton froid indigo sur une zone moyennement ombrée.

4

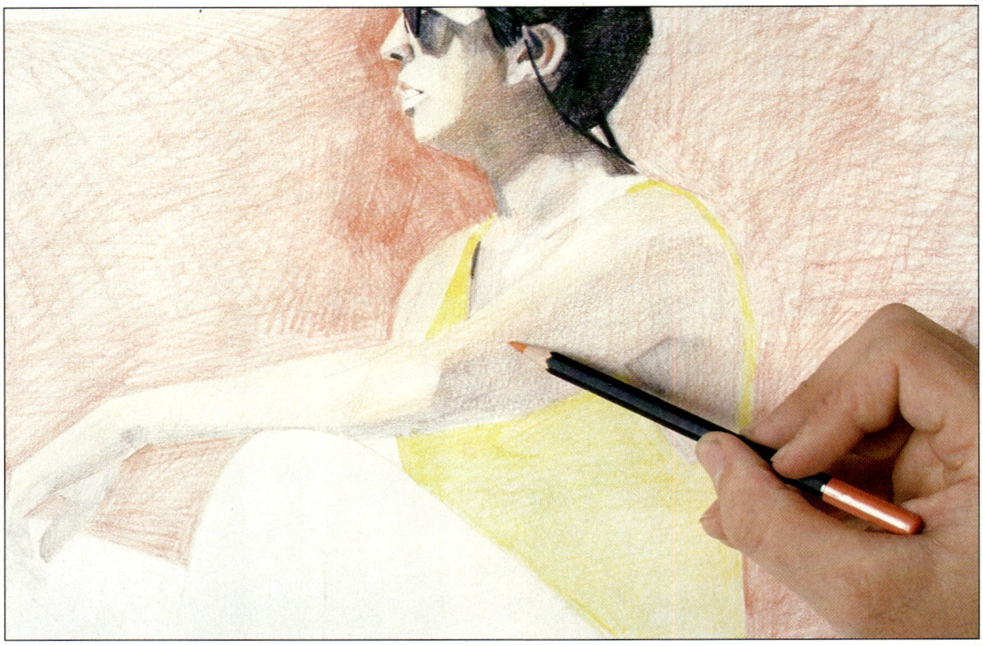

5

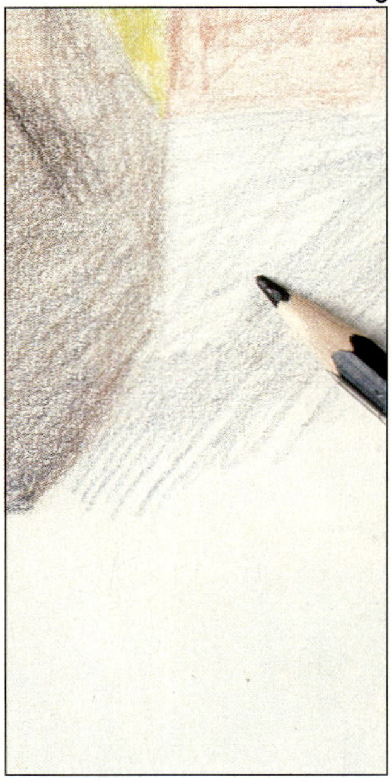

6

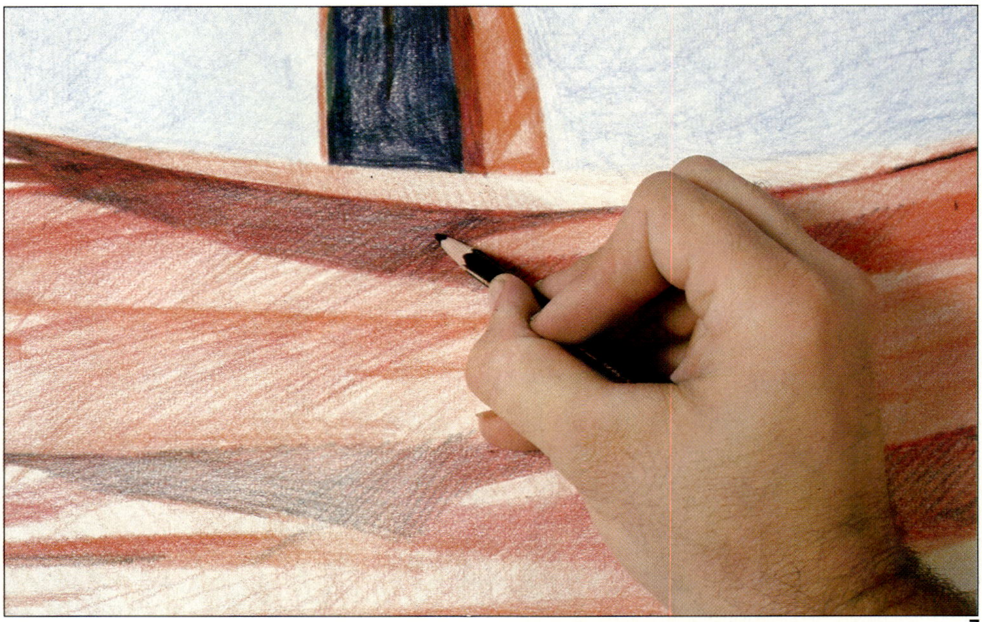

**6** Il passe ensuite à la toile rouge, qui n'est encore qu'une forme plate, et y définit les formes créées par les plis. Les parties exposées à la lumière sont dessinées en rouge clair avec des touches d'orangé. Les parties ombragées sont généralement de deux valeurs, claires et foncées.

**7** L'ombre à l'extérieur de la cuisse, préalablement définie avec du bleu, du brun et de la terre de Sienne brûlée est maintenant accentuéee avec un crayon rouge. Les plans les plus sombres se trouvent sur le haut et dessous, et cette zone est rendue par des traits égaux de même direction. L'ombre sur le sable est indiquée par une nuance bleutée.

7

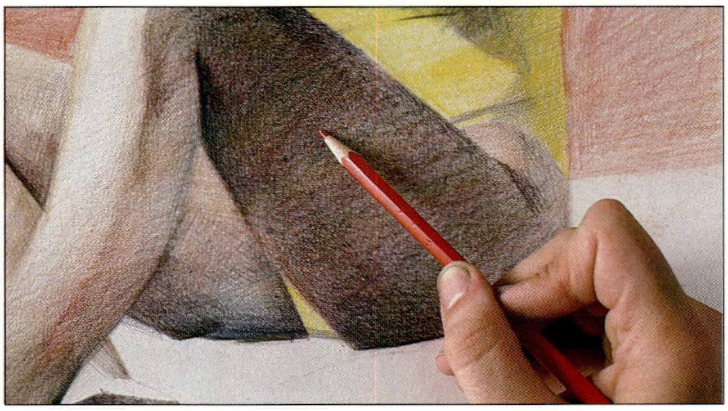

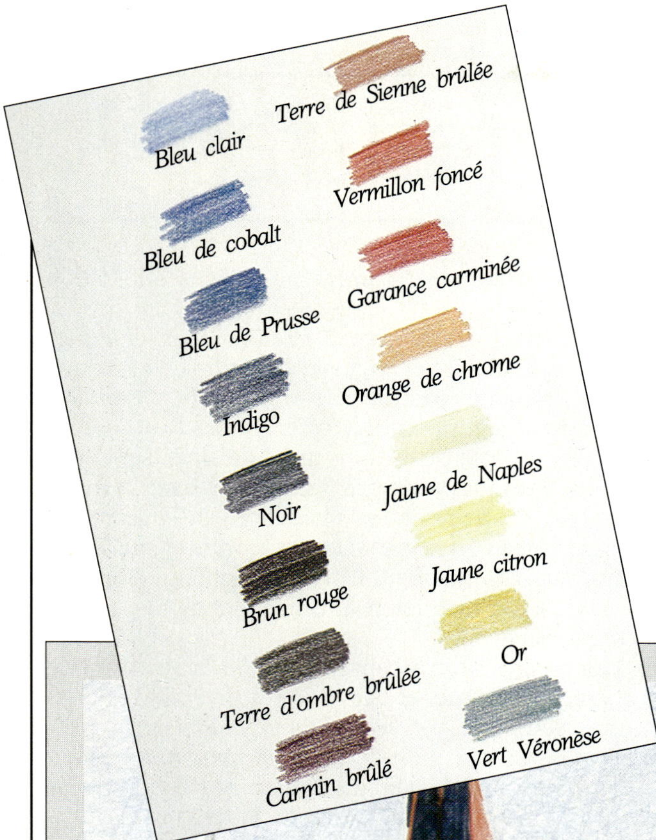


**8** Bien qu'il s'agisse ici d'une composition, la femme en est le centre d'intérêt. Pour mieux faire ressortir le personnage, l'artiste a accentué les parties rouges qui l'entourent en allégeant au contraire les extrémités. Une grande part du travail s'est centrée sur le rendu des chairs constituées d'un mélange subtil de tons chauds et froids. Les crayons de couleur conviennent parfaitement à ce type de travail, mais à condition que les applications soient toujours très fines, de façon à ne pas oblitérer les couches sous-jacentes. Il est ainsi possible de rendre le grain délicat de la peau, bien qu'une large gamme de coloris soit nécessaire pour y parvenir. Il a fallu par exemple quatre tons de bleu et un vert pour réaliser les parties ombrées froides ainsi que trois jaunes et quatre rouges pour les teintes chaudes exposées à la lumière.

8

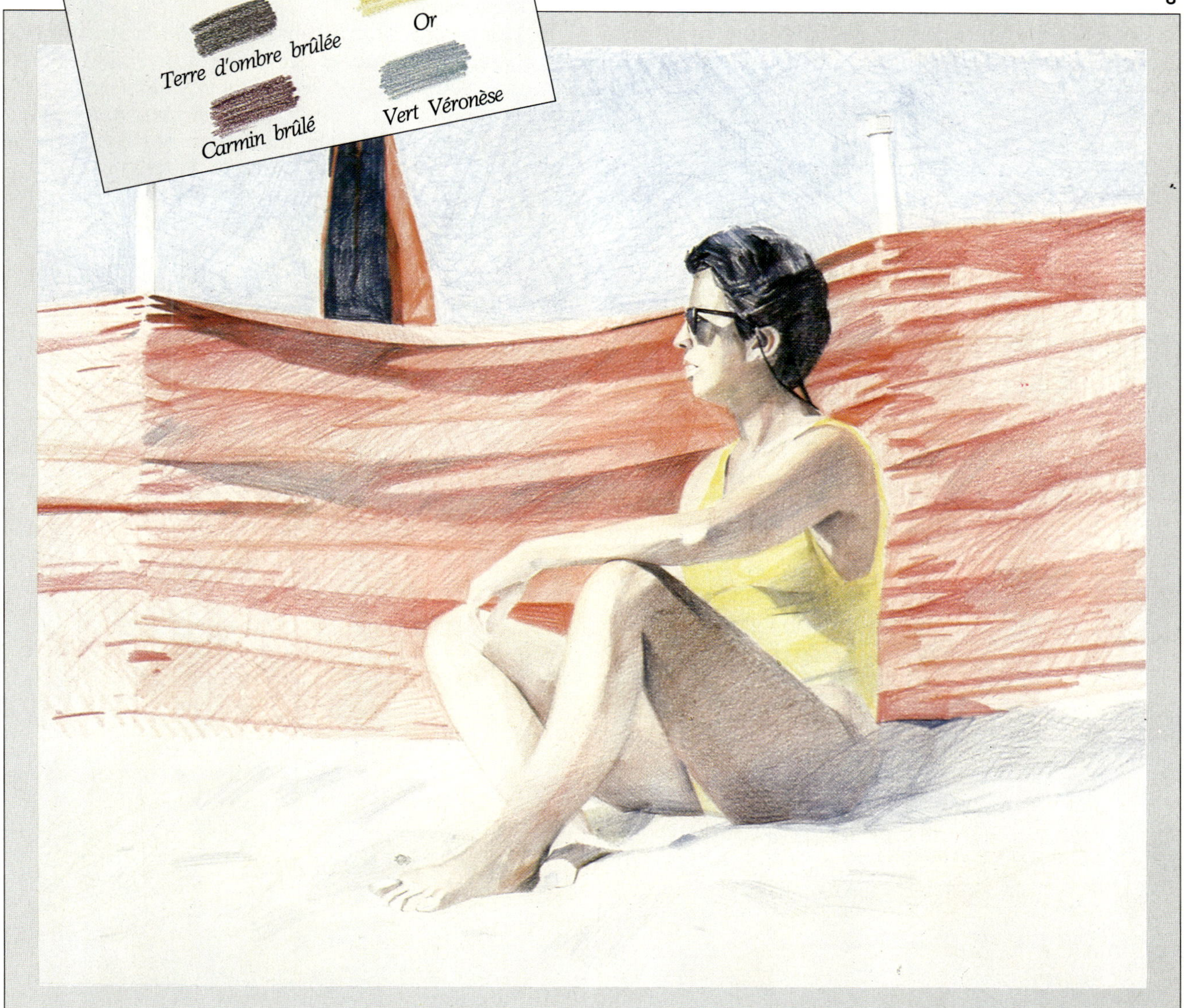

# Chapitre 9

# Marqueurs et feutres

Grâce aux techniques modernes, les marqueurs et les feutres se perfectionnent sans cesse et de nouveaux produits envahissent le marché. Ne dédaignez pas ces jeunes instruments à dessin, car leur champ d'application est très large. Et bien qu'ils soient destinés en priorité aux arts graphiques, ils se prêtent à toutes les expériences. Ils offrent une vaste gamme de couleurs et de traits riches en possibilités, exploitables à des fins techniques aussi bien qu'artistiques.

Le marqueur « traditionnel » à la large pointe rectangulaire biseautée est couramment employé pour le dessin graphique ou le dessin animé. Il existe même des spécialistes du marqueur qui ont étudié divers champs d'application possibles pour ce matériau, comme le grain du bois, le reflet sur les surfaces métalliques, et même les subtiles gradations de la figure humaine. Des domaines dans lesquels les marqueurs sont capables de prouesses. Sans aller si loin, ou même chercher à limiter la précision exigée dans les ateliers d'art, on peut les emprunter aux techniciens pour obtenir des effets aussi beaux qu'originaux. Ce dernier venu dans le domaine des arts mérite donc d'être traité comme un matériau de dessin à part entière.

Dans les pages suivantes, il est utilisé dans une création graphique tout à fait originale alliant fraîcheur et netteté avec un parfait contrôle des effets. Pour y parvenir l'artiste a tenu compte des caractéristiques du produit ; le fait par exemple qu'on ne puisse dessiner selon des méthodes classiques avec des couleurs plates. Ce matériau comme les autres a ses restrictions et le secret de la réussite consiste à savoir allier les exigences du dessin aux capacités du matériau. Cherchez donc un sujet qui autorise une représentation linéaire et originale, et tentez l'expérience !

Les pointes feutre constituent une large catégorie regroupant des formes et des matières diverses : pointes en ogive, extra-fines, en forme de pinceau, etc. Il n'est pas nécessaire d'être un expert de chacune, vous en connaissez probablement déjà un certain nombre pour les avoir utilisées comme outils d'écriture. Faites preuve d'imagination afin d'en exploiter toutes les richesses, vous serez vite séduit par les effets spectaculaires qu'elles produisent.

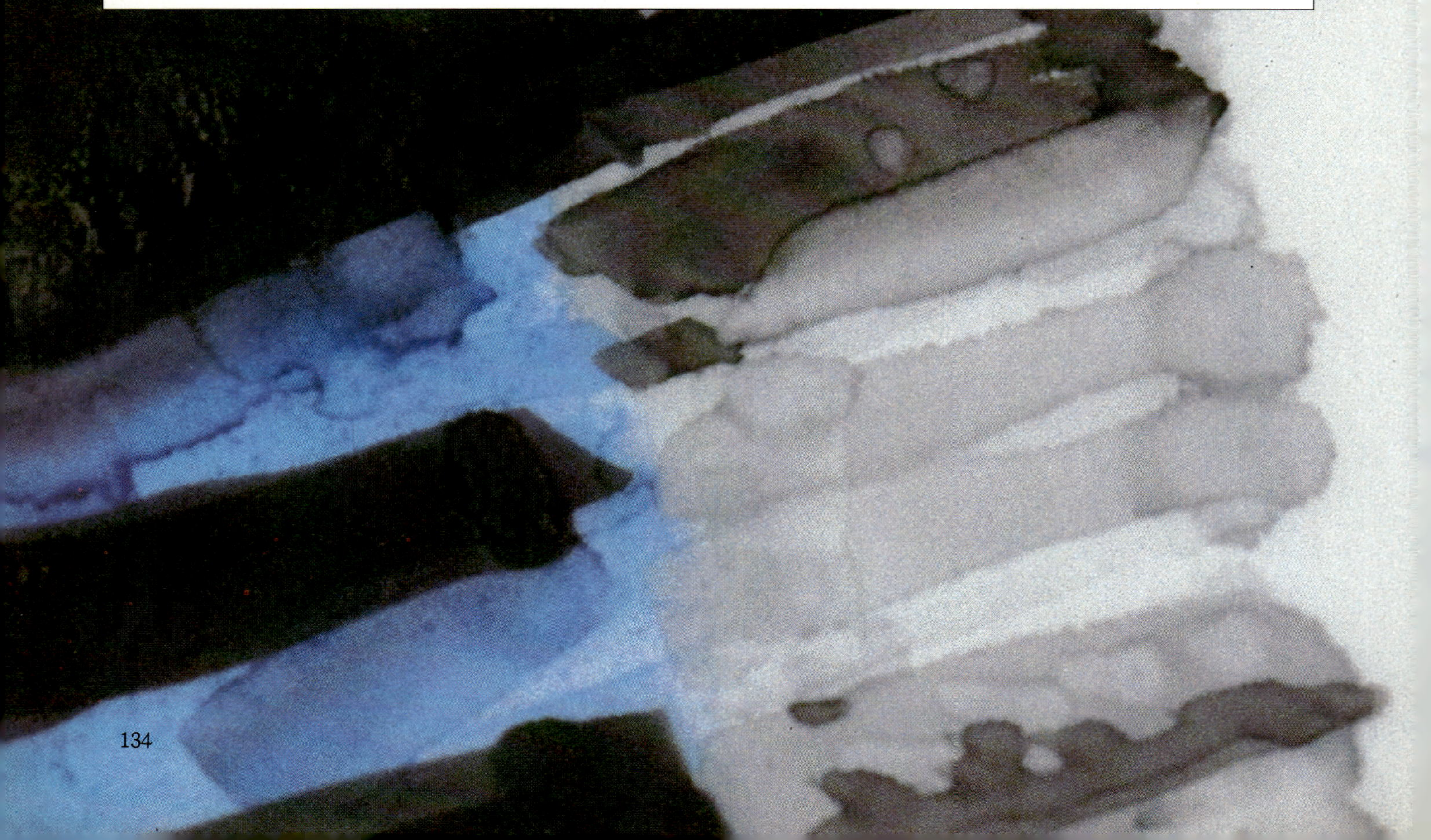

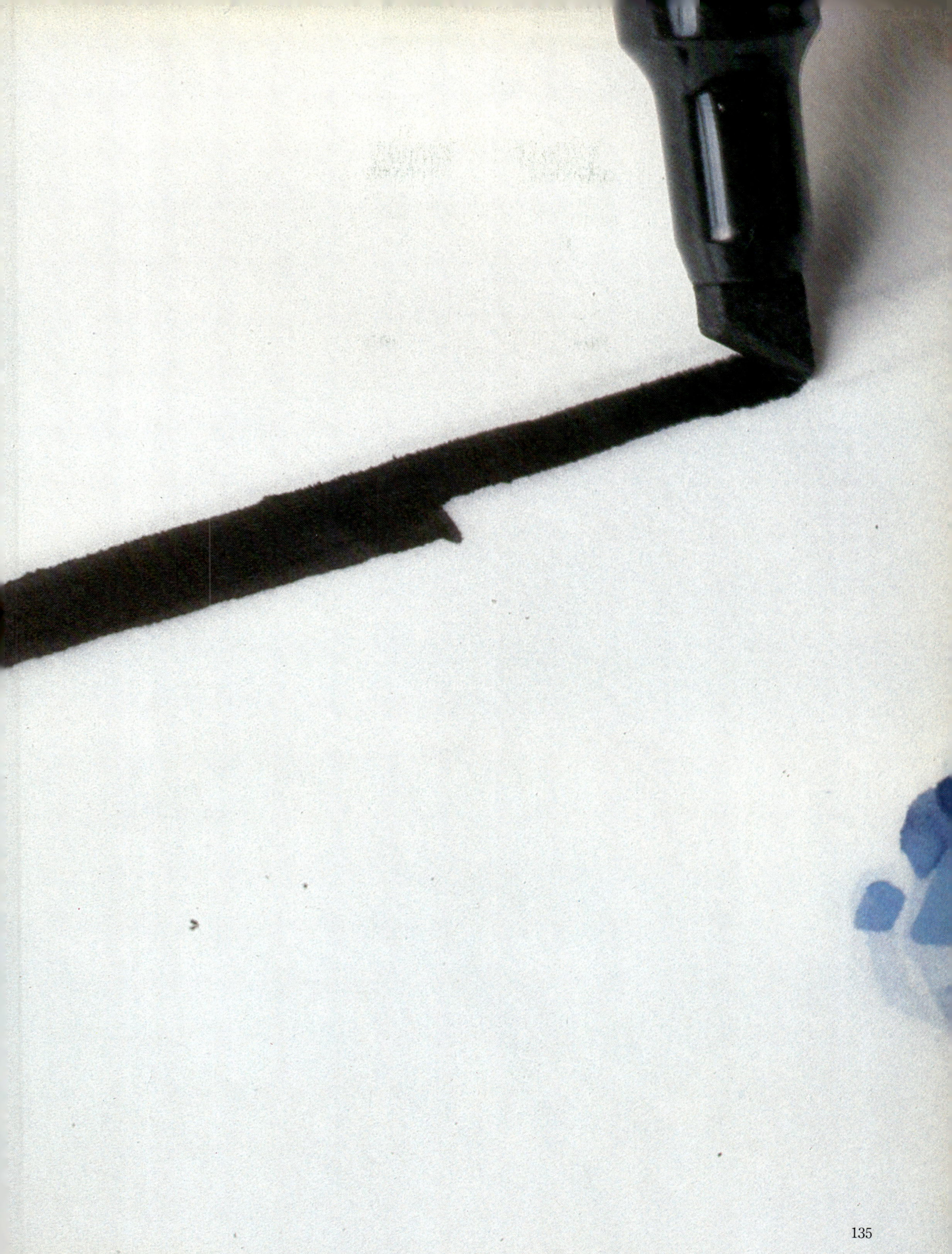

# Matériaux

## MARQUEURS ET FEUTRES

Il existe sur le marché une multitude de feutres, marqueurs et autres instruments connexes. Cependant, l'artiste ne portera aux catégories très spécialisées qu'un intérêt d'ordre général et expérimental.

### Marqueurs

Les marqueurs sont vendus en assortiments ou à l'unité. Ils ont une large pointe rectangulaire coupée en biseau, alimentée par un réservoir d'encre. Certains ont un réservoir en verre muni d'un bouchon à vis qui permet de les recharger. Les marqueurs sont disponibles dans un large choix de couleurs et de tons ; un fabricant offre par exemple neuf gris dans des nuances chaudes et l'équivalent dans des nuances froides. Les couleurs sont précises, mais elles foncent à l'usage. La durée d'un marqueur peut être prolongée en diluant l'encre avec de l'alcool à briquet, ce qui en éclaircit la teinte.

Il existe pour ce matériau un papier spécial que les encres ne traversent pas. Lui seul permet d'obtenir cet effet lisse et fluide, particulier aux marqueurs. Mais si vous l'utilisez pour dessiner, ce facteur aura moins d'importance et sans doute un effet lumineux, plus spontané, sera plus à votre goût.

L'encre des marqueurs est soluble à l'alcool à briquet ce qui permet de créer des lavis dégradés et des effets de matière par la rupture de surfaces de couleurs. A la page 148, l'auteur, pour évoquer les galets d'une plage, a recours à des projections d'alcool sur l'encre sèche.

### Pointes feutre

Cette catégorie extrêmement variée inclut tous les marqueurs. Outre ceux déjà mentionnés, il en existe de très spécialisés comme les *surligneurs* destinés au bureau, et d'autres dont vous trouverez de nombreuses gammes chez les spécialistes. Vérifiez sur l'étiquette s'il s'agit d'une encre à diluer ou indélébile. Certaines pointes sont effilées et munies de petits poils synthétiques dont les effets rappellent ceux des pinceaux à aquarelle.

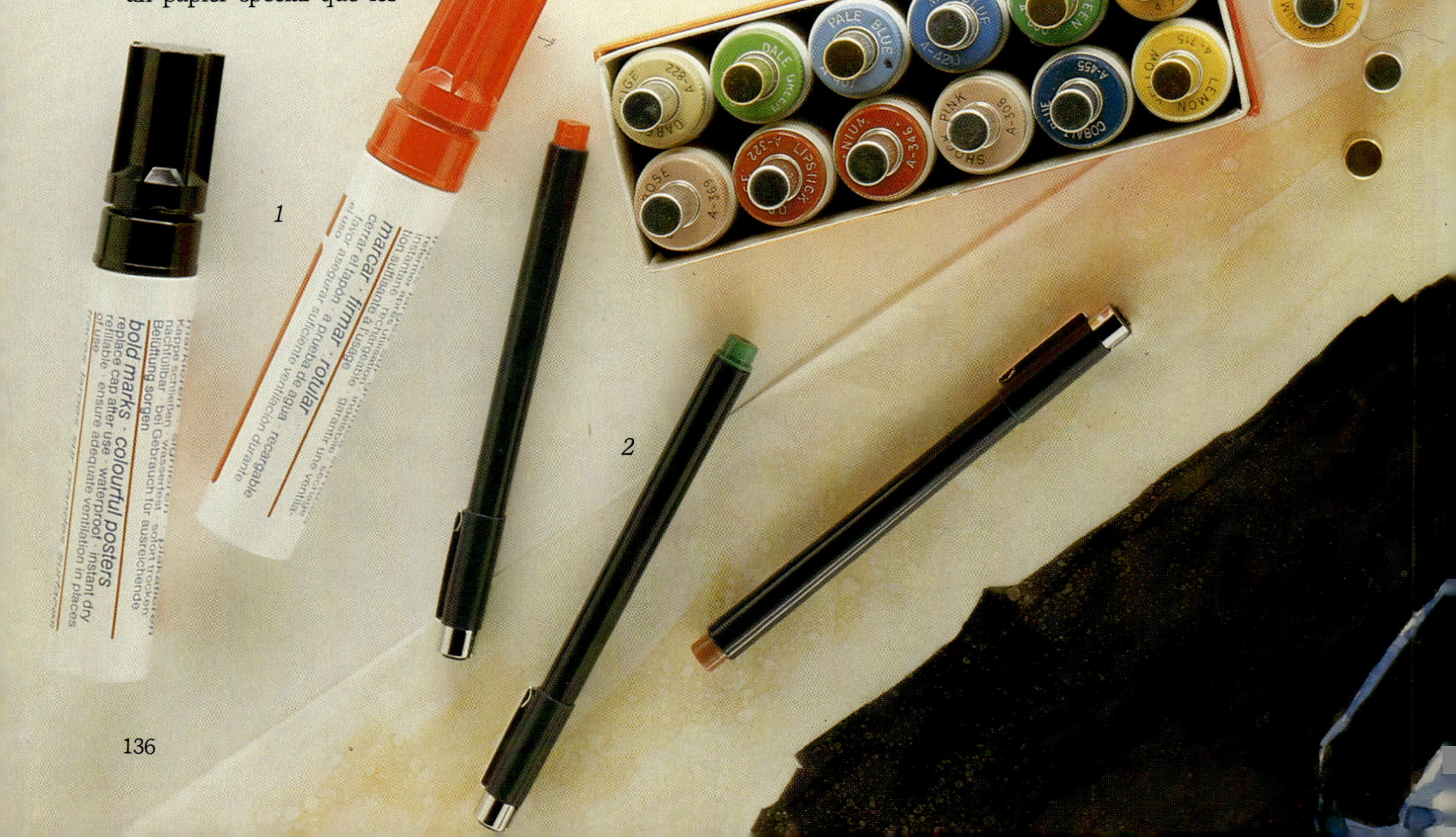

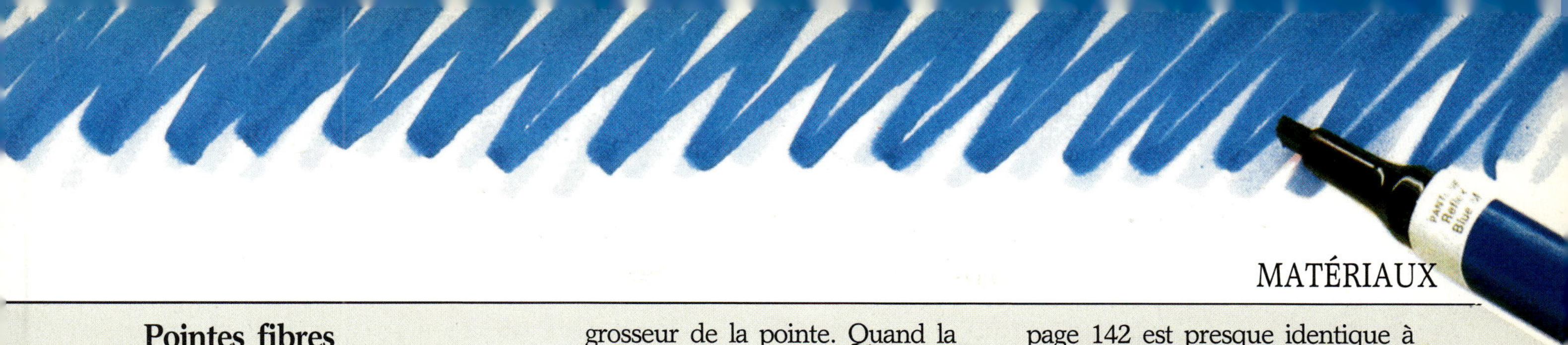



## Pointes fibres

Ici aussi le choix est important, essayez une ou deux marques pour trouver celle qui vous convient. Certains ont une pointe dure, d'autres une pointe souple ; certains sont lavables, d'autres indélébiles. Il existe des assortiments de couleurs destinés aux artistes, aux enfants, d'autres au bureau.

Ce qui importe pour le croquis et le dessin, c'est la matière et la grosseur de la pointe. Quand la pointe est neuve elle est rigide et trace des traits nets, mais elle s'assouplit à l'usage. Ayez-en plusieurs sous la main pour satisfaire à tous les besoins.

## Pointes extra-fines

Ces pointes produisent des traits d'une extrême finesse, très caractéristiques. Elles ressemblent sous bien des aspects aux pointes tubulaires ; l'effet du dessin de la page 142 est presque identique à celui du stylo à pointe tubulaire. Elles sont excellentes pour les dessins sur petit format et les esquisses.

*1 Marqueurs géants*
*2 Pointes extra-fines*
*3 Marqueurs à pointe biseautée*
*4 Pointes feutre et pointes fibres*
*5 Feutre-pinceau*

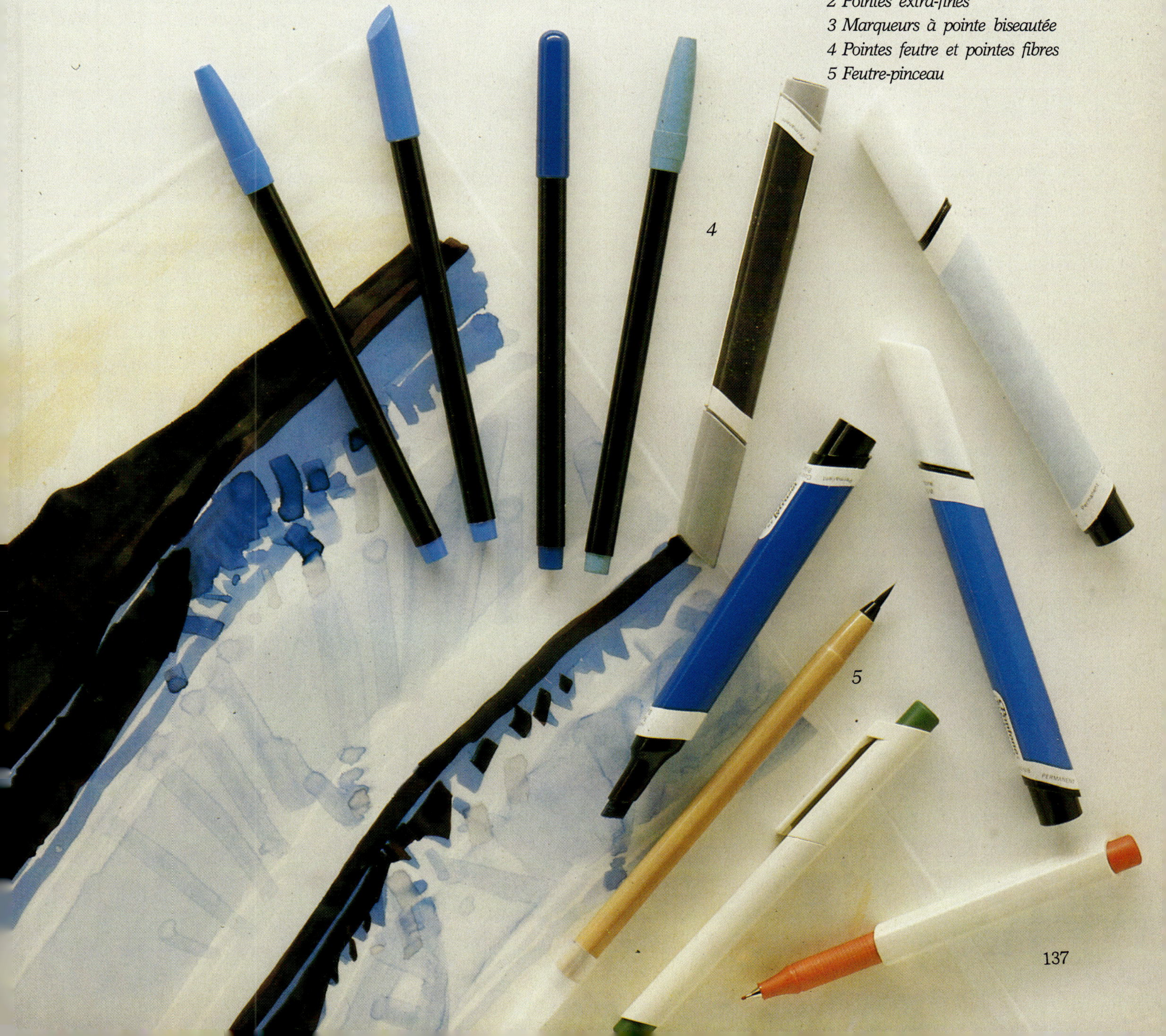

# Techniques

## MARQUEURS ET FEUTRES

### Utilisation des marqueurs

Les plus appréciés sont sans aucun doute les gros marqueurs à pointe biseautée. Cette variété offre la possibilité de trois épaisseurs de trait permettant de couvrir de larges surfaces et de superposer des lavis de couleurs différentes.

La pratique est la clé du succès. Les marqueurs ont cependant leurs limites, mais les graphistes ne cachent pas qu'ils s'évertuent à les contourner. Si toutefois vous n'utilisez les crayons feutre que pour tenter une expérience nouvelle, ces inconvénients ne devraient pas vous concerner.

Il importe de vous familiariser avec ce matériau pour acquérir un peu de dextérité. Les techniques illustrées ici ne présentent guère de difficulté, mais elles nécessiteront une certaine pratique avant que vous ne pouviez les utiliser dans vos dessins. Choisissez des produits de qualité, les résultats n'en seront que supérieurs, et les couleurs auront moins tendance à saigner.

1

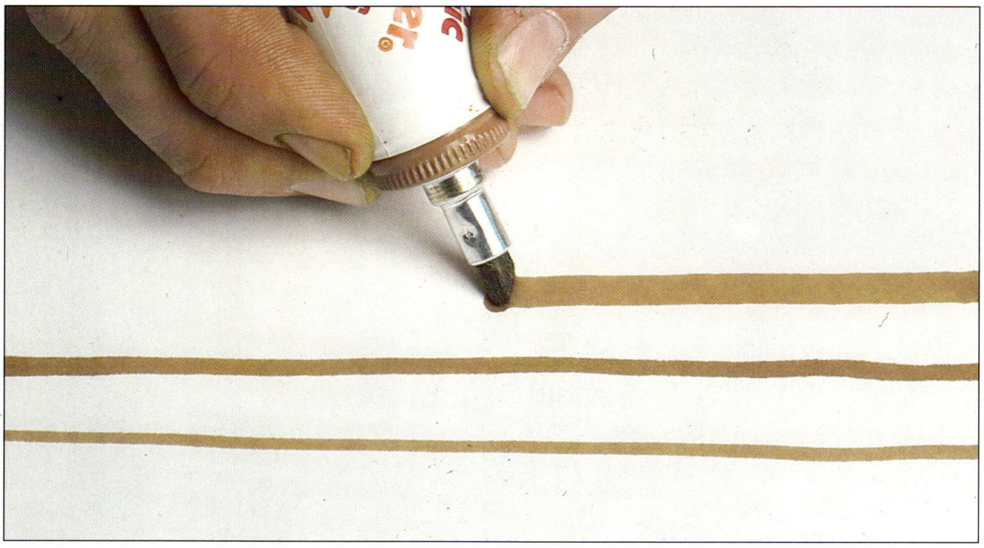

**1** Le gros marqueur d'art à pointe biseautée permet d'obtenir plusieurs épaisseurs de traits. Ci-contre, avec les différentes faces de la pointe, le dessinateur trace des lignes, mince, moyennes et épaisse. Apprenez à tracer des lignes régulières et essayez ensuite de changer la position de la pointe pour varier l'épaisseur et obtenir une ligne fluide et ondulée.

2

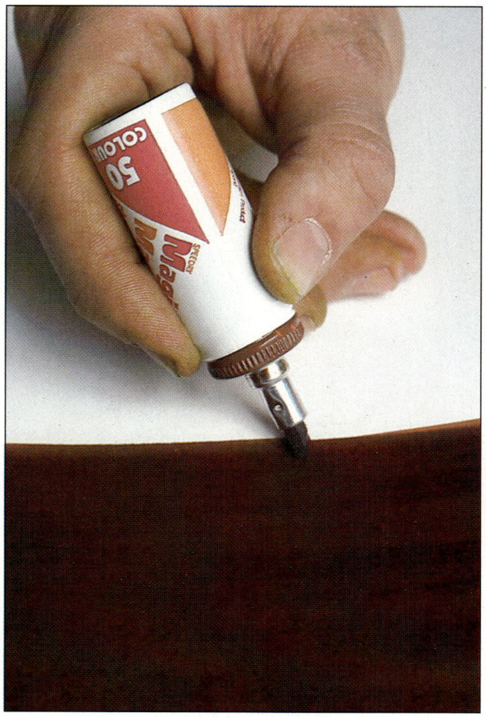

3

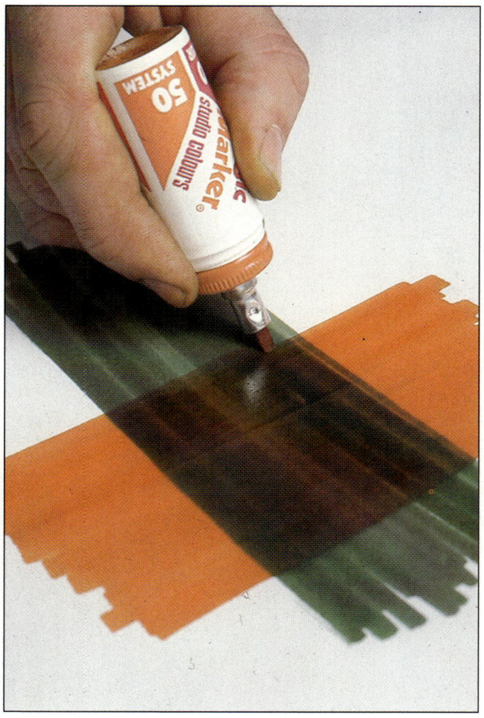

**2** Pour réaliser un aplat, travaillez rapidement : appliquez de larges traits horizontaux, en mordant toujours sur le bord inférieur du trait précédent avant qu'il ne sèche. Si vous devez couvrir une grande surface, utilisez de l'alcool à briquet pour allonger la couleur.

**3** Pour superposer les couleurs, laissez sécher la première couche et appliquez la seconde rapidement. Si vous respectez les instructions et que votre marqueur est de bonne qualité, la seconde couleur ne devrait pas faire de traînées, ni modifier la couche sous-jacente.

## Comment ouvrir un marqueur

Pour obtenir des aplats parfaits sur de grandes dimensions vous découvrirez qu'il est plus facile, moyennant quelques précautions, d'extraire le rouleau de feutre de son réservoir. Ceci n'est évidemment possible qu'avec les flacons à vis. Il vous faudra ensuite faire diligence et agir avant que l'encre ne sèche au contact de l'air.

A mesure que vous procéderez, la couleur ira en s'atténuant, mais si vous n'en utilisez qu'une partie, replacez le rouleau dans son réservoir.

**1** Pour ouvrir le réservoir, dégagez la bande de protection sur le bouchon. Mais attention cela n'est possible qu'avec des feutres à vis !

**2** Dévissez le bouchon. Au contact de l'air la couleur commence à sécher ; il faut donc procéder rapidement.

**3** Inclinez le flacon pour en extraire le rouleau de feutre.

**4** Sortez le rouleau avec précaution. Replacez-le dans le réservoir sitôt le travail terminé.

1

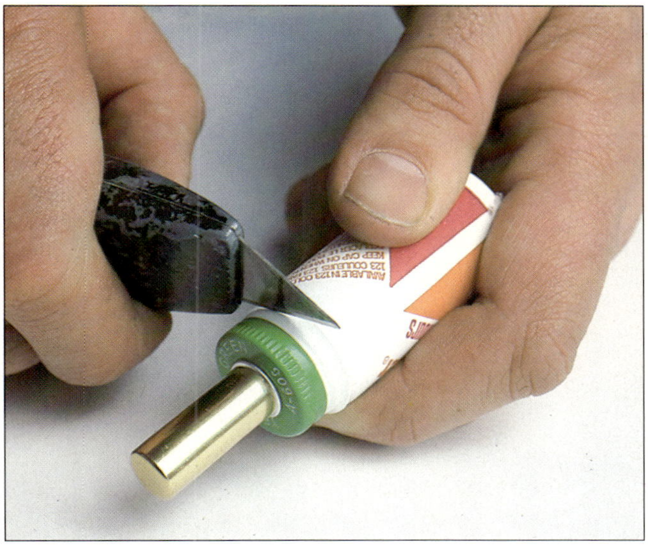

2

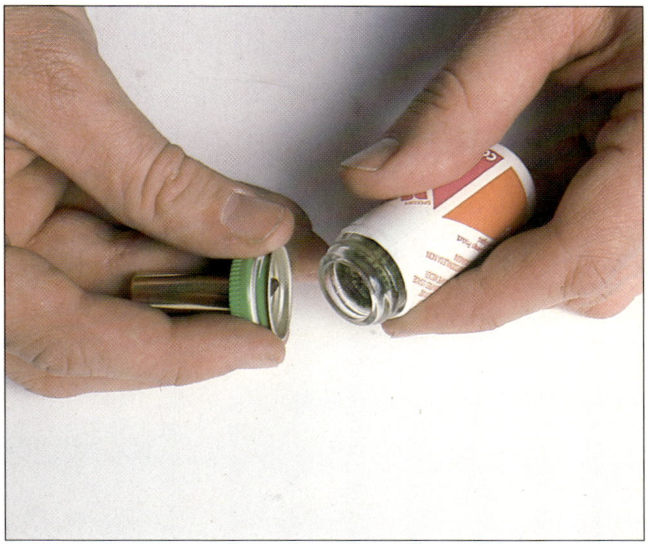

3

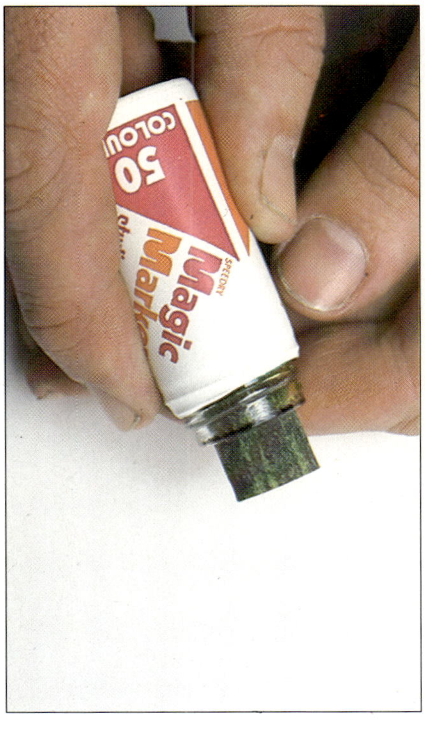


4

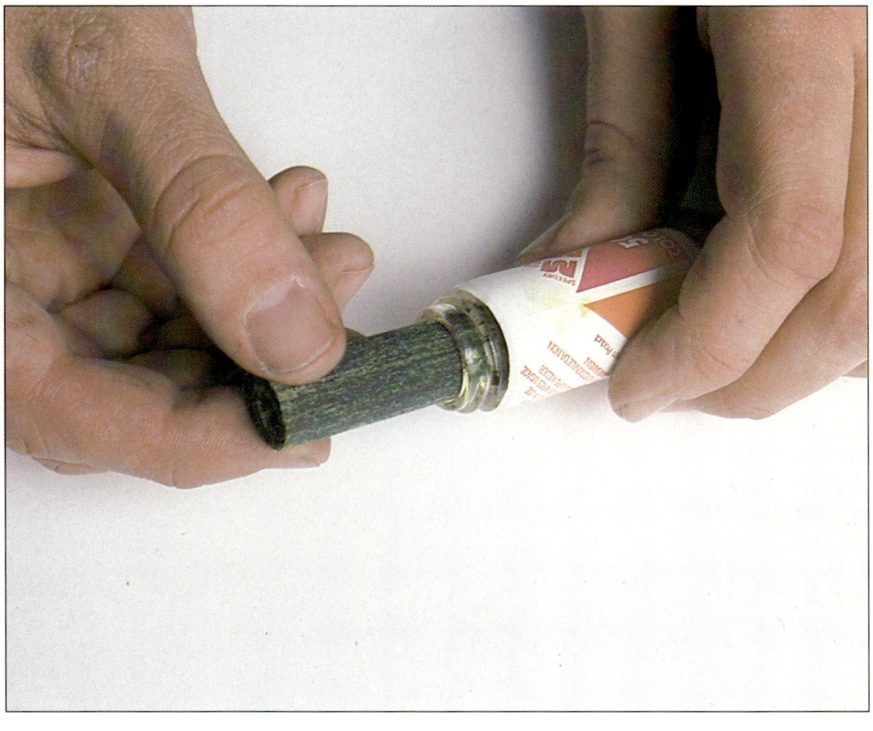

1

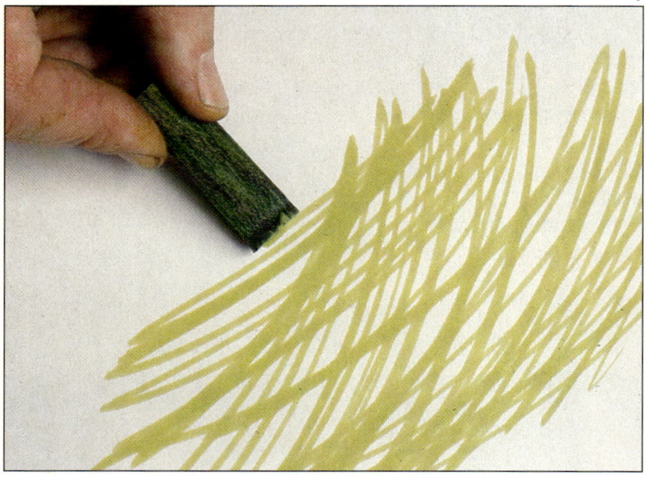

2

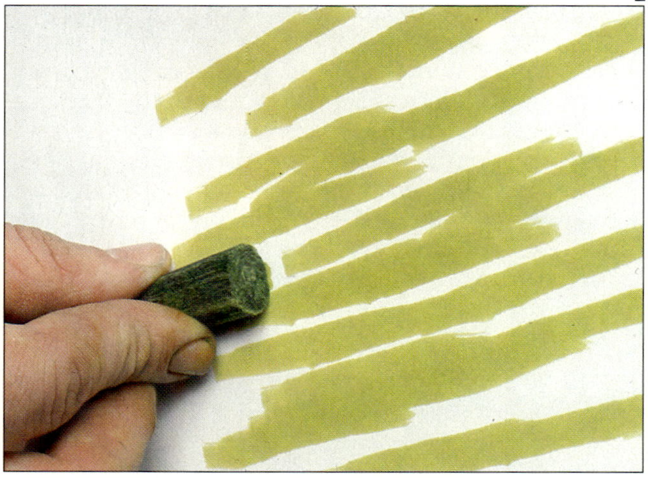

## Effets de surface

**1** L'écoulement régulier de la couleur permet de construire des aplats parfaits. Les marqueurs sont donc excellents pour ce travail, mais cette qualité peut se révéler un inconvénient. Pour produire des effets vaporeux, il faut appliquer des touches légères et irrégulières, et laisser le blanc du papier contribuer à l'effet recherché.

**2** Des bandes de couleurs sont appliquées avec la longueur du rouleau. Il suffira d'assortir le trait au type d'effet recherché, en accord avec votre dessin ; ils seront rapprochés ou espacés, selon la densité de couleur désirée. Ici les traces suivent une tendance irrégulière, mais toujours parallèle. Cette technique permet de couvrir de larges espaces de terrain plat, la direction des traits indiquant l'orientation générale du paysage.

**3** Utilisez le rouleau dans sa longueur pour couvrir de grandes surfaces. Là encore la technique est utile pour imprimer un mouvement et une direction à l'ensemble. Pour obtenir un aplat moins dense, utilisez de l'alcool à briquet.

3

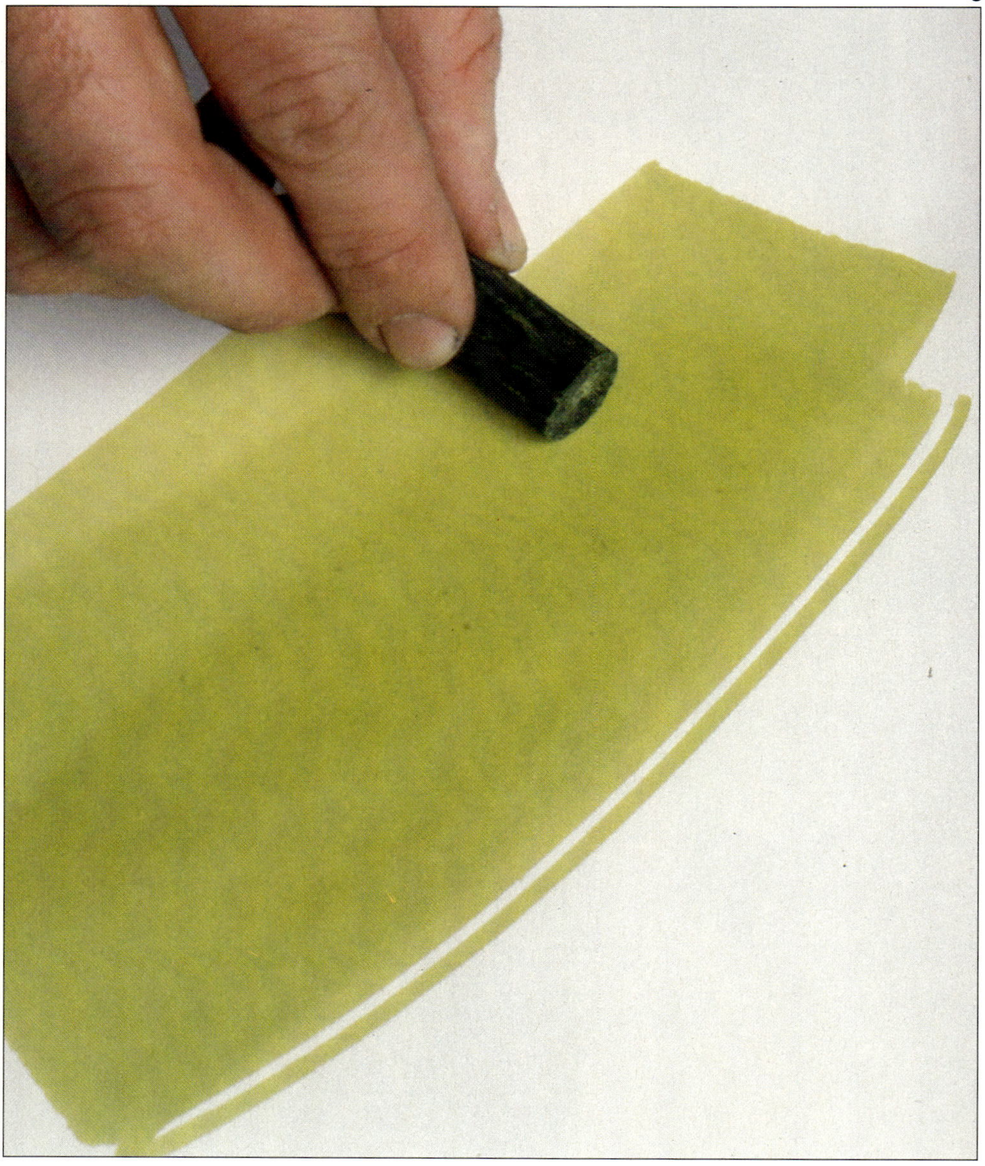

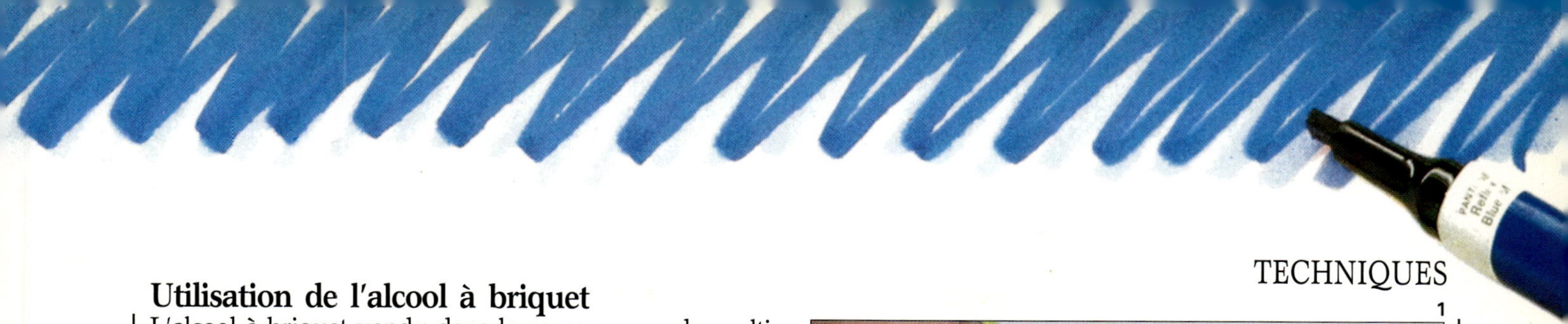



## Utilisation de l'alcool à briquet

L'alcool à briquet vendu dans le commerce a de multiples emplois et occupe une place de choix dans le matériel du graphiste. Il sert non seulement à diluer l'encre et prolonger la vie d'un marqueur, mais peut aussi être employé pour obtenir divers effets de surface. Bien que les fabricants vendent un solvant propre à leur produit, l'alcool à briquet, bon marché, s'adapte à la plupart des encres dérivées du pétrole. Il faut cependant traiter l'alcool à dessin avec quelques précautions car c'est un produit inflammable dont les émanations sont dangereuses pour la santé. Il est donc recommandé de travailler dans une pièce bien ventilée, loin d'une flamme ou d'une cigarette.

Bien que les marqueurs permettent de créer des aplats sur une grande dimension, l'opération est parfois délicate. L'encre tend à sécher avant que l'on ait le temps de passer une nouvelle frange de couleur. En appliquant de l'alcool à briquet sur la surface à couvrir, la couleur demeure humide plus longtemps et permet d'exécuter un aplat sans raccord. Cette technique est aussi employée dans l'exécution de lavis « multicolores » ou de dégradés.

Le papier employé affecte les résultats, en particulier si vous utilisez de l'alcool à briquet pour étendre la couleur. Le papier spécial pour feutres est encollé sur une face, parfois sur les deux, ce qui empêche le saignement des couleurs et garantit leur luminosité, ainsi les contours obtenus sont-ils plus nets. Les autres papiers plus poreux ont tendance à absorber les couleurs et donnent un effet plus doux, mais moins vigoureux. Cependant, si la couleur traverse la feuille, c'est un inconvénient majeur qui proscrit l'usage du bloc à dessin.

1

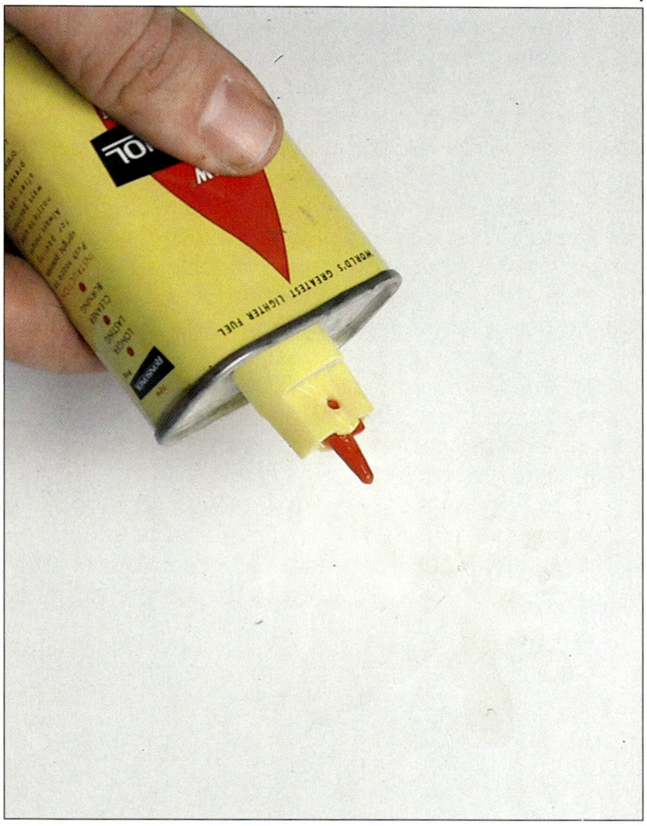

2

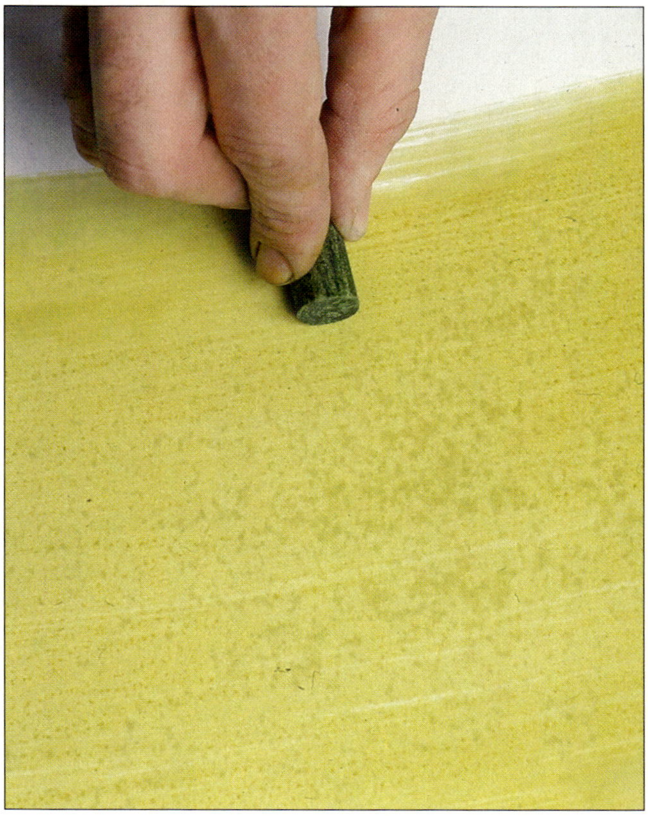

**1** Avant d'exécuter un aplat, recouvrez la surface à travailler d'alcool à briquet. Travaillez sur la face encollée de la feuille, en veillant à utiliser assez d'alcool sans en imbiber le papier. Étendez celui-ci à l'aide d'un chiffon propre ou d'un mouchoir de papier.

**2** Tenez le rouleau fermement entre le pouce et l'index et appliquez la couleur par franges parallèles, la dernière reprenant toujours le bord inférieur de la précédente. L'intensité de la couleur s'atténue à mesure que la quantité d'encre dans le rouleau diminue.

# *Lilium*

## FEUTRE EXTRA-FIN

Pour cette réalisation, a été utilisée un pointe extra-fine. Sa précision permet de réaliser de fins détails et son trait d'une uniformité invariable équivaut à peu de chose près à celui du stylo à pointe tubulaire. Les valeurs et les formes seront toutes rendues avec le même trait. C'est pourquoi cet exercice est idéal pour un débutant. C'est un défi permanent, car vous avez beau tenter de modeler les formes, l'instrument agit à votre insu (la ligne renvoie inlassablement la même monotonie).

Mais si vous parvenez à maîtriser cet instrument et à rendre la subtilité des valeurs, lorsque vous aborderez d'autres sujets avec des matériaux plus séduisants, ceux-ci vous sembleront faciles. Les gris par exemple ne peuvent être obtenus qu'à partir du blanc et du noir. Ils sont représentés par les ombres les moins dures et définis à l'aide des hachures.

Étant donné qu'il s'agit d'une étude et non d'une composition, la question du format n'intervient pas. Les hachures autour du sujet central se fondent dans le blanc du papier. Ici l'artiste n'a pas à se préoccuper du fond, puisque le sujet se présente comme une vignette, un motif non cadré ; c'est traditionnellement une méthode très populaire pour représenter un sujet isolé.

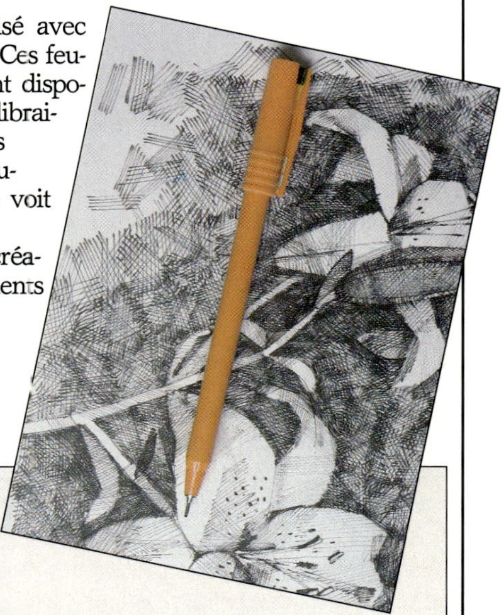

Ce lilium a été réalisé avec une pointe extra-fine. Ces feutres à pointe fine sont disponibles chez tous les libraires, peu chers et très employés dans les bureaux. Comme on le voit ici, il est possible de réaliser des dessins créatifs avec des instruments quotidiens.

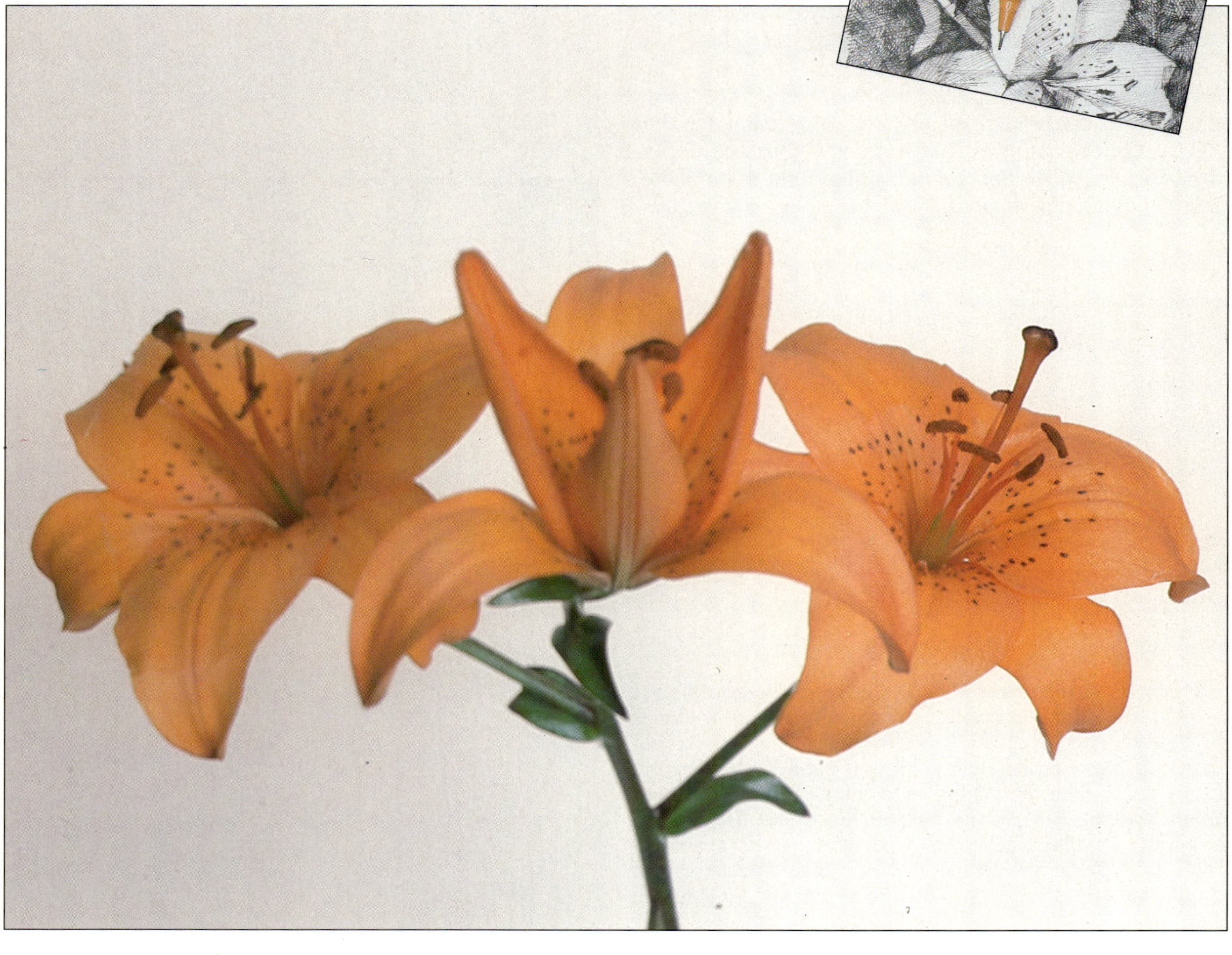

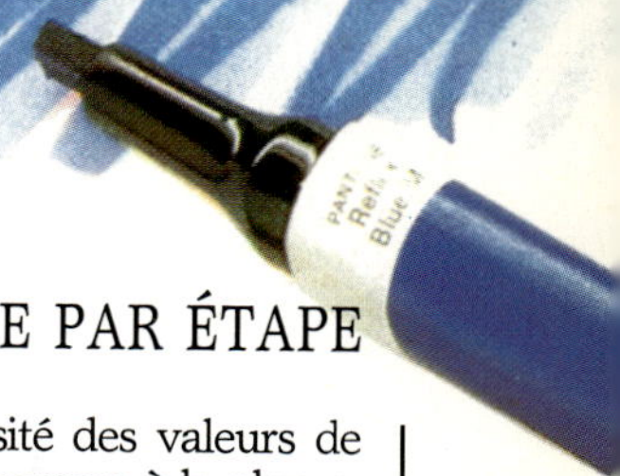



1

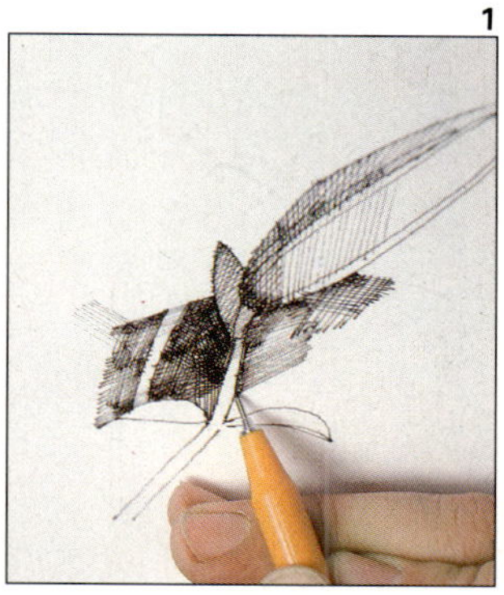

**1** Sur un papier bristol (61 cm × 51 cm), l'artiste commence par dessiner le corps des fleurs au centre du support. Dans le cas présent il a utilisé le crayon feutre directement, sans procéder à une esquisse. Mais rien ne vous empêche d'établir un léger croquis au crayon pour guider votre exécution. Il commence les hachures avant que la définition des contours ne soit terminée. Une partie est d'abord définie, puis elle est hachurée.

**2** Au lieu de définir la fleur en précisant ses contours, l'artiste ébauche le fond autour des pétales et de la tige. La finesse de la pointe ne permettant pas de couvrir une surface de manière uniforme il est nécessaire pour contrôler la densité des valeurs de procéder, comme à la plume, par superposition des hachures. Il faut amener le trait avec soin autour du détail à préciser de façon à ne pas détruire la délicatesse des formes. Un réseau serré de hachures permet de rendre les valeurs sombres du fond et de renvoyer l'image de la fleur avec netteté.

2

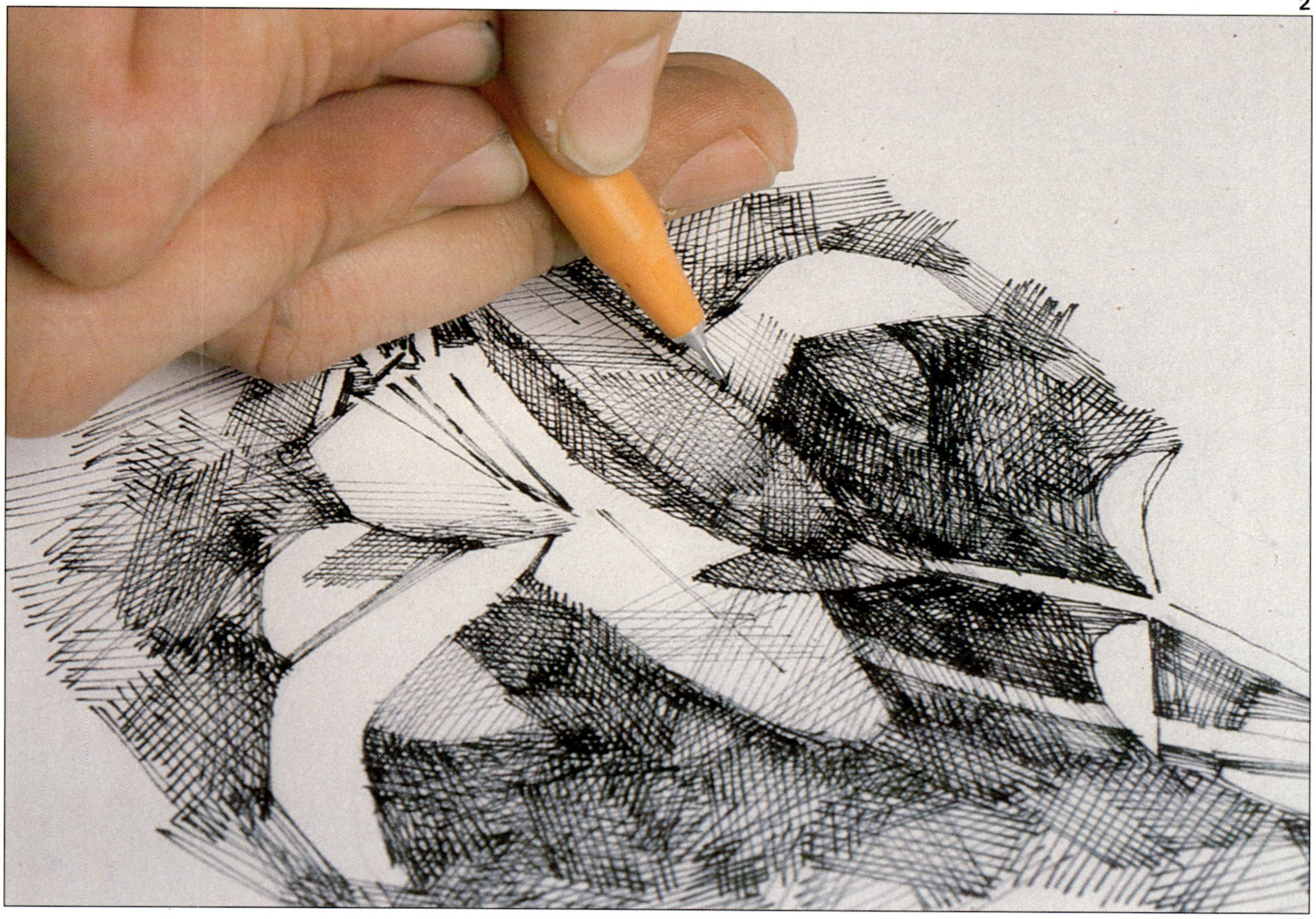

**3** La première fleur a été établie par ce procédé négatif qui consiste à traiter le fond pour définir la forme. Notez que les valeurs se dégradent à mesure qu'elles s'éloignent du centre, ceci permet à la vignette de se fondre avec harmonie dans la feuille blanche. Vous remarquerez que l'artiste a travaillé certaines parties ombrées des pétales avec les hachures croisées. Cependant, elles sont traitées ici avec le plus de légèreté afin de ne pas alourdir l'image de la fleur et de conserver toute la fraîcheur du papier. Il s'agit en l'occurrence d'un travail subtil sur le rapport des valeurs. Une tonalité trop sombre au départ peut aboutir à une situation irréversible, soyez donc toujours patient quand vous établissez les ombres.

3

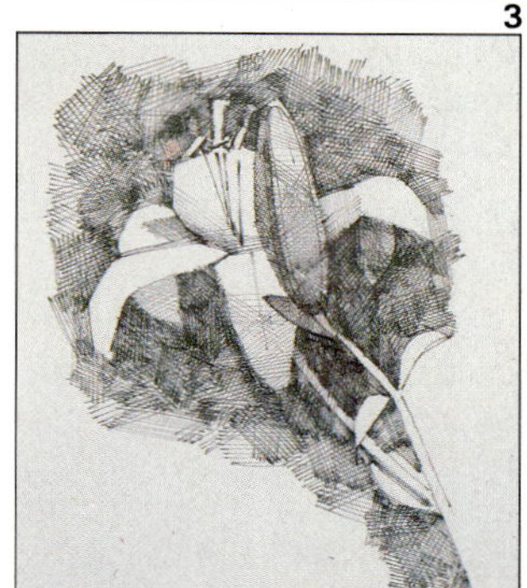

# FEUTRE EXTRA-FIN/LILIUM

**4** Avant de passer à la fleur suivante il est indispensable d'établir avec exactitude la tonalité de la première. Aussi, l'artiste passe-t-il aux pétales où il identifie avec soin les zones d'ombre les plus denses. Celles-ci sont établies par un réseau de hachures parallèles dont la direction souligne la forme des pétales.

**5** Puis l'artiste entame la fleur suivante qu'il travaille de manière identique, il indique les contours, puis souligne les formes en grisant le fond. Au lieu de simplement définir les contours de la fleur sur la feuille blanche, il a soigneusement observé la forme des espaces entre les fleurs.

4

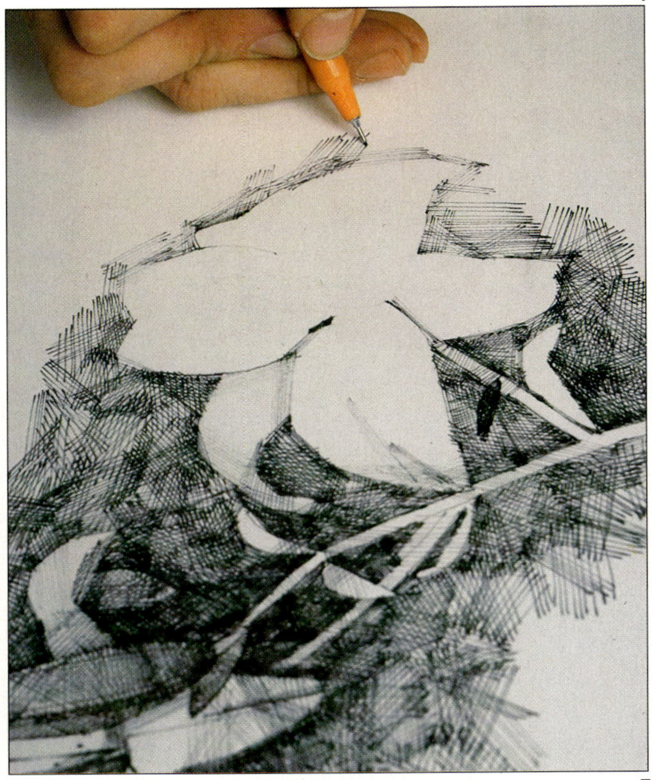

5

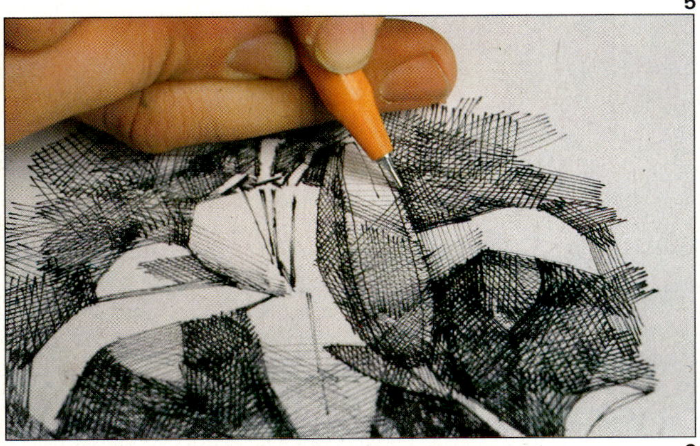

6

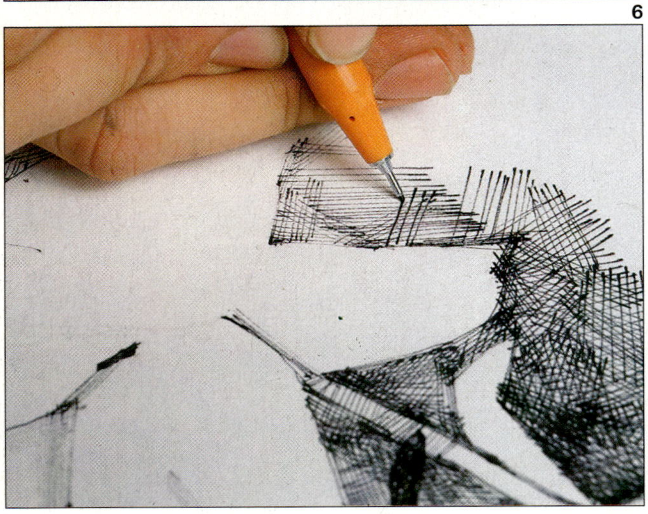

7

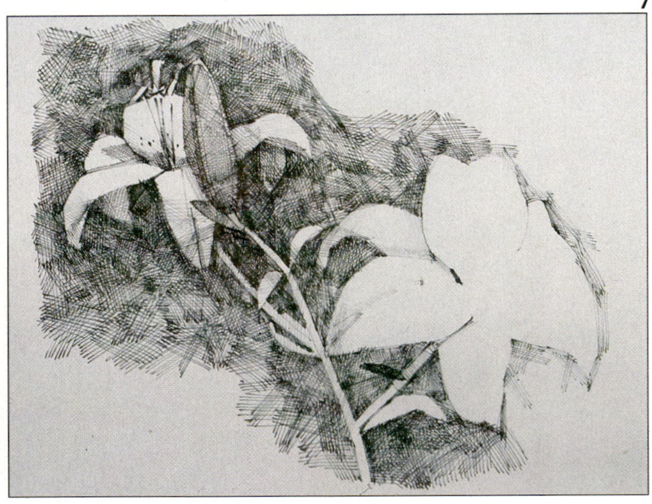

**6** Il poursuit la définition du fond autour de la fleur ; ce travail a de quoi déconcerter, chaque trait placé à un endroit précis semble décisif. En fait l'artiste procède très rapidement. S'il devait considérer chaque ligne avant de l'appliquer, tout l'effet du mouvement quasi mécanique des hachures croisées serait perdu, et le contrôle de la tonalité générale serait beaucoup plus difficile. Ici, l'artiste élabore les tons par une série de hachures représentant une zone, chacune pouvant être considérée comme l'équivalent d'un coup de pinceau en peinture ; soit vous la laisserez intacte, soit vous en intensifierez la tonalité.

**7** Sur ce détail, la forme claire et précise du sujet se détache avec une grande netteté. C'est cependant le fond, et non la fleur, qui a été l'objet d'un travail détaillé. L'artiste a pu contrôler les valeurs en allant toujours du plus clair au plus sombre ; à la manière d'un aquarelliste, il a commencé par appliquer les tons les plus clairs pour les accentuer graduellement. C'est la seule manière de procéder avec les encres, quelles qu'elles soient, car il serait difficile et beaucoup trop long d'effacer les traits. Généralement, quand un trait est appliqué il est définitif, raison pour laquelle il est indispensable d'appliquer les tons légers au début pour les accentuer à mesure que vous procédez. C'est la seule méthode valable.

8

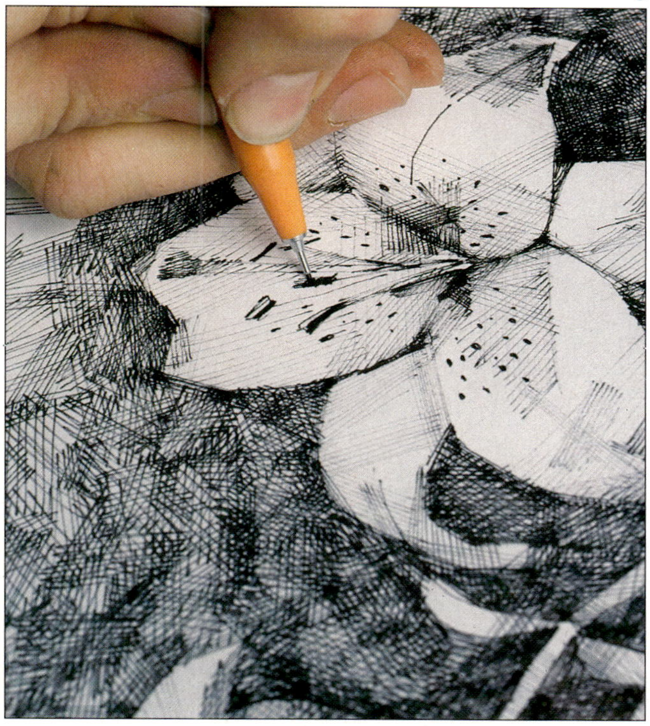

**8** Maintenant que le fond autour des deux fleurs est terminé, l'artiste précise le cœur des fleurs, toujours avec des hachures. Mais il faut prendre garde de ne pas assombrir les pétales en les surchargeant. Quelques détails disséminés sur ceux-ci viennent donner vie à la fleur.

**9** Le dessin terminé illustre l'efficacité du système des hachures, qui, s'il apparaît parfois arbitraire, est cependant un excellent moyen pour établir les valeurs et en contrôler les effets. Notez par exemple que celles qui définissent les pétales sont serrées aux endroits sombres du cœur et qu'elles s'estompent à mesure qu'elles s'en éloignent, ce sont les endroits les plus en lumière. Ainsi, il est non seulement possible de définir les clairs et les sombres en variant la densité des hachures, mais aussi de décrire la forme au moyen de la lumière. Nous voyons avec ce dessin qu'un feutre à pointe extra-fine produit les mêmes effets réguliers et constants qu'un stylo à pointe tubulaire ; l'impression d'ensemble est cependant moins dure.

9

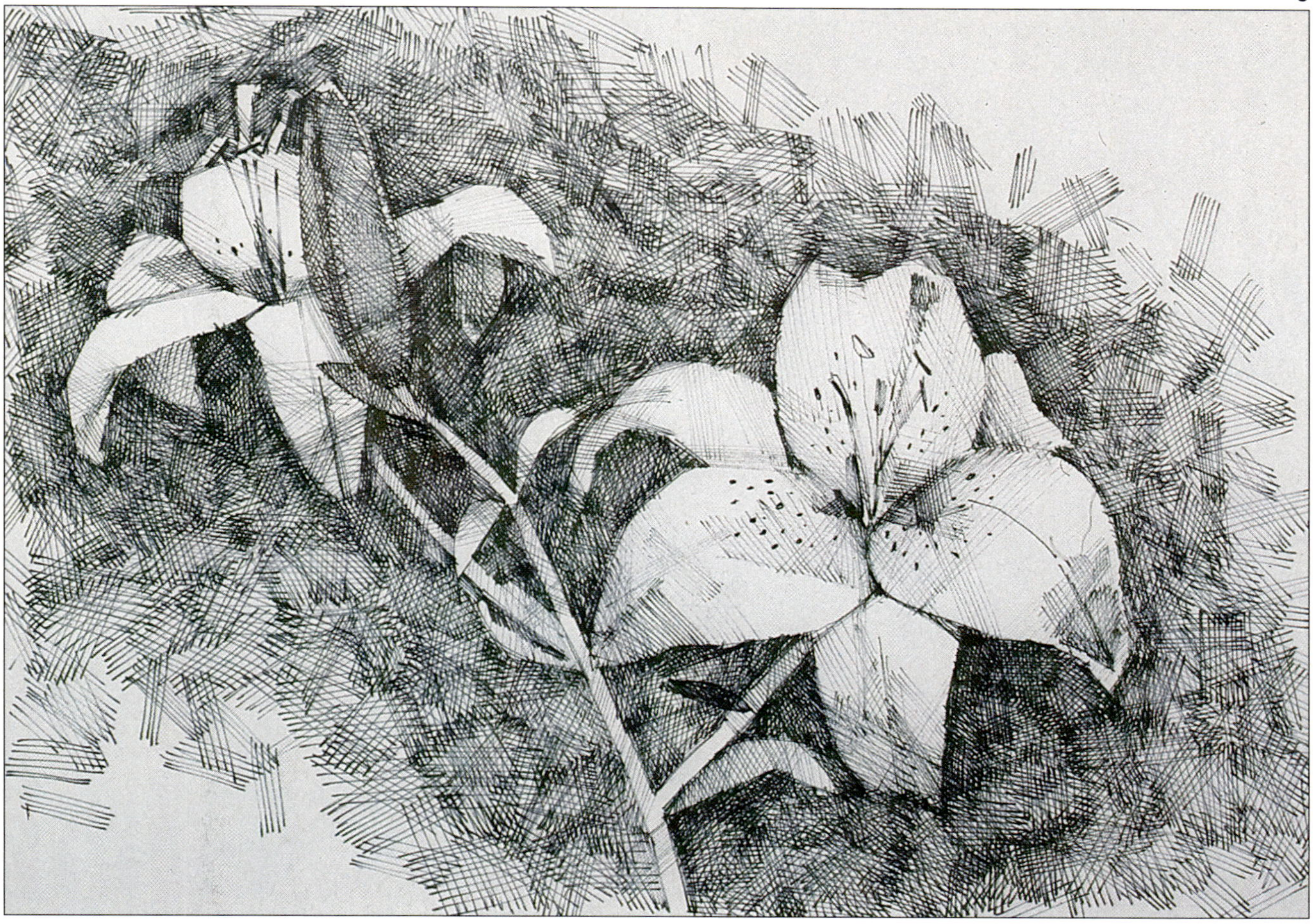

# *La plage désertée*

## MARQUEURS À POINTE BISEAUTÉE

Cette plage désertée avec son parasol et ses quelques matelas est un sujet parfaitement adapté au matériau. Il n'y a même pas la présence de la mer pour introduire des ombres subtiles ou des reflets de couleurs. Ce qui n'exclut pas toutes les difficultés : il faudra, par exemple, préserver l'effet vigoureux des ombres pour donner cohésion à l'ensemble. Il faut aussi se méfier que la simplicité du sujet n'aboutisse à un dessin dénué d'intérêt. Le matériau soulève également quelques problèmes techniques. Par contre, des éléments comme le parasol vertical et les fortes ombres horizontales projetées sur le sable créent un équilibre harmonieux dans la composition.

Lorsque vous superposez une couleur sur une autre avec un marqueur, la première se dissout, il faut donc procéder avec rapidité et assurance pour ne pas avoir à revenir en arrière. Mais vous pouvez aussi tirer parti de cette propriété en traitant la seconde couche avec de l'alcool à briquet comme l'a fait l'artiste et en tamponnant la couleur par endroit pour faire apparaître le blanc du papier. Il est difficile avec les *magic markers* de définir les formes et leurs valeurs. C'est pourquoi l'artiste a évité un sujet nécessitant la représentation de formes complexes dans l'espace, et a choisi de privilégier l'effet graphique souligné par le vide de la scène.

Dans ce dessin au graphisme très prononcé, onze couleurs ont été sélectionnées. Ce sont principalement des bleus et des gris ; ils fourniront le thème dominant des couleurs de la composition. Un feutre noir indélébile a été ajouté, car dans la gamme des marqueurs, l'intensité du noir n'était pas suffisante.

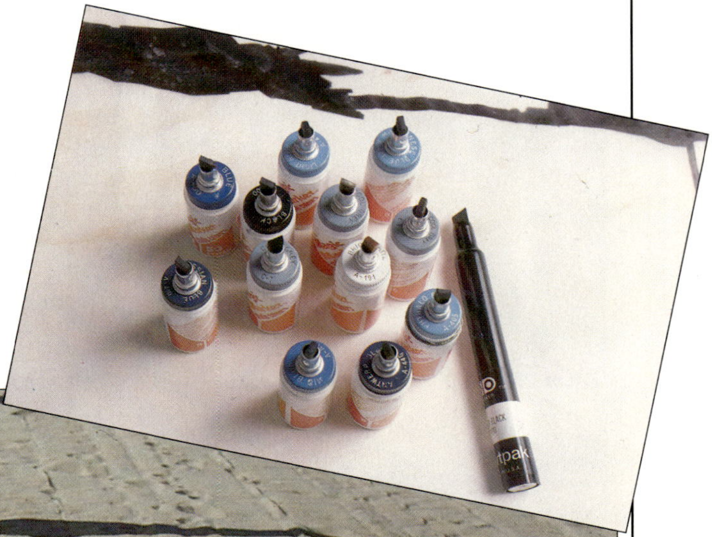

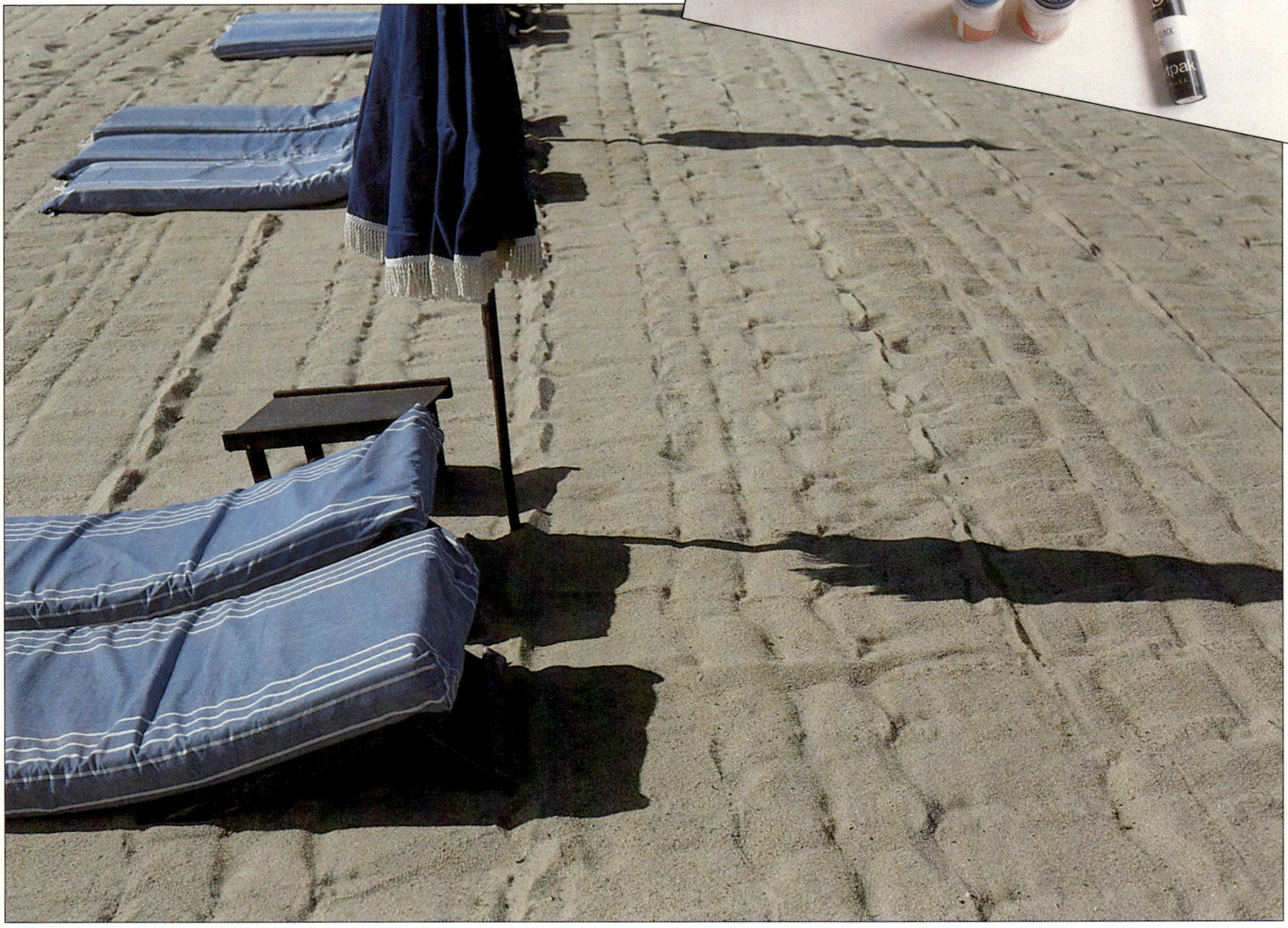

1 Étant donné la tendance des marqueurs à saigner sur le papier ordinaire, l'artiste a choisi une fine feuille de papier pour feutres (51 cm × 39 cm). Il a d'abord procédé à une esquisse au crayon noir sur un papier bristol qu'il a ensuite placé sous la feuille transparente de papier spécial pour crayons feutre. Le sable est traité au blanc ocre : le rouleau de feutre a été extrait du réservoir (voir page 139) pour couvrir la surface plus rapidement. Puis l'artiste étale de l'alcool à briquet à l'aide d'un mouchoir en papier sur le sable, pour obtenir un effet légèrement pommelé.

1

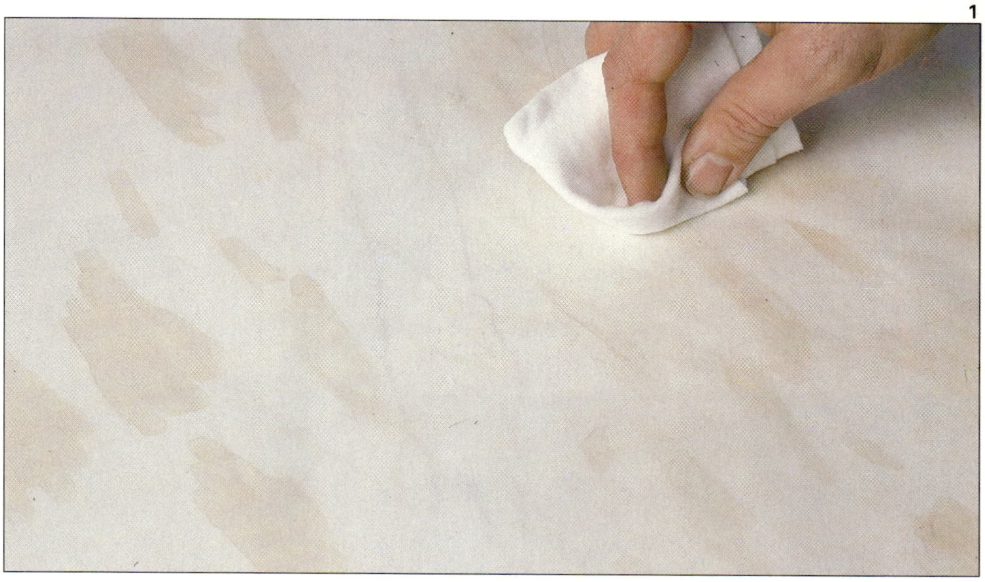

2 Une fois la plage sèche, ce qui est très rapide, l'auteur applique les autres couleurs, en allant du plus clair au plus foncé. Il importe avec les feutres de toujours procéder ainsi, car on ne peut éclaircir les couleurs. Des rayures dans deux tons de bleu sont appliquées sur le parasol replié ; il suffit d'un trait pour définir chaque ligne.

2

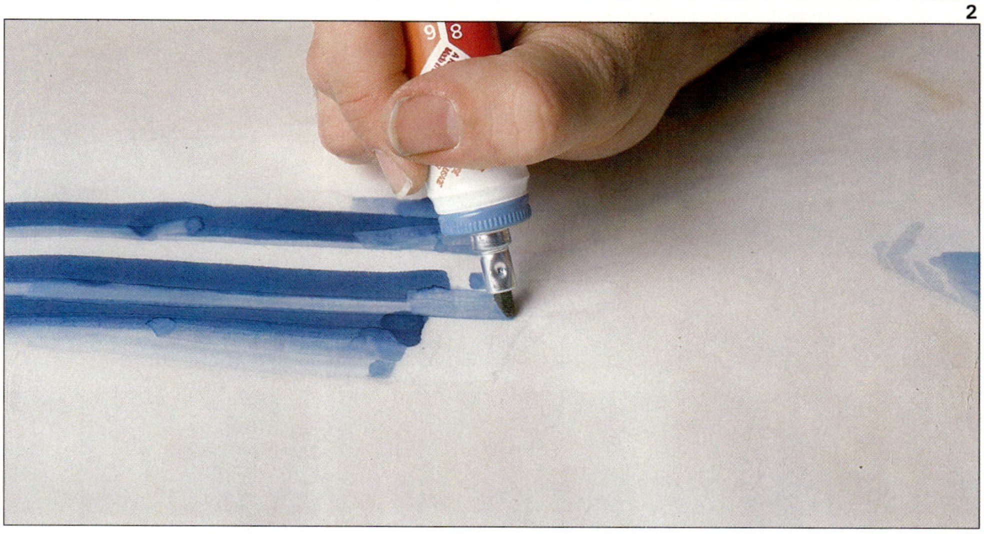

3 Jusqu'à présent l'artiste a suivi la méthode qui consiste à traiter les formes graphiques par de larges traits ; le sujet a été choisi dans cet objectif. L'exécution est simple, les formes arrondies et les ombres dégradées étant inexistantes. Les tons les plus clairs ont été indiqués, y compris ceux des matelas qui ont reçu une couche d'impression bleu clair dans l'attente des tons définitifs, plus foncés. Avant de poursuivre, l'artiste s'assure que cette première étape est parfaitement sèche.

3

**4** L'artiste trempe un pinceau de décoration dans l'alcool à briquet et projette de fines gouttelettes sur la plage de sable afin de la rehausser par des effets de surface. Cette technique de projection ou « bruine », destinée à créer des effets pommelés ou marbrés, est très répandue ; il suffit de passer le doigt sur les poils d'un pinceau imbibé.

**5** Lorsque la « bruine » est sèche, l'artiste retravaille les matelas avec un bleu moyen pour en définir les formes de base. Ici il précise le bord ombré en bleu foncé. Les formes sont volontairement plates pour respecter le graphisme du dessin. Mais il faut choisir des formes simplifiées, car l'encre des gros marqueurs sèche très rapidement.

4

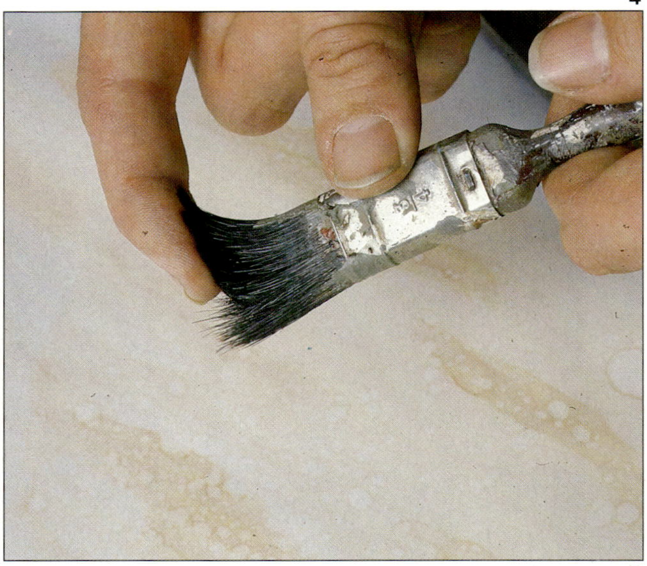

5

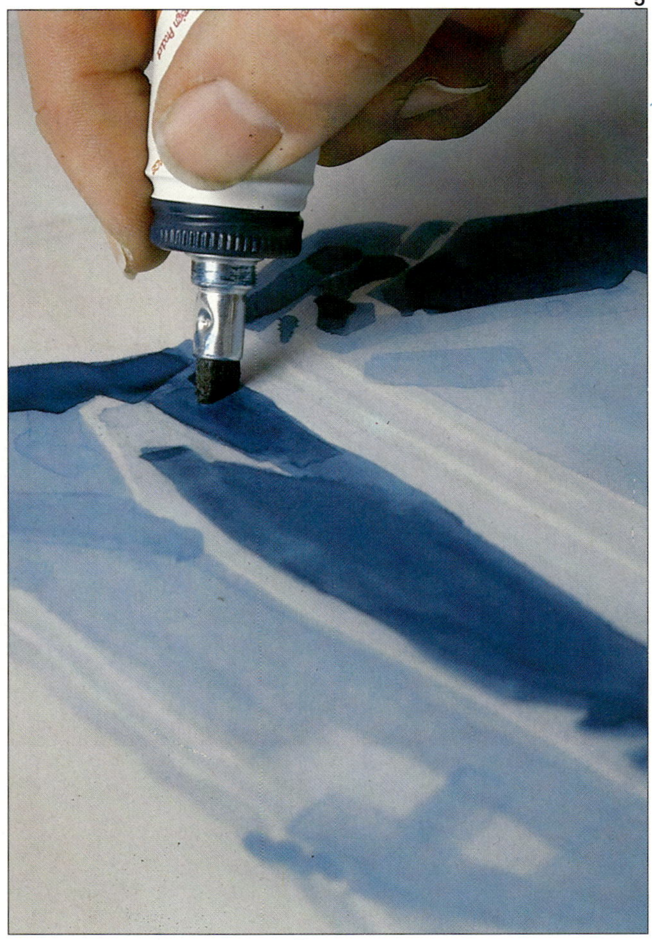

6

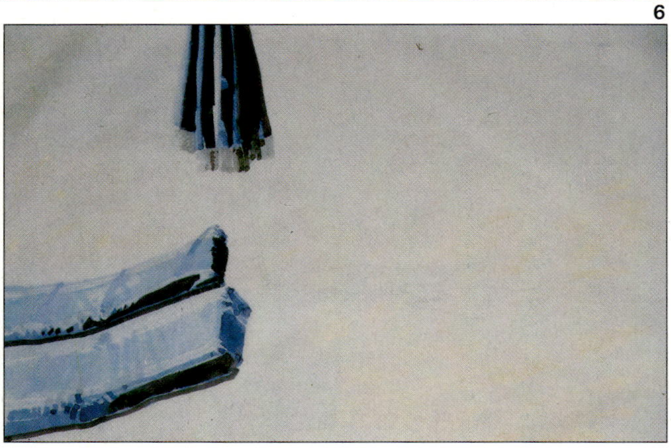

**6** L'artiste a travaillé l'espace autour des matelas avec du gris et du bleu, de nouveau comme s'il s'agissait de formes plates. Veillez à bien laisser sécher la couleur avant d'en appliquer une nouvelle. Même ainsi, vous devrez agir avec diligence pour ne pas modifier la couche sous-jacente. L'étape suivante consiste à indiquer les ombres très denses du parasol et autour des matelas. Celles-ci, déjà définies avec le gros marqueur noir, doivent être intensifiées avec un feutre à encre indélébile, beaucoup plus soutenue.

7

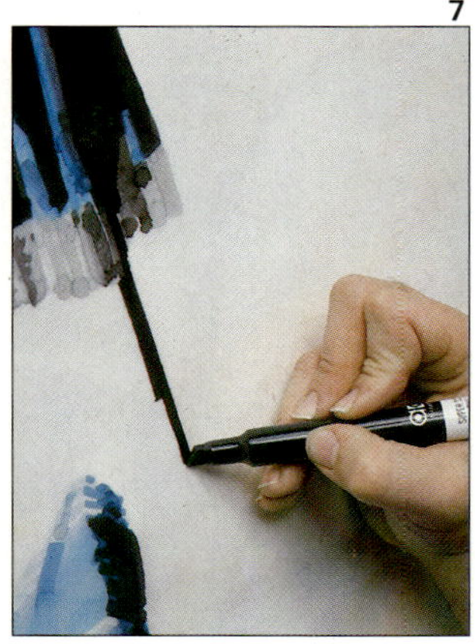

**7** Les ombres sont accentuées à l'encre indélébile, la partie ombrée du manche du parasol est exécutée d'un trait régulier et sûr. Le gros marqueur noir est mieux adapté aux ombres allongées que le soleil couchant projette sur le sable. Dans ce dessin les ombres sont des éléments de composition, au même titre que les objets eux-mêmes. Sans elles, le dessin semblerait vide avec son parasol et ses quelques matelas. Il importe donc de traiter celles-ci avec hardiesse ; les contours seront nets et non simplement suggérés. C'est en l'occurrence cet aspect graphique et fort du dessin qui sied au matériau.

8

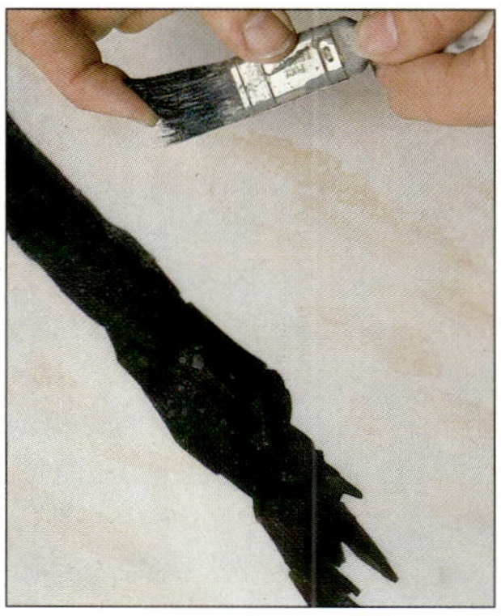

**8** Les ombres dures et horizontales sur le sable sont maintenant traitées. Mais comme la surface du sable a été travaillée avec des projections pour suggérer les galets en surface, par souci de cohésion il faut donc recréer les mêmes effets sur l'ombre pour l'harmoniser avec le fond.

**9** Pour ce dessin l'artiste a employé ses marqueurs à des fins originales. Les marqueurs sont avant tout les instruments privilégiés des arts graphiques, servant à l'élaboration de plans ou de projets à présenter aux clients. Le matériau est ici détourné de son champ d'application habituel pour interpréter un paysage. Le dessin doit sa réussite non à l'habileté de l'artiste dans l'emploi du marqueur mais à l'adéquation si évidente entre le sujet et le matériau. Elle a permis un traitement simple, proche des usages graphiques pour lesquels il est conçu. Il est sage, en d'autres termes, de ne pas trop forcer un matériau hors de son champ d'application habituel. Que l'artiste ait choisi un portrait ou un sujet analogue, et l'expérience était vouée à l'échec. Ce n'est pas le cas ici, la plage déserte avec ses quelques formes aux lignes épurées constituait un sujet idéal pour cette interprétation d'un effet quelque peu théâtral.

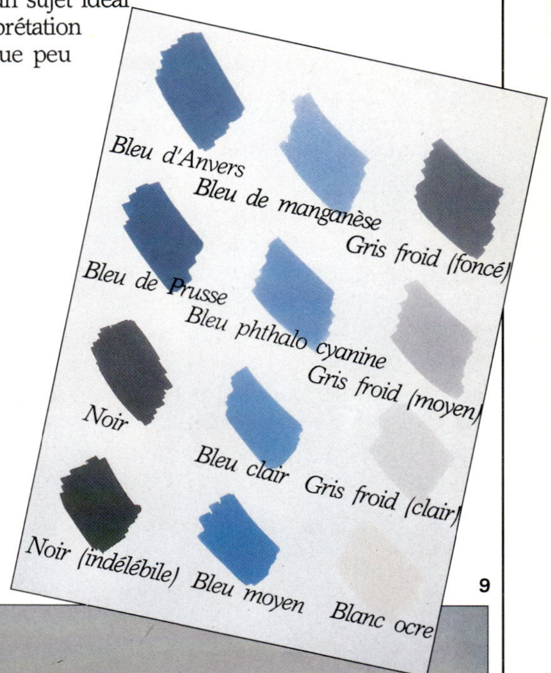


9

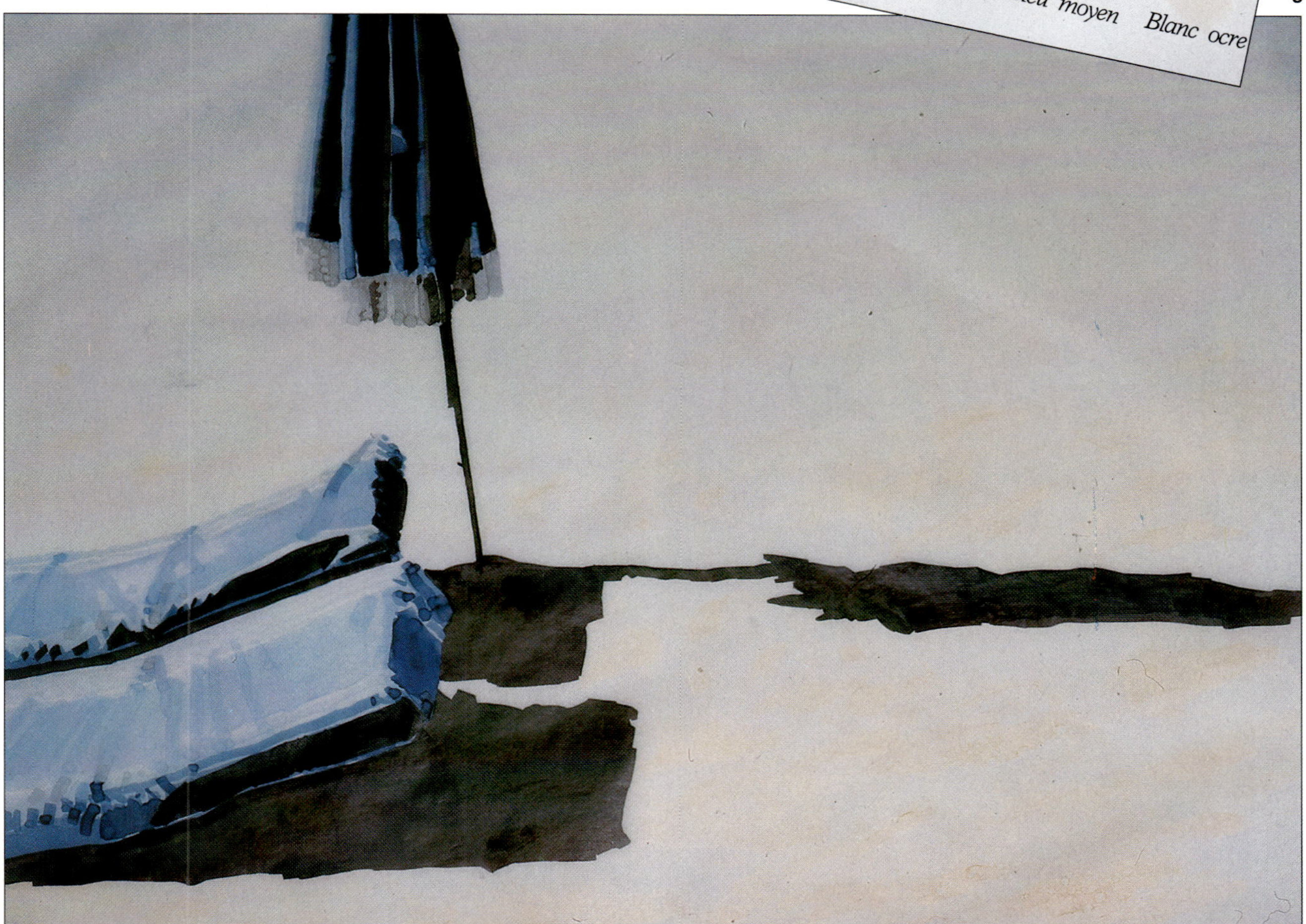

# *Une rue de New York*

POINTE FEUTRE

La taille démesurée des immeubles et des larges avenues de cette vue de New York ont requis beaucoup d'attention quant à la perspective et aux lignes perpendiculaires. Mis à part les détails de l'activité de la rue, les éléments principaux sont relativement simples et l'artiste a exploité cette simplicité fondamentale de l'architecture dans la composition de son dessin.

Pour ce genre d'exécution, où dominent les formes géométriques des immeubles, il convient de respecter certains principes de base. Assurez-vous d'abord que vos immeubles sont d'aplomb. Ce conseil peut vous paraître superflu, mais les dessins des débutants ont une fâcheuse tendance à révéler des perpendiculaires inclinées vers l'extérieur. Cette erreur peut être facilement évitée en calquant les perpendiculaires sur les lignes droites de la feuille.

Un autre point important est celui de la perspective linéaire. Souvenez-vous que les parallèles d'un même plan se rencontrent sur le même point de fuite, théoriquement placé sur la ligne d'horizon (voir page 20). Cette règle prend toute son importance dans un paysage urbain aux formes géométriques dépouillées. Si votre perspective est inexacte, le dessin entier en sera affecté. La perspective appliquée s'améliore avec la pratique. Dans l'immédiat, il vous sera peut-être utile de tracer le point de fuite et les lignes convergentes dans les premières étapes du dessin, elles vous serviront de guide. Ce sujet contient aussi des éléments de perspective aérienne, notamment le flou qui entoure le gratte-ciel et les immeubles éloignés. Il ne faut cependant pas compter sur les lignes dures et nettes de la pointe feutre pour rendre ces indications d'atmosphère et de distance, cela lui serait impossible.

Toutes les valeurs et les ombres ont été laissées pour la fin, le premier souci de l'auteur étant de définir les principaux éléments de la composition. Après cette étape cruciale, l'esquisse linéaire revêtait cette qualité formelle et impersonnelle d'un projet d'architecte — impression largement renforcée par la nature mécanique et uniforme du trait de la pointe feutre. Les ombres ultérieures semblent très libres par comparaison.

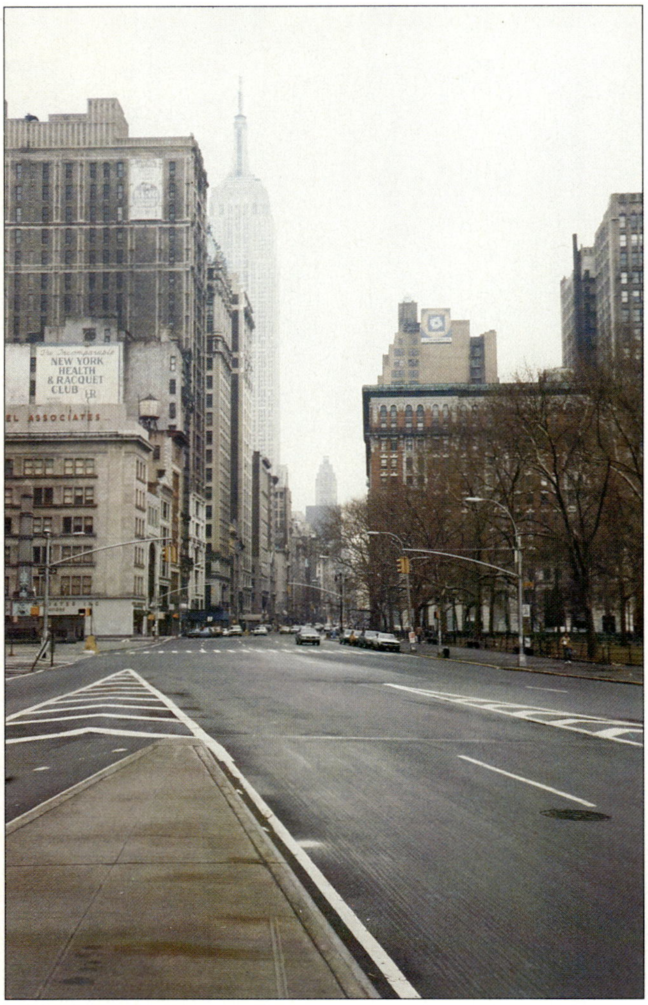


Cette large avenue de New York se perd au loin, ses lignes convergent vers un point de fuite théorique à l'horizon. Un bon exemple de perspective linéaire.

**1** Sur un bloc à dessin (29,7 cm × 42 cm) l'auteur commence par les contours de l'Empire State Building. L'exactitude dans la position des principaux éléments de la composition est cruciale pour l'effet final.

1

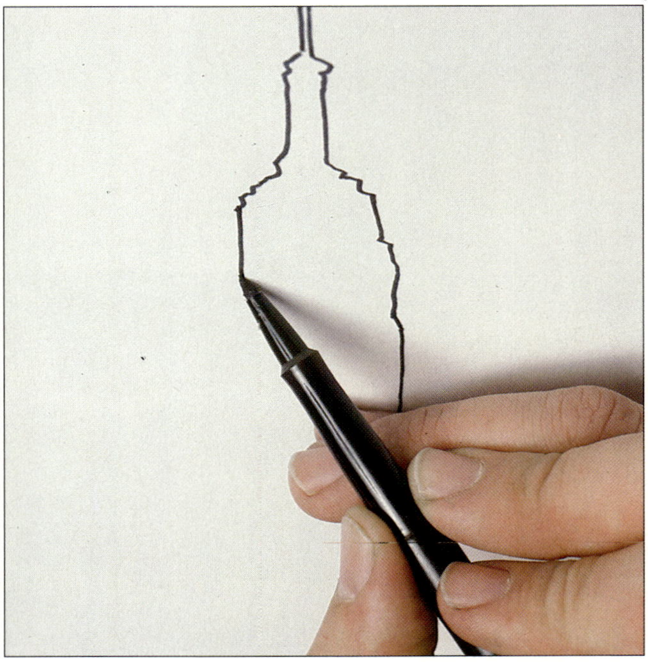

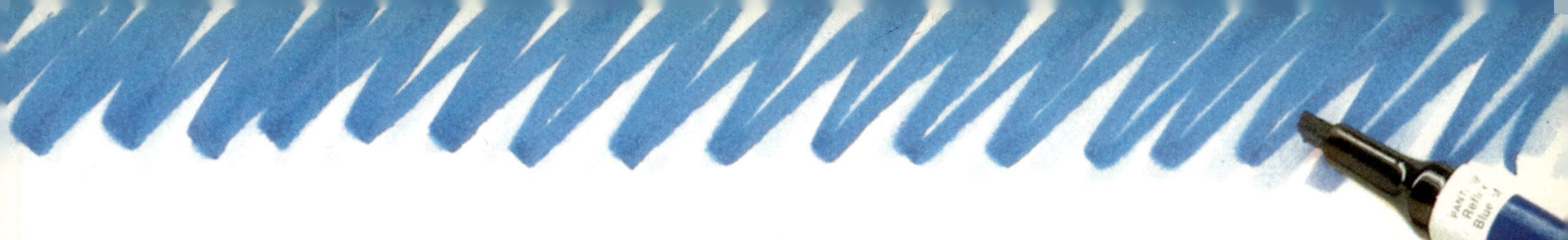



2

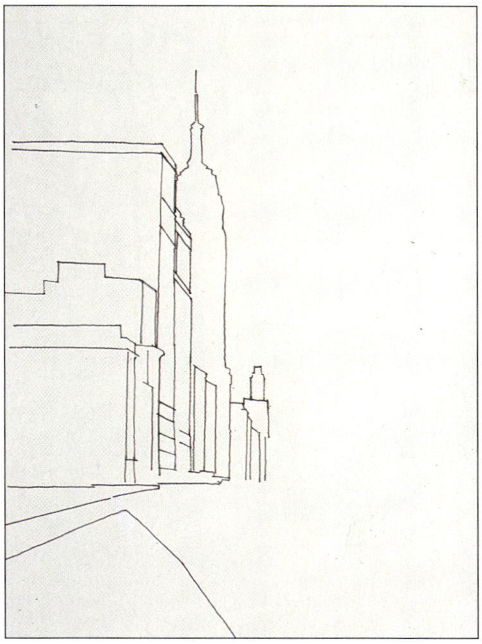

3

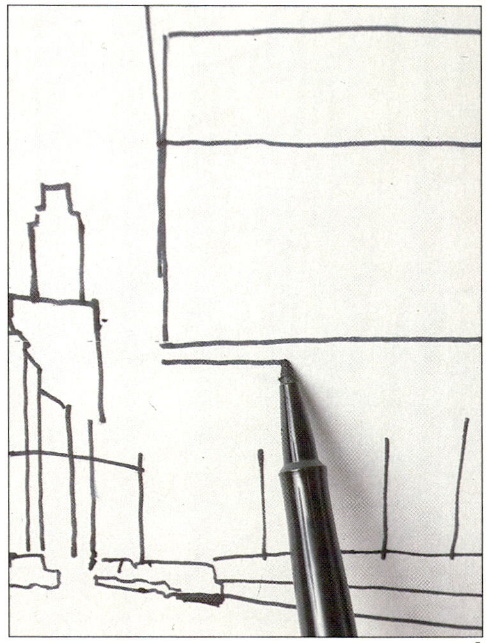

4

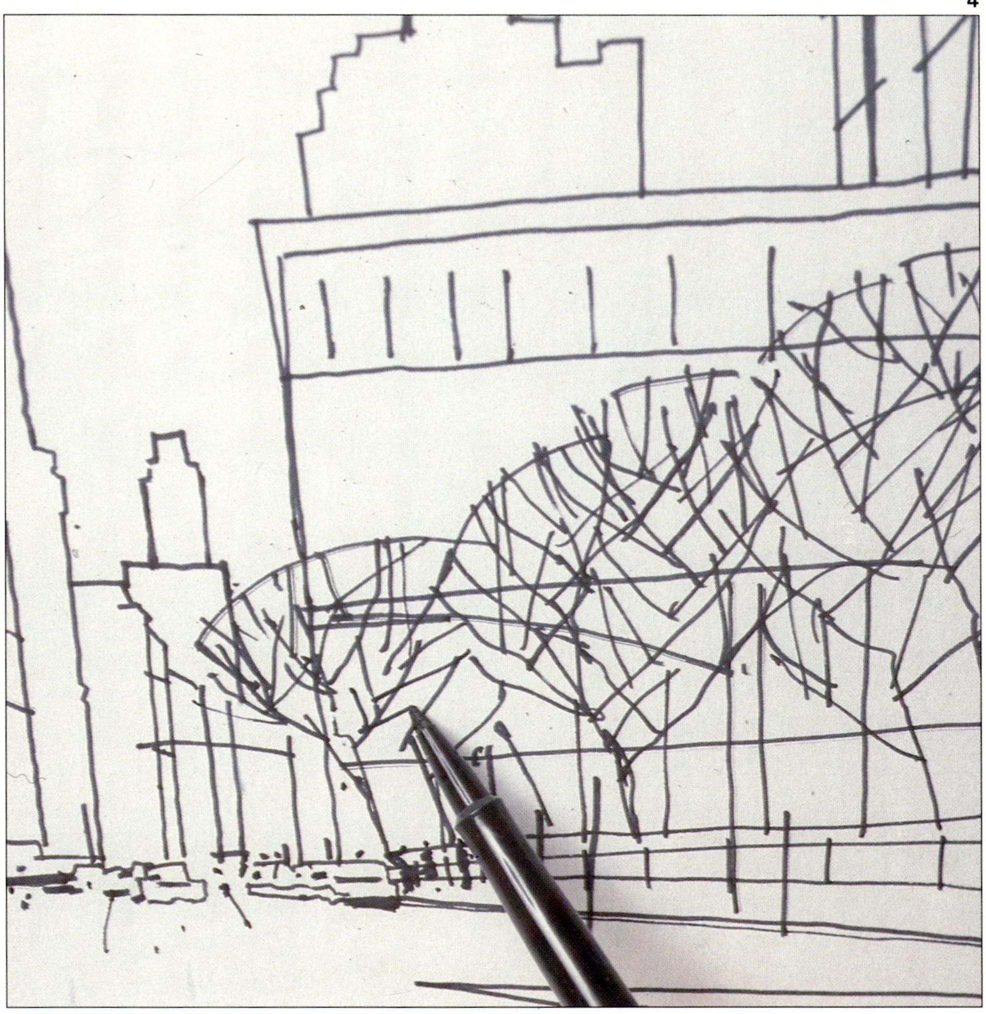

**2** La même ligne uniforme sert à définir les formes adjacentes. La marque indélébile du crayon feutre ne pouvant s'effacer, il est essentiel d'établir des bases correctes dès le départ. Vous y parviendrez en comparant la taille et la position de chacun des immeubles à celles des immeubles déjà travaillés sur le dessin.

**3** L'artiste poursuit son travail ; il trace chaque nouvelle ligne en respectant son rapport aux éléments qui l'entourent. Il s'agit ici de l'immeuble de droite ; chaque trait appliqué fait l'objet d'une réflexion préalable.

**4** Les arbres sont traités très simplement : chacun est rendu par un dessin épuré où ne figurent que les grandes branches et un tronc. Mais l'échelle est attentivement étudiée, car l'effet d'éloignement dépend de la taille des arbres et celle-ci diminue avec la distance. Les principes de la perspective linéaire sont applicables à ce dessin ; si une ligne imaginaire était tracée le long de la base et une autre en haut des arbres, ces lignes convergeraient vers un même point placé sur l'horizon.

5

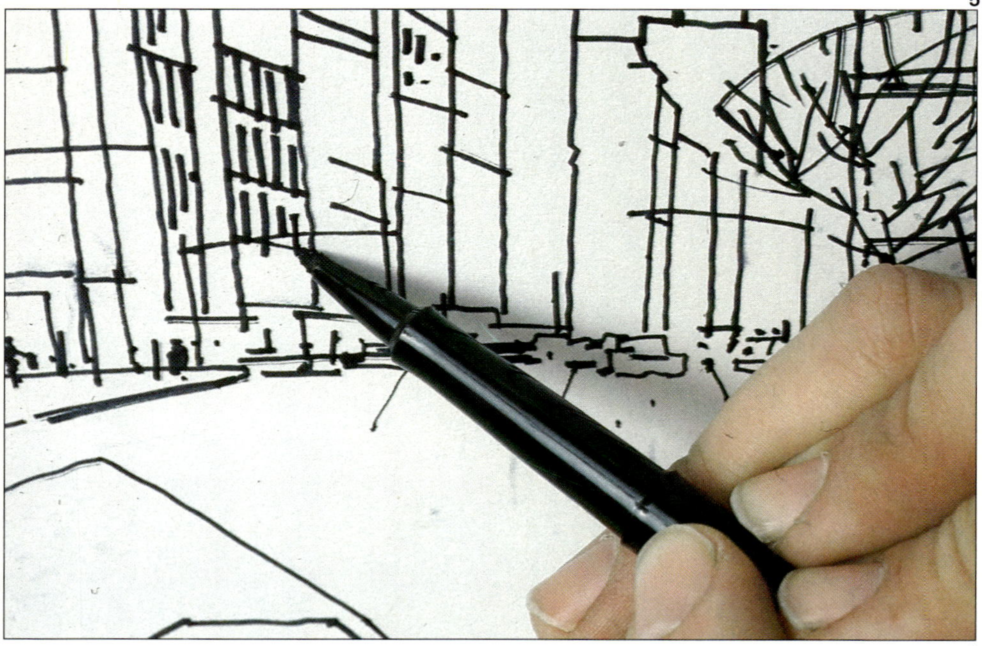

**5** Les plans verticaux des immeubles sont absolument perpendiculaires et ils doivent être à angle droit avec la base de la feuille de papier. Ici, l'auteur suggère les fenêtres sur une façade à l'aide de traits verticaux, courts et larges.

6

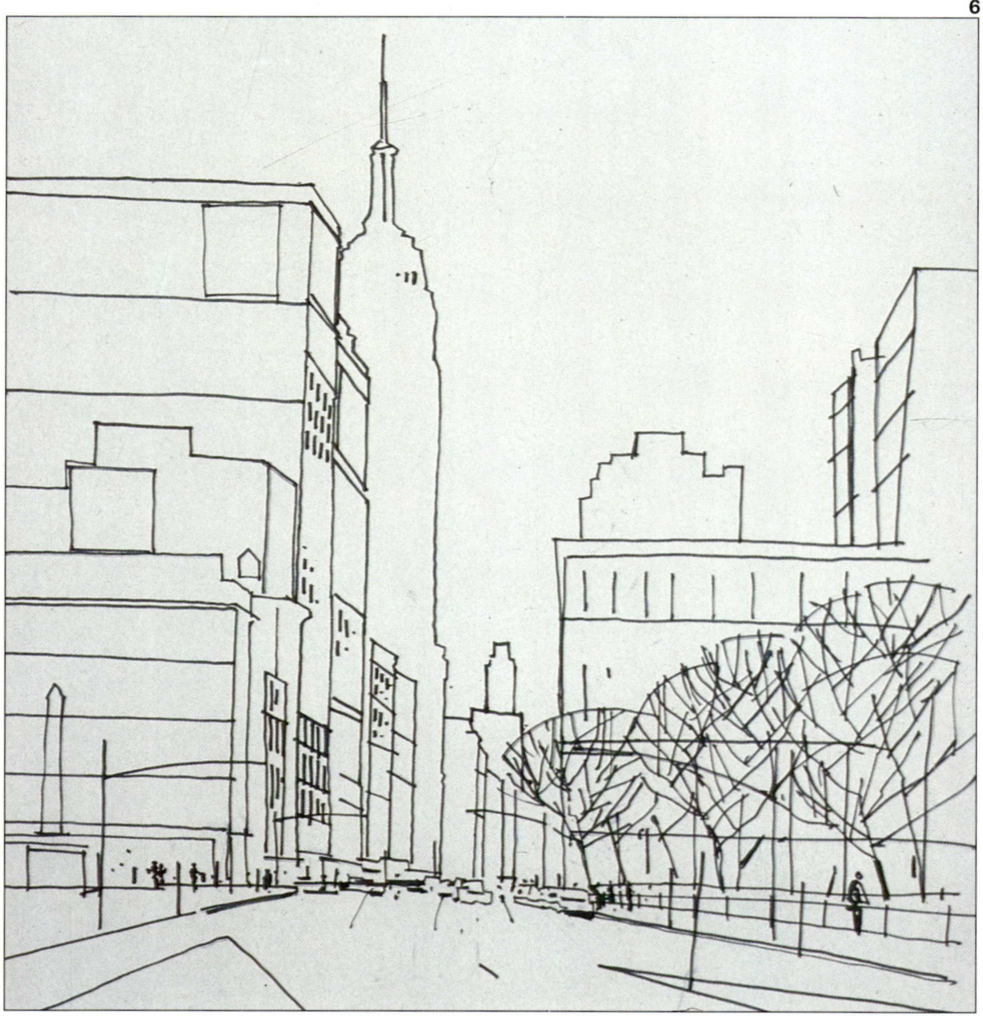

**6** L'esquisse des contours est maintenant achevée. Les lignes de force et les principaux éléments sont représentés. Certains détails, comme les fenêtres et les silhouettes dans la rue, ont été suggérés d'un trait court et vertical ; ils contribuent à la notion d'espace au sein de la composition.

**7** Le croquis de base achevé, l'artiste passe à la définition des valeurs — les clairs et les sombres de la composition. Bien que le sujet soit exécuté sur une grande échelle et qu'il semble complexe et animé, les formes de base sont en fait très simples.

7

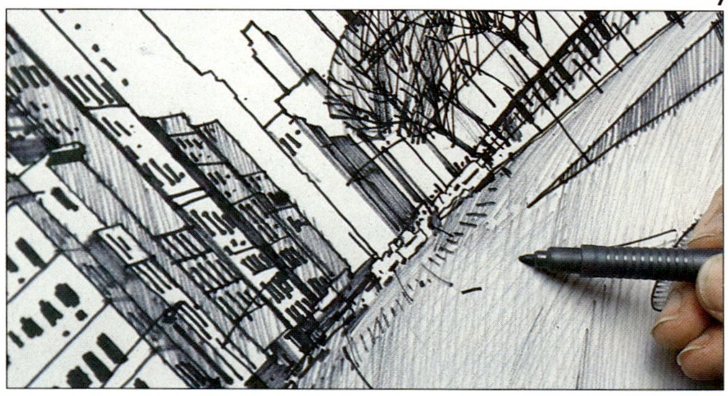

8

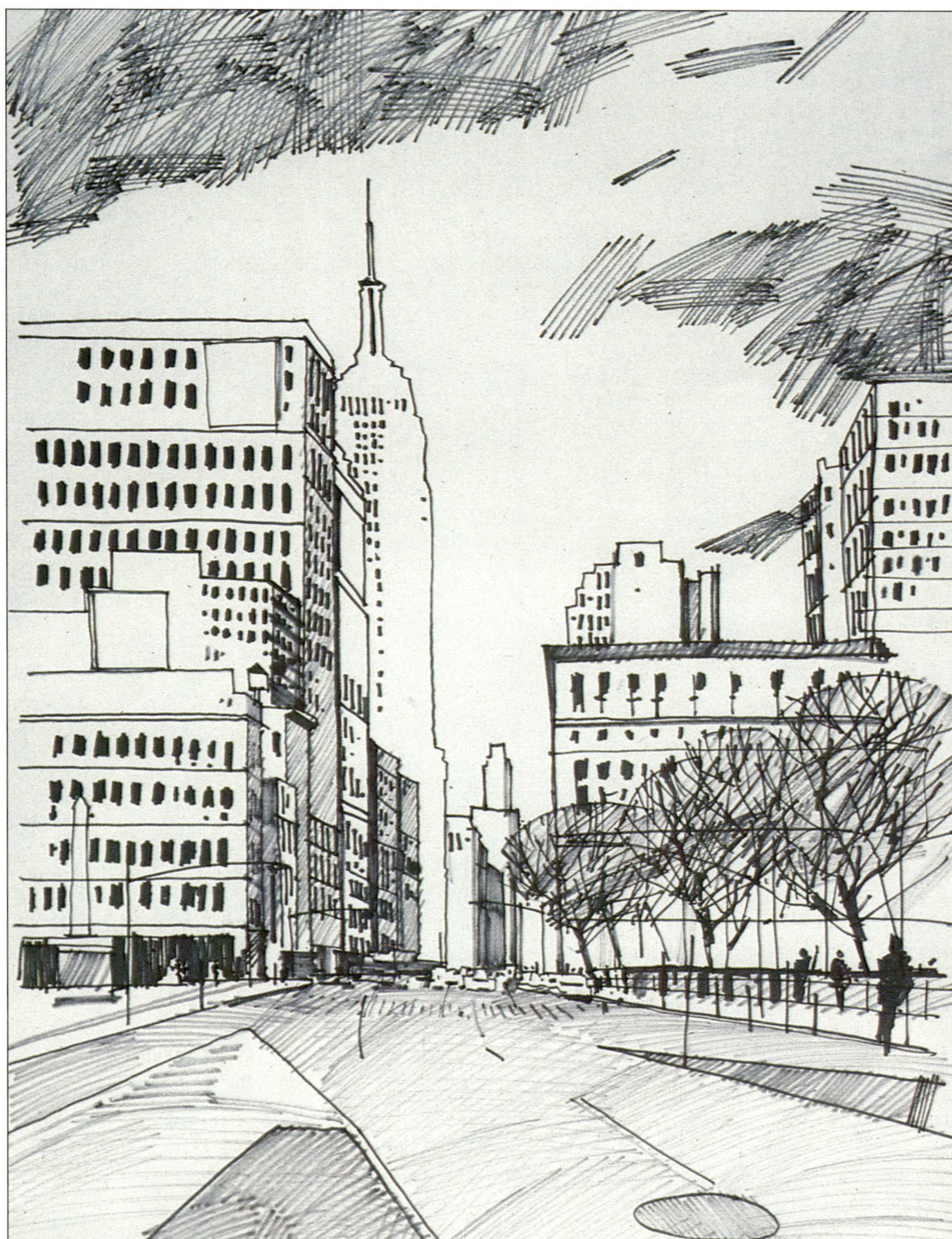

**8** Dans le dessin final, les édifices sont traités comme de simples cubes, la forte lumière dirigée du soleil facilitant la définition des façades claires ou sombres des formes rectangulaires. Quelques espaces de couleur locale sont définis de la même façon. Comme par exemple la rue, légèrement hachurée de longs traits horizontaux et la surface du ciel, rompue par quelques taches de hachures croisées.

# Glossaire

**Abstrait :** dessin qui repose sur les formes, les volumes et les effets de surface, et non sur l'aspect réaliste du sujet.

**Aplat :** surface d'une seule couleur sans effet de dégradé.

**Bistre :** riche couleur brune. Le pigment bistre était à l'origine obtenu à partir de la suie.

**Bruine :** (voir Projection).

**Composition :** agencement des éléments — objets, formes, volumes et couleurs — dans un dessin ou un tableau.

**Contour :** ligne qui définit la forme d'un objet ou d'un corps.

**Couleurs chaudes :** les couleurs sont divisées en deux groupes : chaud ou froid. Les couleurs chaudes sont le rouge, l'orange et le jaune.

**Couleurs froides :** le bleu, le vert et le violet sont des couleurs froides.

**Couleur interne :** lignes réelles ou suggérées, décrivant la forme à l'intérieur des contours d'un objet dessiné.

**Couleur locale :** couleur réelle d'un objet avant qu'elle ne soit modifiée par la lumière et les ombres.

**Couleur rompue :** dans la théorie des couleurs ce terme désigne une couleur obtenue par mélange de deux couleurs secondaires. Mais il se réfère généralement aux méthodes de mélange sur le support plutôt que sur la palette. Le **mélange optique** est l'une de ces méthodes.

**Crayon à pointe feutre :** instrument de dessin à pointe souple utilisé dans les bureaux ou les ateliers de dessin.

**Ébaucher :** désigne les premières étapes du dessin, au cours desquelles sont appliqués les principaux tons et formes du sujet.

**Empâtement :** superposition de couches ou de matière, soit pour créer un rehaut ou un effet de matière, soit pour intensifier les valeurs.

**Estompe :** petit rouleau de papier terminé en pointe servant à étendre le fusain, le crayon ou le pastel sur un dessin.

**Fixatif :** vernis que l'on pulvérise à la surface d'un dessin pour protéger le matériau avec lequel il a été réalisé.

**Fondre :** unir les extrémités de deux couleurs juxtaposées, de manière que le passage soit insensible à l'œil.

**Forme :** surface exprimée par les contours d'un objet à trois dimensions.

**Formes négatives :** espaces ou « vides » qui entrourent les formes. Dans le dessin d'une plante par exemple, les feuilles et les tiges sont des formes positives ; les espaces entre celles-ci sont les formes négatives.

**Grain :** aspérités à la surface du papier qui accrochent le matériau sur le support.

**Graphite :** variété de carbone dont on se sert pour fabriquer les mines de crayon. Elle est également disponible en bâton ou en poudre.

**Hachures :** méthode employée pour définir les valeurs. Il s'agit de traits plus ou moins fins que l'on applique parallèlement en quadrillé régulier ou irrégulier, en quinconce, en courbe, en plaques de direction différente, etc.

**Masque :** liquide, papier ou adhésif employé pour isoler une partie du travail (réserve). Il permet à l'artiste de dessiner ou de peindre librement sur les parties masquées, sans craindre de souiller la partie réservée.

**Masse ou volume :** principaux éléments d'une composition picturale, dont l'agencement est très important pour l'harmonie de l'ensemble.

**Mélange optique :** application de couleurs dissociées sur le papier dont le mélange s'opère sur la rétine. Par exemple, des touches de rouge et de bleu juxtaposées produisent sur l'œil une impression de violet.

**Mine :** tige de graphite ou autres matériaux de couleur servant à la fabrication des crayons.

**Monochrome :** désigne généralement un dessin réalisé en noir et blanc ; il peut aussi s'agir d'une autre couleur, mais unique.

**Nature morte :** dessin ou peinture d'objets inanimés : fleurs, fruits, récipients, objets, etc.

**Nuance :** couleur légère et subtile ; chacun des degrés par lesquels peut passer une même couleur.

**Pastel à l'huile :** pastel dont les pigments sont agglutinés avec des éléments gras. Ils sont solubles à la térébenthine et au white spirit.

**Pastel tendre :** matériau sec fait de pigments broyés et agglutinés avec un liant à base de gomme ; très différents des pastels à l'huile.

**Perspective aérienne :** l'espace et la distance indiqués par les valeurs et les couleurs. Par rapport à ceux du premier plan les objets au loin semblent plus clairs et comme nimbés d'une nuance bleutée.

**Perspective linéaire :** méthode qui permet d'indiquer la notion d'espace et d'éloignement sur une surface à deux dimensions par le moyen de lignes convergentes vers un **Point de fuite.**

**Pigment :** substance colorée d'origine minérale, organique ou métallique, ou de fabrication synthétique.

**Plan :** surface plate d'un objet. Ces surfaces peuvent être larges et évidentes comme les côtés d'une figure géométrique, ou bien, petites et subtiles comme la figure humaine. Les plans se révèlent en termes d'ombre et de lumière.

**Point de fuite :** point théorique sur l'horizon où semblent converger les parallèles d'un même plan. Voir **Perspective linéaire.**

**Pointe d'argent :** outil à dessin très répandu sous la Renaissance. La technique fait appel à une tige (style ou stylet) à pointe d'argent pour dessiner sur un support particulier.

**Pointe tubulaire (stylo à) :** trace des traits précis et d'une épaisseur constante. Dit aussi rapidographe ou Rotring.

**Porte-mines :** instrument servant à écrire ou à dessiner, en métal ou en plastique dans lequel on place des **mines** de graphite très fines. Celles-ci sont contrôlées par la pression d'un ressort.

**Porte-plume :** instrument destiné à écrire ou à dessiner, composé d'un manche et sur l'extrémité duquel on peut adapter une plume.

**Projection (bruine) :** produit un effet pommelé ou marbré. On répand de fines gouttelettes à la surface d'un dessin en passant le doigt sur les soies rigides d'un pinceau, imbibé de couleur ou de solvant.

**Rehaut :** tache de lumière intense, généralement sur une surface lisse où la lumière rayonne.

**Rendu :** définition ou reproduction d'un sujet.

**Saigner :** effet que produisent deux ou plusieurs couleurs qui s'interpénètrent ou remontent, ou celui d'une couleur appliquée sur un support humide.

**Sanguine :** matériau à dessin traditionnel de teinte rouge ocre ou pourpre.

**Sépia :** matière colorante d'un brun profond (extraite à l'origine des seiches), servant à exécuter des lavis ou rehausser des dessins. Existe en bâton ou en crayon.

**Support :** surface sur laquelle dessins ou peintures sont exécutés. Celle-ci peut être en papier, en toile, en carton, etc.

**Sur le motif :** expression qui indique que l'on dessine d'après nature, et non en atelier.

**Tachisme :** application de la couleur ou des valeurs au moyen de points colorés. Ceux-ci peuvent être appliqués de diverses manières : au pinceau, au crayon, à la plume et avec la plupart des outils à dessin.

**Teinte neutre :** les vraies teintes neutres sont les gris obtenus par mélange des trois couleurs primaires, rouge, jaune et bleu. Mais le terme désigne généralement un ton indécis, qui par son absence d'éclat se rapproche du gris.

**Texture :** désigne tous les effets de surface ; travail minutieux visant à créer divers effets pour rehausser un dessin.

**Ton :** degré d'intensité de lumière ou d'ombre d'une couleur. La gamme tonale va du noir au blanc et chaque couleur a un ton équivalent sur cette gamme.

**Valeur :** voir **Ton :** La valeur tonale est désignée indiféremment par les deux termes.

# Index

## INDEX



**Remerciements**

L'auteur voudrait remercier ici tous ceux qui l'ont aidée dans la préparation de cet ouvrage. Et plus particulièrement Ian Sidaway pour ses conseils avisés et pour avoir prêté son studio ; Daler-Rowney, Percy Street à Londres, pour leur aide et leur patience.

Tous les dessins ont été exécutés par Ian Sidaway.

Illustrations
Photographies en 35 mm de Ian Howes.
Photographies de studio de John Melville et Mac Campeanu.

Autres illustrations
Page 27 : Daler-Rowney ; pages 130-133 : Mac Campeanu.

Maquette
Giorgio Moltoni

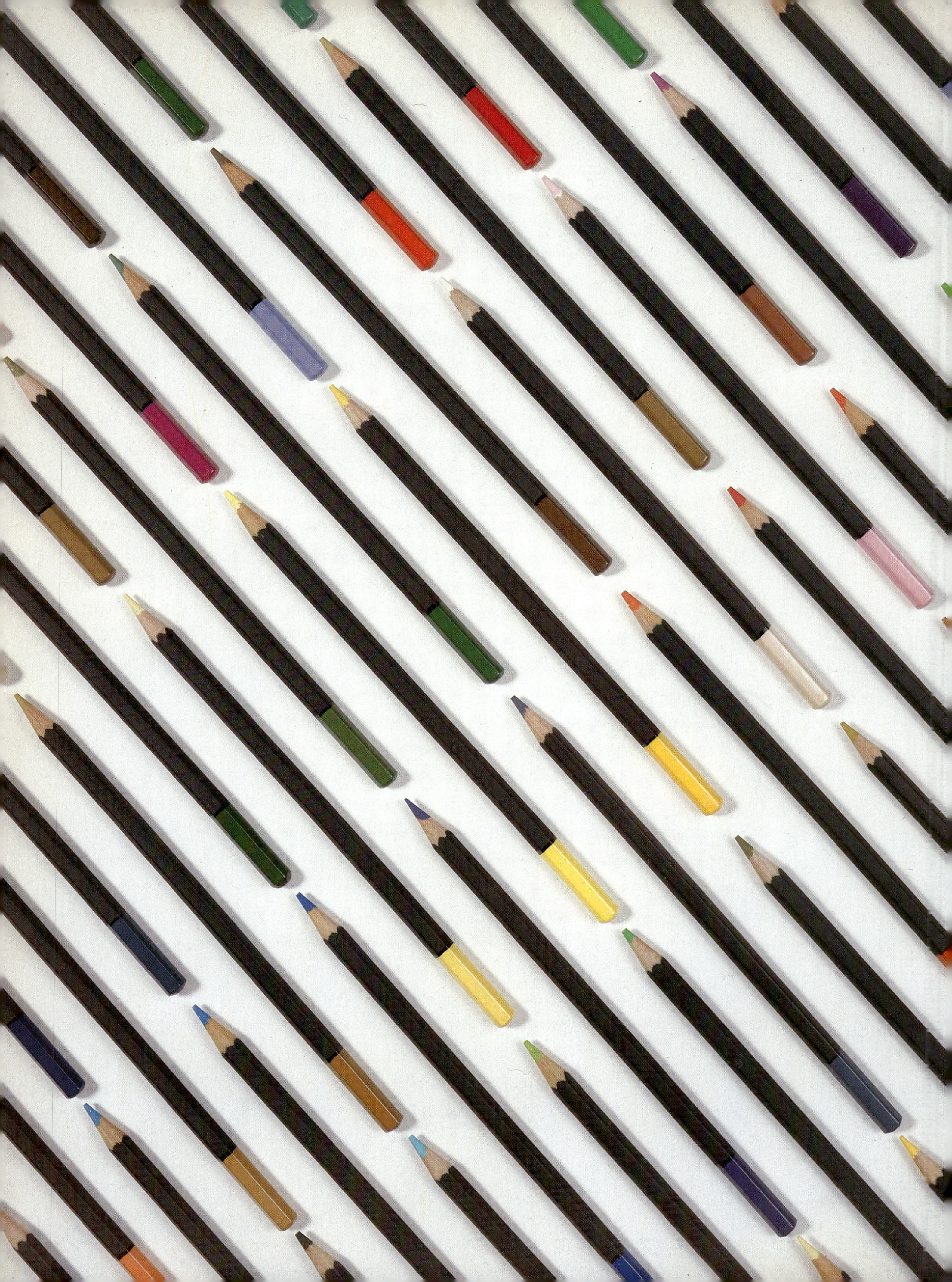